L'Œil et le Cœur

MICHEL RÉGNIER

L'Œil et le Cœur

UNE PASSION
DU CINÉMA DOCUMENTAIRE

Les Éditions Hurtubise HMH bénéficient du soutien financier des institutions
suivantes pour leurs activités d'édition :

- Conseil des Arts du Canada ;
- Gouvernement du Canada par l'entremise du Programme d'aide au développement
  de l'industrie de l'édition (PADIÉ) ;
- Société de développement des entreprises culturelles au Québec (SODEC).

Maquette de la couverture : Olivier Lasser
Maquette intérieure et mise en page : Lucie Coulombe

Éditions Hurtubise HMH
1815, avenue De Lorimier
Montréal (Québec)
Canada H2K 3W6
Téléphone : (514) 523-1523
Courriel : edition.litteraire@hurtubisehmh.com

ISBN 2-89428-417-9

Dépôt légal : 3e trimestre 2000
Bibliothèque nationale du Québec
Bibliothèque nationale du Canada

Distribution en France : Librairie du Québec/DEQ

Imprimé au Canada

Table des matières

*À Robert Flaherty, Michel Brault,
Satyajit Ray, Kohei Oguri et quelques
autres qui m'ont transmis un merveilleux virus : la passion du Cinéma.*

M. R.

*L'histoire personnelle de chacun aura le
sens qu'il lui aura donné. À lui d'éviter,
d'un côté la fixation stérilisante sur la
mémoire douloureuse, de l'autre la dis-
persion dans une liberté inutile parce
que sans enracinement et sans visée.*

Alfred Grosser
Le Crime et la Mémoire

1 MÉMOIRES D'UNE CAMÉRA

ON M'APPELLE AATON. Mon nom ne me déplaît pas, bien que parmi les humains qui m'entourent, personne ne porte ce nom ou prénom. Certains, pour le prononcer, font de réels efforts, allant jusqu'à se demander si je n'ai pas quelque ascendance juive ou teutonne, voire scandinave ou polynésienne. Je suis pourtant née à Grenoble. Ma mère s'appelait Éclair, mon aïeule Arriflex, mon arrière grand-mère Bolex. J'ai de par le monde des cousines aux noms aussi peu romantiques que le mien : Debrie, Caméflex, Mitchell, Rodina, Auricon, Maurer, Pathé-Webo, Pentaflex, et bien d'autres dont la gloire a passé.

Nous avons toutes une personnalité très forte, et on nous reconnaît à notre silhouette plus ou moins féminine, parfois franchement garçon manqué. Raides dans leurs parures chromées, les verticales manquent souvent d'élégance. Plates comme des limandes ou ventrues telles des lapines, les horizontales ont deux grandes oreilles qui, dans le vent, les astreignent à une pénible recherche d'équilibre. Puis viennent les trapues, les increvables, aux flancs polis par des confréries d'hommes exigeants, durs à l'ouvrage, et pas toujours affectueux. Enfin paradent les élégantes, les belles d'aujourd'hui, aux épaules, aux hanches, au ventre bourrés de gadgets, d'appendices et de ganglions électroniques. Elles se promènent en silence parmi la *jet society* aussi bien que dans les sordides ghettos de l'humanité. Sans complexes, avec des mines ingénues ou des clins d'œil pervers, des glissements d'athlètes ou des ruses de Sioux.

J'appartiens à un homme dont la modestie va souffrir en diable – l'hypocrite! – dans mon histoire. Un homme qui sans moi ne serait rien. Je lui pardonne cependant la plupart de ses caprices, ses coups de gueule, ses colères froides qui me font avaler l'obturateur. Parce qu'il m'aime. Il m'aime à la folie. Il a avec moi des entretiens secrets, que je ne veux pas bien sûr vous dévoiler, mais que vous décoderez peut-être au cours de nos aventures.

Mon homme déteste me faire parader en haut de ces trépieds qui portent mes consœurs avec des rigidités de communiantes. Il dit qu'une caméra doit prolonger le cœur et l'œil de la femme ou de l'homme, qu'elle doit être solidaire de ses hésitations, de ses emballements, de ses enthousiasmes comme de ses douleurs. Me jucher, me river là-haut sur un avorton de tour Eiffel lui semble une insulte, une infidélité. Voudrait-il me punir de quelque maladresse, qu'il ne saurait imaginer pire supplice que me visser à cette tourelle, avec des ordres de mouvements millimétrés, exécutés avec l'insipide docilité des travellings hollywoodiens – ce qui dans son jargon est la suprême insulte. Oh! parfois nous nous payons quelques minutes de farniente, alors que nous empruntons le Sachtler pour quelques panoramiques, à l'imprécise frontière où hommes et paysages se disputent une curieuse philosophie de la beauté encadrée. Par contre, il me porte avec tant d'attention, m'associe à ses propres mouvements, ses pulsions avec une telle intimité, que parfois j'en laisse rougir mes circuits intégrés.

Mes aïeules avaient trois objectifs de focales différentes. Je n'ai qu'un seul œil, mais très profond, et à focale variable, communément appelé zoom, qui, dans notre vie, notre passion, devient son œil à lui plutôt qu'à moi. Il me force à voir là où souvent j'aimerais fermer le diaphragme, et attendre des images plus douces. Oui, la beauté pour lui n'est pas celle d'Eaton ou des Galeries Lafayette, des quiz ou des téléromans dont il croit qu'ils sont aux hommes ce que les poubelles sont aux chiens. Je dois préciser, à sa défense, qu'il souffre d'une allergie aiguë à toute incursion de la publicité dans les œuvres, et que chez lui un spot commercial condamne une chaîne de télévision au silence pour de longs mois. Il faut dire que mon homme est perverti par trente années d'incursions et de questions parmi les siens, et notamment chez les plus paumés de sa race. Ceux pour lesquels j'apparais comme une drôle de mécanique, une intruse effrontée, généralement plus choyée que les marmots, les femmes, les hommes usés avant l'âge qui s'entassent autour de moi, dans des lieux où les odeurs fort heureusement m'indiffèrent. Nul doute que si lui, tout à ses images, m'entendait soudain marmonner, il me traiterait de petite snob.

J'ai une sœur, dont j'ignore l'âge exact, mais que je considère comme une jumelle inséparable. Elle se nomme Nagra. Un nom plus joli que le mien. Un nom qui sonne oriental, et même un peu mythologique. Depuis quelques années, elle suit un régime minceur et perd beaucoup de poids. Et maintenant qu'elle est plate comme un livre de poche, et plus élégante qu'une caméra, on l'a baptisée Nagra SN. Non, cela ne signifie pas Nagra la Super Nana. Ces deux lettres sont elles aussi un secret. Vu la délicatesse avec laquelle son homme à elle la nettoie, la bichonne après chaque tournage avec une brosse, que dis-je, un petit bijou de pinceau aux soies plus douces que cheveux d'angelot, ces lettres devraient plutôt signifier Sainte Nitouche.

Elle déteste royalement cette blague et toutes les allusions à sa grâce électronique, son raffinement helvétique. Loin de s'enfler les bobines ou de se gonfler les senseurs, elle se blottit dans son étui tel un bébé kangourou dans la poche de sa mère. Alors, autour de son mutisme, les gens lui donnent un nom bizarre : magnétophone.

Son homme à elle, depuis quelques années, c'est une femme. La grande Catherine. Aussi forte et gaillarde que pouvait l'être Catherine de Russie, elle a pourtant des doigts qui rusent d'habileté sur le buste ultrasensible de la petite Nagra SN. Des joues de madone sous des yeux en fête, et le cuivre indien qui moire les pommettes et le haut front flamand, lui donnent des airs de princesse huronne.

Ma sœur a une curieuse tête, portée, tendue au bout d'une petite perche, parfois à bout de bras. Une tête chercheuse appelée microphone, que la grande Catherine affuble toujours d'un curieux manchon poilu, pour la protéger du vent. Ma petite sœur craint de s'enrhumer, elle est aussi sensible aux caprices d'Éole que la peau d'un bébé à la brûlure d'une méduse. Parfois, à regarder ma sœur travailler, je la trouve aussi grotesque qu'un rossignol qui serait doté d'une trompe d'éléphant. Mais ni la brise marine, ni le vent sec ou le sable du mato ne rident le moindrement le front ambré de la grande Catherine. Elle qui protège si bien la tête de ma sœur de toutes les rafales, les oreilles collées aux écouteurs, les yeux constamment fixés sur moi. Moi la boulimique Aaton, fille de l'Éclair, dévorant les images sans égard pour la valse ou le jazz des décibels. Car mon homme à moi, s'il a des yeux terriblement exigeants, possède de bien pauvres oreilles. Une ouïe sensible aux émotions, aux respirations du monde sur deux jambes, mais bien incapable de distinguer un dièse d'un bémol, une fausse note, une distorsion ou autre subtilité auditive. Pour lui, toutes les voix, toutes les musiques sont belles, sauf quelques-unes qu'il abhorre, tels la publicité télévisée, les discours politiques et le rock. J'ajoute qu'il doit être un peu vicieux ou masochiste, car il m'oblige parfois à filmer d'affreux menteurs officiels, cravatés à 40 °C, pour la beauté du ridicule suprême, me confie-t-il. Alors moi, inconditionnellement obéissante, je polis des images impitoyables de ces pâles célébrités, qui hélas rejoindront les rejets en salle de montage. Car mon homme, finalement, juge que ce serait leur faire trop honneur que de les inclure dans ses films, même par dérision.

⁓∿⁓

Nous vieillissons vite. Plus vite que les hommes. Mais nous ne mourons pas, ou très rarement, dans de violents accidents. Les progrès technologiques nous imposent des mues radicales, des toilettes bizarres, des parures insolites pouvant blesser notre amour-propre, mais au sujet desquelles nous devons nous taire. Nous sommes d'une loyauté sans faute pour nos hommes. Pour ma part, de mon arrière grand-mère à mon humble carcasse, nous ne formons réellement qu'une seule personne, une lignée intemporelle qui a mué sans drames, tandis que notre homme a vieilli. Ses cheveux ont grisonné, puis blanchi. Les soleils implacables de cinq continents, leurs cohortes de moustiques, les anophèles sournois de tristes endémies, les subtiles saloperies climato-biologiques lui ont parsemé la peau et le corps de souvenirs indésirables. Avec les années aussi – et bien que j'aie perdu dernièrement quelques centaines de grammes – il me trouve de plus en plus lourde. J'essaie bien de rentrer ma focale *zoomatique*, de contracter ma batterie sur mon flanc droit, d'être plus silencieuse que jamais tout en lui procurant une sainte paix tachymétrique, mon poids, hélas! me devient indécent. Mais comme il m'aime d'une fidélité sans faille, il ne me le reproche jamais.

Après les tournages, relevant l'œil hors de mon viseur, je vois bien qu'il accuse torticolis, courbatures ou douleurs dorsales, quand il ne peste pas pour de nouveaux accrocs à sa chemise ou à son pantalon, auxquels le conduisent les contorsions angulaires qu'il s'impose dans des locaux exigus. Et dont le dénuement n'est souvent entouré que de pièges à cons, ainsi qu'il dit bien net. Tout cela, je le sais, est dans notre suprême intérêt : enregistrer des images vécues, des instants partagés à ras de terre, avec des gens vivant prostrés plutôt que debout. Courbés, accroupis, étendus dans leur lassitude, dans leur usure précoce, et non debout et gesticulateurs comme les peuples gavés et gaspilleurs.

J'ai hélas connu trop de consœurs, de cousines que leurs maîtres endimanchés plantaient systématiquement sur des trépieds, à bonne hauteur afin d'éviter les courbatures et de protéger leurs plis de pantalon. Elles produisaient des images insipides, d'où émergeaient d'abord des crânes touffus ou tondus, plutôt que des regards complices ou attendris. Il y a aussi dans ce regard plongeant commandé par le confort de l'opérateur, une sorte de viol de la dignité des écrasés. Un snobisme méprisant. Un regard dominateur, qui ne saurait s'abaisser au niveau des pauvres, des déshérités de la Terre.

Puis, existe un monde de l'enfance, que le cinéma ignore pour la simple raison que la plupart des équipes répugnent à travailler à 80 centimètres au-dessus du sol. De passage à Montréal en 1958, Jacques Tati – dont la hauteur égalait le talent – n'avait-il pas pris de court les jeunes et enthousiastes cinéastes de l'Office national du film du Canada, en leur avouant qu'il serait toute sa vie frustré de ne pouvoir réaliser un film dont il rêvait : la vie vue par un enfant. Car, disait-il, un enfant voit les meubles, les objets quotidiens, les humains et les animaux sous des angles bien différents des nôtres.

D'une époque à l'autre, j'ai appris à taire mes prétentions technologiques, à dissimuler mes attributs sophistiqués dans l'ombre des recoins peuplés d'antiques poussières, ou d'arantèles tendues entre des cloisons fragiles. J'ai appris qu'il était préférable de se tasser dans l'inconfort des reculs impossibles, plutôt que de rouler les mécaniques en pleine lumière, à la hauteur des palabreurs de tout poil. Nous avons fini, mon homme et moi, à travers nos mues successives, par ne plus faire qu'une seule personne, un seul corps, une seule respiration. Un regard unique. Tendus dans une intime exigence, une loyauté réconfortante, enrichissante.

Mes transformations physiques n'ont jamais été kafkaïennes. Bien au contraire, elles m'ont chaque fois rapprochée plus encore de mon homme, plus intimement associée à sa démarche. Je sens aujourd'hui, lorsque après les tournages il me confie à son assistant, le grand German, qu'en réalité il me dit simplement : Bonne nuit, à demain. Non pas que ce solide Colombien débordant d'humanité, rêvant tout haut et ruminant le cinéma à la journée longue, ne me soigne pas avec tous les égards dus à ma personne, mais parce qu'avec mon homme, ce n'est pas une question de nom, de fiche technique, une relation administrative, voire familiale. Entre lui et moi, c'est la passion.

Ma famille est éclatée aux quatre coins du globe. Beaucoup de riches cousines, entretenues, dorlotées dans des studios, des locaux remplis de fastueuses insignifiances. Nous sommes une minorité de caméras maudites, de va-nu-pieds à errer, observer, fouiller les bas-fonds du siècle. Mais notre bonheur est plus intense que l'arrogant confort de nos cousines d'Hollywood, Pinewood, Mosfilm ou autres Cinecitta sur trois continents. Si nous allons le ventre dans la poussière, frôlant la boue, nous avons l'œil souvent inondé de simplicité, de tendresse, parfois ébloui par la fulgurante beauté d'une détresse devenue espoir. Les dédales optiques de nos Zeiss, Schneider, Cook ou Angénieux brillent plus que les chromos clinquants des superproductions des Salzman, Anaud ou Spielberg. Oui, mon homme et moi formons un couple parfait. Presque parfait. Sa propre épouse m'envie-t-elle? Je sais qu'il partage avec elle une même soif de justice. C'est aussi une femme d'images, qui, elle, se sert de pinceaux, de fusains, de ciseaux à bois et à linoléum. Comme elle vient d'un pays où le graphisme est une véritable religion, nous devons bien avoir quelque lointaine parenté. Car les fastueuses fresques des derniers Kurosawa ne nous font pas oublier la sobre beauté de son *Ikuru* (*Vivre*). Et la merveilleuse humanité qui transcende la dureté dans les deux chefs-d'œuvre de Kohei Oguri, *Doro no Kawa* (*La rivière de la boue*) et *Kayako no tameni* (*Pour Kayako*), comme dans le *Pather panchali* (*La complainte du sentier*) de Satyajit Ray, brille finalement dans nos moments de désespoir. Mon homme me parle souvent de ces trois films, dont la seule évocation éloigne tous les maux de la profession. L'une des plus belles professions du monde. Où hélas les efforts les plus soutenus et exigeants, sont parfois salis par les vacheries de petites cliques occupées à détruire le travail des autres. Ses retours à Montréal sont de temps en temps gâchés par la prétention et l'ignorance de groupuscules aux crachats sonores. Fort heureusement, les images chaleureuses, les voix émouvantes des communautés les plus déshéritées que nous venons de quitter, ou que nous retrouverons bientôt, couvrent rapidement les discours ampoulés des chapelles.

Depuis quelques années notre amour a subi des coups durs. Les étaler ne servirait à rien. Mais lorsqu'un itinéraire, une vie nous font traverser des moments insoutenables, il arrive que les liens les plus forts soient rudement éprouvés. La quête de la simplicité, de la tendresse, de la générosité dans l'enfer, impose d'insupportables rendez-vous. Alors oui, je le sens, la main de mon homme sur mon épaule, ou son doigt hésitant, presque tremblant sur le bras du zoom – et il n'a pas le droit de trembler, nos images ne doivent pas trahir une faiblesse technique, un relâchement, même causés par une émotion très forte –, je le sens plus vulnérable que mes lentilles et mes circuits imprimés. Je le sens accroché à mon électromécanique comme à un radeau. En ces instants, je voudrais pouvoir fermer l'œil. Espérant qu'ultimement son doigt n'appuiera pas au bas de mon ventre, n'entraînera pas cette jouissance que j'éprouve quand il pèse sur le déclencheur pour l'enregistrement d'une nouvelle séquence, un long plan dont l'intensité me brûle les entrailles. Il arrive que mon émotion soit brusquement rompue par la fin de la pellicule. Je souffre alors le martyre. On me nourrit prestement, tandis que ma sœur Nagra m'observe avec tristesse, elle qui a l'estomac trois fois plus grand que le mien. Mais chaque fois quelque chose est brisé. Une parcelle d'humanité, essentielle, fragile, qui a fui. Et je sais, sous la nouvelle pression de son doigt, que mon homme lui aussi ressent une perte qu'il croit irréparable. Quand enfin nous arrêtons, et qu'il détend ses membres engourdis, quand il me dépose sur une chaise, un lit usé ou quelque havre d'infortune, ou se résout à me garder sur sa cuisse, je comprends qu'un moment d'extrême tension a chargé l'atmosphère. Que l'heure est au silence. Souvent aussi, la rupture n'a été qu'illusoire, et le tournage très riche. Dans ces instants je me fais muette et petite, presque honteuse de mes 30 000 $ d'électromécanique entre les objets, les meubles rudimentaires d'une famille malnutrie, des yeux d'enfants et d'adultes plus grands que la lentille frontale de mon Zeiss. Et je ne peux éviter de calculer qu'avec le prix des 120 mètres d'Eastmancolor que je viens d'avaler, cette famille se nourrirait décemment durant trois mois, six mois, ou plus. Tout cela, il le ressent avec moi. Adossé aux planches où quelque clou condamne une autre chemise, ou au mur d'adobé où cheminent les termites, je sais qu'il repasse les images dans sa tête, qu'il monte déjà la séquence, en me caressant les flancs. En ces instants, le cinéma n'est plus un art, mais la vie même, notre raison de vivre. Nous parvenons à comprendre un peu moins mal ce que peuvent ressentir un paysan après une vie courbée sur un salaire de chien, une femme pliée sous des siècles de machisme et d'insultes. Dans ces moments-là mon homme a pour moi une attention plus paternelle qu'amoureuse. Il vérifie mon diaphragme, le compteur, le filtre qui me protège des violences bleutées de Râ. Il me répète le même compliment depuis trente-cinq ans : très bien. Ça manque d'imagination. Mais selon l'intonation, je comprends que nous nous sommes surpassés, que nous avons simplement bien travaillé, ou qu'à l'inverse nous nous sommes exagérément excités. Et s'il lance le même compliment à Catherine et à German, alors là je sais qu'il y a de fortes chances que quelques mètres se retrouvent dans le film final. Je bombe alors le torse, me secoue les transistors, cligne de l'œil derrière mon Wratten, et me dis pour finir : Une vie de caméra, c'est mieux qu'une vie de buffle ou de mule, qu'une vie de paysan, du Bangladesh au Nordeste, du Niger aux Philippines.

※

J'ai de longs sommeils, des vacances exagérées. Mon homme vit alors les périodes de montage, ou les tortueux cheminements précédant la mise en route de ses films. De cela, il ne m'entretient jamais. Je l'apprends par hasard, par bribes, en surprenant des discussions avec ses collègues,

Catherine et German. Ils ont alors un langage qui, pour moi, la petite effrontée d'aluminium, est franchement sur-réaliste. L'unique chose que je retiens de mes indiscrétions, est que les cinéastes dépensent infiniment plus d'énergies à convaincre d'obscures, d'occultes autorités du bien-fondé de leurs projets, qu'à les réaliser. Mais il se dit aussi parmi mes consœurs, que ces démarches aléatoires sont entrées dans les mœurs, et qu'elles appartiennent désormais à cette chose floue et sacrée qui en toute langue se nomme : la création. Notre fidélité nous interdit de tracasser nos hommes avec d'impertinentes questions sur leurs angoisses. J'ai cependant appris que le mien depuis deux décennies, sait gré à la démocratie canadienne d'avoir créé et sauve-gardé à l'Office national du film du Canada (ONF) un forum, une communauté où l'arbitraire et l'injustice sont bien moindres qu'au sein de nombreux organismes de production en Occident. Les coups fourrés que m'ont contés mes cousines européennes et américaines, me rendent fière d'appartenir aujourd'hui à une cellule bien vivante du cinéma documentaire. J'entends cependant des rumeurs inquiétantes, voulant que les politiciens les plus rétrogrades aient décidé notre mort prochaine. Déjà, chaque année les budgets sont coupés. Nos cinéastes seraient en survie, le documentaire condamné. Un cinéma original qui fait l'honneur du Canada. L'âge du libéralisme débridé n'aurait que faire d'un cinéma altruiste, préoccupé par l'avenir des otages de la croissance, des trois cinquièmes de l'humanité. Ainsi, dit-on, va le monde, qui depuis toujours aime à détruire ses créations.

Chaque film est un nouveau printemps, une expé-rience plus exigeante que la précédente. Je me brûle l'œil devant des images trop fortes, des minutes mises à nu dans une violence muette. J'en arrive à penser, avant de m'endormir dans mon lit de caoutchouc-mousse, qu'un jour viendra où vraiment je me brûlerai l'objectif, m'étranglerai le diaphragme ou me romprai l'obturateur, à encaisser autant de douleurs. Mais chaque fois je repars avec lui, fidèle et décidée. Aucun de nous deux ne veut perdre la face. Le monde après tout, ne nous appartient-il pas, avec sa terrible complexité qui est aussi une fabuleuse richesse.

Ma mère, l'Éclair NPR, était d'une constitution plus robuste que la mienne. Increvable sous tous les climats, elle accomplit avec mon homme plusieurs tours du monde sans défaillir. Des chutes, ou des transports assez rudes au Rwanda, en Pennsylvanie, au Groenland, au Bangladesh, n'avaient nullement ralenti son travail. Tandis que moi l'Aaton bourrée d'électronique, j'ai flanché en Équateur, aux Philippines, dans le sauna tropical. Cette santé plus fragile rend notre amour parfois orageux, car la passion qui nous dévore ne tolère guère les faiblesses techniques. Et c'est glacée de honte que j'ai vu notre équipe attendre durant quelques jours l'arrivée d'une pièce de rechange. Souvent, je souhaite qu'à Grenoble on me retire des composants électroniques trop fragiles, et me replace dans le corps un cœur robuste de NPR. Hélas le monde est ainsi fait que l'immense majorité des cameramen préfèrent la sophistication à la robustesse, pour la simple raison qu'ils travaillent la plupart du temps dans la ouate, en périphérie des capitales, à une heure tout au plus d'un atelier d'entretien.

Depuis une décennie est née une grande famille de rivales, appelées caméras vidéo. Guère plus grosses que nous, et nippones pour la plupart, elles sont très coûteuses. Elles se nourrissent non plus d'images chimiques, mais électroniques. Leur œil est semblable au nôtre, mais leur estomac et leur mémoire sont d'une autre race. Elles sont de pures esclaves de l'électronique, le prolongement naturel de toute une génération d'équipements de studio : ordinateurs, mémoires et mixers, consoles et écrans cathodiques dont les modèles sont vite dépassés et remplacés, bref un gouffre d'investissements financiers bien plus que d'idées. C'est l'envers du cinéma. Le triomphe arrogant d'une industrie du gaspillage, dont les budgets colossaux seraient plus utiles pour la santé, l'éducation, les besoins essentiels de trois milliards de Terriens. Mais pour la toute puissante industrie de la télévision, elles représentent l'avenir. Chaque jour, elles nous délogent de nouveaux secteurs.

Nous résistons encore à cette hystérie commerciale, grâce à quelques avantages fondamentaux pour la qualité des images sur grand écran. Sans ignorer que de continuelles percées technologiques de la vidéo lui promettent l'avenir. Nous nous consolons, après avoir appris que McLuhan s'était en partie trompé. Le livre n'a pas disparu avec la multiplicité des transmissions électroniques, et l'invasion des ordinateurs est suivie d'une montée de l'analphabétisme. Le film a peut-être encore un bel avenir, si après l'attrait de la facilité, les hommes redécouvrent celui de la qualité.

Habituée à servir plus qu'à penser, je dois maintenant m'efforcer de rassembler mes souvenirs les plus marquants. Ma tête, mon cerveau optique blottis au fond de mon œil proéminent, doivent se discipliner en l'absence de mon homme, occupé par le montage de notre moisson brésilienne. Observatrice durant trente-cinq ans des joies et des peines des Terriens, je dois aujourd'hui me faire écrivain. Mon récit autobiographique sera forcément coupé d'oublis, et rempli d'émotions irraisonnées. Si j'ai l'œil vif et infatigable, je n'ai pas votre mémoire. Au contraire, je suis habituée à être vidée de mon labeur toutes les 11 minutes. Je vous prie donc de me lire avec indulgence, consciente de la bonne part de présomption, et du sacré culot que j'arbore en m'adressant ainsi à vous. Puis autant vous le dire tout net : je ne suis nullement cartésienne, mais excessivement émotive. Le bref roman d'une caméra pourrait-il être moins banal que l'album photographique ou le journal de certains écrivains.

ARRIÈRE GRAND-MÈRE D'AATON, portant le court nom de Bolex – Paillard Bolex H16 pour mon état civil exact –, je n'étais pas peu fière d'avoir rencontré mon homme, par une grise et collante journée d'hivernage à Abidjan. La lagune Ébrié suspendait ses vapeurs au-dessus du Plateau, et j'avais une sainte peur des moisissures, qui aux étuves tropicales couvrent les meilleurs objectifs. Mes trois Yvar, justement renommés pour une sublime conjonction d'acuité et de douceur, piaillaient en chœur pour qu'on les recouvrît de leurs bouchons d'aluminium vissés à fond après chaque tournage. Je portais au côté droit un frêle mais robuste bras d'acier inoxydable, qui, par sa fréquente gymnastique, armait le puissant ressort d'un moteur dont j'étais secrètement orgueilleuse. Une merveille horlogère des ingénieurs et maîtres-ouvriers d'Yverdon. Me flanquaient également les réglages et indicateurs de plusieurs mécanismes, fort ingénieux pour l'époque. Je m'enflais déjà la tête, noire et plus bombée qu'un crâne baoulé. Et c'est avec un brin de suffisance que je débitais mon cliquetis de 50 secondes, après la sensuelle pression d'un doigt ami tout au bas de mon corps. Nous allions tous deux arracher à la vie nos premières extases, sans nous douter

qu'elles précéderaient 160 films tournés dans une cinquantaine de pays.

En cette époque africaine, je me nourrissais de
Kodachrome, et surtout de Plus X. Je préférais la seconde
pellicule, le plus beau support noir et blanc, la meilleure
émulsion qui ait jamais existé. Le Plus X, que mon homme
vénérait, avait mille subtilités pour restituer la douceur de
l'aube sur les lèvres agni ou dida, ou celle du soir sur les
rides des paysans sénoufo, le dernier rayon de soleil sur le
crâne rasé de l'enfant courbé dans le pagne dorsal.
L'alliance du Plux X et des objectifs Yvar nous procurait
une joie d'Ansel Adams ou de Brassaï. Au-delà des contrastes
qu'il caressait sans les creuser ni les ternir, les sous-bois de
l'âme diffusaient par lui leur secrète alchimie de reflets et
de désirs. Hélas! le public, plus avide de clichés que de
subtilités, préféra vite le film couleur, malgré l'indécente
orgie de dominantes et de contrastes que livraient alors les
laboratoires. Et ce fut ensuite la télévision qui donna le
coup de grâce à l'éblouissante richesse de ce film créé par
les chimistes de Kodak à Rochester.

Nous allions parcourir des pistes éprouvantes, soulevant des nuages de latérite, ou crapahutant dans la boue
des hivernages. Mais aux haltes, aux étapes, aux villages
lagunaires, dans la forêt dense ou la savane clairsemée, dans
la moiteur sylvestre ou le souffle chaud et sec fendillant les
lèvres, nous avions devant nous la naissance d'un monde, le
début d'une vie, d'une passion. Dès nos premières tournées
dans la langueur des fleuves, la touffeur des lagunes ou
l'opaque profondeur des forêts, nous approchâmes
l'avant-scène d'un bestiaire théâtral, derrière lequel suin-
taient d'épiques et légendaires bravoures, de savoureuses

forfanteries. Existaient déjà des Tartarin ivoiriens, dont les Daudet locaux – rivalisant de talent avec le grand Bernard Dadié – entretenaient les éclats sous les arbres à palabres. Drames et anecdotes, aux rebonds amplifiés dans les veillées atié, gouro, dan, bété, à la lueur des lampes à pétrole, entre les toits de chaume et les murs de banco. Le folklore, bien sûr, avait ses charmes, et chatouillait mes Yvar, troublait parfois mon homme, malgré la fréquente enflure des personnages. Il lui fallait perdre à ce piège quelques mois initiatiques, avant de mesurer l'authentique beauté des œuvres fortes que produisaient, loin des marchés de pacotille et des arnaques ethnographiques, des artistes taillés comme des dieux et sculptant l'okoumé avec des mains géniales. Mon homme, il est vrai, était si jeune, et passablement naïf. Un sang mêlé de Val de Loire et de Sologne, qui avait reçu de son père, artisan intègre, un long apprentissage de la curiosité. La soif de connaître, l'enthousiasme lui montaient à la tête, le faisant se révolter, parfois, devant l'évidence d'une supercherie exotique. Les bras lui en tombaient, et il me prenait sur son épaule en murmurant : encore 30 mètres de film perdus. Mais ces moments s'espacèrent, puis ces paroles disparurent de notre vie.

Nous n'eûmes qu'une année d'apprentissage avant de connaître nos premières extases ivoiriennes. Car notre vie, je vous le dis tout de suite, serait une fête. Une fête intérieure, une longue quête des richesses humaines. Les vies, les drames nous dévoileraient bien sûr leur douleur, mais par celle-ci et au-delà, l'irremplaçable dignité des femmes et des hommes. Des êtres fragiles, plus souvent victimes que victorieux, maladroits qu'habiles, et dont la tendresse, la générosité rempliraient des marigots de larmes. Et des chemins fleuris de sourires.

Nous quitterons la Côte d'Ivoire à l'âge où l'amour se libère de ses premières maladresses. Je revois les lagunes perlant dans les yeux des filles demi-nues. Je revois les longues files sénoufo, malinké, baoulé, tirant le jour sec dans la relative fraîcheur de l'aube, sur les sentiers d'épineux, entre les rangs d'igname et de manioc, et le balancement des mangues vertes. Combien de vieux notables, de paysans burinés tels des Degas, leurs femmes et leurs filles, selon l'âge, comme des Giacometti ou des Suzor-Côté. Mais des Maillol, jamais. La dureté du climat et des travaux ne laissait jamais place à ces épanchements charnus, enveloppés de lumière et de désir. Toujours les corps nous éblouissaient, d'abord par leur retenue, l'économie de gestes des âmes fortes. L'altière démarche épousait la maîtrise du port droit. Le regard avait des siècles de patience, d'endurance, et pour nous beaucoup d'indulgence. Ces peuples ne gesticulaient pas, comme les Européens et les Américains. Ces gens imposaient la force des silences. Avec eux nous avions appris à noter l'essentiel, à lire la douceur, à écouter les cœurs sous les parures et les masques que l'on veut parfois étranges ou agressifs, afin de protéger de longues nuits, et de faire reculer de séculaires malentendus.

Aujourd'hui, j'écris ces lignes dans l'avion de la Varig, entre Fortaleza et São Paulo. Je suis devenue l'Aaton qui, avec son homme, quitte le Nordeste où nous sommes peut-être allés plus loin, plus creux que jamais. Cependant, ni nos efforts, ni les nuits de Poranga, après avoir partagé des heures de tendresse avec les paysans sans terre et sans espoir, ne me font oublier la belle fierté de la savane africaine. Dure et douce sur les visages de Katiola, de Korhogo, de Kong l'endormie, de Boundiali et Kouto figées dans l'écho des ballets nubiles. De ces villages pétris de sueur et de sang, de terre et de chair. De terre rouge et de peau noire, les deux couleurs primordiales des passions humaines.

Longs villages ou maigres hameaux, sur lesquels flottent, même les jours les plus secs, les noms des enfants morts.

La Côte d'Ivoire a grandi avec moi, dans l'exil. Je l'ai plusieurs fois retrouvée, dans des habits trop serrés, dressant dans ses villes des symboles de richesse qui n'étaient pas toujours du meilleur goût. Mais chaque fois, loin d'Abidjan la dévoyée, j'ai reconnu la roublardise du négociant, la fierté du planteur, la ruse du griot et l'autorité des matrones. Tout cela au fond ne comptait guère. Nous filmions aussi pour d'autres raisons que la passion. Des reportages pour colmater l'ignorance de l'Afrique dans un Québec encore engourdi par la longue nuit duplessiste. Des films médicaux plus tard. J'avais changé de nom, m'étais ceinturée de belles innovations, j'étais l'Arriflex, puis l'Éclair à l'aise dans les salles d'hôpitaux comme parmi les danseurs.

Tandis que s'efface le glissement de l'iguane sur la rive du Bandama, dans la nostalgique Tiassalé, et qu'à l'est de Kong la recluse, les filles pubères colportent les légendes lobi, où subsistent les souvenirs malsains des lèvres à plateaux, je pense aux lépreux blanchis d'Adzopé et de Korhogo qui dansaient pour moi avec la dérisoire maîtrise de leurs membres atrophiés. Ce jour-là, j'avais ressenti l'hésitation qui avait précédé la pression sur mon déclencheur. Tous deux, nous avions eu mal. Ne pouvant pleurer, mes Schneider s'étaient voilés de cette poussière de savane qui atténue les images de bien des drames. Le bal des lépreux, que ma sœur Stellavox n'appréciait pas plus que moi, avait fini très vite.

Pour repousser ma tristesse, je me souviens d'un incident survenu avant mon départ d'Abidjan. Cette ville à la fois indolente et trépignante, que ses élites nimbaient alors du suave surnom de Perle des lagunes. On inaugurait, en 1956, le pimpant édifice de l'Assemblée territoriale. Félix Houphouët-Boigny – qui serait quatre ans plus tard le premier et perpétuel président du pays indépendant – devait y prononcer le discours d'ouverture. À la demande de son directeur, mon homme avait fait éclairer l'hémicycle par une entreprise locale, le service de l'Information de la Côte d'Ivoire ne possédant pas l'équipement nécessaire. La compagnie abidjanaise avait donc disposé le long de la balustrade de la Galerie de la presse et du public, ces projecteurs alors appelés « à lumière froide », destinés à l'éclairage des monuments publics, le seul équipement disponible dans la capitale ivoirienne.

Et ce qui ne devait jamais arriver, hélas! arriva. Félix Houphouët-Boigny, étoile montante de toute l'Afrique francophone, n'avait pas complété trois phrases de son discours, lorsqu'une lampe Mazda explosa au-dessus de l'assistance. Une grenade n'eût pas produit plus d'effet. D'un seul mouvement, une centaine de personnes se ruèrent du balcon à la porte de sortie, tandis qu'une fumée moqueuse s'échappait du vitrage armé du projecteur. En deux secondes, tous les regards de l'auditoire s'orientèrent vers ce maudit fumet, qui n'avait rien de papal. Et l'illustre orateur ponctua d'une moue bien compréhensible cette unanime rotation des têtes. Comme je siégeais, sur un trépied cette fois, armée de mon téléobjectif, juste au-dessus de la traîtresse lampe, dominant l'assemblée, je faillis avaler mon obturateur, alors que mon opérateur, acculé à cette seule attitude, demeura impassible. La fumée disparut. Le public du balcon revint, mi-café mi-banane. Le Président reprit la parole. Une minute d'émoi pour le protocole, une minute de pause dans le flot des discours précédant et accompagnant les indépendances, qu'était-ce pour un continent aux silences, aux attentes séculaires. Hélas!, pour la fière Abidjan c'était un petit drame. J'avais à peine regagné ma mallette que mon homme fut convoqué par son directeur, Daniel Doustin. Un haut fonctionnaire intègre, respecté, qui avait dû, en Indochine, avaler bien des couleuvres, avant de comprendre la misère des politiques les plus suicidaires. L'échange fut bref et l'amitié fut sauve. Le président-directeur général, ou l'ingénieur en chef des usines Mazda, n'aurait pu lui-même garantir qu'un tel incident fût strictement impossible. Certains hasards défient toute logique. Un simple rhume n'a-t-il pas déjà retardé un vol cosmique ?

Félix Houphouët-Boigny me procura des instants plus agréables, alors que les foules se pressaient devant nous, lors de son voyage triomphal en Pays Baoulé. Les belles de Bouaké, les notables de Yamoussoukro – alors simple bourgade promue village modèle –, les planteurs et les danseurs, les rien de rien et les jeunes évolués, les édentés et les grisonnants, les trachomés et les paludéens, les albinos et les bergers, les boubous et les pagnes, les pétoires aux allures de fusils – qui vous arrachent une main comme de rien – et les sceptres dorés des princes Baoulé, les tam-tams et les balafons, tout s'agita, dansa, s'enivra devant moi, au risque de se faire écraser par le train ou la voiture présidentiels. Et quand, en ma mémoire, s'éloigne la foule et que tombe la poussière sur les derniers fêtards de Bouaké, j'aime à revoir, plus séduisants, fascinants que jamais, Médy et ses danseurs yacouba dans la forêt sacrée de Gouroussé, tout près de Danané, à l'autre bout du pays. Avec la divine Satie, jeune et prodigieuse danseuse au regard de cristal, aux membres plus vifs que les rayons du soleil entre les grands arbres, aux épaules couleur de lune dans les légendes du Tonkoui et du Nimba. Ni les danseuses de Java, ni leurs émules bengali, ou les Khmères les plus envoûtantes, ne me feront oublier la grâce de Satie.

À l'automne 1957, j'entrai au couvent. Je me fis petite, invisible parmi une confrérie de consœurs opulentes, hautes ou grasses, et pour certaines déjà parvenues au sommet d'une hiérarchie bien établie. Il y avait autour de moi les Auricon trapues tels des percherons, mais déjà silencieuses comme des carmélites. Avec de si hautes cornettes, car elles engrangeaient 400 mètres (1200 pieds) de film 16 mm. Ce qui pour moi, l'humble Bolex se contentant de bobines de 30 mètres, était démentiel. Mais après avoir assisté Michel Brault filmant Fred Barry pour Claude Jutra, mon homme m'apprit que ces magasins géants avaient une réelle utilité, pour un type de documentaire-entretien alors en vogue. Les cousines Arriflex 16 et 35, en rangs serrés, bruyantes et agressives, lorgnaient de leurs Schneider ou de leurs Cook la minable ingénue que j'étais. Elles regardaient de haut, avec une arrogance germanique, les rares Caméflex qui opinaient du Kinoptik, en rentrant leur ventre duquel sortait un bruit infernal, étrange rencontre du moulin à café, de la baratte à beurre et du réveille-matin chinois. Une Maurer esseulée, rutilante comme une Rollex, s'ennuyait au fond d'une armoire vitrée. Une Cine-Special lui tenait parfois compagnie, plaquant contre elle sa belle mécanique à l'ancienne, et daignant aussi me regarder avec quelque affection. J'en fus troublée, apprenant que la chère dame avait été la compagne du célèbre Norman McLaren. Deux vieilles Bell and Howell sommeillaient après des vies de baroudeuses. Mais parmi nous chacune rentrait sa tourelle, se pinçait l'obturateur lorsque apparaissait la supérieure : la grande, la vénérable, la sérénissime Mitchell, rembourrée comme une douairière et sujette à de multiples attentions. Nous étions tout silence à son passage. Bardée de ses nombreux accessoires, épaulée de cames, de volants, d'un viseur impressionnant, elle avançait tel un monarque, perchée sur un Dolly. Elle appartenait, paraît-il, au temple du cinéma. Dieu me garde d'y jamais entrer.

Je m'effacerais donc durant plus de deux années, dans ce sanctuaire qu'était alors le Service caméra – plus connu sous son nom anglais : Camera Department –, à l'Office national du film du Canada. Mon homme, à la veille de quitter la Côte d'Ivoire pour Ceylan (aujourd'hui Sri Lanka) avec l'UNESCO, venait d'opter pour un pays de glaces, après la rencontre à Abidjan de Jean-Marc Léger, journaliste canadien.

Très vite cependant, le froid incisif de l'hiver 1956-57 s'adoucirait avec une nouvelle rencontre, celle du cinéaste Michel Brault. Homme passionné qui, avec Jean Roy, John Spotton, et Jack Long à Vancouver, allaient nous donner la fièvre des jeunes loups. Ardeur qu'il faudrait hélas longtemps retenir avant de mordre dans le cadre, en un temps où les administrations cultivaient de subtils et coûteux malentendus – mais ont-elles évolué depuis ?

Ces deux années de retraite, heureusement enrichies par la passion contagieuse de Michel Brault, me permirent de mesurer la vanité des grandes. Régnait une béate satisfaction dans leur attitude, et dans les images léchées, fignolées comme des bondieuseries qu'on leur assignait gravement, avec moult règlements rédigés dans la langue de Diefenbaker que mon homme était bien loin de maîtriser. Deux cameramen anglophones notamment, John Foster et Denis Gilson, cultivaient l'art de polir avec beaucoup d'efforts des images insignifiantes, et finalement vides d'émotion. Leur travail consistait plus à balader photomètre et thermocolorimètre dans chaque pied carré du cadre, qu'à servir une quelconque inspiration. L'influence hollywoodienne faisait des ravages. Le cinéma des riches, déjà à cette époque, nous était allergique. Tandis que l'enthousiaste Michel Brault, maniant mes consœurs avec une frivolité alors jugée criminelle par l'establishment, nous ouvrait à la richesse d'un cinéma à hauteur d'homme. Un beau jour, sans crier gare, avec son ami Gilles Groulx ils rentreront de Sherbrooke avec un petit film-pétard qui fera date : *Les raquetteurs*. Ce sera, au Canada Français, la première pierre à faire une brèche dans le mur des platitudes de la technique. Chez les anglophones, Wolf Koenig avait auparavant imposé la belle virtuosité de *Corral*.

Lors de mes mues ultérieures, je garderais toujours le souvenir, et même la présence de Michel Brault. Ce Québécois passionné, ce pionnier du cinéma direct, qui était avant tout un pionnier de la franchise, un artisan de l'émotion brute et restituée comme telle par l'image. Cet homme est une caméra comme Menuhin est un violon. Il mange du cinéma vingt-quatre heures par jour, car, bien sûr, la nuit, il ne peut que rêver cinéma. Nous l'écoutions, admirions ses rushes comme on observe une force de la nature. On peut la contrarier, tenter un temps de la retenir, de la faire dévier, mais toujours elle reprend son cours. Nos jeunes années d'Amérique ont mûri dans son sillage. Dans le feu sacré de l'image cinématographique, que communiquait Michel Brault. Et qu'il a toujours, aussi intense. Sur les routes enneigées de Charlevoix, dans les cuisines repeintes telles des maisons de poupées, dans les pommeraies de Montérégie, les brunantes du Richelieu, c'était un mot, un cadrage, qui soudain arrêtait la rotation de la Terre. Ou qui plutôt en fêtait l'éternité. Et j'appris que cet enthousiasme, la caméra à la main, il le possédait et le communiquait, différent dans les mots, mais aussi passionné, voire délirant, dans les ciné-clubs, les réunions qu'il animait avec une poignée de mordus. Où il dévorait et buvait du Flaherty, du Mizoguchi, du Fellini avec des jouissances contagieuses. N'avait-il pas confié à mon homme, voilà bientôt trente-cinq ans : on n'a pas vécu, tant que l'on n'a pas vu *Ugetsu monogatari* (*Contes de la lune vague après la pluie*) de Kenji Mizoguchi. Plus tard, je découvrirais Satyajit Ray, puis Oguri, après avoir tremblé d'admiration devant les premiers Rossellini. Combien de fois ai-je revu, avec mon homme, l'exigeant *Paisa*, avant d'être envoûtée par *Pather panchali*. Ces films, il m'en a tant parlé que je les ai dans ma carcasse d'aluminium, dans mes circuits électroniques.

Avec les années, Michel Brault s'est éloigné. Tout en demeurant très proche. De temps à autre entre nos films, ses images nous parvenaient, nous emballaient. Images des gens du fleuve, puis de *Mon oncle Antoine*, *Kamouraska*, *Les ordres*. Des instants magiques, offerts au monde telles des photographies immortelles de Doisneau, de Bischof, d'Eugène Smith, de Paul Strand. Regards d'une belle chaleur, d'une saine humanité. De loin en loin Michel Brault nous guidait, nous faisait signe.

Nous nous sommes éloignés, attirés par des priorités différentes. Et trente ans plus tard, sur la douleur noire, sur la souffrance khmère, la dureté de la Chine ou la brûlure du sertão, j'entends encore les mots de Michel Brault. Trois continents égorgés n'ont fait que les épurer. La lumière qu'il posait, qu'il retenait sur la terre d'Ozias Leduc ou sur les laboureurs du Saint-Laurent, qu'il traquait sur les visages des exilés hongrois, la lumière à la fois crue, douce et pure qu'il cernait sur tous les regards, je l'ai imaginée, rêvée, et finalement rencontrée chez tous les peuples.

Avec lui aussi se sont éloignés d'autres noms. Des mordus de cinéma qui ont fait le Québec accueillant. Qui ont grandi, tandis que se sont parallèlement estompées les pesanteurs, les hérésies d'une époque. Des noms qui nous ont ouvert les yeux sur le Québec. Les Valade, Cadieux, Castonguay, Groulx, Fournier, Sainte-Marie, les Jutra, Koenig, Daly, Dufaux, Blackburn, et tant d'autres mordus, tenaces, entêtés, qui imposeraient un cinéna adulte.

Et trente ans après Jean Roy, Michel Brault et Jack Long, un gars tout simple, un Brassens de la caméra qui se nommerait Serge Giguère. Qui, vingt ans après *Les raquetteurs*, sans bruit, apporterait ce bijou produit avec rien : *À maison*. Un film qui dans sa modestie dépasse bien des grands, étouffe des superproductions dans lesquelles le Québec jette autant son argent que son âme.

Il n'y a pratiquement pas de femmes parmi nous. Une pourtant m'avait séduite, avec les images pleines et sereines de *Shakti*. Mais Monique Crouillère n'a plus hissé mes sœurs sur son épaule osseuse, qui fut si douce là-bas, au pays des ciels ocre et vaporeux. Suis-je moi-même trop femme, pour ne pas nous souhaiter un homme ? J'erre sans doute, entre la technique, l'ergonomie et la passion, et cependant aucune de mes sœurs ne me contredit. Pourtant le Leica, le Rollei, le Nikon ont tant d'adeptes, d'étoiles féminines, comme en eut aussi le gros Speed Graphic. Et la *daba* des Sahéliennes écorchant une terre sèche et ingrate, les lourdes *kolshi* de cuivre remplies d'eau que portent les villageoises bengali, les hottes lourdes de leurs sœurs népalaises, les marmots joufflus des Andes accrochés aux lainages d'alpaga, ne sont-ils pas plus rudes au corps des femmes qu'une Aaton ?

J'ai toujours espéré qu'un art déclaré septième, devînt le premier espace de fraternité créatrice entre les femmes, les hommes, et les techniques à leur service – et non le contraire. J'ai un soir au Pakistan, écrit cela sous mon ventre d'aluminium moulé. Un geste dérisoire et grave, dans un pays où les femmes subissent des humiliations médiévales. Mon homme se terrait à cent pas de mule de l'entrée du grand bazar de Peshawar, dans un silence impératif. Nous venions de filmer des enfants, des adultes estropiés. Membres arrachés, corps éventrés par les mines russes dans l'Afghanistan de toutes les saloperies. Rarement je m'étais sentie aussi impuissante que dans les petites salles de l'hôpital de la Croix-Rouge internationale, où les souffrances n'avaient d'égal que le dévouement du personnel médical. Mais dans ce réduit de martyre et d'héroïsme, une longue phrase avait craché la saleté du monde. Un chirurgien australien nous avait confirmé ce que nous savions déjà : des deux côtés de la frontière on donnait son sang pour sauver un homme, un fils, un frère ou un père, mais pas pour une femme. La fin de notre séjour serait entachée par cette réalité.

Et six mois plus tard à Montréal, ce film que nous avions réalisé en nous effaçant le plus possible devant la réalité la plus dure – film intitulé *Des principes et des hommes* –, serait censuré par un vautour de l'audiovisuel. Souvent, à la souffrance des uns répond l'arrogance ou le mépris des autres.

Lorsque je repris sérieusement du service, j'étais encore une humble Bolex égarée parmi les grandes. Quelle aventure, ce nouveau film, *La pauvreté*, dans lequel nous osions couper des travellings sur des plans fixes, alors que le film de Resnais, *Toute la mémoire du monde*, était encore quasi inconnu à Montréal. Plus tard, des critiques diraient : Resnais traitait le thème de la mémoire. Parbleu! Quel beau pléonasme. Mais le thème de la pauvreté était pour eux sans intérêt. C'était l'époque grise où trop d'intellectuels n'osaient se prononcer avant d'avoir lu les *Cahiers du cinéma* ou autre littérature parisienne. Dès 1960 pour nous, un divorce s'accomplit entre cinéma et critique, entre images et mots sur les images. Entre enthousiasme et prétention. Nous apprîmes une vérité essentielle à la vie des créateurs de toutes disciplines : le peuple quotidien qui lutte en silence vaut mille fois plus que la minorité qui lève le nez sur ses préoccupations, ses priorités. Heureusement, d'autres artistes eux aussi passionnés appuieraient les jeunes cinéastes autour de nous. Et pour *La pauvreté*, François Morel, aux ondes Martenot, aurait un cri prolongeant le nôtre. C'est pourquoi les jeunes aveugles sur leur petit manège final, nous hantent encore aujourd'hui.

    J'ai grandi et me suis mise à la page. Je me nomme maintenant Arriflex et suis née à München. Encore bruyante, on m'enferme dans un *blimp* assez léger (Cine 60) quand nous devons enregistrer des confidences. J'ai des magasins de 120 mètres (400 pieds) qui me donnent 10 minutes d'autonomie. Mes trois objectifs Cook sont insatiables et ma batterie ne bronche pas. Nous allons nous frotter l'œil, et le bon, un peu partout, en Afrique notamment.

    Dans les années 60 une vingtaine de pays africains obtiennent leur indépendance. Le Ghana et la Guinée les ont précédés. Tous les peuples n'enfantent pas un Nkrumah ou un Sékou Touré ; heureusement d'ailleurs, car ce dernier ruinera l'un des pays les plus prometteurs. Nous allons témoigner des efforts de cette nouvelle Afrique noire, née sans trop de douleurs – comparativement à l'Algérie, à l'Angola, au Mozambique –, et alors quasi inconnue des Canadiens. Car ici, au printemps de la décolonisation, seules les redoutables colères des Mau-Mau, ou la disparition de quelques Pères blancs (missionnaires) retiennent l'attention des médias.

Une nouvelle mue me hisse au rang des caméras modernes, silencieuses et synchrones. Désormais je m'appelle Éclair NPR – NPR pour : Ne pas ronfler, ironise ma sœur Nagra, allergique à mes moindres respirations. Pour ma première sortie, nous rapportons un petit film qui nous reste cher par sa simplicité, sa joie de vivre : *Les Masella* (ou *Vivre en musique*). Trois générations de musiciens dans une famille italienne de Montréal. À cette époque, l'absence des frères Masella paralyserait presque l'Orchestre symphonique de Montréal conduit par Zubin Metha, et l'on rencontre aussi un Masella, ou une épouse, dans une fanfare, un trio, une salle de cours du conservatoire, un magasin d'instruments de musique, bref un peu partout dans le Montréal musical des Sixties. Et cette famille attachante conserve une belle italianité. Nous vivons avec elle deux semaines de bonne humeur exemplaire. Et quand la *mamma* sert sa pizza géante tandis que les fils sablent le champagne d'un anniversaire dans un sous-sol du populaire quartier Jean-Talon, où l'on fabrique son vin comme autrefois en Caserta, j'ai des frissons d'un rare bonheur. Je dilate mon grand angle comme il n'est pas permis, dans une pièce comble où la famille humaine a délégué un beau fleuron de civilisation. Plus tard j'apprendrais qu'il existe de telles familles partout dans le monde, il suffit de savoir les reconnaître.

Nous allons filmer tout autour de la Terre des gens simples portant les espoirs de notre temps, ceux qui se bâtissent patiemment, dans le travail et l'honnêteté, plutôt que dans le discours et l'argent. Ces gens, souvent, seront victimes du mépris et de la cupidité des prétendues élites, et nous ferons le dos rond devant bien des truands, des exploiteurs, des gouvernants, afin de pouvoir accéder au silence, à la modestie, à la richesse des humbles.

Ce langage même sera reproché à mon homme, taxé de naïveté persistante, dans un milieu et une époque où n'ont de valeur reconnue que le bruit et l'argent, la facilité et le succès. J'apprendrai donc ce langage avec lui, car il entrera « en images » comme d'autres en religion, comme Proust entra en littérature. Et ce monde de l'image ne sera pas celui des potentats de l'audiovisuel, plus avides de dollars que de fraternité entre les hommes. Nous aurons des silences qui font mal, sous des vacheries bien administrées. La solidarité des confrères nous fera parfois défaut. On ne bafoue pas impunément les tabous d'une industrie du clinquant, ancrée à des valeurs économiques et non civiques. Plusieurs fois, son appel à la raison, à la décence, sera laminé par les injures. Alors il se taira. Il me reprendra, sans un aveu, m'entraînera vers un nouveau film, une plongée, une quête plus exigeante au cœur des sociétés les plus démunies. Mais toujours, au *Devoir*, un Clément Trudel nous soutiendra.

Tout n'est pas perdu. Ici et là se lèvent des consœurs et confrères. L'arrogance devient moins sûre d'elle-même. Le Tiers-Monde est à notre porte. Déjà, il peuple nos quartiers, ronge nos villes, mine notre confort. Les prêtres de l'audiovisuel sont contestés, leur univers bureaucratique se fissure. Le vidéo-clip meurt de son insignifiance. La disneyrisation des créateurs – et la disneylandisation des week-ends – ne sont, Dieu merci, pas encore assurées. Le XXIe siècle sera-t-il celui de la lucidité ?

⁓⁓

Voilà sept ans, j'ai quitté mon *battle-dress* de globe-trotter pour enfiler le collant des élégantes. J'ai changé mon nom d'Éclair NPR pour celui d'Aaton. Cette mue ne s'est pas faite sans douleur. Pour svelte et légère que je suis, plus féminine que jamais, je souffre d'un complexe : on me prend pour une parvenue. Et j'ai la santé fragile. Bien qu'en sept ans nous ayons tourné 12 films, à chaque départ mon homme m'observe avec un brin de scepticisme. Jamais il ne dut interrompre un tournage à cause d'une défaillance technique, durant ses longs périples avec ma mère NPR, quels qu'aient été les climats. Quant à moi je le répète, ma fragilité m'obsède, et à deux reprises je me suis évanouie. Une première fois dans le sauna de Guayaquil, puis à Luzon. Et pourtant, que de soins pour ma personne, lors de mes déplacements, de mes efforts. Oui, ma mère était rude à l'ouvrage. Elle creusait des fatigues entre l'omoplate et l'acromion, tendait la clavicule, son moteur et son anguleux sabot comprimaient les côtes supérieures de mon homme. Sa mini-poignée latérale, et plus encore la tige rainurée fixée parallèlement sous le zoom, gonflaient des durillons entre le pouce et l'index. Elle était aussi pesante qu'une machine à coudre. Mais voilà : ils s'étaient habitués l'un à l'autre. Leurs défauts, leurs faiblesses s'étaient moulés dans les silences qu'imposait la précarité des vies dont ils témoignaient. Puis elle n'était pas fière, la NPR. Avec son sabot, on pouvait la poser n'importe où, sur un chemin, un escalier, un monument, un meuble, quoi encore. Toujours elle se tenait droite, prête à fouiller la vie avec son magnifique zoom Angénieux 10-150. Tandis que moi sa fille, racée comme une Arlésienne, je n'ai pas de socle plat mais un arrondi, un ventre courbe qui en tous lieux me crée des problèmes d'équilibre. Mon homme s'y habitue, et recourt à quelque objet (carnet, stylo-bille, pièce de monnaie, etc.) pour un tournage stable à ras du sol en terrain inhospitalier. Sur ses genoux également, il préférait la coriace NPR. Lourde, anguleuse, elle savait se faire prendre, faire corps avec son opérateur dans toutes les positions, malgré les fatigues. Alors que mon élégance, ma peau douce, peuvent devenir crispantes, et même un peu snobs, et qu'en bien des lieux j'ai sur un genou l'envie de me bercer tel un voilier. Conçue d'abord pour reposer sur une épaule ou un trépied, ma désinvolture a entraîné un long corps à corps qui est devenu notre vie. Mais depuis bientôt quarante ans, au fil de nos mues, j'ai entendu tant d'indiscrétions sur l'intimité des consœurs, leurs petites révoltes techniques et leurs longues fidélités, que j'ai appris à transformer mon handicap en avantage. Aujourd'hui je me glisse aisément entre bras et cuisse, m'équilibre sans broncher sur la rotule droite ou gauche, fière du beau Zeiss qui me donne plus d'allant. Braqués sur moi, les regards des enfants demi-nus me tiennent lieu de repères et d'anges gardiens. Les voix lentes et chaudes de leurs mères, m'aident à partager la promiscuité des objets les plus humbles des foyers les plus pauvres, sans manières et sans plaintes. Loin des clameurs de Montréal, j'ai appris la modestie.

Dans bien des milieux il se dit que la machine n'est que l'outil de l'homme, conçu pour le servir efficacement. Mais la Suisse, l'Allemagne, l'Italie, la France et le Japon ont créé des machines-outils dont la précision et l'ergonomie sont des fleurons de la civilisation. Souvent oubliée, la Finlande a livré au XXe siècle des merveilles électro-mécaniques de génie. Oui, les ingénieurs furent des artistes de la pensée rationnelle, sans dédaigner la beauté pure. L'art du siècle finissant est aussi dans ces machines à travailler le bois ou les métaux, machines automatiques pour l'industrie des plastiques, l'industrie alimentaire, l'optique et la haute précision, la production pharmaceutique, les fibres artificielles et les textiles. Robots et chaînes de machines pour l'industrie automobile, l'électronique.

Outils devenus d'une précision, d'une exigence presque surhumaines. L'homme a, par l'outil, par la machine conquis son indépendance, reculé ses horizons. Hélas, il a cru aussi qu'avec une technologie militaire sans limites il pourrait défier la raison. Où suis-je, moi, dans cette famille humaine? Ni outil primaire, ni machine ultra-perfectionnée, ni arme ni robot, ne suis-je pas le simple gadget d'une civilisation du plaisir plutôt que de la connaissance? Ne suis-je pas un être bâtard souffrant d'exophtalmie, devenu jouet de luxe pour une minorité privilégiée? Quand des millions de machines-outils très performantes répondent aux attentes de sociétés dévoreuses d'énergie et avides d'utopies, ne suis-je pas qu'un outil docile, aux réflexes limités, dans l'industrie peu civilisée des communications de masse?

On arguera de ma technicité au service d'un art encore neuf, pour ne pas dire à son état primaire. Car si en un siècle le cinéma a pu, par ses aspects extérieurs, rejoindre ou dépasser la peinture, la musique, la littérature – plusieurs fois millénaires –, il le doit moins au génie de sa démarche qu'aux puissants intérêts financiers qui l'ont complètement détourné vers le show-business agressif. Disons : presque complètement, pour ne pas oublier l'infime minorité de ceux qui s'accrochent à sa vocation éducative. «Intelligence d'une machine», disait Jean Epstein dès 1945. Ne doit-on pas dire aujourd'hui : Puissance d'une industrie. Le mémorable «Par ailleurs...» d'André Malraux, est devenu le «Tout d'abord» contemporain. Et ce ne sont pas quelques grands créateurs incorruptibles qui pourront inverser un mouvement mondial d'abêtissement, à forte prédominance américaine. Bien au contraire, ils ne devront leur survie qu'à la place très minime, marginale de leur production. L'exception d'un Chaplin ne doit pas faire illusion. J'ai rencontré aux quatre coins du monde des ouvriers, des paysans, des cols blancs et des petits commerçants qui connaissaient du cinéma mondial trois ou quatre noms : Disney, Tarzan, John Wayne, Spielberg, parfois Errol Flynn ou Marilyn Monroe. Parfois aussi les noms de quelques acteurs locaux. Mais citer Kohei Oguri, Satyajit Ray, Roberto Rossellini, ou Orson Welles, eût relevé d'une attente masochiste de notre part.

Alors moi la petite Aaton, j'ai depuis longtemps, par les yeux de mon aïeule et de ma mère, et par le mien, appris à voir le monde différemment de toutes mes cousines frayant dans cette démentielle industrie. À l'écart d'un cinéma grassouillet dont on glose à longueur d'année sur les antennes et dans la presse, sur le papier glacé des revues chères et futiles. J'ai désappris le cinéma du bruit et de la frime, de l'argent et des vedettes. J'ai suivi les chemins de l'ombre, la respiration des humbles, la beauté trop pure pour les kermesses mondaines.

Alors moi, ni outil ni machine, mais prolongement de l'œil d'un homme naïf et entêté, j'ai avec lui toute une vie vécu de la beauté des femmes et des hommes oubliés. J'ai finalement compris que rien ne remplace le regard franc des gens simples. La richesse et les espoirs du monde y convergent, plus particulièrement à cette heure avancée où le soleil se retire du labeur des hommes, pour permettre à la nuit de l'irriguer de rêves.

Mais cette simplicité n'est pas chose facile à atteindre, et nous avons commis bien des erreurs durant notre longue marche. Là où se nouent les petits drames quotidiens qui, par leur accumulation, engendrent des conflits majeurs entre les sociétés humaines. Un cinéaste de fiction peut tout faire, tout dire par le biais de ses acteurs. Il pourra toujours réfuter les objections au nom de l'art, et d'une liberté dont il ne mesure pas la valeur, et ce qu'elle a coûté à scs parents, ou à ses pairs, pour qu'il en dispose. Un documentariste n'a pas le droit de mentir. Oh ! combien de fois en sera-t-il accusé, sans qu'il puisse vraiment se défendre ? La vérité est aussi affaire de cadrage. Même le plan-séquence le plus long a un début et une fin. Pourquoi l'opérateur a-t-il décidé de filmer à tel moment, et de couper à tel autre ? Pourquoi le monteur a-t-il coupé si tôt ? La vie elle-même n'est-elle pas le premier des censeurs, et le plus dur, elle qui fait que tel nouveau-né est promis à 80 années de connaissances, d'effort et de plaisir, et tel autre à 30 mois de souffrances avant une mort imparable ? Comment le documentariste le plus honnête, le plus respectueux des faits vécus, pourrait-il être au-dessus de cette qualité qui différencie l'homme de l'animal : le droit à la divergence, à la liberté d'opinion ? Le droit à l'erreur. Vous m'objecterez que ce sont là de singulières lapalissades. Détrompez-vous. Toute une vie de cinéma documentaire nous enseigne que les profonds malentendus naissent souvent dans les virgules de la banalité.

Dans *Cinéma, un œil ouvert sur le monde*, Nicole Védres écrivait en 1952, à propos d'une séquence d'un film de Sacha Guitry sur Degas, et bien que ce dernier eût refusé de poser pour la caméra :

> Le peintre, âgé, malade, passe dans la rue. La caméra le saisit de dos, rapidement. On sent que le personnage échappe, veut échapper. Cette réalité-là, Degas vivant, Degas insaisissable, est extraordinaire. Il y a dans ce document un désir d'absence, une pudeur, et comme un remords, des deux côtés de la caméra, plus émouvants que cette stupide « présence » dont on fait la qualité des vedettes professionnelles. Fuite de Degas, gêne de l'appareil, tact de Guitry qui hésite à violer son personnage.

Oui, cette hésitation est louable. Mais comme il faut aujourd'hui s'acharner à la défendre, alors que la télévision exige et obtient l'impudeur, chaque jour, partout. On ne regarde plus, on n'écoute plus. On veut en quelques secondes tout savoir, tout comprendre, sans effort. Une civilisation du digest, une industrie de la simplification se superposent à la culture. L'argent facile remplace l'enrichissement intérieur de l'effort personnel. Toutes les cartes sont brouillées, dans la médiocrité collective. Réalité, vérité, jugement, se croisent ou s'évitent dans un puzzle d'intérêts où la conscience et la morale n'ont pas place. L'effort individuel est nié par les enrichissements corporatistes.

En 1958, André Bazin écrivait dans *France-Observateur*, à propos des récents pseudo-documentaires italiens *Continent perdu* et *Le paradis des hommes* :

> Il fallait s'y attendre, l'impudence conduit à l'impudeur et l'impudeur à l'impudicité... S'il est vrai que les Folco Quilici, les Enrico Gras ont su nous offrir des documents humains ou naturels extraordinaires, ils n'en ont en aucune façon le bénéfice moral, car ces richesses ils ne les ont pas méritées et gagnées : ils n'en sont pas dignes. Ce sont des pilleurs d'épaves, des trafiquants d'esclaves, des pirates de l'image qui volent au monde ses derniers mystères et les jettent sur le marché. Ils ont organisé à coups de capitaux et de technique la traite de l'exotisme. Or la splendeur d'un document, sa poésie ne sont pas indépendantes de sa virginité. Assurément une femme violée reste belle, mais ce n'est plus la même femme.

Aujourd'hui, hélas! il n'y a plus d'André Bazin. La télévision diffuse un nombre effarant de pseudo-documentaires, de documents racoleurs. Des aventuriers nous détaillent les trésors des peuplades les plus reculées, avec généralement plus d'images et d'emphase sur le voyage des cinéastes que sur la culture des autochtones. La télévision programme des produits, plutôt que des documents. Jörg Steiner dénonce, en littérature, la tendance contemporaine à lire des essais, des raccourcis, des digests sur les grands auteurs, plutôt que de lire leurs œuvres. Eh bien! tout un cinéma opportuniste et sucré, faussement documentaire, ne fait que survoler le vernis des peuples, que salir des hommes avec la cupidité d'autres hommes.

Tout cela n'est pas nouveau. Les peintres des cours royales n'avaient que faire des paysages et des demeures où croupissaient la paysannerie, les artisans non protégés par les confréries, les tâcherons, toute la piétaille du royaume. Plus près de nous, quel rejet et quel mépris des critiques pour les Courbet, les Millet s'intéressant au bas peuple. Les situations ont peu changé. Festivals, tribunes et chroniques d'aujourd'hui sont d'abord à la remorque d'Hollywood et de Paris, et non à l'écoute des drames véritables de notre temps. Malgré tout son talent, un cinéaste burkinabé, brésilien, cambodgien, ne peut ébranler la suffisance des dinosaures de la décadence. Combien de fois, de passage à Paris, mon homme souffrit de voir les files élyséennes aux guichets des salles projetant les pires Rambos, les plus scandaleux films américains. Oh! bien sûr, il douta du bien-fondé de son pessimisme lorsqu'il vit certains chefs-d'œuvre : *Les guichets du Louvre*, *Une infinie tendresse*, *Au revoir les enfants*, et quelques autres films courageux. Mais pour un *Come back*, *Africa*, un *Music Box* que l'on salue bien gauchement – car on veut faire oublier que notre bien-être occidental s'est bâti sur l'horreur et le mensonge –, combien de milliers de films déroulent la violence et les inepties du box-office. Oui, après *Une infinie tendresse*, mon homme avait eu la main chaude sur mon flanc en m'avouant, comme après un film d'Oguri : «De tels films vengent l'agonie du documentaire.»

À un interlocuteur questionnant ses choix, Van Gogh répondit : «Je préfère peindre les yeux des gens du peuple que les cathédrales.»

À ceux qui lui demandent pourquoi il ne choisit pas des sujets plus gais, des films plus accrocheurs, mon homme se retient pour ne pas leur rappeler cette réplique de Van Gogh. Quelle vanité n'aurait-on pas, à invoquer la réponse d'un artiste dont la plus petite toile se vend aujourd'hui le prix d'un gratte-ciel. Il demeure que cette phrase est toujours en nous, depuis notre rencontre ivoirienne à l'automne 1955.

Dans un essai (*L'Humanité seconde*, 1985), mon compagnon relate plusieurs souvenirs ineffaçables de notre carrière, tel celui d'un enfant sénoufo de Tioroniaradougou. À l'ombre d'un fromager géant, le jeune garçon s'était saisi d'un morceau de bois pour en user comme d'une caméra, qu'il maniait de façon très habile. Nous nous étions retenus, nous n'avions pas filmé cet enfant nous filmant avec les gestes souples d'un jeune dieu. Mais quelques minutes plus tard, ce jeune Ivoirien nous plongeait dans un bel embarras. Sa mère eût aimé qu'il nous suive, et apprenne notre métier, que nous l'arrachions à la misère qui lui était promise. Cette situation se reproduisit plusieurs fois, en Afrique et en Asie. Et chaque fois je me suis posé la question : Où me conduirait ce nouvel opérateur, quels seraient son regard, ses priorités, son attitude dans un monde multiforme décuplant pour lui les interrogations de l'enfance? Sorti du village et des traditions séculaires, quel regard voudrait-il partager avec moi, fille extravertie? Je n'ai jamais résolu cette énigme. La mort de mon compagnon, et je devrais peut-être tout réapprendre. La fidélité, la passion, l'étroite relation entre la pensée et la technique, la main et l'objet, le cœur et le média, tout cela se transmet-il ? Mon homme aime à dire qu'il connut dans son enfance des artisans qui avaient pour leurs outils une réelle affection. Je le soupçonne de rêver tout haut d'un monde illusoire. Les travailleurs de la terre et de la pierre, les artisans du bois et du fer pouvaient-ils avoir dans le Val de Loire des qualités autres que celles de leurs semblables à Madura, au Népal, à Madagascar ou au Pérou. Des vies accordées au rythme des travaux saisonniers, au prix des matériaux, aux goûts des voisins, des parents, des ancêtres sans doute. Nobles sont l'usure d'une main sur la poignée ou l'arête d'une varlope ou d'un rabot, la crispation des doigts sur la virole d'un ciseau à bois. Mais le menuisier solognot et le charpentier javanais n'auront jamais, durant toute une vie, douté du bien-fondé de leur effort. Souvent moi aussi, j'eusse préféré agir, travailler sans questionner, me sentir aussi docile qu'une égoïne, qu'un rabot au dos poli par trois générations de paumes endurcies. Mais le destin a voulu que j'aie un œil, et qu'il prolonge celui d'un documentariste entêté.

Et moi Aaton, fille d'Éclair, petite-fille d'Arri, ni soumise ni rebelle, j'ai avec lui poursuivi cette quête vers la simplicité, qui nous soude depuis un chaud et moite après-midi de 1955 sur les rives de la lagune Ébrié. Combien de fois ai-je guetté le repli du soleil sur la sueur des femmes et des hommes ? Combien de soirs ai-je vibré – au sens figuré seulement, car je vous l'ai déjà dit, je n'ai pas le droit de trembler – aux reflets dorés glissant sur les regards de savane, à l'heure où rentrent les bergers et les hommes épuisés ? Aujourd'hui encore, cinq mois après avoir quitté le sertão, j'ai l'œil rempli du regard de Raimunda. Raimunda fillette de Poranga, enfance dure et douce qui efface le vacarme, le bluff, les excès de nos villes. Oh ! les yeux aussi de Frédy, de Nara, de Dalva ont succédé à ceux de Raimunda. Avec eux dans les favelas de Santo André, dans la violence de São Paulo, j'ai découvert une nouvelle fois que l'or sous la poussière et la sueur, brille cent fois plus qu'au cou des vedettes.

Dans un mois je repartirai à l'éternelle rencontre des femmes et des hommes, de leur dignité. Cette fois au fond de l'Acre, et où l'an prochain ? Nul doute que chez les Huni Kui du Rio Jordão nous rencontrerons une autre Raimunda, une autre Dalva, un nouveau Frédy. Voilà trente-cinq années que dure le voyage. De Satie, jeune danseuse yacouba, à Raimunda, écolière du Ceará, une longue chaîne humaine rappelle les mille joies simples, qui au-delà des souffrances tissent les espoirs, continuent la vie.

Ainsi mille noms sont gravés entre les lentilles de mon zoom. Catherine et German, d'autres aussi qui nous ont accompagnés quelque temps, en connaissent plusieurs. Mais pour la famille entière, pour ces mille regards qui nous ont appris l'essentiel sur cette planète, nous ne sommes que deux à les revoir amicalement à chaque soleil et à chaque lune. Certains vous seront révélés dans la troisième partie de ce livre. Puissiez-vous, avec mon compagnon qui prend le relais et vous les décrira, les aimer autant que moi.

Fortaleza, São Paulo, 1990
Montréal, 1991

2 L'ŒIL ET LE CŒUR

J E N'AI JAMAIS FRÉQUENTÉ AUCUN COURS ni école de cinéma. Et quand, à l'âge de 17 ans, j'ai dit à mon père que plus tard je serai cinéaste, mon père poulieur – qui chaussait alors des galoches à semelles de bois – m'a donné un coup de pied au cul, accompagné de cette réplique mémorable : « Tu ne voudrais pas être pape, non plus ! »

Vingt-sept ans plus tard, le 2 avril 1978, je prenais l'avion Niamey/Paris, que je reprendrais le surlendemain dans l'autre sens. Je retardais de deux jours le tournage de plusieurs séquences de mon 127ᵉ film, afin de me rendre aux obsèques de mon père, à Jargeau, petite ville sur la Loire à l'est d'Orléans. Nous achevions le tournage d'un autre film, traitant des soins dus aux enfants de un à six ans. La doctoresse, les sages-femmes et les infirmières du centre de PMI (Protection maternelle et infantile) du quartier Gamkalé à Niamey, comptaient parmi les personnels les plus compétents et dévoués, parmi les nombreux collaborateurs que nous avions dans une dizaine de pays africains, pour la réalisation d'une série de films médicaux.

Au personnel de Gamkalé, je n'avais soufflé mot du laconique télégramme reçu à l'hôtel Sahel. La mort est si précoce, si injuste au Sahel, les cœurs qui battent sous les blouses fraîchement repassées des infirmières djerma et haoussa ont tant de douleurs à contenir, pourquoi leur annoncer la mort d'un artisan si lointain. J'avais seulement prévenu les ingénieurs Kane au génie rural et Wright à l'ONERSOL, du report de deux jours pour les séquences consacrées à l'hydraulique rurale et à l'énergie solaire. Pour la douzième fois je m'arrachais à l'Afrique, et cette fois seulement pour trois jours, du dimanche au mardi. Pourtant, le vol Niamey/Paris serait une torture.

J'avais quitté mon père quatre mois et demi plus tôt. La Loire, en novembre, devait être belle. La Loire est toujours belle quand on sait la regarder, lui parler. Sauf peut-être en cet étiage d'août, où il lui arrive depuis quelques années de rejeter sur les rives des milliers de poissons morts. Mais en cette fin d'après-midi du dimanche 13 novembre 1977, la Loire m'avait semblé terne, terriblement triste. Avec Yukari mon épouse, nous l'avions enjambée en silence, alors que mon oncle Jean nous ramenait à Paris – Jean qui, avec Pierre, est sans doute mon frère le plus proche. Sur les 300 mètres qui séparent les deux rives entre Jargeau et Saint-Denis-de-l'Hôtel, flottaient le regard, la fatigue de mon père. Nous venions de passer trois jours avec lui. Son moral était bas, comme il le fut à diverses périodes de sa vie.

Huit ans auparavant, j'avais projeté réaliser un documentaire d'une heure avec lui, que j'aurais intitulé *Un artisan*. Je comptais convaincre un producteur de l'Office national du film du Canada de l'intérêt du projet – j'étais revenu à l'ONF début 1967, après avoir été freelance durant huit années. Malheureusement, une rupture

d'anévrisme et l'hospitalisation mirent fin à son travail peu
après que je l'eus avisé de ce projet. Il dut prendre sa
retraite plus tôt que prévu. La fermeture de son atelier, la
vente des machines, l'écoulement d'un stock de poulies
assemblées mais non tournées, bref, la fin du métier, lui
donnèrent ce coup de vieux qui guette les artisans contraints
d'abandonner leur profession, et que j'ai évoqués dans une
nouvelle (*L'homme courbé*, 1988). Dans mon enfance, la
France comptait 90 poulieurs – ce dernier mot n'a jamais
figuré dans les dictionnaires, bien qu'il fût couramment
utilisé par les fabricants de poulies de bois. Mon père avait
été poulieur comme d'autres tonneliers, charrons ou menui-
siers. Tracer, découper, coller, assembler, tourner, aléser des
poulies et des tambours de transmission de toutes dimensions, jusqu'au grand diamètre de 120 centimètres, et pour
des puissances de un à cinquante chevaux, c'est un métier
qui s'apprend, avec ses règles, ses pièges, ses exigences.
Crochets, tenons et mortaises, bras et limbes ne supportent
la traction des courroies que si collage et assemblage furent
rigoureux. Mon père avait cette passion du travail bien
fait qui fut celle de nombreuses générations d'artisans.
Je voulais qu'un film en témoigne, comme Rouquier l'avait
permis pour d'autres professions. Le 6 janvier 1971, un
appel téléphonique avait brisé ce rêve. Le lendemain soir
j'avais pris le vol Montréal/Paris, et le surlendemain, à
l'Hôpital d'Orléans, j'avais été un fils désarmé, aux paroles
dérisoires. Puis j'étais rentré à Montréal, pour alors
reprendre le tournage des films de la série *Urbanose*.

Durant les sept années suivantes, j'avais plusieurs fois
revu mon père, parfois en compagnie de Yukari. D'après
les médecins, sa santé tenait presque du miracle. Mais
pour moi qui l'avais connu et secondé dans son atelier, qui
avais avec lui fabriqué des centaines de poulies, une chose
essentielle était rompue. Jamais je ne pus, je ne sus avec ou
sans lui définir exactement cette chose, cette absence qui

embuait les jours. La disparition des outils, des machines-outils, de la fierté des objets fabriqués comme il se doit, «l'honneur du travail» lit-on sous des plumes officielles. Ou cette longue habitude, devenue vitale comme l'air et l'eau, ce sang, cette sueur des artisans peut-être, dans la succession des gestes sûrs, des tracés précis, des efforts mesurés entre la main et l'outil. Ces paroles nobles entre les regards francs. Mon père ne fut jamais un retraité. Mais, dans ses dernières années, un artisan sans matériaux, sans outils. Malgré son épouse, ses amis, son jardin, la retraite lui allait mal. Il ne vit qu'un seul de mes films.

Donc, ce 2 avril 1978 la nuit sahélienne obtura le hublot, car à Niamey les avions pour l'Europe, venant d'Abidjan ou de Lomé, repartent généralement après minuit. J'avais dans le corps 11 mois de tournage intensif dans huit pays d'Afrique, qui n'avaient été coupés que par 10 jours en France en novembre – principalement pour des formalités consulaires –, et une semaine à Nairobi et aux Seychelles, fin décembre. À mon retour, trois jours plus tard, il me resterait à peine deux mois pour compléter au Niger et au Burkina Faso (qui s'appelait encore Haute-Volta) le tournage des 31 films du programme *Santé-Afrique*. Venant de plonger de façon drastique dans les souffrances millénaires des populations africaines, la tête bourrée des interrogations des médecins, des experts et chirurgiens, infirmières et patients de huit pays aux carences insuppor-tables, la mort de mon père prenait difficilement en moi la place qu'elle eût dû prendre normalement. Je veux dire le choc qu'elle crée habituellement chez un fils aîné. Ces 10 heures dans le DC 10 de l'UTA seraient brûlantes et glacées. Lentement, dans la bousculade des images insoutenables des enfants noirs mourant de malnutrition, des horribles complications tropicales de la rougeole, des parents cloués dans les douleurs aiguës de la dracunculose, ou des aveugles de 40 ans que garçonnets et fillettes guident dans les sentiers des villages fantômes minés par l'onchocercose, lentement remonteraient les images de mon père.

Deux continents entremêleraient leurs défis. De Niamey à Roissy s'étirerait le plus long fondu enchaîné de mon « histoire du cinéma » : l'Afrique à la dérive, victime des corruptions et des basses politiques autant que des pandémies, s'effaçant peu à peu au rappel d'une Europe divisée, où les égoïsmes nationaux cachaient mal un passé récent et monstrueux.

J'avais 44 ans. Six heures, dix heures, douze heures plus tard se succéderaient Paris blafard dans la vitre, les visages somnambules du métro, la gare d'Austerlitz et ses odeurs de bitume gras, un train amer dont les passagers m'apparaîtraient étrangers. Un train que j'avais souvent pris en compagnie de mon père, quand très jeune il m'emmenait avec lui chez les marchands d'outillage de la rue de la Roquette, de la rue de Lappe ou à Montreuil.

À l'arrivée je n'aurais pas grand-chose à dire. J'ai toujours fui les cérémonies funéraires, lieux d'une belle hypocrisie. Ce n'était pas le cas. Mais quand on a eu la chance d'avoir pour père un honnête homme, le meilleur culte à lui rendre est d'essayer de vivre à sa hauteur.

◦⌒◦

Mon père Marius, qui n'a jamais tenu la plus petite caméra dans ses mains d'artisan, et qui a vu très peu de films dans sa vie, m'a enseigné le cinéma documentaire sans le savoir. C'est par lui que dès le plus jeune âge j'ai appris la valeur et le respect des choses essentielles à la vie. D'humbles évidences qui occupent peu de place, quand elles ne sont pas complètement ignorées par les meilleures écoles de cinéma : le sens du travail, du devoir, des paroles et gestes simples mais riches. Oh ! il pouvait se tromper, et grandissant j'ai dû quelquefois m'opposer à son jugement. Mais c'est bien avec lui qu'à 8, à 11, à 15 ans dans le Val de Loire, j'appris la noblesse du travail. Tout doit toujours être bien fait, répétait-il. Même les choses les plus anodines : cueillir des mousserons, empiler du bois de feu, balayer le plancher de l'atelier, ou faire un simple nœud – toute sa vie il se moquera de moi qui n'ai jamais su boucler aucun nœud classique. Il disait aussi que rien qu'à voir la négligence ou le soin avec lequel un menuisier épinglait son bois dans sa cour ou son hangar, on devinait la qualité de ses meubles. Après avoir quitté l'école, je travaillerais donc avec lui, de 14 à 17 ans, à la fabrication des poulies de bois. J'étais peu doué mais j'aimais les outils et les machines à bois. Je traversai les trois années sans me rogner aucun doigt, malgré certaines opérations dangereuses, telle la coupe des tenons à épaulements courbes entre les plateaux à coquilles d'acier rapide tournant à trois mille tours-minute. Nous étions pauvres, mais nous avions la satisfaction du travail accompli. Chaque samedi après-midi nous nettoyions l'atelier. Nous brossions les machines, graissions les roulements à billes, coussinets et coulisseaux de fonte, de bronze et d'acier. Nous rangions chaque outil, chaque objet jusqu'au moindre boulon, car mon père avait une devise : une place pour chaque chose, et chaque chose à sa place. Quarante ans plus tard, quelle que soit l'heure tardive à laquelle je suspends ou termine le montage d'une séquence, je ne peux quitter une salle de montage sans qu'y règne un ordre parfait.

En plus d'être bon artisan et honnête homme, mon père possédait une grande qualité, indispensable je crois à tout cinéaste, documentariste surtout : il était curieux, manifestait une grande soif de connaître, de comprendre aussi bien les progrès de la science que les merveilles naturelles ou architecturales. Double héritage du milieu artisanal et de l'école publique, probablement. Étant l'aîné – de huit enfants –, très tôt il m'emmena avec lui à Orléans, à Paris, Gien ou Montargis, dans le Cher et dans l'Yonne, là où l'appelaient fournisseurs et clients. Et fréquemment, entre deux courses et bien qu'il fût toujours pressé, il prenait quelques minutes pour me montrer, me détailler quelque monument remarquable, quelque chef-d'œuvre d'architecture ou des travaux publics. Simple chapelle ou cathédrale, pont de pierre ou suspendu, écluse ou pont-canal, et plus tard, dans les usines ou à la Foire de Paris, les mécanismes ingénieux des meilleures machines-outils. Toujours il savait détacher le bel objet de la banalité, l'édifice original de la grisaille. J'ai par la suite rencontré cette qualité chez beaucoup d'artisans en bien des pays. Triomphe du bon sens sur la monotonie et l'ennui imposés par la pauvreté. Mais aussi, science innée de la beauté, qui vainc les limites artificielles, sociales et politiques, dans lesquelles tant de régimes veulent enfermer leur prolétariat. Cette qualité dépasse l'enseignement élitiste, car elle se dessine, se forge, s'affirme au rythme des pulsions de l'enfance puis de l'adolescence, plutôt que dans les manuels et la rhétorique. Oh ! les Grandes Écoles ne nuiront jamais à tout élève talentueux et décidé. Mais comme est longue la horde des ratés et des diplômés les plus ternes. Combien aussi de films documentaires qui ne sont que brillante syntaxe, sans chair et sans cœur. Oui, la mort d'un artisan me rappelait aussi combien est injuste une société qui codifie les valeurs avant tout selon des critères administratifs et monétaires. Tout cela battait sous mes tempes, durant ce vol nocturne au-dessus du Sahara.

Je dois dire qu'une autre chose, une pensée plus complexe brouillait les images de l'Afrique et de l'Europe, dans l'inconfort d'une nuit brisée. Et ce questionnement, cette tache originelle si j'ose dire, me poursuivrait d'année en année. Elle ne m'avait pas été transmise par mon père, et j'avais toujours reporté le moment où je m'en entretiendrais avec lui. Elle avait grandi, bientôt démesurée, angoissante. Durant mon travail en Europe et en Amérique, en Afrique noire et au Maghreb, elle avait gâché beaucoup d'espoirs.

J'avais, comme le plupart des adolescents de mon âge – ayant eu entre 10 et 12 ans à la Libération – longtemps roulé un caillot dans mes veines. Malaise bien sûr étranger aux enfants grandis dans les milieux d'extrême droite. En l'absence de mon père prisonnier de guerre en Allemagne, son atelier avait été occupé par les Nazis qui chaque jour y escortaient des prisonniers français. Cela ne dura pas très longtemps mais marqua mon enfance. Le camp de Jargeau était toutefois, s'il est permis de s'exprimer ainsi, un camp ordinaire. Pourtant à huit ans, voir des prisonniers sénégalais se partager un œuf dur à deux ou trois, en mangeant même la coquille, apprendre qu'ils étaient des centaines à manger pissenlits et racines ne correspondait pas exactement à l'enseignement de l'école et des parents. À 37 et 40 kilomètres de Jargeau se trouvaient deux camps qui, eux, n'avaient rien d'ordinaire : Pithiviers et Beaune-la-Rolande. Là furent parqués quelques milliers d'enfants juifs, qui seraient ensuite gazés en Allemagne. Oui, à 40 minutes de chez moi, des Françaises arrachèrent leurs boucles d'oreilles à des fillettes, avant de les expédier à la mort nazie. Oh bien sûr! des gens vous diront que ce ne sont là que virgules de l'Histoire, qu'anecdotes dans un pays vaincu. Car il y eut toutes les rafles de Paris et de combien de villes. Il y eut Drancy et des dizaines, des centaines de trains, de convois de la mort dans toute l'Europe occupée.

Tout autour de nous il y eut des horreurs. Des massacres, des tortures dignes du Moyen Âge. Je n'ai jamais revu une voisine de mon âge, obligée d'assister au supplice de sa mère. Mon oncle Jean, de 10 ans mon aîné et membre de la Résistance, eut pour moi de longs silences, malgré toute l'affection qu'il me portait. Puis nous avons grandi, nous avons appris, morceau par morceau, le calendrier de la barbarie. Resteront aussi gravées en moi les insoutenables images des camps d'extermination nazis, qu'écoliers de 14 ans nous dûmes voir, durant trois jours de projection, au cours complémentaire de Châteauneuf-sur-Loire. Pour ne jamais oublier. Nous avons également appris que des Françaises, des Français s'étaient devant l'occupant conduits avec dignité, courage, héroïsme. Qu'ils avaient caché, protégé, sauvé des familles juives au risque de leur propre vie. Mais hélas mon pays natal n'eut pas la dignité du Danemark, et un régime honteux collabora avec les Nazis.

La Seconde Guerre Mondiale fit 50 millions de morts. Pensons-y, c'est deux fois la population du Canada. Parmi eux un peuple fut saigné, exterminé systémati-quement par la plus grande industrie de la mort jamais conçue et organisée par les hommes : le peuple Juif. Sur ordre du Führer (dicté à Wannsee, en janvier 1942) s'orga-nisa l'Holocauste. Six des quatorze millions de Juifs vivant dans le monde, périrent dans les camps de concentration nazis. Affamés, dénudés, torturés, gazés ou fusillés, brûlés, traités comme un vulgaire matériau. À tout jamais la Shoah marquera le XXe siècle comme une époque de barbarie. Et Claude Lanzmann en témoignera avec le film le plus long et le plus dur, l'un des documentaires les plus importants de l'histoire du cinéma : *Shoah*. L'holocauste se produisit au cœur du continent se réclamant des civilisa-tions les plus avancées. Il était d'ailleurs fréquent que les bourreaux finissent leurs soirées au piano, jouant du Mozart en tirant les rideaux, afin qu'une certaine fumée ne les gênât pas. Oui, page après page je dus ouvrir l'incroyable livre de l'histoire contemporaine. Et j'appris qu'à l'épouvante des camps nazis et japonais avait succédé la démesure du Goulag stalinien. Puis vinrent l'Algérie, le Viêt-Nam, le Bangladesh, le Tibet, Timor, le Guatemala, le Biafra, le Chili, le Kurdistan, le Cambodge, l'Éthiopie, et toujours le Pérou, le Brésil, et quelques Roumanie égrenées aux portes d'orient, drapées dans leurs voiles islamiques. Ce siècle serait celui des nouveaux barbares, ceints d'honorabilité. On ferait commerce avec les monstres, pour l'essor de l'Europe relevée de ses ruines. Il n'y aurait qu'une seule morale supérieure : celle des banques.

Puis, vivant dans une Amérique plus qu'immorale, je dus non pas oublier ni accepter cette nouvelle barbarie, mais reconnaître le fait d'une réalité politique, mondiale. Personne n'a de choix véritable et absolu devant le choix des sociétés. On ne refait pas le monde avec des larmes, pas plus qu'on n'ébranle les administrations avec des états d'âme. Très rares sont ceux qui peuvent passer une vie écorchés vifs, tel Armand Gatti. Cependant, avec les années une chose ne passait pas : l'antisémitisme viscéral des sociétés occidentales. Allait-on enfin laisser en paix ce peuple à moitié anéanti, et permettre à Israël de respirer normalement ? Non. Rarement un pays eut naissance plus difficile. Les rescapés du plus grand génocide furent les parias des médias, les boucs émissaires de deux générations d'intellectuels et de lâches. Les déformations, falsifications et purs mensonges publiés contre les Juifs rempliraient une grande Bibliothèque de la haine. Comme pour les Indiens des trois Amériques, ou le monde noir. Qu'un si petit peuple, ayant donné autant de génies à l'humanité, dans les sciences et les arts, ait pu s'attirer autant de haine d'autant de peuples, voilà une découverte qui a traumatisé ma jeunesse, empoisonné ma vie. Je ne vois qu'une immense jalousie, et une égale lâcheté pour expliquer autant d'ignominies. Nasser demande-t-il aux masses arabes de le jeter à la mer, c'est encore au peuple israélien que l'on reproche d'avoir refusé un second génocide, de ne pas s'être immolé pour la gloire du Raïs. Et c'est ainsi jusqu'à l'Intifada. Peut-on nommer un autre pays sur terre, où l'on vous jette des pierres, vous poignarde, lance des grenades dans vos autobus, et où vous êtes tenu de répondre : « Je vous en prie, continuez » ? Aucun pays, à ma connaissance, n'est plus exigeant qu'Israël envers son armée ; même s'il se produit des bavures. Autour d'un des plus petits pays du globe, de riches pays pétroliers qui eussent pu depuis longtemps régler le problème palestinien, accueillir un million de leurs frères, avec le quart des fortunes qu'ils ont engrangées en Occident. Non, c'est encore et toujours Israël qui doit porter l'odieux de chaque abcès au Proche-Orient. Quelle que soit l'issue de la meurtrière folie d'un Saddam Hussein – ces lignes sont écrites en 1991 – on mesure entre ses diatribes la subversion avec laquelle y répondent les lamentos d'intellectuels occidentaux élevés dans la ouate. Cet homme a pu torturer durant des années, supprimer ses proches, gazer villages et villes, abuser par tous les moyens un peuple porteur d'une très ancienne civilisation, envahir l'Iran et ensuite le Koweit – et avec quelle rage destructrice – dans le mépris des traités et le massacre des civils, il suffit qu'un matin il déclare : « Notre ennemi est Israël », et le voilà aussitôt vénéré comme un héros et un phare de l'Islam. Lorsqu'une telle distorsion des réalités et des valeurs humaines embrase des foules fanatisées par la propagande, on attend pour le moins que ceux qui ont la chance de vivre en démocratie se comportent plus dignement. Or je lis et entends, jusque parmi des collègues, de telles aberrations sur toujours et encore la responsabilité des Juifs, que le sang parfois m'en glace.

S'il fut un temps de la haine et de la honte, qui voulut détruire un peuple dans le consentement d'une bonne partie de l'Europe, ne peut-il y avoir un temps de la raison, qui permette à la nation arabe d'accueillir ses frères palestiniens autrement qu'en s'attaquant aux rescapés de la Shoah ? Hélas ! j'ai depuis quarante ans vu tant de haine, et si peu de fraternité ou de tolérance, que je doute d'un prochain printemps. Et pourtant en Syrie, au Liban, en Égypte, au Soudan, au Pakistan, au Maghreb j'ai connu moi aussi, à l'écart des dictatures et des dogmatismes, cette chaleur de la terre à laquelle répondaient des cœurs purs, et des chants d'amour.

Je sais, les intellectuels juifs sont souvent égocentriques. Ils cultivent une seconde religion : le martyre. Et à leurs yeux seul l'holocauste est un génocide, une grande tache dans l'histoire contemporaine. Le Tibet, le Cambodge, l'Afrique du Sud pour eux ne comptent guère. Cette dichotomie dans l'horreur me révolte. Puis il y a le clan. J'en ferai l'amère expérience. Pour n'avoir aucune ascendance juive, je serai écarté de certains milieux bien qu'ayant toujours combattu l'antisémitisme, et tous les racismes. L'exigence humaniste que j'impose à ma carrière, butera de temps à autre sur de telles rigidités et incompréhensions. Amoureux du Québec, d'un peuple chaleureux avec lequel j'ai beaucoup appris, je souffrirai de la dérive fascisante de politiciens et intellectuels au nationalisme étroit. En Algérie, en Chine, au Nicaragua, au Viêt-Nam me choqueront les humiliations, les sacrifices indus imposés à des populations démunies par des administrations arrogantes, insensibles. Le devoir d'honnêteté intellectuelle, et d'exigence morale, n'est pas chose facile. Mais sans lui, le cinéma documentaire perd toute raison d'être. Un homme, pour moi, symbolisera cette exigence : Serge Fuster, plus connu sous son nom de plume, Casamayor. Il n'était pas cinéaste mais magistrat, il me fascina par sa profonde humanité.

Alors oui dans le DC 10 de l'UTA j'étais un homme déchiré. Partait mon père, mettant l'accent sur tout ce que je devais à cet enseignement précoce, au sens du travail artisanal, aux qualités essentielles d'humbles travailleurs. Et bien sûr, la tendresse. La tendresse qu'il avait plutôt secrète sous d'avares paroles, sous la dureté d'une famille à élever. Et se superposait ce malaise du demi-siècle, cette incapacité à comprendre pourquoi le peuple Juif devait être à la racine de tous les maux. Sans ascendance juive, nous portions un peu cette tache originelle, non pas d'être nés juifs mais de les maudire, du simple fait d'avoir vécu cette époque, de l'avoir traversée sans trop réaliser quelle horreur, quelle honte s'ancraient dans notre sol. J'étais né en France, voilà tout. Un pays qui, avec d'autres, enverrait allègrement ses Juifs à la mort. Avec même plus de zèle que la plupart des pays.

J'avais cru un certain temps qu'au Canada, en Amérique ce malaise disparaîtrait. Malgré une grande ignorance des blessures profondes de la guerre, l'Amérique du Nord n'était-elle pas tout d'abord généreuse. Hélas la grande humanité d'un René Lévesque – qui avait été bouleversé par ce qu'il avait vu à la libération des camps nazis – ne pourrait effacer l'antisémitisme primaire de certains milieux québécois.

Des dizaines de villages, des dizaines de milliers de Guatémaltèques assassinés, la moitié de Timor massacrée, le Biafra honte de tous les silences, l'Ouganda, la Guinée-Conakry et la Guinée-Équatoriale, l'Éthiopie et le Burundi enfers de l'enfer, trois cents enfants bouddhistes égorgés en une seule nuit dans les Chittagong Hills, et combien de milliers ensuite au Bangladesh et en Assam, des tribus indiennes plus ou moins brutalement décimées en Amazonie, des centaines de jeunes filles infibulées, mutilées au Soudan, en Arabie, quelques millions d'enfants prostrés dans des travaux pénibles de l'Inde au Pérou;

jamais cela ne fera la une de nos journaux, jamais cela ne fera descendre les syndicats, les groupes de pression dans les rues de Montréal. Mais qu'il y ait quelques morts palestiniens, généralement après un attentat terroriste appelant la réaction de l'armée israélienne, et la presse s'émeut, et les discoureurs s'époumonent avec brio. Jamais la distorsion, la subversion des médias n'auront été aussi grotesques. Oui, on peut massacrer, torturer à longueur d'année au Tibet, et c'est le silence pour ne pas nuire à notre commerce florissant avec la Chine. On peut tuer les opposants, les étudiants chaque jour en Birmanie, aucun groupement, diplomate, syndicat, aucun pays ne s'inquiète qu'un peuple là-bas soit réduit au silence bien qu'il se soit clairement exprimé par les urnes.

Il me fallait énoncer ces choses simples et tragiques, afin que les pages qui suivront, les films que j'ai faits aient un sens. Dans un monde et une époque où à la richesse des moyens de communication répondent autant d'hypocrisies, de lâchetés et d'égoïsmes, je n'avais pas d'autre choix que m'orienter vers des films simples, répondant à des besoins évidents, prioritaires. Non pas des films revendicateurs, polémistes, disons politiques, mais plutôt des outils au service des plus faibles, donnant la parole aux oubliés, à ceux qui ne sont pas nés à la bonne place. Oh! j'aurais eu moi aussi ma «période alimentaire», le temps d'apprendre les rudiments du métier. Mais un documentariste avance plus à tâtons qu'avec des certitudes, il doit reprendre à chaque nouveau film la même leçon d'humilité.

Il se peut qu'aux yeux de plusieurs collègues ou amis, bien des lignes précédentes soient purement explétives. Les faits, les cris et les drames qui taraudent la mémoire, nous obligent parfois à rechercher des mots inexistants, à les remplacer par des cercles hésitants dont le centre, le cœur se dérobe ou se protège comme il peut, assailli par les conflits intérieurs, les faiblesses humaines. L'homme ne passe-t-il pas sa vie à tourner autour de son ombre. Dans cette plage mobile, ces quelques mètres carrés autour de sa personne, il connaîtra des émotions véritables, il aura des dialogues insipides ou enrichissants, des découvertes tonifiantes. Un peu à l'écart, puis plus loin, toujours plus loin, il tentera de posséder un espace, une terre, un domaine où se bâtir une raison sociale, une façade étayée par de multiples lois. Cela deviendra parfois géant, pour ne pas dire inhumain. Mais quels que soient la grandeur de cet empire, le nombre de femmes et d'hommes qu'il rassemblera sous des étiquettes professionnelles, administratives, industrielles, ou purement honorifiques, viendra un jour au bout d'une vie, où cette propriété, cette puissance, ce prestige se réduiront à un théâtre d'ombres. Où ces centaines d'hectares, d'édifices, d'humains et de machines les animant, s'effaceront telles les ombres chinoises quand s'éteint l'ampoule électrique. Et que restera-t-il à l'homme le plus ambitieux, hors du territoire couvert par son ombre ? Alors, puisque tout potentat peut se retrouver nu comme un ver, et qu'à l'inverse un ascète, un Gandhi peut être immense, pourquoi ne pas s'attacher à cette vie toute proche et contagieuse, à cette relation immédiate qui fait la véritable grandeur. Il passe autant de découvertes, de drames et de merveilles, il éclôt autant de sentiments à l'ombre d'une personne qu'à l'horizon de toutes les nations. C'est probablement la loi non-dite du cinéma le plus proche des hommes, la règle d'or du documentaire. Et puisque la vie humaine se divise en tant d'instants de doute ou de clarté, de faiblesse ou de courage, pourquoi ne pas concevoir qu'une forme de cinéma documentaire puisse s'alimenter au seul combat quotidien des hommes pour leur survie, quand les trois quarts de l'humanité vivent à peine mieux que des bêtes ?

Année après année, un trop-plein de barbarie m'éloignerait des idéologies. Quelle confiance garder en des leaders moralisateurs qui déroulent le tapis rouge pour des Sékou Touré, des Mobutu, des Marcos, des Sarney, des Collor ? Que signifie l'existence d'une Commission des Droits de l'homme à l'ONU, quand vit en liberté un Pol Pot, quand un peu partout des tortionnaires deviennent des héros nationaux ? De Beijing à Praha, de Santiago à Bagdad, de Damas à Buenos Aires, nous avons tant de fois fait le dos rond devant l'horreur. Et le pouvoir des cinéastes, suspendu au bon vouloir des tueurs officiels délivrant les visas, au quadrillage des chapelles intellectuelles divisant la douleur humaine selon la mode et l'intérêt du moment, au commerce des médias et à la lassitude du public, ce pouvoir devient dérisoire.

Alors, quand les mouvements les plus sincères, les espoirs les plus forts se sont dilués eux aussi dans les silences de la « raison d'État », il ne reste plus qu'à regarder, fouiller, espérer un peu plus de clarté au centre de ce petit cercle individuel, où le monde peut à tout instant basculer du bon côté, dans un coup de cœur.

Quand, autour de nous, les penseurs et les autorités ont imposé leurs règles, quand ils ont à l'infini morcelé la vie en petites républiques de la connaissance et des lois, et que trois milliards de femmes et d'hommes ne peuvent toujours pas se faire entendre, se faire comprendre, et continuent à survivre tels des sous-hommes, est-il possible de quitter sa bibliothèque ou son journal, de fermer la télévision pour aller dormir en paix ? Le gaspillage et le bruit que font les nantis ont atteint une telle indécence, que produire des documentaires prolongeant leurs revendications pour un bonheur jamais satisfait m'apparaît socialement et moralement suicidaire.

La seul issue morale que m'ont imposée les faits après des années de déchirements, est l'écoute des voix interdites, des communautés, des sociétés opprimées qui ne doivent pas gêner notre croissance-à-tout-prix, nos ébats et nos débats futiles. Le cinéma documentaire doit accompagner, aider les hommes dans leur dignité et non leur voracité. Finalement, je crois qu'une vie de documentariste est une longue, une difficile recherche de la simplicité. Une quête cent fois ébranlée, interrompue, interdite, mais toujours reprise à l'écart des partis, des dogmes, des pouvoirs et intérêts. Dans le seul dialogue entre l'œil et le cœur.

Tout est là : faire primer l'œil et le cœur, au-delà de la raison et de la passion, de la méthode et de l'énergie. Oh! les mots s'écrivent plus facilement qu'ils se vivent. Pour qu'à la spontanéité, à la richesse et à l'éclat de ce que découvre l'œil, le cœur puisse apporter sa chaleur, son adhésion et sa force, il faudra évidemment un peu de raison, beaucoup de passion, de plus en plus de méthode et d'énergie. L'esprit des hommes est ainsi fait qu'ils n'accèdent à la beauté première qui les entoure, qu'après avoir écarté les idées folles, les cheminements les plus tortueux, les raisonnements compliqués. Tous les artistes n'accéderont pas à l'ultime plénitude qui se dégage de l'œuvre d'un Modigliani, d'un Giacometti, d'un Chagall. Rares ceux qui immortaliseront la vie dans la sérénité d'un Millet ou la flamme d'un Gauguin. Rares les cinéastes qui parviendront aux regards de *Pather panchali* (Satyajit Ray), de *Kayako no tameni* (Oguri), du *Sel de la terre* (Biberman), les documentaristes qui cerneront l'âme humaine avec la force de *Man of Aran* (Flaherty) ou de *Au bout de mon âge* (Dufaux).

Trop longtemps, le film documentaire souffrira d'esthétisme, d'une priorité de la forme sur le fond. Pour la simple raison que de nombreux documentaristes sont en attente de fiction, sont des metteurs en scène frustrés ne pouvant obtenir les gros budgets de leurs premiers longs métrages. Mais, à l'inverse, quel plaisir de voir un Louis Malle quitter les studios pour plonger dans la réalité indienne. Ces femmes qui chaque jour ramassent, un à un, les infimes morceaux de charbon perdus par les locomotives, voilà une séquence qui, en quelques minutes, embrasse toute l'Inde millénaire. Et ce film qu'il ramène d'un cours de danse où évoluent une Bengali et une Tamoule demeurera un joyau du cinéma mondial. Sans artifices ni bavardage, un éclat de grâce dans lequel corps, mouvements et regards suspendent la beauté du monde hors du temps. Dans une époque où toute l'industrie de l'audiovisuel est orientée vers la facilité, le blablabla et le gain, avec en priorité le sexe et la violence, la carrière d'une documentariste comme Sumiko Haneda est héroïque. S'attarder sur les vieillards handicapés, ou sur les paysans du nord de Honshu, y observer avec tendresse les vibrations nostalgiques du pays profond, peut sembler un non-sens à l'heure où le Japon est lancé dans les délires technologiques et financiers. Cela exige à la fois beaucoup de simplicité et d'entêtement. La belle simplicité qui a déserté notre époque.

En janvier 1991, lors d'une rencontre avec le cinéaste brésilien Rosemberg Cariry, Bernard Gosselin déclarait calmement : « Nous sommes je crois les derniers documentaristes, le documentaire n'intéresse plus personne, même les journaux télévisés sont aujourd'hui des spectacles, organisés comme tels ». À cet aveu qui fait mal du réalisateur du

Discours de l'armoire, j'aimerais ajouter : « Peut-être ? Peut-être pas, aussi ». Répondre que Bernard Romy à Genève, Sumiko Haneda à Tokyo, et ici Gilles Blais, Richard Lavoie, Maurice Bulbulian, Serge Giguère et Sylvie Van Brabant ont encore une bonne réserve d'énergies.

Il est à mon sens impensable qu'une civilisation s'auto-détruise sans se poser de questions fondamentales sur les raisons de sa mort lente ou accélérée, et j'espère encore que le XXIe siècle aura ses documentaristes lucides et tenaces.

Je sais que notre démarche sera chaque jour plus difficile. Que le film documentaire sera de plus en plus combattu par la mafia de l'audiovisuel qui, penchée sur l'audimat, les profits et les propagandes officielles, monopolise les budgets. Peut-être qu'aussi, à cause des excès des médias enfermant l'information dans le carcan du show-business, y aura-t-il réaction du public. Une sur-saturation entraîne souvent le rejet. Déjà, en Amérique du Nord et en Europe, la plupart des journaux et des programmes télévisés dits d'information ont beaucoup perdu de leur crédibilité.

Pour sauver le documentaire, nous devrons, non pas être conciliants avec les papes de l'audiovisuel, mais au contraire plus exigeants envers nous-mêmes. Dans le flot des productions aseptisées, fabriquées comme des télé-romans, les compromissions seront mortelles. Seuls l'honnêteté, l'engagement total, la détermination à poursuivre le dialogue de l'œil et du cœur en dehors des planifications bureaucratiques, pourront sauver un art majeur de son asphyxie.

Brasilia, Montréal, 1991

3 | DES FEMMES, DES HOMMES ET DES FILMS

1955 • 1956

L'Afrique de mes vingt ans, et de mes premiers films

A 43 KILOMÈTRES À L'EST D'ABIDJAN somnole la petite ville côtière de Grand-Bassam, qui fut la première capitale de la Côte d'Ivoire, avant Bingerville, Abidjan, et aujourd'hui Yamoussoukro. Après avoir traversé les pays lobi, koulango, agni et atié, la Comoé rejoint ici la lagune Ébrié et le canal d'Assinie. À l'instar d'autres villes du golfe de Guinée, Grand-Bassam s'étale sur un cordon littoral, au ras des vagues et à l'ombre des palmiers et cocotiers. Écrasée sous les vapeurs lagunaires et océanes qui rongent ses anciennes résidences coloniales, elle étire ses quartiers populaires entre les bras d'eau parcourus de légendes ébrié et abouré.

Face à l'Atlantique, deux repères : côté Est le wharf métallique abandonné en 1931, et côté Ouest le cimetière d'Azuretti. Entre ces deux lieux d'écume et de rouille, de sable et de vent, et en collaboration avec Raoul-Jean Moulin, je tourne mon tout premier film : *Le cimetière des males gens*. Il doit son titre à cette rive sablonneuse, qui de Port-Bouet à la frontière ghanéenne se nommait autrefois la côte des Males Gens. Avec Raoul travaillant comme moi au service de l'Information de la Côte d'Ivoire, et Jacqueline Fagnard, nous passons plusieurs week-ends, en octobre et novembre 1955, à tourner ce court métrage qui restera inachevé.

Entre les grands arbres d'Azuretti : des tombes en ruines, aux inscriptions parfois illisibles. Le sable, le soleil et la brise jouent entre les pierres disjointes, les dalles éclatées et les silhouettes des charognards. Reposent là des Français, des Anglais, des Espagnols, des Portugais morts jeunes ou vieux, de fièvres ou d'accidents. Ou d'amour. Notre imagination tient lieu de mémoire, la poésie remplace les archives. J'ai 21 ans, je succombe aux qualités du film Plus X de Kodak, et disserte avec les cadrages et les mouvements de caméra. Je découvre le Cinéma. Ce premier film sera monté, mais jamais sonorisé. Je ne l'ai pas revu depuis trente-cinq ans. J'en conserve quelques photos, et le souvenir d'une époque nourrie de folles espérances, d'une grande naïveté, et quelques amitiés lointaines.

Par contre, j'ai plusieurs fois revu Grand-Bassam, et visité Azuretti. Le temps poursuit son œuvre. Le soleil et les embruns, les hivernages déchirent le passé. Pierres et bois recouverts par les végétaux, rongés par les insectes, petits morceaux d'une ville qui fut chère à cinq disparus. Certaines images se sont brouillées, estompées sous la succession d'autres films, mais les cinq personnages revivent encore. Cinq séquences par lesquelles j'ai appris l'ABC du métier :

Bertin, un ancien gouverneur. Une plaque émaillée portait son nom au coin d'une rue. Avec le temps, l'usure des murs, elle est tombée, simple objet à l'écart des enfants et des cabris, dans la chaude poussière soulevée par la brise.

Josselyne Vuillemot, morte à deux mois. À dix pas de sa tombe, une femme est assise sur la plage. Les vagues sur le sable écrivent pour elle une douleur éternelle.

Hélène X, partie à 30 ans. Son nom a disparu sur la tombe en forme de lit. Plus loin, les derniers pas qu'elle fit entre les claustras d'une résidence, arrachent au courant d'air une ultime volupté tropicale. À suivre ces pas, j'ai risqué mes premiers travellings caméra au poing.

Enrico Calheiros, bourlingueur. Son tombeau est un trompe-l'œil. Un bouge, rempli de femmes et d'alcool. Pour l'évocation mon minable logement d'Abidjan fait l'affaire. Une chaise, un verre à demi vide, la photo d'une dernière Blanche, la favorite peut-être. Puis un poison, moins douloureux que la malaria.

Arthur Sturken enfin. Pourquoi est-il venu crever ici plutôt qu'à Liverpool ou Colombo? Il est commandant d'un vapeur mouillant au large, alors que passagers et marchandises sont transbordés vers le wharf sur des chaloupes «tanguées» par la barre. Dans le squelette de l'appontement, les poutrelles rouillées, déformées, cisaillent des rectangles où la houle prépare l'Apocalypse. Quelques plans de cette séquence sont tournés au port d'Abidjan, à bord du Saint-Jean, cargo suédois.

～⚮～

L'été 1955, quelques jours après mon arrivée à Abidjan où il pleuvait sans cesse, j'avais rencontré Robert Fontaine. Il était grand, grand, et plus encore passionné de théâtre et de cinéma. Élevé en Indochine – où son père, Julien Fontaine, avait construit le chemin de fer Tonkin-Yunnan –, il avait plus tard suivi le cours Simon à Paris, connu de nombreux acteurs dont il parlait avec admiration, et finalement abouti à la banque. La banque qui n'était pour lui qu'un gagne-pain, la vraie vie se passant sur scène ou à l'écran, ou dans la lecture des pièces de théâtre, des synopsis et scénarios qui étaient sa drogue. Il devint là-bas mon meilleur ami. Nos origines, notre éducation, nos caractères, goûts et opinions politiques, tout aurait dû nous séparer. Mais la fièvre du cinéma, l'enthousiasme, une générosité de chaque instant l'habitaient, que le magnétisme de son regard ponctuait d'exigence, de silences torturés, de phrases nerveuses où l'héréditaire courtoisie pliait sous la passion. Il savait aussi être drôle. Je me souviens d'une boutade qui, lors de notre seconde rencontre, me fit comprendre que nous étions destinés à nous entendre. À une terrasse de l'avenue du Général de Gaulle, j'avais retiré une mouche de la surface de ma bière, avant de trinquer avec lui. Il m'arrêta net et me demanda : « C'est votre second séjour en Afrique ? » Je lui répondis que non, que j'en étais encore à mon premier séjour, arrivant en Côte d'Ivoire après 18 mois passés au Sénégal. Alors il m'expliqua : Au premier séjour, découvrant une mouche sur sa bière, l'étranger appelle le serveur et exige d'être servi à nouveau. Au second séjour, le client retire la mouche et boit la bière. Au troisième, surpris par un collet sans tache, il demande le serveur et lui dit : « Garçon, une mouche s'il vous plaît, cette bière n'a pas de goût ! »

Ensemble nous tournerons deux films qui me convaincront définitivement de m'éloigner du cinéma de fiction : une brève aventure de copains, au cours de laquelle j'appris à éviter quelques pièges. Mais bien que Robert ne ressentît aucune disposition pour le documentaire, nous eûmes, lors de la réalisation de mes premiers courts métrages, des échanges très riches. L'amoureux du théâtre aimait aussi Flaherty.

Je le revis pour la dernière fois à Dakar en novembre 1963, avec Annie, sa compagne depuis notre été ivoirien. Chaleureux, il approuvait ma passion du documentaire axé sur les priorités sociales. En 1965 il quittera pour de bon la banque et deviendra professeur d'art dramatique à l'école des arts du Sénégal. Ami d'Ousmane Sambene, il tiendra des rôles importants dans deux de ses premiers films : *La noire de* et *Emitai*. Infatigable, dévoré par la passion du théâtre, il sera metteur en scène et acteur au théâtre Daniel

Sorano, tenant encore la scène quelques jours avant sa mort, en avril 1973. À mon retour au Sénégal, en 1975, des amis dakarois m'avoueront avec émotion : Robert nous a appris à travailler au théâtre, et surtout à persévérer, ce qui, chez nous, n'est pas toujours évident.

En 1955, Daniel Doustin, directeur du service de l'Information de la Côte d'Ivoire, m'avait engagé comme reporter-photographe afin d'enrichir la photothèque d'un pays en plein développement, cinq ans avant son indépendance. J'avais donc quitté l'indolente Ziguinchor et la luxuriante Casamance, pour affronter l'hivernage ivoirien. Ancien administrateur en Indochine, Daniel Doustin parlait peu, souriait encore moins, mais quand il nous serrait la main cela remplaçait quinze discours. Ancien rugbyman, originaire je crois de Bayonne, il appartenait à la race des hauts fonctionnaires intègres, dont l'intelligence et le flair atténuaient les erreurs des lointains coqs de la politique, ceux qui, à Paris, décidaient de la vie d'une vingtaine de pays africains. Il était de l'équipe Messmer, celle qui, en Côte d'Ivoire, puis ensuite au Cameroun, effacerait de cruelles bourdes coloniales, et s'attirerait l'amitié des futurs leaders africains.

Dès les premiers jours cet homme m'accorda sa confiance. J'enrichis sa photothèque de huit mille clichés, couvrant la plupart des activités d'un pays que je parcourus avec deux Rolleiflex sur le ventre. Et il me permit de réaliser mes tout premiers films. Notre équipement cinématographique était rudimentaire, et l'Arriflex que je commanderai l'année suivante, serait livrée après mon départ pour Montréal. Cette sobriété de moyens était pourtant l'embryon du cinéma ivoirien. L'enthousiasme palliait l'indigence matérielle. Après *Le cimetière des mâles gens*, je réalisai d'humbles courts métrages portant sur divers sujets : les cérémonies traditionnelles, l'évolution de l'habitat ivoirien, la rapide croissance d'Abidjan, et le voyage triomphal de Félix Houphouët-Boigny en Pays Baoulé.

À l'enseignement de mon père, à quatre années de photographie – reportages en Lorraine et découverte du monde noir au Sénégal –, les premières amitiés adultes ajoutèrent leurs exigences. Deux hommes aussi dissemblables et remarquables que Daniel Doustin et Robert Fontaine, m'encouragèrent à réaliser des films qui, aussi modestes fussent-ils, marquèrent un point de non-retour.

⚜

Mon second film fut *Gouroussé*, court métrage tourné en une journée dans une forêt sacrée.

Avalés les 130 kilomètres de bitume qui nous séparent de Ndouci, nous avons encore près de 600 kilomètres de poussière avant d'atteindre Danané, gros village au cœur du pays Yacouba, près de la frontière du Libéria (ne pas confondre les Yacoubas de Côte d'Ivoire et du Libéria, rattachés aux Dans, avec les Yorubas du sud-ouest du Nigeria). Divo, Lakota, Gagnoa, Issia, Daloa, Man, les petites villes émergent des nuages de latérite, après les courses folles des grumiers et des camions de café. Si les jours de pluie obligent à ralentir, à louvoyer sur les pistes bombées, les déformations et les courbes, suivre les véhicules par temps sec est un supplice. Et les doubler, pleins phares dans l'opaque rideau de latérite, est un suicide. Les haltes dans les campements administratifs ou aux derniers bacs, permettent de déboucher oreilles et narines, entre une bière tiède et un *ragoût-foutou*, qui est parfois un foutu ragoût ! Mais soyons justes, la Côte d'Ivoire possède en 1956 les meilleures routes d'Afrique noire, et ses petits restaurants de brousse sont des deux étoiles, sinon des deux calebasses dans les carnets de route des chauffeurs tropicaux.

Danané – aujourd'hui préfecture, mais à cette époque simple chef-lieu de subdivision – nous reçoit avec beaucoup de gentillesse. L'administrateur entretient les meilleures relations avec les chefs coutumiers, et après une douche à grands seaux sous le toit de chaume du campement, je peux le soir même exposer à quelques notables mon désir de filmer plusieurs danses durant notre bref séjour. Le lendemain nous quittons le village et gagnons, vers le nord sur la piste de Trokolimpleu, la splendide forêt de Gouroussé. C'est ici, à 12 kilomètres de Danané, que les danseurs yacouba nous ont donné rendez-vous. Je choisis une petite clairière, un trou de lumière entre les arbres géants dressés sur l'empire sournois des lianes. Aucun studio de London ou d'Hollywood ne peut reproduire un décor aussi envoûtant. Non pas ces murailles artificielles, ces lianes de plastique et ces cascades vaporeuses dans lesquelles un Spielberg imagine ses délires à dollars, mais une forêt qui dans son oppressante grandeur suinte le mystère.

Médy rassemble ses meilleurs danseurs. Leurs habits tissés de coton brut, leurs multiples bracelets, leurs coiffes à cauris et plumets, les masques, les crânes ancestraux noyés parmi les fétiches, les tam-tams, et deux fillettes d'obsidienne rivalisant de splendeur et de souplesse, tout est là pour deux heures d'une indéfinissable richesse. Un long moment d'extase, de passion, qui, le 9 février 1956, me transporte à la naissance d'un petit film qui ne vieillira jamais.

Chaque danse est exécutée deux fois. Tout d'abord j'observe, note les mouvements, les déplacements, la tension qui étreint le rythme et la musique, la lumière qui joue sur les muscles, les lèvres et les regards. À la reprise, alors que les corps déjà glissent dans la sueur et l'extase, je prends la caméra et plonge dans la danse. Je colle aux mouvements, à la montée du souffle yacouba dans la forêt, qui, entre le milieu et les hommes fait naître les pulsions magiques. Quand les crânes vides, mais pleins de voix et de feu, battent sur la poitrine du danseur édenté, quand les fétiches s'ancrent dans la peau plissée aux éclairs de soleil, quand les nerfs du cou et des membres se tendent tels des arcs, et que les regards éclatent dans le cri rauque du tam-tam, je ne suis pas sûr que la caméra m'appartienne encore. N'est-elle pas déjà plus proche de la danse que du jeune cinéaste cherchant à contrôler sa nervosité, à maîtriser sa technique ? Ce jour-là, pour la première fois, je réalise qu'une caméra peut changer un homme.

Les bobines de 30 mètres provoquent la frustration. Je recharge à la hâte, sous l'œil vif de Médy, sans doute inconsciemment jaloux de la maîtrise du danseur yacouba, que je n'atteindrai jamais avec une caméra. La danse des couteaux est spectaculaire, lorsque le danseur brandit ses lames sous le corps de la fillette lancée dans l'espace. Mais ce n'est qu'un intermède, avant de parvenir à la beauté pure durant la danse finale des deux fillettes acrobates revenues sur terre. J'ai oublié le nom de l'une, l'autre ne m'a jamais quitté. Satie devait avoir 10 ans. On ne la décrit pas. On essaie de la filmer, de la cadrer le mieux possible. De s'en montrer digne. Son visage haletant entre les moments forts de la danse, son corps suspendu dans le rythme et la sueur, ses mouvements parfaits, sa grâce interdisent tout jugement. J'avais dans mon viseur un monde neuf et millénaire. Trop de noblesse, trop de chance également pour en mesurer le privilège. Ce soir-là, j'ai emporté avec moi un peu du cœur de l'Afrique.

Avec la musique originale rassemblée ensuite par Jacques Lubin, ce film sera sonorisé deux ans plus tard,

à Montréal, grâce à l'amicale collaboration de Marcel
Carrière. Malgré une quinzaine de retours en Afrique,
dont plusieurs en Côte d'Ivoire, je ne suis jamais retourné à
Danané. Avec une Éclair, une Aaton, que n'aurais-je pu
refaire dans cette splendide forêt de Gouroussé, avec, qui
sait, le fils de Médy ou la fille de Satie ? Rien n'est jamais
acquis cependant. Une caméra électrique et silencieuse, des
bobines de 120 mètres, et plus de métier n'assurent pas que
la chance, la réussite seront au rendez-vous. En Afrique, en
Asie, j'ai plus tard filmé de belles danses, avec de bons
équipements. Parfois la grâce se retrouva sur l'écran de la
table de montage, parfois non. Ce 9 février 1956, il n'y avait
ni touristes ni curieux ni notables. Ni horaire ni fatigue. Il
y avait Médy, Satie, leurs frères et sœurs yacouba dans la
profondeur d'une forêt sacrée entre Lapleu et Trokolimpleu.
Je ne réalisais pas un film ethnographique, encore moins
un court métrage sur l'art yacouba, ni quelque film accrocheur pour amateurs d'exotisme. Je filmais tout simplement
une réalité naturellement belle, vierge encore de tout
commerce et de tout artifice. Cela devient rare.

Tourné en quelques heures avec presque rien,
Gouroussé me suit avec ses voix, ses rythmes, ses gestes et
ses regards qui m'ont appris à découvrir et à recevoir, plutôt
qu'à fabriquer des images. En un sens, ma carrière serait un
long voyage qui pourrait s'appeler : *À la recherche de Satie*.

1 9 5 7

Le Canada plutôt que Ceylan

C ERTAINES RENCONTRES DÉTERMINENT, sinon toute une vie, du moins quelques décisions ou une orientation capitales. À l'automne 1956, Pierre Messmer et Daniel Doustin rejoignent leurs nouveaux postes au Cameroun. À Abidjan, leurs remplaçants immédiats fauchent tout enthousiasme. Hélas, je ne peux suivre Daniel Doustin à Yaoundé ou Douala car le personnel d'INFOCAM est complet. Pas question non plus de revenir en Lorraine où un poste de journaliste m'est offert, car je refuse la Guerre d'Algérie. Après de rapides démarches auprès de l'UNESCO, je prépare mon départ pour Ceylan (aujourd'hui Sri Lanka), où je pourrai me joindre au centre d'éducation de base de Minnerya. Passe alors à Abidjan un éditorialiste de l'influent journal montréalais *Le Devoir*. Nous nous rencontrons au service de l'Information, puis à table avec les copains. Très vite Jean-Marc Léger me demande : « Pourquoi aller travailler à Ceylan alors que vous parlez à peine anglais, quand nous avons à Montréal l'Office national du film du Canada (ONF) et une jeune industrie cinématographique qui monte avec l'essor de la télévision ? »

L'ONF, bien sûr je sais. Comme je connais l'existence de l'IDHEC et de l'ETPC à Paris, c'est-à-dire des noms, des lieux prestigieux, et inaccessibles. J'ai quitté l'école à 14 ans et ces institutions ne recrutent que des diplômés. Mais pour l'ONF existe alors un plus dans mon esprit, l'aura d'un organisme gouvernemental ayant su enfanter deux choses assez rares dans les officines étatiques : le génie créatif et l'enthousiasme. J'ai, quelques mois plus tôt, projeté les deux premiers films de Norman McLaren parvenus en Côte d'Ivoire : *Begone Dull Care* et *Blinkity Blank*. Et un homme s'est levé dans la salle, puis a accouru dans la cabine de projection pour me dire : « Arrêtez monsieur, le projecteur est déréglé, on ne voit rien ». À part quelques pages dans les *Cahiers du Cinéma*, je ne sais pas grand-chose sur les techniques de l'inventeur canadien du cinéma sans caméra. J'ai seulement deux certitudes : mon projecteur à arc fonctionne très bien, et *Blinkity Blank* crève l'écran. Je réponds donc très brièvement, ne voulant rien perdre d'un film aussi neuf, et mon interlocuteur repart en marmonnant dans une langue vernaculaire des propos sans doute peu élogieux sur ma personne et sur le film.

Mais Jean-Marc Léger – qui parle mieux français que n'importe qui en Côte d'Ivoire –, nous convainc de la réalité des trois, des six océans Atlantiques qui séparent alors l'administration et la hiérarchie françaises de leurs équivalents canadiens. À Montréal, dit-il, on ne vous jugera pas sur des diplômes. Dès le lendemain et toute la semaine les questions fusent dru dans notre petit groupe, tant et si bien que quatre mois plus tard ce n'est pas à Colombo, mais à Montréal que je débarque du nostalgique Super-Constellation.

Après trois années en Afrique Occidentale, à mon tour je découvre l'Amérique au Victoria Rooms, un petit hôtel à l'entrée duquel le pôle Nord est descendu la veille. Mais l'escale de Goose Bay, au Labrador, a amorti la surprise.

La rue Sherbrooke et le campus de l'université McGill, la rue Sainte-Catherine et la petite rue Victoria ne sont que pierre, ciment, aluminium et verre froids, glacés, givrés, hostiles. Puis un commerçant de Senneterre, un Pérusse et son épouse de retour de Paris sur le même avion, ont des mots d'accueil à faire fondre l'hiver.

⸎

Lentement, j'arrache à ce pays ses silences et ses craintes, ses ambiguïtés, ses blessures. J'apprends à le comprendre, à l'aimer. Parfois bien gauchement. Europe, Afrique, Amérique, le triangle fut trop rapide pour ancrer des certitudes. Bientôt j'adhère au Registre international des Citoyens du Monde, car je ressens déjà le danger de renforcer, de militariser des frontières absurdes. Je plonge dans les films de Rossellini, de Flaherty, de Renoir. *Paisa*, *Man of Aran*, *The River* m'éblouissent. Puis je me marierai, j'aurai quatre enfants, des espoirs fous, et un échec lamentable. Ce livre n'est pas un journal. Aussi, je survole 30 années en 30 lignes, pour tout ce qui fait d'un homme un père maladroit, un amoureux trop fou d'une femme pour l'aimer bien. Le divorce sera une cassure, plus dure que les hivers de la mémoire au cours desquels furent saignés plusieurs Viêt-Nam. À trop idéaliser certains itinéraires, à trop défendre certaines œuvres, on se prépare plus de réveils glacials que d'insécables amitiés. L'amour qui aujourd'hui me fait vivre est un vent d'Est que l'Europe sut adoucir, mais qui jamais ne se coulera dans l'Amérique profonde. Par lui, par Elle je mesurerai mieux ma fragilité, dans ma soif de comprendre un peu moins mal les souffrances des hommes, et ma volonté d'en filmer des constats crédibles. Il est peu de choses qu'un cinéaste puisse dire, honnêtement, s'il n'a pas, plus ou moins jeune, réalisé qu'il est aussi difficile d'aimer la vie, d'aimer le monde, que d'aimer dignement une femme.

Yukari est arrivée, un matin de 1968, en Géorgie, avec une soif de plénitude que nul peintre sans doute n'étanchera jamais. Il fallait peut-être qu'elle fût rescapée de la guerre – parmi ces enfants innocents et blessés, qui font les adolescents maudits et les adultes exigeants –, pour ne plus attendre des hommes une œuvre idéale, un tracé parfait. La plénitude est plus dans les ombres que dans la lumière vive. Oui, l'horreur de Yokohama sous les bombes, avait été écrite sur la même planète que la douceur de Tbilisi. Et dans l'histoire les rôles furent souvent inversés. Les Kurdes aujourd'hui massacrés par Saddam Hussein, ont au début du siècle rivalisé de sauvagerie avec les Turcs et les Tcherkesses dans l'extermination des Arméniens. Des Français rescapés des camps nazis n'ont-ils pas eu des fils alertes à «casser du bougnoule» en Algérie. L'homme souvent se renie, et des causes un jour nobles apparaissent ignobles le lendemain. Cela aussi s'accentuera avec mon virage nord-américain. Et la faiblesse, la lâcheté ne frappent pas un homme brusquement, tel un cancer. Elles s'insinuent lentement dans une vie sociale apparemment normale, simples virgules d'abord, puis entorses aux principes, de moins en moins gênantes. Dans un métier qui devrait être exaltant – ainsi que le répétait Michel Brault –, riche de fraternité, d'échanges, je connaîtrai, hélas! moult sires devenus salopards. Que de corruptions, de bassesses, de lâchetés maquillées dans le discours intellectuel, ou purement mercantile.

Écrire trente, vingt ou dix ans après la réalisation d'un film, et ce qu'il vous apporta, peut sembler inutile. La spontanéité, l'enthousiasme, mais aussi la vache enragée et les cent problèmes pour qu'un projet devienne un film, tout cela généralement se diffuse avec le temps, et devient secondaire en regard du film terminé. Avec les années aussi, les films passés du domaine personnel au domaine public, bien que leur fiche signalétique ne change pas, muent dans la perception des publics. Pour un documentariste, revoir un film trente ans après sa sortie pose souvent problème : le devoir d'exigence, de probité intellectuelle, doit-il toujours primer sur la nostalgie, sur l'émotion des premiers engagements? Le domaine des souvenirs, des amitiés, des réconforts intérieurs, peut devenir l'exarchat des assurances présomptueuses. Et savoir que les écrivains, les peintres, les architectes et bien d'autres créateurs partagent d'égales incertitudes, ne change rien à l'imparable dureté de l'écran. Dès 1957, dans la froide Amérique, je l'apprendrai.

Aucune carrière touchant les communications ne peut se poursuivre en marge de la société. Pourtant, trente-cinq années au Québec – coupées de nombreux séjours à l'étranger – ne me permettent pas de le juger. J'ai ici appris mon métier, et cependant je dois avouer que ce pays pour moi est toujours un pays dur. Durant trois décennies j'ai connu des personnes remarquables, j'en ai fait des balises plus que des modèles. Comme l'a si bien dit Pierre Foglia : « Émigrant un jour, émigrant toujours ». N'étant pas né ici, j'aurais donc à maintes occasions obligation de retenue, sinon de silence. Citoyen du Monde par conviction, allergique à tout nationalisme réducteur, revendiquant pour tous les peuples le droit d'enrichir leur culture sans pour cela se figer dans les carcans politiques, et sans associer culture et commerce dominateur, je mentirais en disant que je n'ai pas souffert, ici et en d'autres pays, des excès d'un nationalisme primaire. Je n'ai adhéré, pour quelques années chacun, qu'à deux partis politiques : Le Nouveau Parti

démocratique (NPD) et le Parti québécois. Les deux m'ont
déçu. Bien sûr, aucun parti, aucun pays ne peut attendre
des centaines de David Lewis ou de Robert Burns, de
Robert Cliche ou de Jacques Couture. De Pierre Mendès-
France ou d'Edmond Michelet. À rêver l'idéal on manque
de sagesse. Pendant trente-cinq années aussi, le pays natal...
Qui, aujourd'hui socialiste, commerce avec les pires dicta-
tures. Alors je reconnais que j'ai espéré, puis échoué çà et là.
Mais entre deux productions, il était réconfortant de lire ou
d'écouter, de croire un engagement exemplaire. Un Albert
Camus, un Alfred Grosser, un Jean-Marie Domenach, un
Tibor Mende, un Raymond Aron, un Pierre Vadeboncœur,
une Thérèse Casgrain ou un Jacques Grand'Maison, un
David Lewis, un Willy Brandt ou une Golda Meir. Un
abbé Pierre aussi, comme un Zafrullah Chowdhury, un
Julius Nyerere. De réentendre les alarmes de René Dumont,
Armand Gatti, la pénétrante vision de Gunnar et Alva
Myrdal. Combien de fois aussi ai-je ressenti le souffle
d'humanisme de Clément Trudel, Jean-Claude Leclerc,
Michel Roy, Lysiane Gagnon, Adèle Lauzon, Pierre
Blanchet et Jean Lacouture, quand l'inflation idéologique
engluait la presse ? André Laurendeau était hélas parti trop
tôt. Les deux lignes se confondent qui, coiffant trente-cinq
années de questionnements, relient d'une part *Paisa* de
Roberto Rossellini à *Tilai* d'Idrissa Ouédraogo, d'autre
part les appels à la raison d'un Casamayor à ceux d'un
Jacques Julliard. La soif de tolérance et de justice réclame
un constant effort de clarification. Mais cela, bien sûr, que
j'écris aujourd'hui, l'aurais-je écrit trente ans plus tôt ? Ma
passion n'a pas changé, mais le temps m'a enseigné que la
révolte isolée est stérile, et l'indignation plus facile que
la compréhension des conflits sociaux. Les coups de sang
ne font pas les coups de cœur, et le scandale se nourrit des
vagues qu'il suscite. Pourtant les ethnocides et les crimes
économiques, les subversions intellectuelles et politiques

ne cessent de me torturer. Par contre, j'ai appris que les révoltes qui comptent sont souvent des actions au ras du quotidien, anonymes, lentes et tenaces.

⸎

Après le virus, l'école. Passe une longue année d'assistanat à l'ONF et vient en 1959 la plongée dans l'entreprise privée, pour une période de huit années. À l'enseignement de Michel Brault succède la confiance de Fernand Rivard qui, avec Jean-Marie Nadeau, dirige alors à Québec la petite maison de production Nova-Films. Il y a scission un an plus tard, et j'accompagne le premier à Montréal où il fonde Fernand Rivard Productions. Je réalise ensuite plusieurs films avec Artek Film, l'entreprise des frères Paul et André Legault, et pour quelques autres compagnies de Montréal et Toronto.

Fernand Rivard ressemble aussi peu à Michel Brault que ce dernier à Robert Fontaine ou à Daniel Doustin. Pourtant, ces quatre hommes ont une chose en commun : ils sont avec moi exigeants et stimulants. Je leur dois beaucoup. Fernand Rivard est un générateur d'enthousiasme, un optimiste impénitent qui arrive chaque matin avec une nouvelle idée, un projet, une raison de rêver de cinéma dans la capitale provinciale assez bourgeoise qu'est alors Québec. Il vient de Trois-Rivières, appartient à cette classe des premiers documentaristes québécois qui, dans la foulée des Maurice Proulx, Herménégilde Lavoie, n'ont jamais froid aux yeux, une caméra à la main devant les sujets les plus inattendus. Il a pour la Cine-Special un attachement amoureux, et ne doute jamais de la viabilité de ses projets. Je réalise pour lui près de 40 courts métrages, et c'est chaque fois un double apprentissage de technique et de québécitude. Aucun cinéma national ne saurait croître et s'affirmer sans le travail patient, silencieux de ces artisans, de ces professionnels absents des festivals mais qui sont de véritables artistes avec lesquels toute une génération apprend son métier. Fernand Rivard, Jean Roy, Réal Benoit, Richard Lavoie, Roger Moride, Michel Thomas d'Hoste, Jo Champagne, René Jodoin, Victor Jobin, Marc Hébert, Maurice Blackburn, Édouard Davidovici, ils sont une bonne centaine à Montréal, à avoir traversé ce demi-siècle en nous apprenant le respect du bel ouvrage. Durant ces années, alors que chaque film est un pari avec des moyens limités, d'autres personnes m'aident, me conseillent. Gaby mon épouse, qui avec sa grande connaissance des acteurs et musiciens québécois – elle travaille sur les émissions dramatiques à la télévision – m'épargne des erreurs, et me fait connaître à Radio-canada des réalisateurs dont le talent et les audaces marquent une époque : Jean Valade, Claude Sylvestre, Pierre Castonguay, Louis-Georges Carrier, Jean-Paul Fugère, Jacques Gauthier et quelques autres. Puis, à l'écart des studios, Fernand Cadieux, philosophe à la maigreur légendaire, et son épouse Rita, fort préoccupés par les ravages de la démagogie. Pierre Elliott Trudeau qui, bien avant sa brillante carrière politique, est simple et direct, et si juste lors de nos questionnements sur l'Afrique et sur un Québec post duplessiste. Jean-Claude Pilon et Raymonde Létourneau, avec lesquels je rogne bien des nuits à débattre des mérites de Rossellini, de Sjöberg, de Renoir, et de la difficulté d'être Québécois.

Puis il y a Jordi, l'immortel Jordi Bonet. Ce Catalan parti trop tôt, après avoir tant donné au Québec. L'homme de Barcelone et de Tahull, fait ici éclater mille soleils sur le gris des hivers, la grisaille des conventions. À chaque rencontre, Jordi et Huguette me dopent de leur enthousiasme, et de leur belle exigence. Jordi qui, entre deux œuvres percutantes, me confie ses rêves de peintre, graveur, céramiste et sculpteur, avec les yeux brillants d'un Chagall.

À ce dessinateur génial, coloriste inspiré par deux continents, maître de l'aluminium et du béton, j'envie parfois la précision des quelques mots, des quelques traits avec lesquels il résume les drames majeurs de notre temps. Michel Brault, Claude Jutra, Jean-Marie Gauvreau, Guy Robert, Jacques Folch-Ribas parlent aussi de lui avec admiration. Sa mort précoce est une gifle. Une blessure vive dans un pays qui peut-être ne mesurera jamais tout ce que cet amoureux fou de la vie lui apporta.

Enfin, une amitié m'est précieuse sur la route des premiers films : celle de Henri Agel. Durant mon séjour à Abidjan, j'ai lu des écrits de cet homme dont la densité, l'exactitude sont à mon sens incontournables. Nous partageons alors une égale admiration pour *Paisa*, *L'homme d'Aran*, *Le fleuve*. Nos courriers, nos emballements, nos questionnements nous rapprochent. Puis nos rencontres à Paris sont stimulantes. Rue Le Dantec, Geneviève et Henri Agel conjuguent à merveille une grande culture et une amicale modestie face à l'autodidacte que je suis. Nous évoquons André Bazin, parti lui aussi prématurément, et qui symbolisait l'intelligence et la générosité, dans un milieu où fleurissent plus facilement l'arrogance et le nombrilisme. Oh ! nous divergions bien d'opinion sur quelques grands films, je me souviens de plusieurs échanges argumentés sur le *Gervaise* de René Clément, que je louais alors immodérément – j'étais si jeune.

Au Québec, comme en Afrique auparavant, j'ai aussi des amitiés toutes simples : voisins de quartier, collègues de bureau, techniciens de laboratoire, et d'humbles participants à quelques heures ou jours de tournage, qui deviennent des réservoirs de bon sens dans un métier qui en manque souvent.

Ironie du sort, mon premier film canadien est, comme mon premier film africain, un film inachevé. Mais si *Le cimetière des males gens* a été entièrement tourné et monté sans jamais être sonorisé, *Rue Notre-Dame* ne sera qu'à moitié tourné, avant d'être abandonné.

En 1958, un an à peine après mon arrivée à Montréal, je tourne les premières séquences de ce film, qui doit présenter la rue Notre-Dame sous ses multiples aspects. Cette rue me fascine. Longue de plus de 30 kilomètres – le boulevard Gouin et la rue Sherbrooke sont encore plus longs –, elle étale sur son parcours, le long du fleuve Saint-Laurent et au cœur du Vieux-Montréal, mais aussi de Pointe-aux-Trembles à Lachine, en passant par Saint-Henri et Saint-Pierre, presque tous les clichés de la métropole québécoise. (À cette époque Montréal perd au profit de Toronto son titre de métropole canadienne). Sur la rue Notre-Dame on peut alors voir d'Est en Ouest : un hippodrome, des champs de marguerites entourant quelques fermes, un gros village aux résidences et commerces campagnards, des grandes usines et des chantiers navals, une sucrerie et deux brasseries, cent petites industries aux odeurs louches, des petits parcs aux angelots de fonte, le vieil édifice du journal *Le Devoir*, des hôtels de ville et deux palais de justice, des églises ici et là – dont l'une, plusieurs fois incendiée et reconstruite, vous transporte en Angleterre dès la porte franchie –, puis des banques et des trusts, deux gratte-ciel noircis par les oxydes, des restaurants, des antres à filous et à matelots, des bars à danseuses demi-nues, une ville ancienne qui ramasse ses pierres tricentenaires – ici l'antiquité n'a pas trois siècles –, et encore des magasins, des boutiques aux enseignes-surprises, aux vitrines naïves et poussiéreuses, et encore des églises trapues, ventrues telles des douairières, une laiterie ici, là des dépôts, des voies ferrées un peu partout, des tramways pittoresques et sifflotants sur les rails malmenés par les

dégels, des habitations très pauvres bombant la brique
rouge sous des corniches de tôle ouvragée, et encore des
passages à niveau, des terrains vagues, des entrepôts aux
relents de goudron ou de soufre, un canal, l'horrible béton
des autoroutes urbaines, et toujours ces duplex jaune
banane flanqués de *bébelles* en fer forgé, et partout des
grosses voitures américaines, boursouflées comme des cha-
noines mais peintes comme des cocottes, et ces tavernes
aux vitres brouillées rarement lavées, ces guichets à hot
dogs, ces friteries, ces comptoirs à lunch tristounets, chiens
battus des mois chômés traînant d'un bout à l'autre de la
rue Notre-Dame. Trente kilomètres d'Amérique française
et catholique, anglaise et constipée, des hautes façades
devant des cours vides, des palissades mangées par les
hivers, des balcons pimpants sur les misères tenaces, un
clafoutis un pudding étalé en forme de ruban de ville
inachevée, avec plus de cerises que de pâte, plus de bonbons que de chair. On ne trouve pas qu'une ville sur la rue
Notre-Dame, mais tout un pays, tout le Québec, hormis
les orignaux et les marsouins. Tous les contrastes, les
illusions et promesses d'Amérique. Tout le rêve déçu, crevé
un matin froid. De belles images, une musique-macédoine,
un décor continental. Mais aussi une ville gouailleuse,
riche de tous ses défis. Des écoles où les enfants crachent
un bilinguisme horrible et savoureux. Des fenêtres d'où les
amours lancent des éclats de tendresse. Des balançoires
aux bébés ronds, soufflés comme des boîtes de Pablum, et,
l'hiver, des patinoires populaires et criardes.

Le film naît chaque week-end, dans la volupté du
Plus X et des Yvar. Saint-Henri me donne des images cha-
leureuses, rehaussées par la fraîcheur des dessins d'enfants.
Puis une séquence dans un night-club – Maurice de
Ernsted m'assiste pour les éclairages –, une autre à la place

d'Armes, ici et là des scènes cocasses d'une rue, une ville inépuisable.

L'idée de ce film séduit à Abidjan l'ami Bohumil Holas directeur du musée. À chaque courrier il m'en demande des nouvelles. Hélas! mon départ pour Québec rompt l'enthousiasme pour ce film que je ne reprendrai pas à mon retour à Montréal un an plus tard.

Car, en 1959, à Québec, je tourne à la sauvette, en une douzaine de samedis et dimanches, *Québec-Party*, qui sera mixé deux ans plus tard à Montréal, avec une musique originale et la voix de Claude Léveillée, grâce au financement d'André Pépin (Art Films). André, distributeur éclairé des films de la Nouvelle Vague, qui à lui seul précède le Festival du film de Montréal. Mais très vite les limites de *Québec-Party*, de ce genre de film réalisé sans moyens, et sans son synchrone, entraînent ma décision d'abandonner *Rue Notre-Dame* tel que je l'avais programmé à long terme.

Huit années à la pige, et du documentaire tous azimuts

D URANT HUIT ANNÉES je réalise surtout des films de
commande. Une soixantaine de films, la plupart de
15 ou 30 minutes, touchant les sujets les plus variés : films
pour enfants, courts métrages avec des sculpteurs, céramistes et artisans québécois, un film médical, plusieurs films
industriels et sportifs, des reportages pour la télévision, une
série de 13 films en Afrique Occidentale, et quelques films
inclassables. Entre ces productions, j'assume les prises de
vues pour une vingtaine de films, dont trois longs métrages.
Certains cinéastes apprécient ma collaboration quand elle
est gratuite, marquée de camaraderie, de nuits blanches et
de tours de force avec un équipement réduit, mais m'oublient
royalement dès qu'ils obtiennent quelque notoriété ou des
budgets décents. Cela aussi fait partie de l'apprentissage du
métier.

Parmi les commandes il en est quelques-unes dont je
garde le meilleur souvenir, tels ces petits films qui me firent
connaître Jordi Bonet, Guy Ouvrard, Wilfrid Roberge et
d'autres céramistes, d'habiles forgerons de Saint-Césaire,
des paysans des Bois-Francs, de la Beauce et de la Côte-
Nord, des ouvriers amoureux de leurs machines et de leur
travail, des Québécois qui m'apprirent à écourter les hivers.

Au début, je ne signe pas les images de tous mes films, car les petites compagnies cinématographiques ont leur opérateur maison. Il y a aussi les commanditaires, les ministères qui imposent parfois des séquences regrettables, des titres insipides, des commentaires ampoulés. Je rencontre même un sous-ministre qui exige de lire le commentaire d'un film avant le tournage. Des producteurs sont pointilleux sur l'utilisation du trépied, préférant l'abandon d'une séquence bien sentie, plutôt que d'accepter quelques images dont la stabilité n'est pas hollywoodienne. D'autres exigent tel comédien pour la narration, lèvent le nez sur tel ou tel musicien. Mais beaucoup sont des collègues ouverts et stimulants.

Le dernier film réalisé pour Nova-Films à Québec, marque un point de non-retour dans mon itinéraire; désormais je vise pour tous les films très personnels à en assumer quatre éléments essentiels : réalisation, prises de vues, montage et commentaire. Non parce que nous manquons de bons cameramen et monteurs, bien au contraire, mais tout simplement pour atteindre une meilleure unité avec plus d'efficacité, et d'économie. Deux pré-conditions facilitent cette orientation : l'émancipation du jeune cinéma canadien vis-à-vis du colosse américain au sein duquel le corporatisme annonce la sclérose, et l'héritage paternel de la tradition artisanale. Cette attitude devient naturelle, dans la poursuite d'une carrière indépendante des modes et des courants, des chapelles et syndicats qui étouffent beaucoup d'élans.

Donc, fin 1959, je propose et réalise ce que nous appelons ici le « pilote » d'une éventuelle série de téléfilms. Des films qui dresseraient chacun un bref et percutant constat d'un problème social majeur, et proposeraient des actions positives pour y répondre. Suite à la grande épidémie de poliomyélite qui vient de traverser le Canada, je choisis pour premier titre : *SOS – Tuberculose-cancer-poliomyélite.* En 30 minutes, les causes, effets et traitements des trois maladies, principalement à Montréal et Québec, dans les hôpitaux et instituts spécialisés. Les séquences scientifiques alternent avec les scènes familiales, les traitements de pointe avec les questions sans réponses. Pour la séquence des radiographies des divers types de cancers, la Bolex H16 Reflex me permet de simples trucages, impossibles avec la Cine-Special et l'Auricon. Je conserve, trente-deux années plus tard, l'émouvant souvenir de ces chercheurs, médecins, chirurgiens, physiothérapeutes armés d'autant d'espoir que de science, qui, pour quelques heures chacun – et bien qu'étant surchargés de travail plus exigeant que le mien – surent rendre la médecine plus humaine, face à la caméra. Les docteurs Bertrand, Méthot, Simard qui à l'hôpital Notre-Dame traquaient les cellules cancéreuses, les phtisiologues de Sainte-Foy, les microbiologistes de l'Institut Armand Frappier. À 25 ans je n'étais qu'un blanc-bec devant ces autorités médicales, et cependant ces hommes, et quelques femmes à l'Institut de réhabilitation et à l'hôpital Sainte-Justine m'ouvrirent leurs portes en toute simplicité.

Ce documentaire de 30 minutes n'eut pas de suite, la série *SOS* ne fut jamais réalisée. Fernand Rivard quitta Nova-Films, et Niagara-Films ferma alors que Fernand Séguin était tenté de reprendre le projet. Quant à moi, je n'avais pas suffisamment de relations pour vendre ce programme à Radio-Canada.

En 1960, Fernand Rivard et Fernand Cadieux me proposent la réalisation d'un nouveau pilote, actualisant les paroles de la Bible dans la vie quotidienne. Je suis athée, et le sujet ne m'attire vraiment pas. Le Québec polit sa

Révolution tranquille, qui en quelques années dépoussiérera un monde clérical passablement archaïque. Mais on insiste, et on me donne carte blanche pour envisager quelque chose de neuf. À Sainte-Geneviève-de-Pierrefonds, le spécialiste de la Bible, André Legault, séduit par le défi filmique, tire quelques extraits relatifs à la pauvreté, thème du film. Au départ, je pose une condition qui est acceptée : les paroles de la Bible n'accompagneront pas les images, mais ouvriront et fermeront le film, par la bouche d'un acteur noir filmé en gros plan. S'il doit y avoir message, qu'il soit direct, fort, dépourvu de toute ambiguïté. Et pourquoi ne serait-ce pas un Noir qui, pour une fois, ferait la morale aux Blancs ? Et entre ces deux messages bibliques : 23 minutes de scènes quotidiennes, questionnant notre sens de la charité, notre altruisme ou notre égoïsme. Bref, tout le contraire d'un téléfilm habituel.

Je tourne en mai et juin à Montréal et Trois-Rivières, avec Albert Kish pour assistant, un jeune réfugié hongrois dont la passion du cinéma égale l'horreur des tanks soviétiques. Le film sort à Montréal le 12 juillet 1960, et sera présenté six mois plus tard au premier Festival international de télévision de Monte-Carlo. À partir de cette date mes amis se divisent en deux camps : ceux qui acceptent et défendent les partis pris de ce film, et ceux qui les refusent, les attaquent. Très vite, deux versions du film *La pauvreté* se distinguent : la version TV originale de 29 minutes 30, avec ouverture et chapeau final par lesquels un Haïtien, Guy Montpoint, livre les paroles de la Bible choisies par André Legault ; et la version cinéma de 23 minutes 30, plus connue, illustration dérangeante de l'attitude d'une société se pensant charitable. Les deux versions heurtent leurs publics. A-t-on le droit de nous provoquer ainsi, de nous dire de telles vérités, qu'elles viennent de la Bible ou d'une caméra trop curieuse ? Puis les esthètes s'en mêlent. Est-il permis de couper ainsi des travellings sur des plans fixes

– alors que les documentaires d'Alain Resnais ne sont pas encore parvenus à Montréal –, et de nous marteler des images répétitives sur une musique aussi lancinante, ou troublante? A-t-on le droit de juxtaposer notre misère nord-américaine et la famine asiatique? Tout un bêtisier intellectuel accompagne la sortie de ce film. Quelques mois plus tard, avec Albert Kish, dans un petit hôtel de Berthierville, amorçant le tournage d'une commandite – *Une histoire de whisky*, mais ce titre sera refusé et remplacé par le banal *Les distilleries Melchers* – nous blaguons loin des oreilles savantes : attention, pour ce nouveau film, plus de mouvements de caméra, ni de documents d'archives, plus de scènes dérangeantes, seulement de beaux éclairages pour des images sans ambiguïté. Mais, bien sûr, les images de *La pauvreté* nous poursuivent, les séquences tournées dans la déprimante Notre-Dame-de-la-Paix à Trois-Rivières, dans la Petite Bourgogne et le Centre-Sud à Montréal. La musique de François Morel aussi ne nous quitte pas, car il fut aussi impudique aux ondes Martenot que je le fus à la caméra. Oh! ce film a vieilli, et je ne le revois pas sans sourire d'autant de bravades, si loin de la grâce de Satie.

Durant les deux années suivantes, j'impose çà et là des séquences très personnelles à des films commandités. Un peu d'humour entre les cuves de whisky chez Melchers, quelques minutes en hommage aux ouvriers de la vieille fonderie chez Bélanger à Montmagny, des images lumineuses avec la douce et sensible Françoise Sullivan ordonnant à l'acier d'éblouissantes renaissances, les audaces de la couleur dans les mains de Jean-Paul Mousseau, de belles et mâles tensions dans le tour cycliste du Saint-Laurent. Je ne peux me résoudre à ce qu'une Arriflex ne serve que le conformisme des commanditaires.

Admirateur de Mies Van Der Rohe, je projette de réaliser un court métrage sur le nouveau gratte-ciel de la CIL, boulevard Dorchester à Montréal (plus tard rebaptisé boulevard René-Lévesque). Je prépare longuement cette tentative, purement plastique. Je veux un film aussi épuré que la fuite des profilés extérieurs, sobre comme la géométrie des murs-rideaux, inattendu tels les tableaux qui nous retiennent à la sortie des ascenseurs aux divers étages. Un court métrage à tourner en une semaine, avec la collaboration de Maurice de Ernsted aux éclairages, et pour lequel je présente un budget imbattable : 5 000 $. Hélas, après deux rencontres avec le propriétaire du gratte-ciel, la réalité crève aussi plate qu'une tomate lancée sur le chef d'œuvre d'acier, d'aluminium et de verre : on peut obtenir 30, 50 millions de dollars pour ériger un gratte-ciel, mais pas 5 000 $ pour y consacrer un film.

Un peu plus tard, j'ai l'ardent désir de réaliser un court métrage sur la construction du pont de Trois-Rivières. Douze minutes tracées d'eau et d'acier, les mains et le génie de l'homme, sur le silence et la lumière du Saint-Laurent. Mais le labyrinthe des ministères, la liste des fonctionnaires à séduire et à convaincre est alors plus longue que la construction du pont, et j'y renonce avant que ne me brise la colère. Les Jack Lang n'existent pas au Canada.

❧

Sept années après l'avoir quittée, à l'automne 1963, je retrouve l'Afrique noire pour y tourner une série de 13 films produite par Radio-Canada : *L'Afrique noire d'hier à demain*. J'ai carte blanche, mais assez peu de temps et d'argent. Oui, du 21 octobre 1963 au 11 février 1964, à peine quatre mois pour tourner treize demi-heures dans quatre pays : Mauritanie, Sénégal, Guinée et Côte d'Ivoire. Initialement prévus, Togo et Cameroun seront abandonnés, l'ingénieur du son m'annonçant à mi-parcours qu'il a mangé une bonne partie de son budget avant le départ. Je tourne à l'Arriflex, avec un blimp Cine 60 pour les interviews, sans assistant, avec Jean-Pierre Nadon au magnétophone Stellavox. Dans les ambassades, les ministères, les bureaux multiples, nous perdons un temps précieux. Nous sommes dans les années toutes fraîches de l'Indépendance, et les administrations africaines ont hérité du modèle français, qu'elles ont pimenté à plaisir. Le pointillisme est alourdi par le flegme tropical, compréhensible quand ventilateurs et climatiseurs sont en panne, et l'absentéisme est déjà une pesante réalité. Bien que je ne me sois jamais coupé de l'actualité africaine, je relis avant le départ quelques auteurs favoris : René Dumont, Michel Leiris, Dia, Monteil, Doudou Thiam, et tout d'abord Robert Cornevin, l'historien passionné de l'Afrique, qui, à notre retour, m'accorde, à Paris, une interview courte mais forte sur la politique des jeunes nations africaines. Malheureusement cette entrevue m'est interdite au montage, André Patry, superviseur des émissions, ne pouvant accepter l'allusion à une éventuelle indépendance du Québec, envisagée par l'africaniste renommé qu'est Cornevin. Dans le dernier film de la série, je laisse la parole à Jean-Marc Léger, sur les relations futures entre le Québec et l'Afrique. Sept ans après m'avoir invité à devenir Québécois, Jean-Marc invite ses compatriotes à s'intéresser à un continent en partie francophone. La francophonie telle que la concevront les chefs d'État est encore lointaine, mais déjà Jean-Marc Léger réalise, et par ses inlassables reportages, éditoriaux et interventions, sensibilise le public au fait que le Québec ne deviendra adulte qu'en s'ouvrant sur tout l'univers francophone.

Si j'ai acquis une nouvelle nationalité, ai-je changé de regard? Oui et non. Un continent plié sous quelques millénaires d'une dureté physique indéniable, puis meurtri, décimé, brimé par deux siècles d'esclavage et de colonialisme, ne change pas radicalement en une décennie. Les indépendances en chaîne des années 60 ne marquent qu'une étape, certes essentielle, dans la lente montée de l'Afrique noire. Et mon regard, même nourri de nombreuses amitiés là-bas, ne peut qu'être déçu. Quelques gratte-ciel, un palais indécent, un convoi de Mercedes encadré de motards, et une flopée de discours flamboyants à l'ONU ne font pas reculer le désert, n'effacent pas le regard gris des enfants marasmiques, ni ne gonflent les joues creuses de leurs mères anémiées. Moi aussi j'aimerais retrouver l'Afrique vraiment neuve, d'abord tendue dans l'effort collectif pour arracher les peuples à leur misère. Voir des dispensaires et des hôpitaux plutôt que des palais présidentiels, des canaux et des pipelines d'irrigation plutôt que des autoroutes, aussi courtes soient-elles, des charrues plutôt que des Boeing. Mais les Africains sont d'abord des hommes, et ils répètent les erreurs et les scandales d'autres continents. L'histoire mondiale est un chapelet de malentendus décalés dans le temps.

Donc je revois Dakar dévorant l'énergie du Sénégal exsangue – vingt-six ans plus tard des Porteños me parleront de Buenos Aires saignant l'Argentine –, je retrouve Conakry qui se desquame, Abidjan la parvenue qui s'offre un palais aussi long que Versailles. Entre amis, nous avons mal face au gaspillage et à la corruption, et pour nous réconforter nous citons les noms de quelques fonctionnaires, ministres intègres qui peut-être sauront arrêter les abus. Hélas! ils seront tôt ou tard écartés plutôt que promus. Et dans un continent aussi handicapé, pourquoi faut-il que s'ajoutent les ravages du néo-colonialisme ? Fin 1963, non je ne découvre pas l'impéritie et la vénalité africaines – je les connais déjà, et je sais qu'Asie, Amérique latine, Europe de l'Est et URSS les pratiquent allègrement –, mais je mesure à quel point elles condamnent un continent à un recul inévitable, à court terme. Car détourner des fonds là où il n'y a presque rien, c'est assurer que très vite, dans de nombreuses régions il ne restera vraiment plus rien. Ni routes ni puits ni cultures.

Mais en 1963 je n'ai pas 30 ans, et je ne suis pas revenu en Afrique de l'Ouest pour tourner un pamphlet en 13 épisodes, aussi justifié serait-il. J'aime l'Afrique que je n'ai jamais totalement quittée, et dont les dures réalités me préoccupent. Aujourd'hui, en juin 1991, je doute amèrement de la capacité de ce continent à s'arracher par lui-même à sa torpeur, à dominer ses haines mortelles, et abattre les vautours qui le dirigent. Je sais aussi qu'un Mobutu, un chef d'État au passé aussi criminel ne peut saigner son pays comme il le fait – probablement plus encore qu'un Marcos –, qu'il ne peut se maintenir au pouvoir qu'avec la complicité des pays occidentaux. Après une quinzaine de séjours, je crains que l'Afrique ne recule en de nombreux domaines : respect et mise en valeur de la terre selon les besoins communautaires, éducation sanitaire, dépistage et traitement des pandémies tropicales, sauvegarde des forêts et reboisement, croissance équilibrée des villes moyennes de l'hinterland pour stopper l'explosion anarchique des capitales, formation des fonctionnaires aux intérêts de la nation, et non aux prébendes, limitation des armements, réelle égalité des femmes avec le rejet des barrières tribales et religieuses. Mais je veux également reconnaître des peuples qui m'ont séduit, très jeune, par quelques qualités fondamentales : l'hospitalité, le sens de la famille, la générosité, la faculté de rêver tout haut à l'utopie, et cela sans renier un pragmatisme paysan, une attitude, un rythme, une façon de vivre qui permettent encore la spontanéité. Puis l'art africain n'habite encore. Pour ces raisons je réalise 13 films que les Africains en général jugeront très favorables à leurs aspirations, leurs espoirs. Hormis les reportages de Georges Francon, cette série, je crois, demeurera pour quelques années une rare fenêtre sur l'Afrique noire. Je l'ai voulue chaleureuse, optimiste, sans m'arroger le droit de juger les erreurs et les excès de régimes vieux seulement de trois ou quatre ans, sur un continent où nous (Occidentaux) avons plus souvent enseigné l'égoïsme que la générosité.

À part quelques interviews, je choisis un traitement plus sensoriel et rythmique que didactique. L'Afrique s'écoute et se respire plus qu'elle ne s'apprend. L'écho des sons y prend autant d'importance que la structure des mots. J'ouvre la série avec une présentation générale par Raymond Charette, Raymond dont la culture et la sensibilité, alliées à l'exigence professionnelle, donneront le ton à sa collaboration à la plupart de mes films, jusqu'à sa mort. Puis le rythme alterne les images de la vie traditionnelle et celles du modernisme. Lesley Kelly, ma belle-sœur anglaise, apporte sa voix fragile et douce au passage des musiciens et des rois – figurines de cuivre et de fonte à cire perdue. Ce premier film déroute le superviseur de Radio-Canada, qui hésite avant d'accepter le montage final. Mais le film est bien reçu, comme toute la série, par le public. Je prends le parti de présenter l'Afrique noire avec des rythmes et des impressions, plutôt qu'avec des chiffres et des déclarations politiques. De toutes façons, durant la décennie suivante les voyages présidentiels et les journaux télévisés nous abreuveront suffisamment de discours et de propagande officiels.

Vingt-sept ans plus tard, je garde un souvenir nostalgique de ces films tournés avec l'équipe la plus réduite et beaucoup de sueur. Le noir et blanc du Plus X me sert bien, glissant sur les corps entre ombre et lumière. L'Arriflex part en gamine curieuse parmi les paysans et les pêcheurs, dans les marchés, les écoles, les usines. Remplissant mon premier contrat avec la télévision d'État canadienne, j'hésite à bannir le trépied de toutes mes sorties. J'hésite aussi à donner aux impressions sensorielles, à la poésie, à l'art brut qui éclate partout, l'importance que je leur donnerais aujourd'hui. Cette retenue nuit-elle à l'ensemble ? À l'époque, des collègues de Radio-Canada enviaient les libertés que je prenais avec la technique et les normes.

À Fernand Côté qui m'interviewe l'été 1964, pour la *Semaine à Radio-Canada*, je réponds :

> Bien sûr, une demi-heure de projection ne suffit pas à poser ce long regard dont parle Flaherty. J'ai essayé d'y arriver en présentant des séquences construites autour du travail de l'homme noir africain, de ses loisirs, de ses goûts et convictions. Pas de paysages ou très peu, uniquement comme toile de fond. Toujours la vie directement vécue au champ, à l'usine, à l'école ou dans la rue. Je pense qu'on a trop tendance, les journalistes surtout, à exagérer le rôle de certains leaders africains et l'importance de révolutions sociales spectaculaires seulement aux yeux des étrangers. À mon avis, on oublie trop volontiers de regarder vivre l'homme noir qui travaille à l'évolution de son pays dans la brousse, la savane ou la forêt comme paysan, planteur ou artisan et qui, s'il gagne cent fois moins que son député, œuvre sans doute davantage à l'avenir de son pays.

Un quart de siècle a passé depuis ces images et ces aveux. Et Sékou Touré, que j'avais suivi durant la visite que lui rendait Julius Nyerere, n'est plus le leader, le visionnaire africain, mais un dictateur sanguinaire, qui a ruiné l'un des pays les plus prometteurs de l'Afrique de l'Ouest. Le 14 décembre 1963, filmant l'Ensemble instrumental de Guinée, envoûté par les *koras* et les voix d'or, comment aurais-je pu prévoir que le chef d'État qui nous recevait, ferait plus tard pendre, nue devant les siens, madame Loffo Camara, ministre des Affaires sociales. L'admirable Loffo Camara, si simple lors de l'interview qu'elle m'accorda à l'entrée de son modeste ministère, sur cette priorité des priorités : la promotion de la femme africaine. Puis il y eut Telli Diallo, Fodéba Keita, des milliers de Guinéens fusillés, assommés, torturés, jetés à la mer par un homme d'État dévoyé, rongé par l'obsession du complot. Comment aujourd'hui effacer l'horreur du camp Boiro, et revoir les visages, les sourires et poignées de mains, les boutades de Conakry, Fria, Kankan ? Le tracteur russe, insolite sur la rive du Milo, avec son étrave chasse-neige puisque cet équipement est habituel pour les tracteurs fabriqués en Oural. Le hangar portuaire rempli de bidets de céramique livrés par la Chine, et dont les mauvaises langues disent « qu'on ne peut même pas les utiliser pour piler le mil ».

À Dakar, quelle concise et brillante interview me donna Léopold Sédar Senghor. Jamais je ne lus ni n'entendis meilleure définition de la Négritude. Mais dans le Ferlo, et même plus près dans le Baol, déjà les paysans récoltaient famine.

Dans le désert calciné de la Kedia d'Idjil, les mines de fer de la MIFERMA étaient exemplaires pour leur gestion. Hélas ! tous les postes de responsabilité échappaient aux Mauritaniens.

En Côte d'Ivoire, le bal des lépreux ternit les miroirs du palais présidentiel. De Korhogo à Abidjan pourtant, tout un pays se lève dans un chant de prospérité. Ne serait-il pas injuste de s'attarder sur le ventre bombé ou le visage émacié du kwashiorkor, quand un pays bâtit ses premières centrales hydroélectriques ? Alors je me donne raison pour avoir préféré l'optimisme à la critique systématique. J'ai applaudi à la sortie du livre de René Dumont, « L'Afrique noire est mal partie », en 1963, et je l'ai relu depuis. Mais l'ouvrage du célèbre agronome fut longtemps interdit en Afrique, bien qu'il fût lu par les chefs d'État et ministres. Le jeune cinéaste que j'étais, n'eût rien prouvé à réaliser une série de films interdits, confinés aux archives de Radio-Canada.

Trente ans après les indépendances, je suis plus sévère, et je refuse tout compromis avec les gouvernements assassins de leur peuple. J'ai à plusieurs reprises revu des collaborateurs africains de ces années d'espérance. Rencontres souvent agréables, parfois pénibles. Retrouver un médecin découragé par le délabrement des locaux et des équipements, un ingénieur des travaux publics qui voit les budgets alloués aux villas, aux voyages présidentiels plutôt qu'aux routes et aux ponts de l'intérieur, une matrone qui n'obtient pas une simple paire de ciseaux en inox et doit couper les cordons ombilicaux avec une lame de rasoir oxydée ou un morceau de verre, un instituteur qui ne dispose pas même d'un pot de colle ou de ruban adhésif pour prolonger la vie de manuels en lambeaux, un confrère plein d'idées mais qui ne dispose que de cinq ou six boîtes de pellicule pour toute une année, et qui sait trop qu'il doit les réserver pour filmer des tournées, des pavanes présidentielles – tout cela est plus facile à écrire qu'à vivre.

Aimer l'Afrique, l'aimer encore, c'est s'astreindre au silence sur des douleurs banalisées. C'est aussi, parfois, ne plus vouloir l'entendre, en espérant la revoir, plus tard, avec plus d'indulgence.

Après l'Afrique Occidentale vient un long hiver québécois, qui doit faire un beau documentaire de 57 minutes, un hymne à la Côte-Nord. Là où les arrière-petits-fils de Maria Chapdelaine lancent dans les épinettes et les glaces la première ligne électrique de 735 kilovolts, devant relier les centrales de la Manicouagan à Montréal. Avec un contrat de l'Hydro-Québec – où Fernand Rivard dirige depuis peu le service audiovisuel –, je veux faire de *Défi kilowatts* un hommage à l'homme nordique, au lendemain de la Révolution tranquille. Oui, l'homme et le pays, un hymne et un combat, dans la boue, le granit et le froid. Tout l'automne et l'hiver 1964/1965, je suis cette première mondiale. Une odyssée. Par tous les temps, tous les terrains, la Ligne doit passer, avec l'endurance des hommes et des machines aux froids extrêmes.

En octobre, le matin sur les lacs de la Côte-Nord, sur les versants boisés entre la Manicouagan et la rivière aux Outardes, la brume froide et laiteuse fait surgir les hommes et leurs engins, habillés de jaune et de rouge, dans un décor que ne renierait pas un Kobayashi. L'Eastmancolor me donne des images superbes, à la limite du rêve. Grappes d'ouvriers, bottés de hautes cuissardes, dressant leurs silhouettes jaunes et diffuses à l'horizon des lacs, entre le trait de plomb aquatique et la brume frisquette de l'aube. Masses hardies, agressives des tracteurs à chenilles tirant entre les conifères, dans la boue ou sur les sols gelés et raboteux, leurs chargements de poutrelles d'acier galvanisé. Des paroles rares, des gestes précis, un travail de titans dans le silence des vallées, des chaos granitiques. À midi, un steak, des saucisses empalées sur un fil d'aluminium au-dessus d'un feu de bois, un Coca-Cola glacé, des histoires de cul ou d'élection comme on en charrie sans bon sens du Saguenay à la Manic.

De pylône en pylône, la ligne descend vers le Sud, dans la saignée blanche qui ondule au-delà des murailles de la Côte-Nord. Puis elle franchit le fjord du Saguenay, râpe la douceur de Charlevoix, enjambe deux fois le Saint-Laurent à l'île d'Orléans, et file vers Montréal, avalant les fermes et les villages de tous les saints. Des séquences plus techniques nous montrent les tests des transformateurs géants aux centres d'essais de General Electric à Guelph (Ontario) et Pittsfield (Massachusetts), la fabrication des torons d'aluminium à La Malbaie, la finition des câbles et la galvanisation des éléments de pylônes à Montréal. Le regretté Jacques Desfossés assume les prises de vues acrobatiques, sur les câbles aériens du Saguenay. De août à décembre, avec Philippe Nassar pour guide et chauffeur, j'arpente le Québec à la poursuite de la ligne. De dépôt en dépôt, de chantier en chantier, les contremaîtres de l'Hydro-Québec, de CHECO et des Développements du Nord deviennent des amis d'une ou deux semaines selon la progression des travaux. De Saint-Siméon à Baie-Comeau, les motels de la Côte-Nord sont des relais, avec les allées de quilles au retour desquelles la caméra Arriflex est deux fois plus lourde. Les Martin, les Gour, Filion, Bertrand, autant de haltes, de nouvelles de la ligne, de boutades dans les roulottes de chantier, entre les appels téléphoniques, les plans tirés à l'Ozalid, les retards de livraison qui font par-fois sacrer les cloisons. La ligne de 735 000 volts est alors une grande aventure humaine qui traverse le Québec.

Le 17 décembre 1964, je quitte très tôt Montréal pour Baie-Comeau. Philippe Nassar a terminé sa mission, et je conduis seul ma Rambler chargée d'équipement cinéma-tographique. Un froid sibérien, un hiver québécois tout simplement. Passé Forestville, la route, non asphaltée à cette époque, devient dangereuse sous la poudrerie et sur la glace. Peu avant la Chute-aux-Outardes et dans une courbe, surgit un ponceau de bois transformé en patinoire. Un tête-à-queue me propulse dans la neige de l'accotement, et je me redresse par miracle à quelques pouces du fossé.

J'ouvre la portière et la ligne, la Manic, le plus beau barrage du monde, les montagnes d'épinettes blanches comme des meringues de Gulliver me sautent dans la face avec les jurons de trois continents. Non, ce pays n'est ni un Eldorado ni une promenade boréale. Si un camion de câbles ou de poutrelles était passé là au même moment, ma vie se serait à coup sûr arrêtée au 67e film. J'ai huit heures de route glacée dans le corps, et la fatigue, que je le veuille ou non. Je passe de la neige sur mes yeux, reprends le volant, et m'endors bientôt pour de bon à l'auberge du Roc, dans Baie-Comeau ce soir-là aussi désolée que Fort-Chimo.

Le lendemain Jacques Gour m'accueille à Manic 2, et jusqu'au samedi midi je filme avec lui cette merveille froide à la pointe de la technologie qu'est alors le premier poste de la ligne 735 kV, celui qui dirigera vers Montréal l'énergie nécessaire pour mettre de la chair dans les belles paroles de la Révolution tranquille. Du beau matériel pour une première mondiale. Vu de haut, ce poste de Manic est une puce géante, diabolique, immensément déroutante, avec ses circuits imprimés dans le frasil forestier, dessinés dans cette croûte gelée par un Mondrian ou un Klee au pôle des délires industriels. Mais quand le gel soude les doigts à la caméra, la poésie fout le camp plus vite que les corbeaux. Je rentre dans la nuit à Montréal, après avoir maudit la gravelle nappée de glace jusqu'à Forestville. Toute une nuit j'entends encore ces crissements secs, ces cassures éthérées qui courent dans les structures de Manic 2, dans les câbles et les disjoncteurs, les pylônes et les transformateurs. Ces mille petits bruits métalliques des froids excessifs, ces bris de cristal qui peuplent la solitude nordique. À -40 °C à la Manic, les oreilles blanches ont d'étranges musiques.

Cette année-là, de retour de la Côte-Nord, tintin!
pour les vacances de Noël. Le 26 décembre, j'embrasse
Isabelle pour son premier anniversaire, charge la Rambler
et pars tourner jusqu'au 3 janvier *Le révolutionnaire* de
Jean-Pierre Lefebvre, dans les champs enneigés de Stan-
bridge, et dans les pièces exiguës d'un manoir frisant la
ruine, où je dois éclairer des séquences alambiquées avec
seulement trois petits quartz de 650 watts. J'ai dû refuser
un tournage en Jamaïque avec Delta Films, afin d'aider un
ami réalisant son premier long métrage. Sans salaire, je
fournis également l'équipement de prises de vues et ma
station-wagon. Que ne ferais-je pas pour aider un collègue
de la revue *Objectif* (revue de cinéma à laquelle je collabore
à ses débuts), un «ami»... qui trois jours après le début du
tournage, déclare dans ladite revue que l'un de mes films
africains ne vaut pas le dérangement. Hélas! ma passion
des images est si forte, qu'après de belles paroles du jeune
génie je récidive et assume, toujours bénévolement, les
prises de vues de ses deux films suivants (je recevrais, pour
ces trois films, une maigre rétribution quelques années plus
tard). Je le fais aussi par respect pour sa compagne,
Marguerite Duparc, que j'ai connue, quand épouse d'Axel
Madsen et collaboratrice d'André Pépin à Art-Films, elle
fut le personnage central du film d'Axel : *Chère Isabelle*, en
1960. Avec *La femme image* de Guy Borremans, *Anna la
bonne* de Claude Jutra, *Les raquetteurs* de Michel Brault et
Gilles Groulx, *Les désœuvrés* de René Bail, *Chère Isabelle*
c'était un peu la Nouvelle Vague québécoise, un esprit
frondeur qui ébranlait nos pieuses institutions. Avec Axel
et Marguerite, nous n'avions pas ménagé nos efforts pour
abattre les barrières, et Michel Brûlé dans le premier
numéro du *Nouveau Journal* avait amicalement salué
l'entreprise. Une belle camaraderie prolongeait ce film, et
l'amitié est l'un des piliers de ce métier, presque partout
dans le monde. Hélas, de jeunes turcs en ont une toute

autre conception, et quand pour son quatrième long
métrage Jean-Pierre Lefebvre eut enfin des moyens plus
décents, il m'oublia – par hasard ! D'autres cinéastes québécois tenteront d'abuser de ma disponibilité, m'attribuant
du talent quand leur opérateur est absent, ou lorsqu'ils ne
peuvent le payer. Mon père, dans sa franchise habituelle,
disait simplement : « Quand on est bon, généralement on
est con ». Oui, Marius, les cinéastes parfois ne valent pas
mieux que les malotrus de village.

Je monte *Défi kilowatts* en janvier 1965. J'aime ce film
de commande, blanc neige, gris aluminium et acier, immen-
sités nordiques au bas desquelles s'agitent des hommes
casqués, taches jaunes qui se mettent à giguer sur des toiles
de Clarence Gagnon et de René Richard. Fresque aussi
d'une alliance des hommes et des machines, pour arracher
au granit et aux glaces un pays moins hostile, et l'avenir de
villages plantés tels des jouets. Approché, Gilles Vigneault
doit faire la musique du film. Je sais que ce film pour lui
sera l'hiver, avec des visages, des regards, des silences de la
Côte-Nord, qui dans son cœur chanteront l'avenir.
    Hélas, une vingtaine de personnes tout au plus
verront ce film d'une heure, et sa musique ne sera qu'un
beau rêve. D'obscures autorités d'Hydro-Québec y mettront la hache, réduiront la fresque hivernale et industrielle
à un vulgaire court métrage de propagande, destiné à
clore les banquets entre café et discours. Le producteur ne
pourra s'y opposer, et un collègue sans scrupules (un *scab*
dit-on ici) fera la merde, signant un gâchis, un hachis de
28 minutes. Il n'est pas le seul à Montréal, et je connaîtrai
quelques-unes de ces sangsues qui, pour une poignée de
dollars, massacrent les films des autres. C'était le 37e film
que je réalisais avec Fernand Rivard pour producteur, et ce
serait le dernier. Cet homme avait mis sa jeunesse, son

argent, sa maison, sa vie dans la passion du cinéma. J'ai compris aisément que cette passion était l'otage d'une administration inculte et obtuse. Nous nous sommes séparés dans un grand respect mutuel, et nos carrières ont préservé le souvenir d'une belle amitié.

⚘

En octobre 1965, avec Daniel Fournier au son, je réalise pour la compagnie de son frère Claude un petit film sur une famille de musiciens d'origine italienne : *Les Masella*. L'année suivante, en dehors de trois courts reportages pour la télévision, je tourne une dizaine de films comme caméraman, pour presque autant de réalisateurs, du Québec à la Saskatchewan, de la Pennsylvanie au Groenland sur les sujets les plus variés : Québec industriel, pêche à la morue, élections américaines, films scienti-fiques, éducatifs, etc. Ce sera ma dernière année comme cinéaste indépendant (pigiste). Entre Abidjan, Montréal, Québec et Toronto, j'ai alors réalisé plus de 70 films pour une douzaine de producteurs, et assumé les images ou le montage d'une quarantaine d'autres courts métrages. J'ai touché à de nombreux genres dans bien des conditions, passant du noir et blanc à la couleur. J'ai beaucoup appris : technique, trucs, entourloupes, méthodes, écoles, préten-tion des uns, compétence des autres.

J'ai cessé la critique cinématographique dès les pre-mières années de réalisation continue. Les longues soirées et débats de ciné-clubs se sont distancés, comme se sont espacés, sous les contraintes de l'agenda, les jeux et ques-tions de mes enfants. S'éloignent aussi une forme de naïveté et d'aventure – ce dernier mot est aussi juste que bâtard –, une époque d'inlassable curiosité, une boulimie de films et de livres, qui bientôt feront place à de nouvelles exigences. Bien que durant toute une vie chaque film soit un nouveau défi, je crois aujourd'hui que ces 11 premières années ont été mes années d'école. Les suivantes seront les années d'études. La nuance n'est pas toujours évidente, mais elle marquera la plupart de mes projets. Aux films de commande, aux réalisations limitées par des budgets très réduits, succéderont les recherches, réflexions, remises en question de sujets à hauts risques et de certains tabous, et l'insécurité à naviguer dans un flot continu d'antagonismes. Mais cette insécurité, cette angoisse, ce doute perpétuel de l'insoluble équation « sujet-traitement » en regard des œuvres des confrères, seront aussi le meilleur stimulant d'une carrière entièrement dédiée au film documentaire. Les doutes sont plus riches que les certitudes, et Albert Einstein n'a-t-il pas dit : « L'intelligence se nourrit de questions, et non de réponses ».

1 9 6 7 • 1 9 6 9

Retour à l'ONF –
Le grand départ vers le social

P OUR LA PLUPART DES CANADIENS, l'année 1967 est celle du Centenaire de la Confédération, célébré notamment avec l'Exposition universelle de Montréal (Expo-67). Elle est pour moi, plus simplement, celle de mon retour à l'ONF. Cette année est un grand courant d'air. Autour du producteur Robert Forget se crée l'Equipe de Recherches sociales, où je rejoins Fernand Dansereau, Maurice Bulbulian et Hortense Roy, à la demande de Clément Perron et Marcel Martin. Cette cellule, dont les trois premiers films seront d'abord présentés sous le programme-titre *Guerre à la Pauvreté*, s'institutionnalisera et s'élargira deux ans plus tard sous le nom de Société Nouvelle, pendant francophone du programme anglais Challenge for Change.

J'assume d'abord les prises de vues de *Saint-Jérôme*, long métrage documentaire de deux heures, avec lequel Fernand Dansereau fait la radiographie d'une ville ouvrière en crise, à 50 kilomètres au nord de Montréal. Au centre de ce film, un homme remarquable, d'une grande rigueur intellectuelle : Jacques Grand'Maison, qui avec une poignée de syndicalistes est un peu le catalyseur des courants, des espoirs d'une population longtemps endormie dans le ronron des vieilles manufactures. Je crois que Dansereau réalise alors son film le plus fort, armé de son ancienne expérience de chroniqueur syndical, et rompant avec la mise en scène de ses grandes fresques rurale et historique. Entre les tournages de *Saint-Jérôme*, je réalise deux courts métrages commandités : *Mémoire indienne* et *Tattoo-67*, le premier consacré au pavillon des Indiens du Canada à l'Expo-67, avec une séquence dans la réserve d'Okanagan en Colombie-Britannique ; le second, filmé à Fort-George près de Niagara-Falls, et montrant le grand spectacle itinérant que donnent, pour le centenaire de la Confédération, les Forces Armées canadiennes. Puis, en fin d'année, j'assume les images de l'émouvante plongée de Maurice Bulbulian aux îlots Saint-Martin : *La p'tite Bourgogne*.

Clément Perron et Robert Forget m'invitent alors à présenter un projet personnel devant consolider le programme. J'ai 33 ans et traîne encore une passion trop entière pour l'image, le cadrage précis, le traitement pictural du quotidien. Les photographies de Paul Strand, de Werner Bischof, d'Eugène Smith m'habitent et je suis incapable de marcher dans les rues de Montréal, de Québec ou de New York sans saisir, détacher, découper çà et là des instantanés qui malgré leur intensité m'apparaissent épars, sans lien puissant qui les rassemble dans une commune respiration. Ma formation originelle de reporter-photographe me poursuit malgré moi. Or, avec Fernand Dansereau sur *Saint-Jérôme*, j'ai pu dépasser les cadrages, aller au-devant des émotions, des complicités, bref irriguer l'image des sentiments humains qui la justifient, et non le contraire. Les visages, les regards des ouvriers de Saint-Jérôme ont fait plus que me bouleverser, ils m'ont assagi et nourri. À cette époque aussi, je sais déjà que lorsqu'un auditoire vante trop la beauté des images, cela signifie généralement qu'il est passé à côté du sujet, et que le film n'est pas pleinement réussi. Un bon documentaire n'éblouit pas par la suprématie des images, du montage ou de la musique, encore moins du commentaire. Rares sont les films qui présentent une parfaite maîtrise et unité entre leurs éléments. Toute une vie nous apprend, film après film, les écueils, les pièges de la technique, les limites des prouesses, la futilité des artifices. Il faudrait revoir de temps en temps *Louisiana Story*, *Doro no kawa* ou *Tilai*, ou tout simplement *Corral*, afin de toujours apprécier la force, la beauté de la simplicité. La carrière d'un documentariste, n'est-elle pas qu'une longue marche vers la simplicité ?

Mais ceci que j'écris aujourd'hui, ne m'était pas toujours évident dans les années 60. Autour de moi les modèles étaient trop forts. D'un côté, un Michel Brault arrachant des images superbes aux sujets les plus ordinaires, imposant l'admiration devant une jouissance photographique, une rare maîtrise du cadrage et de la lumière, l'insertion de l'homme ou de l'objet dans un cadre plastique apparemment naturel. Brault en un sens était un enfant d'Ozias Leduc. D'un autre côté, un Jean Roy qui, 15 ans plus tôt, avait su dépasser la technique, pour ramener avec Douglas Wilkinson des images de la vie polaire qui demeureraient longtemps inégalées pour leur richesse, faite d'une humilité rare chez les cinéastes. Puis les œuvres fortes des initiateurs de Challenge for Change : les films de la série *Fogo Island* de Colin Low, et le percutant *The Things I cannot Change* de Tanya Ballantyne, qui dès leur sortie remettent en question les prétentions de ce que l'on nomme depuis peu le « cinéma direct ».

À cette époque je suis écartelé entre ces trois tendances. D'autant plus indécis que je vois Michel Brault passer facilement du documentaire classique au parti pris inverse du Cinéma Vérité. Les prouesses parisiennes m'indiffèrent, et le discours intellectuel qui les sous-tend manque trop d'humilité. Heureusement, Brault dépassera ses amis de l'Hexagone, et nous donnera les images pétantes de santé de *Pour la suite du monde*, *L'Acadie, l'Acadie* et *Éloge du chiac*.

Les films de Lindsay Anderson, de Lorenza Mazetti à London, et de Carlos Velho à Mexico m'impressionnent aussi.

❦

En milieu d'année, sensible à un nouvel intérêt général pour l'Arctique, j'ai proposé un documentaire, provisoirement intitulé *Portrait d'un Nordique*, qui ferait connaître les nouveaux professionnels, techniciens et administrateurs chargés de mettre en valeur le Grand Nord, en y associant le respect des coutumes et l'adaptation des nouvelles technologies. Avec l'espace et le froid, la glace et les hommes, je pourrais concilier la passion de l'image et les préoccupations humaines. La réponse, m'annonce-t-on, viendra dans quelques mois. Dans l'immédiat, je propose donc un film très différent, qui est aussitôt accepté : *L'école des autres*. Une plongée radicale dans les questions scolaires en milieu défavorisé, au cœur de Montréal.

Mi-décembre 1967, de retour de brèves vacances au Guatemala, je rencontre systématiquement les protagonistes du futur film : écoliers et leurs familles, professeurs, directeur, pédagogue, psychologue, docteur et travailleuses sociales de l'école Olier, sur l'Avenue des Pins entre les rues Drolet et Henri–Julien en plein centre de Montréal, à la limite sud du quartier populaire du Mile-End. Nous sommes ici en « milieu défavorisé », ainsi que l'on dit pudiquement entre fonctionnaires et urbanistes. Dans un rapport qu'il remettra deux ans plus tard, Claude Hébert, responsable des initiatives en milieux défavorisés à la Commission des écoles catholiques de Montréal (CECM), relève que :

— le président Nixon déclare que 16 millions de citoyens américains sont sous-alimentés.

— le Conseil économique du Canada précise que 4 millions de Canadiens vivent dans un état de pauvreté.

— au Québec, 73 % des familles gagnent moins de 4 000 $ par an, et doivent un an de salaire.

— à Montréal, 423 000 personnes, soit 38 % de la population totale, vivent dans la misère ou dans un état de pauvreté et de privation.

Un an auparavant a été lancé, autour de l'école Olier, le PASS (Projet d'action sociale et scolaire). Travail de collaboration entre plusieurs organismes, le PASS consulte, analyse, oriente des actions conjointes menées par des spécialistes, afin d'aider écoliers et parents à surmonter leurs multiples difficultés d'ordre scolaire, familial, psychologique ou social. Le coordonnateur du PASS est Pierre Katadotis, alors directeur du plan de réaménagement social et urbain. Il entrera plus tard à l'ONF où il deviendra directeur de la Production anglaise.

Toutes les études des milieux pédagogiques convergent vers cette affirmation : on ne peut séparer l'école du milieu, le scolaire du social, l'enfant de sa famille. Tout effort pour améliorer l'école est vain, si rien n'est fait pour aider les familles. Mais les certitudes des experts et les décisions des politiciens – et partant l'action des fonctionnaires – sont deux trains qui roulent rarement sur des voies parallèles, encore moins à la même vitesse. Ici, à la base de la pyramide humaine, nous filmerons seulement des écoliers âgés de sept ans, avec leurs institutrices et leurs familles. Entre leur vie quotidienne et les discours politiques, s'ancrent les malentendus, les subversions qui creusent les gouffres, consolident l'ignorance et le mépris, les distorsions qui gangrènent une ville, un pays. Faire que l'école, tout au contraire, devienne un lieu fraternel, un milieu généreux où l'enfant et le professionnel apprennent l'un de l'autre en bâtissant un monde de tolérance et d'ouverture, et faire qu'un film en témoigne, voilà le pari de *L'école des autres*.

Du 8 janvier au 8 mars 1968, la bande des Trois Michel – Michel Hazel assure la prise de son et Michel Kieffer m'assiste à la caméra – attend les enfants à leur entrée à l'école, et ne les quitte que le soir, grands yeux fatigués, blottis frères et sœurs autour du poêle, dans l'hiver hargneux de logements misérables. Edith Grenier, sociologue haïtienne connaissant bien le quartier et le PASS, nous guide dans ce monde fragile, sensible, vulnérable, où les silences parlent plus que les mots. Durant neuf semaines nous suivons, observons, filmons dans leurs moindres réflexes les élèves de 2e année, ici divisés en quatre classes : Faible, Moyen Faible, Moyen Fort, et Fort, auxquelles s'ajoutent la Classe des doubleurs de 1re année et la Classe de récupération. Les six institutrices suscitent vite notre admiration par leur compétence, leur patience, leur dévouement pour des élèves dont certains ont le ventre vide. Des écoliers qui parfois insistent pour rester en classe après la fin des cours, l'école étant si belle, si bien éclairée et chauffée, si attrayante en comparaison de leur univers familial.

Durant deux mois la caméra s'attarde plus particulièrement sur 15 écoliers, qui ont été sélectionnés pour leur représentativité du milieu (eux et leurs parents). Ce choix, bien sûr, n'est connu que des professeurs, de l'équipe multidisciplinaire attachée au projet, et de notre petite équipe de tournage. Mais en classe nous observons tous les élèves, pour ne pas créer de jalousies. Nous recherchons la plus grande discrétion opérationnelle, parfois difficile avec notre équipement image et son. Heureuse surprise : après une heure de curiosité le premier jour dans chaque classe, les écoliers nous oublient, nous faisons partie du mobilier scolaire. À la récréation je place la lourde caméra sur la chétive épaule de chacun, l'allégeant de mon mieux, collant l'œil émerveillé au viseur, en amenant le bras gauche de l'enfant sur la longue tige du zoom. Ils sont tour à tour sérieux et rieurs, découvrant à sept ans qu'une drôle de caméra peut grossir leurs têtes pour en faire des têtes de géants, ou les éloigner, les rendre bien petites, perdues au fond de la classe. Bientôt, pendant les cours, nous ne sommes pas plus gênants que les pupitres, et je m'astreins à de telles positions, à terre, à genoux afin d'être à leur hauteur, que le soir mon dos demande grâce.

Mais c'est surtout au montage, de mars à mai, que nous faisons les choix définitifs. Nous disposons de 42 heures de film, pour un montage final de 150 minutes. Un ratio de tournage pour moi inhabituel, et inhérent au caractère de l'entreprise. D'ailleurs, en plus du film *L'école des autres* destiné aux milieux pédagogiques, une série de films satel-lites rassemblant la quasi-totalité du métrage est préparée par Marc Hébert, et mise à la disposition des spécialistes.

Monté en collaboration avec Claude Le Gallou, *L'école des autres* n'est pas accepté facilement par la Direc-tion de l'ONF. Prime l'argument de la diffusion dans les médias, à la télévision et dans le réseau communautaire qui sont alors nos canaux habituels de distribution. Un film non sectionné en parties distinctes (si possible de 26 à 28 minutes), mais au contraire structuré pour être vu en une seule projection de deux heures trente, est inacceptable. Chacun sait qu'en Amérique du Nord... seules une rondelle de hockey ou une balle de base-ball peuvent retenir un public aussi longtemps. Mais l'opposition finit par tomber, face aux besoins réels du milieu professionnel pour lequel le film a été projeté et réalisé. Sectionné, ce film perd toute valeur pédagogique, car sa force tient en grande partie aux liens quotidiens entre les situations et actions en milieux scolaire et familial. Finalement, le film a beaucoup d'impact dans le milieu pédagogique, à tous les niveaux. Pour la première fois sur film, les problèmes aigus de l'enfance en milieu pauvre sont traités dans presque toute leur ampleur, sans préjugés ni censure. Ce film entraîne des décisions importantes à la Direction de la CECM, où Claude Hébert poursuit une mission de pionnier. Et durant 15 années le film servira beaucoup.

Plus de vingt ans après la réalisation de *L'école des autres*, l'école Olier a changé. C'est aujourd'hui une école multi-ethnique, où les enfants d'ascendance québécoise sont en minorité. Et les tabous des années 80 sont aussi indignes que ceux des années 60. Tout autour de l'école les rues ont mué. On a chassé les pauvres par la spéculation, la rénovation faite non pour les résidents, mais pour les professionnels aisés attirés par les balcons et les frontons des rues Drolet, Laval, Henri-Julien, etc. La rue Saint-Denis, juste à côté, est devenue une promenade chic, avec cafés-terrasses et boutiques de mode. Les enfants qui, l'estomac vide, s'endormaient sur leurs cahiers, ont été priés d'aller ailleurs, avec leurs parents. Plus loin, toujours plus loin, dans Hochelaga-Maisonneuve ou Saint-Henri, mais plus ici où Montréal joue les parvenues.

En 1987, je pense un moment qu'il serait intéressant de réaliser un film-enquête avec les enfants de *L'école des autres*. Retracer Céline Messier, Jacques Liberdy, Louise Théroux, Annette Bourque, Alain Sears et leurs camarades de 1968. Voir comment ont grandi ces poulbots montréalais. Ce que sont devenus les grands yeux et les chansons de Louise, la tignasse blanche et maigre de Jacques, la candeur d'Annette, et toutes les questions espiègles ou naïves avec lesquelles ils m'ont mis plus d'une fois dans un bel embarras. Sont-ils mariés, heureux, prospères, avec des filles et garçons auxquels ils savent épargner leur enfance atrophiée ?

Mais en 1987 je tourne *Sucre noir* avec les esclaves haïtiens en République Dominicaine, et l'année suivante *Apsara* pour le cinquantenaire du Plan de parrainage. Puis les films de deux collègues, malgré d'évidentes qualités, me convainquent des limites d'une telle aventure : un nouveau film de Tanya Ballantyne avec la famille de *The Things I cannot Change*, et *Les enfants des normes – Post-scriptum* de Georges Dufaux. Non, mieux vaut conserver l'image soudain lumineuse de Robert Bergeron devant la tendresse de l'institutrice Louise Lapointe, ou le sourire enfin d'Annette Bourque dans la classe de mademoiselle Chartier, oubliant pour quelques heures les pièces froides de la rue Drolet, où l'on se tasse à cinq ou six près du poêle en ouvrant la porte du four, car le chauffage au fuel est coupé, si l'électricité ne l'est pas encore. Et cette grande famille d'Olier, ces enfants maigres et graves du Mile-End, qui par -20 °C arrivent sans chaussettes ou avec plus de trous que de laine, ces enfants auxquels six institutrices en or ont donné espoir, faut-il vraiment aller les dénicher aux quatre coins d'une ville encore plus froide en ses lois qu'en ses murs ? Une ville qui pour dresser un stade prétentieux et inutile – une extravagance de plus d'un milliard de dollars que nous payons encore –, a entre autres choses supprimé le lait et les collations aux enfants pauvres de ses écoles. Oh ! bien sûr, la réalité administrative de Montréal telle qu'on la déclare officiellement, n'est pas exactement celle que j'écris. Non, elle est plus subtile, hypocrite, plus indigne aussi, reflet d'une Amérique gaspilleuse.

Puis *L'école des autres* est un film-outil voulu comme tel, un document fidèle à une situation scolaire et sociale dans un milieu précis, destiné tout d'abord à la formation des enseignants. Est-il permis, vingt ans après, d'évoquer ce film, cette expérience unique pour en tirer des séquences et les prolonger avec la vie actuelle de quelques-uns de ses acteurs ? Le constat peut-il être honnête, aussi fort, sans l'unicité de lieu, la trame serrée du tissu social, et avec des familles désormais éclatées. Les hommes vivent mieux d'espoir que d'amers souvenirs.

⸎

J'ai reçu la semaine dernière, à ma salle de montage, la visite de deux «experts en communication audiovisuelle» du gouvernement fédéral. Ils désiraient voir mon dernier film, au montage complété, mais non encore doublé ni sous-titré en français, ayant été tourné dans les *favelas* de Santo André, grande et violente banlieue industrielle de São Paulo. Au bout de 20 minutes l'un d'eux s'impatientait, opinait qu'il devait rentrer à Ottawa; après la première bobine il demandait qu'on lui passât le seconde à grande vitesse, ajoutant qu'il était habitué à voir des films ainsi. J'ai bien sûr refusé, lui disant qu'un tel film se regarde en entier ou pas du tout. L'interprète brésilienne était également sidérée par une telle demande. Nous avions passé un mois à tourner ce film dans l'un des milieux les plus violents du globe, avec des gens très pauvres mais courageux et généreux, et cet «expert» n'avait pas une heure pour les entendre. Oui, il existe chez nous comme ailleurs, des «experts du Tiers-Monde», des «conseillers en développement», des «consultants en communication» assez savants pour juger un film sans le voir ou le comprendre. Ce sont les mêmes cerveaux qui se baladent dans le Tiers-Monde, toujours pressés, ne pouvant passer une seule nuit dans un village ou un campement mais devant être chaque soir dans un hôtel trois étoiles, ne pouvant se baisser pour serrer la main des gens vivant accroupis, ni accepter un verre d'eau – les bactéries! –, ou un fruit – les microbes! –, encore moins toucher la main ou frôler l'habit d'un de leurs enfants si sales et morveux. Mais ces gens si arrogants pondent des rapports sur les « situations constatées sur le terrain ». Fort heureusement, cette race de fonctionnaires du développement est minoritaire, et je connais à l'ACDI (Agence canadienne de développement international) et dans nos ambassades des personnes compétentes et honnêtes, qui savent qu'à la base de tous les échanges humains se situe d'abord le respect de l'autre.

Oui, cet incident s'est produit alors que je n'avais pas rédigé la moitié du présent chapitre. Alors en rentrant chez moi, j'ai repensé à Claude Hébert, à Louise Lapointe, à Louise Daoust, à mademoiselle Chartier et au secret de leur ferveur : « L'école doit apprendre à apprendre, et tout d'abord elle doit donner le goût d'apprendre », disaient-ils. Trop d'experts aujourd'hui ont appris à ne pas voir ni entendre. Ils travaillent, vivent sur des formules, des graphiques, des logiciels, des formes sophistiquées d'ignorance et de mépris. Qu'il serait riche et sain, le pays où tous les fonctionnaires et cinéastes auraient le dévouement d'une Louise Lapointe. Elle qui après sa classe, avant de laisser repartir les enfants vers leurs chambres grises et froides, leur faisait écouter une chanson de Jacques Brel. Sans regarder sa montre.

J'ai omis bien des rencontres et films, en 50 pages retraçant 14 années. Cependant, je garde un bon souvenir d'un modeste travail de trois semaines effectué en 1969, dans le quartier montréalais d'Hochelaga-Maisonneuve. Les animateurs du comité de citoyens m'ont demandé d'obtenir l'aide de l'ONF afin de réaliser de petits films destinés à prolonger, si possible à multiplier leurs initiatives dans cet immense quartier populaire de l'Est de Montréal, qui compte alors 82 000 habitants, et où j'ai habité dix ans plus tôt.

Spontanément, le chaleureux et regretté Pierre Maheu, alors producteur à l'ONF, adhère au projet et offre sa collaboration, en dégageant 20 000 $. Ce qui normalement ne permet pas de produire le plus simple court métrage, va conduire le comité de citoyens d'Hochelaga-Maisonneuve à réaliser cinq films, pour une durée totale de trois heures et demie. Leur petite équipe est nourrie par les urgences du milieu, pleine d'idées et de bonne volonté. De naïveté aussi. Un groupe déterminé que rien n'arrête, pas même les impératifs techniques. Ils connaissent trop leurs gens, leurs priorités dans cet univers du chômage, des vies coupées, des drames ignorés par les médias.

Je tiens seulement la caméra, et donne quelques conseils au début du montage. Mais le réalisateur, choisi par le comité de citoyens, manque du nerf et de l'audace qui pourraient faire jaillir la flamme entre les silences, dans la retenue des ouvriers assommés par deux générations de privation, d'écrasement. C'est un chic gars, qui aime trop son monde pour le remuer, l'obliger à se libérer devant la caméra. Il me demande ici et là des cadrages peu indiqués, avec des éclairages risqués. J'essaie de sortir les images les plus acceptables dans de pénibles conditions, de rendre visuel ce qui ne l'est pas toujours. Au son les deux Claude tour à tour – Delorme et Hazanavicius – font eux aussi effort de patience. Cinq films modestes sortent finalement, répondant aux objectifs du groupe, empreints sans aucun doute de la précarité des lieux et des moyens, de l'ambiguïté des espoirs, mais aussi de la belle fraternité de l'équipe.

J'ai revu Denis Lamoureux, dix ans plus tard à Kigali au Rwanda, où il était devenu coopérant. Mais qu'est devenue Lorraine Rondeau, que font aujourd'hui Francine Paris et Jean-Marc Gareau, ce couple si actif et désintéressé qui semait dans Hochelaga des graines d'humanité sur les escaliers de la colère? J'ai eu avec Francine des conversations qui m'apprenaient plus que trois commissions d'enquêtes fédérales. Je retiens de cette femme infatigable, lucide, vite à l'œil et au cœur tout autour d'elle, un profil de leader, de député, de porte-parole idéal, crédible et respecté.

Pierre Maheu ne fut pas mécontent de l'aventure, et son administratrice, Lucette Lupien, m'avoua en fermant les comptes : «Vraiment, c'est pas mal, ce qu'ils ont fait avec seulement 20 000 $». Oh! bien sûr, pour l'ONF il s'agissait à peine de films. Il faudrait à plusieurs cinéastes une génération de vidéastes pour leur enseigner la modestie. Ces films portaient le titre général *82 000*, pour les 82 000 habitants d'Hochelaga-Maisonneuve. On était loin de la passionnante étude d'une population ouvrière que venait de clore Fernand Dansereau, avec *Saint-Jérôme*, et ma contribution était un geste de camaraderie plutôt qu'une prestation cinématographique.

Je repasse régulièrement dans mon ancien quartier, où les problèmes ne font que s'aggraver. Le sous-emploi y atteint l'ampleur intolérable qu'il connaît dans le Tiers-Monde. Les usines ferment l'une après l'autre, et dans la partie sud l'élargissement d'une route a rasé des centaines d'habitations. Par contre, au nord du quartier on a construit, sur l'emplacement d'anciennes usines ferroviaires, des îlots de logements qui ont fait l'objet d'un effort architectural visant à les intégrer à la trame urbaine de l'Est montréalais. Mais des logements neufs, sans emplois nouveaux, ne peuvent que susciter des migrations intra-urbaines, et favoriser une amorce de ségrégation dans une zone jusque là assez homogène. Vingt ans plus tard, une même désespérance hante les escaliers, balaie les courettes où des enfants désabusés ont simplement changé de rêves, et pour certains remplacé le Walkman par le Nitendo.

Deux décennies plus tard aussi, Tahani Rached tourne ici un film superbe : *Au chic resto pop*, et ce film indique que l'espoir s'accroche, car on y voit fleurir une autre belle aventure communautaire. Puis c'est dans ce quartier, que je n'oublie pas, qu'en 1993 j'ancre une partie de mon cinquième roman : *L'Éclatement – Vie, doutes et mort du Dr Flora Mars*. Oui Francine, Jean-Marc et Lorraine, vos nuits blanches n'ont pas été inutiles.

1 9 6 9 • 1 9 7 0

Deux hivers dans L'Arctique

82 000 NE FUT QU'UNE BRÈVE HALTE dans une entreprise qui devait fermer une époque de ma carrière : *L'homme et le froid.*

En 1968 j'ai reçu le feu vert pour entamer les recherches sur le projet *Portrait d'un Nordique*. Mais après de premières rencontres d'experts des questions nordiques à Montréal, Québec et Ottawa, le projet s'élargit, pour ne plus se limiter au portrait d'un homme, et viser plutôt un panorama des efforts entrepris dans plusieurs pays nordiques, afin de faciliter les activités humaines aux très basses températures. La prospection et l'exploitation pétrolières, l'ouverture du passage du Nord-Ouest, la poussée vers le nord des explorations minières, l'émergence sociopolitique des populations arctiques et des impératifs stratégiques marquent un nouvel intérêt pour la mise en valeur du Grand Nord. Des recherches poussées parmi les organismes gouvernementaux et privés du Canada, d'URSS et de Scandinavie aboutissent à la proposition d'un long métrage documentaire, à tourner durant les deux hivers 1969 et 1969/70. Le sujet me passionne. Un univers à la fois hostile et fascinant s'ouvre aux technologies de pointe. Les hommes, au-delà des frontières, des langues et orientations politiques, montrent leur volonté de dépassement face au climat polaire.

Au ministère des Affaires indiennes et du Nord canadien à Ottawa, au ministère du Groenland à København, dans les instituts de recherches à Montréal, Québec, Ottawa, Cambridge, Stockholm et Oslo, aux sièges des compagnies pétrolières, minières et industrielles à Calgary, Edmonton, Helsinki, Kiruna et Bergen, dans les ambassades et consulats, et parmi bien des groupes informels, les suggestions fusent, parmi lesquelles un choix définitif sera opéré à Montréal, en collaboration avec les meilleurs spécialistes. Malheureusement, deux séjours de négociations à Moskva – j'avais appris un russe rudimentaire chez Berlitz, et il y avait là-bas d'excellents interprètes – ne viennent pas à bout de la « nietomanie » soviétique, et, lassé de continuels reports et preuves de mauvaise foi, j'abandonne toute idée de tournage en Sibérie et en Yakoutie. J'apprends d'ailleurs que certains complexes industriels, villes ou réalisations du Grand Nord soviétique dévoilés par les belles maquettes du Pavillon de l'URSS à l'Expo-67, n'ont jamais dépassé le stade des modèles réduits et des planches à dessin...

Avec une Arriflex 35 lubrifiée au graphite, deux cameramen assument successivement les prises de vues : Gilles Gascon le premier hiver, Jean-Pierre Lachapelle le second. J'ai tant de responsables locaux, d'experts, de guides ou interprètes à rencontrer un peu partout, qu'à mon grand regret je ne peux tenir la caméra. Nous tournons à -45 °C, à -50 °C, sans que jamais la caméra ne nous lâche, notamment en Alaska, dans les Territoires du Nord-Ouest et en Laponie. Plus encore que le froid, c'est le vent qui paralyse, immobilise, qui, avec le givre, soude la caméra au lobe oculaire, les mains au métal des derricks ou des camions. Le grand froid brûle, et il n'est pas facile de filmer avec des gants. Gilles et Jean-Pierre font un travail remarquable, en dominant toutes les situations. Ils sont souvent avec moi cloués de mutisme par la dure beauté d'une tempête, le travail surhumain effectué devant nous, la décisive sobriété des gestes de la survie.

En tous lieux nous recevons la meilleure collaboration. Aussi bien avec les équipes de déneigement de Montréal, les équipages des brise-glace du Saint-Laurent, qu'avec les chercheurs des laboratoires, les Indiens de Hay River et les Inuit d'Inuvik. Avec les ouvriers des plateformes de forage de Toktoyaktuk et de Kenai, qui par -50 °C et des vents de 70 km/h descendent les tubes à la poursuite du pétrole de la mer de Beaufort et du Cook Inlet. Et les hommes qui aux températures les plus basses de la planète – jusqu'à -70 °C –, sur les traces de l'ancienne ruée vers l'or, opèrent sans relâche le légendaire chemin de fer Whitehorse/Skagway, entre le Yukon et l'Alaska. Avec les aviateurs de la garde côtière américaine, qui avec leurs Hercules traquent les icebergs, avec les pêcheurs du Groenland, les éleveurs lapons et leurs troupeaux de rennes, les bâtisseurs de la nouvelle Rovaniemi, les savants d'Esrange qui au toit de l'Europe sondent le ciel nordique. Des ouvriers de la Baltique à leurs frères québécois dans le fer de Wabush, tous font de ce film un hymne à l'endurance, aux défis humains. Silences des hommes et de la nature, chants, musique des enfants et des adultes répondant au vent dans les arbres maigres et sur les pistes glacées. Entre l'écolier inuit retirant son parka dans un mouvement aussi élégant qu'original, et la masse inhumaine de l'iceberg se déta-chant du glacier de Jakobshavn en menaçant les pêcheurs de crevettes sur leurs dérisoires embarcations, il y a toute une légendaire épopée nordique. L'homme du Nord apprend à se dépasser dans la modestie.

Hélas, une telle entreprise est trop belle. Bien que respectant scrupuleusement mes engagements – contenu, calendrier et budget –, je subis brusquement les foudres de quelques petits chefs de l'ONF qui tentent d'abattre le projet en milieu de parcours. Je réagis vivement, trop vivement, et suis suspendu et le film arrêté. Une réaction spontanée, ferme et unanime de mes collègues cinéastes fait renverser la décision du directeur de la Production française. Je peux terminer le film dans le respect complet du mandat initial, avec l'appui du ministère qui le commandite largement. Marc Beaudet m'aide amicalement comme producteur délégué, pour relancer un programme indûment saboté.

Lors du lancement de *L'homme et le froid* le 25 mars 1971, les deux salles du grand cinéma Côte-des-Neiges sont pleines, l'une pour la version française, l'autre pour la version anglaise sortie simultanément grâce à l'efficacité de Bernard Devlin. J'ai quitté San Francisco le matin même, et repartirai le surlendemain, pour reprendre à Seattle le tournage de la série *Urbanose*. Cette première de *L'homme et le froid* – en anglais : *Below Zero* – est un franc succès, l'un des plus mémorables de ma carrière. Dans l'escalier à la sortie de la grande salle, Fernand Dansereau est le premier à me féliciter. Nous sommes loin de *Saint-Jérôme* mais un grand respect nous rapproche, et efface d'anciens malentendus. De nombreux collaborateurs, des scientifiques, des inconnus m'encouragent à continuer sur la même voie. Puis un fonctionnaire de l'ONF me tend la main avec ces mots : « Michel, j'ai toujours pensé que tu ferais un bon film ». Merde ! me dis-je. Deux jours plus tôt, j'ai pris connaissance d'une lettre adressée par ce monsieur à l'un de nos bureaux de distribution, disant clairement que le film est sans intérêt. D'autres ont au moins la décence de se taire.

Plus tard, de retour de tournage en Europe pour *Urbanose*, je reçois bien des demandes pour la présentation de *L'homme et le froid*, au Canada et à l'étranger. J'ai été réintégré à l'ONF par un jugement favorable du Tribunal du travail, et désire tourner la page. Hélas! je dois m'excuser auprès de nombreux correspondants, d'ambassades, d'organismes et entreprises ayant collaboré à la réalisation du film, car ce film ne leur parviendra pas. D'occultes autorités de l'ONF, principalement à la distribution, ont décidé que ce film, trop estimé dans les milieux concernés, sera boycotté, mis sur les tablettes. J'ai commis l'impardonnable faute de réussir un film qui fait ombrage à quelques frustrés. Des frustrés hélas influents dans les coulisses de notre institution. Il faudra beaucoup d'insistance de la part de plusieurs organismes pour voir ce film apprécié des spectateurs. La hargne de quelques fonctionnaires, non seulement frise le scandale, mais relève du délit pur quand elle détruit un travail produit avec l'argent de l'État, et destiné au public. Et ce film est aujourd'hui retiré du catalogue, alors qu'il demeure très actuel. Hélas, chez nous comme ailleurs, le ridicule et le scandale ne tuent pas.

Mais la réalité est têtue. En 1971 *L'homme et le froid* est présenté dans un grand auditorium de l'Exposition Terre des Hommes, en alternance avec *Yul 71*, un long métrage du cinéaste qui avait décidé la mort de mon film, alors qu'il était directeur de la Production française. Oui, ce cinéaste avait également signé une note de service méprisante, se terminant en ces termes : «... que le métrage soit récupéré pour quelques courts films didactiques pour les écoles». Or, après la dernière présentation de *L'homme et le froid* à l'auditorium Dupont, alors que la salle est pleine jusqu'à la fin, je monte avec mon épouse et un ami questionner brièvement le projectionniste, un étudiant qui ne me connaît pas et auquel je ne décline pas mon identité. Il nous confirme spontanément qu'à chaque projection de *L'homme et le froid* la salle est remplie jusqu'au bout, tandis que *Yul 71* vide systématiquement l'endroit. Voilà. Il faut dire que j'ai lu sous la plume du même cinéaste un article si méprisant contre l'honnête journaliste Jean-Marc Poliquin, sans que la profession ne s'en offusquât. Oui, en ces années-là, j'apprends qu'entre discours sur l'éthique et pratique de cette éthique, il coule parfois un Saint-Laurent, sinon une Amazone. Quelques années plus tard, je présente *L'homme et le froid* à des scientifiques de passage à Montréal, et ils sont choqués par le sort réservé à ce film. Un film tourné en 35mm couleur, durant deux hivers sur deux continents, dans des conditions parfois très dures, et qui a osé coûter moins cher que certains chefs-d'œuvre incompris.

Les vacheries, bien sûr, sont le lot du cinéma comme de la littérature. Il faut vivre avec. Mais ce serait un euphémisme de dire que j'avais mis beaucoup d'énergies dans ce film, et que j'en suis sorti meurtri. Dans ces moments-là aussi, les qualités de gens plus effacés ressortent. Venant d'arriver au pays, Yukari mon épouse fut un support capital. Chargée du budget, Janic Abenaïm fut exemplaire de rigueur, de professionnalisme. Eldon Rathburn composa pour *L'homme et le froid* l'une de ses meilleures musiques de film, de l'avis général. Enthousiastes, Bernard Devlin et William Weintraub proposèrent spontanément leur collaboration pour la réalisation de la version anglaise, *Below Zero*, et rarement une version anglaise d'un original français ne sortit aussi rapidement. Et je conserverai l'image des cinéastes de l'ONF français arrachant à notre directeur la poursuite du film qu'il venait d'arrêter. J'ai depuis ce jour-là une dette de solidarité envers mes collègues, et c'est pourquoi il m'est souvent impossible, ou très pénible, de me prononcer sur des erreurs ou des abus, craignant que ma sincérité, et mon appui au cinéma d'ici, au documentaire qui fait notre force, ne soient mal interprétés. L'honnêteté est exigeante. Mais sans elle notre métier n'est plus grand-chose. Par contre, je n'hésiterais pas, seul, à défendre des films de confrères, condamnés par notre haute Direction.

Enfin, une chose avec les mois prit sa valeur : le respect. la confiance de hauts fonctionnaires, de techniciens, de savants qui ayant vu le film et connu ses difficultés, me témoignèrent leur amitié. Rien qu'au Canada ils étaient une soixantaine, et autant à l'étranger. En nommer ici quelques-uns serait injuste pour les autres. Ces gens m'ont appris que dans leur milieu aussi le travail méthodique, passionnément poursuivi, n'est pas toujours reconnu ou respecté. Bien des jalousies, des opportunismes détruisent de longs efforts, des recherches et travaux méconnus du public.

Vingt ans après la sortie de ce film, certaines critiques apparaissent dans toute leur indigence, proclamant que j'ai été ébloui par la technologie, plutôt que préoccupé par l'écologie, le sort des Inuit, et autres sujets soudain découverts par les médias. Pourtant, ayant quitté l'école à 14 ans pour gagner ma vie, je ne suis pas ébahi par la technologie, mais simplement respectueux des efforts que font des hommes pour vaincre les multiples interdits d'un climat hostile. Les peuples nordiques et l'écologie étaient d'ailleurs au centre du film, mais dans les efforts et les recherches quotidiens plutôt que dans les slogans faciles. Bâtir sur le permafrost, opérer des services publics à -50 °C, ouvrir des voies de communication polaires, ces réalisations reçoivent l'adhésion des ethnies arctiques sur les deux continents. Oui, il y a des vérités, des évidences à ne pas dire : l'intellectuel d'Outremont qui envoie quotidiennement ses détergents, ses phosphates au Saint-Laurent, qui fait chaque jour abattre des arbres pour produire les 60 pages de son journal bourré d'annonces commerciales, oui ce bien-pensant pollue plus que l'ingénieur, que l'ouvrier qui dans de très dures conditions testent de nouveaux matériaux, perfectionnent des méthodes, techniques et équipements afin de rendre la vie plus humaine. Mais le premier clame ses états d'âme dans tous les médias, quand le second œuvre en silence. Au Japon, en Allemagne, en Finlande, France, Italie, on est fier de ses inventions, de ses réussites technologiques et industrielles. Ici, aujourd'hui, il est de bon ton de critiquer tout succès, de s'opposer à tout projet d'envergure en brandissant le drapeau écologique. Quel risible discours! Une levée de voix ulcérées pour un barrage hydro-électrique, un pipeline, une aluminerie, et le silence sur les gaspillages dans nos villes, nos rivières véritables égouts ou déversoirs de lisiers, nos autoroutes urbaines et nos parkings arachnéens. Les Danois ont su bâtir au Groenland des petites villes respectueuses des paysages et des coutumes, était-ce si gênant de l'apprendre? À København bien sûr, on a refusé les autoroutes urbaines qui éventrent, défigurent une ville. L'ingénieur en chef au ministère du Groenland ne m'avait-il pas dit, dès la première rencontre: «La meilleure façon d'aider le Groenland, est d'avoir pour son développement la même exigence que celle appliquée au cœur du Danemark».

Après *L'homme et le froid*, j'ai abandonné des projets de films sur des réussites technologiques, convaincu qu'ils susciteraient trop d'oppositions. À cette époque, il devenait ici impossible de parler d'un succès technique et social, sans qu'une meute ne vous scie les jambes. Près de moi, seul Jean Lemoyne s'intéressait à de tels sujets. Hélas, cet homme profond, raffiné, exigeant, ce brillant humaniste quitta très tôt l'ONF. On me fit aussi comprendre qu'il ne fallait pas «jouer dans la cour des grands». Il y avait dans *L'homme et le froid* trop de séquences spectaculaires, inoubliables dans la beauté de l'Eastmacolor – 1 h 40 d'efforts pour acclimater le grand froid, une fresque du dépassement humain. Et surtout, ce film si difficile à réaliser, et si estimé à sa sortie, n'avait coûté, du premier jour de recherche à la copie zéro 35 mn, que 230 000 $. Cette réalité me valut le

respect de bien du monde à l'ONF et ailleurs, mais elle
gênait trop la publicité de coûteuses banalités. Je connaissais aussi des cinéastes, talentueux et intègres, qui
œuvraient en silence pour l'honneur de notre profession;
et cela, avec l'appui de Yukari, dopa mes énergies dans une
autre direction.

Au cœur et dans
la passion des villes

ÈS JUILLET 1970 – après l'abandon par l'ONF d'un programme de petits films sur l'environnement, proposé par Jean-Marc Garand –, je présente à notre comité du Programme l'avant-projet d'une série de 13 télé-films : *Urbanose*. Je reprends ici le titre d'un poème publié six ans auparavant (dans *Génération*). Pour ce mot que j'avais créé faute d'en connaître un plus juste, j'ai donné plus tard la définition suivante : L'urbanose est le cancer urbain qui, causé par les actions séparées ou combinées de la migration rurale/urbaine, de la spéculation foncière, et de la primauté des investissements privés lucratifs sur le secteur public, asphyxie de nombreuses grandes villes, à des degrés et sous des formes variables.

Après la blessure du dernier film, il me faut un tournant radical. Je dois plonger dans un travail très intense, au cœur des priorités actuelles les plus aiguës, sans avoir à me justifier auprès des esthètes. J'irai donc plus loin qu'avec *L'école des autres*, et surtout je ferai passer le sujet avant la forme, bref la vie avant le cinéma. Suite à un premier feu vert et quelques mois de recherches, le même comité donne son approbation pour la production des films fin novembre (le projet ayant été préalablement approuvé par un Comité interministériel). Les 13 films seront tournés en 18 semaines étalées entre janvier et juillet 1971, principalement à Montréal, mais aussi en Saskatchewan, aux USA, en Grande-Bretagne, aux Pays-Bas, en Suède et en France.

Je terminerai ainsi l'introduction de la brochure d'utilisation des films : «... Le propos de cette série de films n'est pas autre chose qu'une sonnette d'alarme. Un cri, un SOS angoissé, mais aussi chargé d'enthousiasme, que portent dans leur ville menacée simples résidents, architectes, urbanistes, fonctionnaires, artistes, tous les urbains conscients des valeurs urbaines. Ce cri, nous ne l'avons pas voulu, nous l'avons tout simplement entendu».

Nous filmons ce cancer qui ronge nos villes, mais également les efforts entrepris pour le circonscrire, et même le guérir. Nous disposons d'un budget total de 165 000 $. Préparer, réaliser, compléter 13 téléfilms pour ce montant, avec les déplacements d'une équipe de quatre personnes dans six pays, à cette époque cela relève déjà de l'utopie, et pour plusieurs collègues, de l'aberration. Je pourrais, à l'instar de confrères très critiques, décider d'utiliser un tel budget pour la seule réalisation d'un documentaire d'une heure, techniquement léché. Convaincre Pierre Mignot à la caméra et Richard Besse au son du bien-fondé de ma démarche, entièrement orientée vers l'analyse directe des priorités urbaines, et de participer avec intérêt à cette longue radiographie, n'est pas évident. Ils seront patients, attentifs, compréhensifs, parfois franchement émus par ce qu'ils apprendront. Devant conduire les interviews avec les résidents, membres et animateurs des comités de citoyens, urbanistes et architectes, fonctionnaires, chercheurs, sociologues et promoteurs, je ne peux tenir l'Éclair tant chérie.

Dans les limites du budget, je privilégie volontairement le débat en profondeur à tout autre critère. C'est parfois frustrant, car nous passons à côté d'images, de séquences qui pourraient faire de séduisants tableaux (Amsterdam, Delft, London...). Mais conduire un diagnostic n'est pas rêver, même en noir et blanc.

Une centaine d'experts nous encouragent, nous éclairent, tout en exposant les problèmes sans détours. À propos de ce projet, je peux écrire sans hésitation que j'ai vécu en symbiose avec mes interlocuteurs des divers pays. Je ne suis pas sûr que nous aurions obtenu la même chaleureuse collaboration, si nous avions interrompu les activités de ces personnes pour la réalisation de quelque film précieux.

En route, les 13 films prévus deviennent 15 téléfilms de 27 minutes chacun, sauf le dernier, *Entretien avec Henri Lefebvre*, d'une durée de 35 minutes. Ô qu'il est grand, précis, convaincant le cher Lefebvre, dans sa dénonciation de nos travers, de nos erreurs en ville! Mais bien plus qu'un critique lucide, quel idéaliste n'avons-nous pas devant nous, tout simplement assis dans son jardin pyrénéen de Navarrenx, exorcisant les échecs de la société industrielle entre les chants d'oiseaux, avec le frais souvenir d'un Jurançon ou d'un confit de canard. Et Loek Kampschoer, à la Direction de l'habitation et de l'industrie du bâtiment à La Haye, qui après avoir vécu à Montréal, décrit avec une précision chirurgicale les opérations nécessaires à la revitalisation des quartiers en danger. Et l'admirable Van Embden, l'un des meilleurs architectes hollandais, dont le raisonnement a la clarté de cette lumière de Delft qui miroite sur un mur de son bureau. Puis Harry Mayerovitch à Montréal, ce sentimental, cet artiste et humaniste un peu seul au-dessus de la jungle des promoteurs. Chaque fois que je revois Harry, il a sur l'urbanisme et ses erreurs, cette philosophie presque messianique de ceux qui veulent bâtir la beauté sur les excès des hommes – Harry plus audacieux, plus jeune que tous, à l'âge où des confrères se mettent à parler comme des académiciens. Et ces affamés de bon sens et de bonne volonté, acharnés à sauver Montréal quand d'autres la pillent : ces Joseph Baker, Anshel Melamed, Michael Fish, Ray Affleck, Jacques Folch-Ribas, Guy Legault, Pierre Pagé, Lucien Saulnier dont la ville ne sait pas toujours écouter la sagesse. Et cette femme remarquable qui a digéré toutes les bassesses des quartiers, mesuré toutes les souffrances de ceux qui n'ont jamais la parole, et qui pointe si bien les véritables urgences, cette Claire Dionne avec laquelle j'aimerais faire un film humble et fort. Et les locataires écrasés de Griffintown, de la Pointe-Saint-Charles, de la Petite Bourgogne et du Mile-End. Ils vivent dans l'ombre. Ils ont des voix d'or, des paroles éternelles. Telle Solange Tellier, qui sait dire une bonne fois ce qui ne va pas dans cette ville, Montréal. Ce qui nous fait honte, au lendemain de notre si belle Exposition universelle (Expo-67).

Puis il y a cette femme très digne à Washington : Thelma Jones. Une Noire qui a forcé le président des États-Unis à venir découvrir la misère de certains quartiers de la capitale. Et Drayton S. Bryant qui à Philadelphie nous prévient amicalement des horreurs qui nous attendent si nous ne tirons pas la leçon des erreurs, des excès américains. Car là-bas, déjà, les villes sont plus sinistrées que Hambourg après la guerre, détruites par la guerre lente des spéculateurs. Là-bas l'urbanose gangrène les grandes villes. À Philadelphie en 1971, des gratte-ciel neufs et luxueux sont presque vides parce que les riches qui pourraient louer leurs beaux appartements craignent d'être agressés à la sortie par les résidents des taudis voisins. Ailleurs des HLM ressemblent à d'énormes clapiers, avec les grillages résistants fermant leurs balcons, afin que les locataires ne jettent pas du quinzième, du vingtième étage des lits de fer ou autres meubles abîmés. Et dans les écoles les professeurs

ont reçu l'ordre de ne jamais tourner le dos aux élèves
(de ne pas écrire au tableau), pour ne pas être agressés
au couteau.

Les films de la série *Urbanose* ont pour titres théma-
tiques : *Les taudis*, *Griffintown* (quartier montréalais abandonné, que tente de rénover un groupe d'étudiants en
architecture), *Concordia* (projet brutal de transformation
spéculative d'un quartier résidentiel et central), *L'automobile*, *La révolution urbaine*, *La réhabilitation des habitations*,
Les rives (l'accès public aux rives), *Locataires et propriétaires*,
Le sol urbain, *Le labyrinthe* (les gouvernements, juridictions
et administrations qui se taillent des empires et compliquent
la gestion urbaine), *Où va la ville?*, *L'attitude néerlandaise*,
et *Entretien avec Henri Lefebvre*.

Les sept heures de film sont projetées pour la première fois à la Comédie canadienne, les 9 et 10 juin 1972.
De nombreuses projections suivent ici et là, puis la série
passe comme prévu à la télévision. Le support des médias
est unanime et fort, à quelques exceptions. Le public sait
très bien où se situent le nécessaire et le futile, l'urgent et
le superflu dans une société en crise. Des éditorialistes,
universitaires et hauts fonctionnaires défendent notre
travail, notre option sociale plutôt qu'esthétique. Certains
deviennent des amis fidèles.

Par contre, pour une partie de mon milieu professionnel, je suis bon à fusiller. De tels films « sont la honte de
l'ONF, et ce n'est pas du cinéma... » Cela est dit en pleine
assemblée par un collègue dont j'ai défendu plusieurs films
ici et à l'étranger. Cela est répété çà et là, avec des arguments
si pauvres que mieux vaut les taire. Et plus les cinéastes-
qui-détiennent-la-vérité détestent *Urbanose*, plus le public,
les étudiants, les milieux professionnels et gouvernementaux concernés par les questions urbaines, plus les comités

de citoyens les réclament, les utilisent. Cette réaction corporatiste et populaire inverse renforce ma décision de continuer dans la même direction : répondre aux priorités de notre société, plutôt qu'aux goûts de quelques nantis. Puis Société Nouvelle grandit, s'affirme, malgré le mépris des détenteurs du savoir cinématographique.

Présentée l'été 72 à Paris, où Roger Louis et son équipe l'utilisent ensuite dans leurs expériences nouvelles de cinéma au service des milieux populaires, puis à La Haye et à Athènes, où professeurs et étudiants de l'institut Ekistics (de Doxiadis) la voient en entier, bien que le français ne soit pas leur langue commune, la série *Urbanose* fait figure d'avant-garde à mon grand étonnement. À Paris cependant, des journalistes me disent après une projection : « Nous n'aurons jamais ça, de telles situations en France... L'Amérique paie ses abus, sa ségrégation... ». Aujourd'hui, devant les mêmes violences urbaines autour de Paris, Lyon, et d'autres villes de l'Hexagone, que disent-ils, qu'écrivent-ils ?

Ici et à l'étranger, après le diagnostic de *Urbanose*, on me demande de m'attaquer aux solutions, aux tentatives de redressement des situations urbaines déplorables. Plusieurs ministères fédéraux appuient notre démarche pour donner suite à *Urbanose* avec une nouvelle série : *Urba-2000*, qui comprendra 10 films d'une heure chacun, en couleurs cette fois, et bénéficiant de plus de moyens. Je reconnais bien sûr que les derniers films sont d'une technique assez pauvre, que le montage ne répond qu'à un objectif : faire clairement comprendre les problèmes urbains en respectant l'opinion, les paroles des interlocuteurs. Mais je maintiens que ces films simples, de moins de 12 000 $, ont plus d'impact que des produits chromés à 200 000 $, et les réactions à leur grande diffusion le prouveront largement. Mais au « cinéma bulldozer » – tel qu'à Ottawa Norbert Préfontaine (président du Comité interministériel Challenge for Change – Société Nouvelle) qualifie alors mon récent travail –, doivent succéder des films plus finis, tout en étant toujours empreints des mêmes préoccupations sociales, et utilitaires – je qualifie ces films de « films-outils ».

J'eus pour la série *Urbanose* un producteur remarquable, ayant une compréhension aiguë des conflits sociaux : Normand Cloutier. Son efficacité m'aida beaucoup. J'aurai pour la série *Urba-2000* un nouveau producteur, aussi opiniâtre et compétent : Jean-Marc Garand. Un professionnel attentif à tous les courants, une inlassable énergie doublée d'une belle tolérance. Bref, un producteur idéal, avec lequel je réaliserai 44 films.

En 1973, j'obtiens un budget de 373 000 $ (nous parlons toujours ici de dollars canadiens) pour la réalisation de 10 films d'une heure, tournés dans neuf pays. La série *Urba-2000* sera complétée en 1974 pour un montant de 313 000 $, soit un coût de 31 300 $ par film. Deux films ont une durée supérieure, l'un d'une heure et demie, l'autre de deux heures. Cette fois encore il s'agit d'un défi, car avec 313 000 $ (dont 70 % de commandite), on ne réalise à l'époque que deux ou trois documentaires, parfois un seul.

Durant quatre mois en 1972, nous avons, avec Luc Durand – architecte-urbaniste canadien formé à Genève, l'une des villes les plus exigeantes pour la profession –, fouillé les dossiers d'une cinquantaine de villes connues pour avoir tenté des expériences originales d'urbanisme. Nous en avons visité la moitié, rencontrant 135 spécialistes rompus aux questions qui nous préoccupent, dont une quinzaine seulement ont été antérieurement consultés pour la précédente série *Urbanose*.

Dès le départ, nous avons bien défini l'objectif du projet *Urba-2000* : réaliser une série de films qui sans apporter « la solution », qui n'existe pas, pour l'amélioration de la qualité de la vie urbaine au Canada (et tout d'abord dans les grandes villes), apportent des exemples concrets d'attitudes, d'actions, de réalisations urbaines dont les villes canadiennes peuvent tirer des leçons, applicables à court ou moyen termes. Nous ne pouvons être plus clairs, dans le document que nous présentons en décembre 1972. Au programme des 10 films envisagés, nous joignons une annexe décrivant 30 sujets, 30 villes et actions rejetées, avec les raisons de leur rejet en regard des objectifs de la série. J'ai réalisé ces deux documents après deux années d'une plongée totale dans les questions urbaines, de 10 à 12 heures par jour. En plus des experts, cette fois aussi nous avons consulté des milieux populaires. En nous orientant non pas vers les seuls foyers contestataires, mais plutôt vers les groupes, les cellules qui proposent, préparent des actions, des amorces de solutions pratiques.

Pour cette série non plus, je ne peux tenir la caméra. Luc Durand, l'urbaniste consultant qui devait conduire les interviews, nous quitte trois semaines avant le départ en tournage, pour bâtir le village olympique de Montréal. Dans un délai aussi court, nous ne pouvons recruter un autre expert, et le nourrir des débats de quatre mois avant d'assumer les entrevues des 10 films. Je dois donc me charger de cette tâche, pour laquelle bien sûr je suis préparé, mais avec à nouveau la frustration de ne pas tourner moi-même des séquences que j'ai en tête depuis des semaines, des mouvements de caméra intimement liés à des questions précises, des cadrages remplaçant dix phrases. L'absence de ces images personnelles me pèsera longtemps. Mais les interviews sont elles aussi capitales, et si les compromis sont regrettables, ils sont parfois indispensables à la poursuite d'un projet. Cette frustration servira toutefois à quelque chose : pour tous les films qui suivront *Urba-2000*, je tiendrai moi-même l'Éclair ou l'Aaton.

Voici les 10 films de la série *Urba-2000* :

Montréal – Retour aux quartiers.

Après une amorce de rénovation urbaine marquée par l'implantation d'ensembles populaires de 150 à 300 logements, la Ville de Montréal adopte une politique différente, avec la construction des PLM (Programmes de logements à loyers modiques) de 4 à 20 logements. Ces petits blocs sont intégrés dans les quartiers, sur des terrains vacants ou en remplacement d'habitations vétustes. Favorisant aussi la restauration de vieux logements dont la structure reste bonne, le programme protège les communautés existantes.

Saskatoon – La mesure.

L'urbanisme dans la seule ville canadienne ayant une politique efficace de contrôle du sol et des investissements immobiliers.

Bronx – New York – Twin Parks Projects – TV Channel 13.

Deux actions pour redresser des situations inquiétantes : un programme visant à sauver un quartier très dégradé du Bronx, et le travail des équipes mobiles de la station de télévision WNET 13, pour rapprocher les diverses communautés dans un même forum urbain, au-delà des conflits d'intérêts et des clivages ethniques.

Sapporo – Croissance planifiée.

L'urbanisme à Sapporo, l'une des grandes villes les mieux planifiées et gérées de la planète, alliant croissance, technologies de pointe, activités sociales et sauvegarde des zones vertes.

Bologne – Une ville ancienne pour une société nouvelle.
Comment un centre historique devient une ville d'avant-garde, florissante, avec les meilleurs services sociaux du pays.
Düsseldorf – Équilibre urbain.
Sans équivoque, Düsseldorf prouve qu'une ville peut être dynamique, prospère, tout en sauvegardant jalousement un sain équilibre entre les époques, les intérêts, les goûts, pour le bénéfice de l'entière population. Un cinglant démenti aux spéculateurs fonciers nord-américains.
Basingstoke - Runcorm – Villes nouvelles britanniques.
La politique britannique des villes nouvelles (*new towns* et *expanding towns*), avec deux exemples riches en réalisations techniques et sociales.
Grenoble-La Villeneuve – Réinventer la ville.
Près d'une grande ville, un groupe enthousiaste d'urbanistes, architectes, sociologues et administrateurs poursuit une expérience originale, rompant avec les schèmes habituels de croissance des banlieues à haute densité.
Centre-ville et piétons.
Comment les centres urbains, étouffés par les flux automobiles, peuvent redevenir des villes humaines.
Varsovie-Québec – Comment ne pas détruire une ville.
La ville au cœur. Être à la fois moderne et romantique, avoir le pouvoir et l'intelligence, être une ville qui vous habite autant qu'on l'habite.

Les 10 films sont tournés en 6 mois, du 16 avril au 19 octobre 1973, avec un arrêt de quatre jours à la mi-août. En retirant les voyages aériens, et pour chaque ville les rencontres préparatoires afin de fixer le programme de tournage, cela ne laisse que deux semaines de tournage pour chaque film. La passion des villes, heureusement, m'est un tonique irremplaçable.

«Nous avons longtemps déploré l'exode des ruraux vers les villes, nous craignons maintenant que nos villes meurent». Ainsi s'exprime le Néerlandais Loek Kampschoer, l'une des personnes les mieux instruites des problèmes urbains. La première fois que j'ai rencontré cet homme, il symbolisait toute la sagesse, le travail et la détermination du peuple néerlandais, ce peuple qui a porté au plus haut degré les qualités de la vie urbaine, après avoir conquis sur la mer un septième du territoire national. La seconde fois que je l'interviewe, mon admiration grandit devant une magistrale connaissance des problèmes, et une égale clarté dans l'exposé des redressements possibles. Deux années se sont écoulées entre nos deux rencontres. Alors le langage de cet homme devient utopique, trop intelligent et lucide. Je crains qu'il ne devienne irrecevable pour notre monde compliqué, mesquin, mercantile. L'Amérique rongée par la quête féroce du profit immédiat, peut-elle écouter les sages ? Bien sûr, je lui donnerai une bonne place au montage.

Oh! quelques autres ont, en des termes différents, avec la richesse de leur culture – parfois trahie par le recours à l'anglais –, des paroles aussi fortes, des visions aiguës d'une même angoissante perspective : le déclin des villes, le saccage du patrimoine historique. Mais aussi des paroles encourageantes, des espoirs réels d'actions positives pour protéger, enrichir l'héritage urbain.

Dix-sept années ont passé, et leurs visages, leurs paroles m'habitent encore, dans des rêves éveillés pour le respect de nos villes. Anshel Melamed, Guy Legault, Joseph Baker à Montréal, Herbert E. Wellman à Saskatoon, Hiroshi Nishimoto à Sapporo, Giuseppe Campos-Venuti à Bologne, Helmut Hentrich et Kurt Schmidt à Düsseldorf, Francis J. C. Amos à Liverpool, Annie et Bertrand Petit à Grenoble, C. Wegener Sleeswijk à Amsterdam, Ewa Garber et Jan Zachwatowicz à Varsovie, et tant d'autres qui révélaient leur passion pour la ville.

Ah! si j'étais architecte, je consacrerais un livre au chaleureux Harry Mayerovitch, ou à son confrère hollandais S. J. Van Embden, mais leur science et leur humilité sont mieux servies par l'éloquence des œuvres qu'ils nous laissent.

Onze heures et demie de documentaire, quand elles sont remplies de données essentielles à l'avenir des villes, ne se résument pas en quelques pages. D'après les témoignages reçus des écoles et des milieux d'urbanisme de plusieurs pays, jamais une étude filmique aussi exhaustive des questions urbaines, n'avait été conduite avant les deux séries *Urbanose* et *Urba-2000*. Et deux décennies plus tard, des professeurs et étudiants de Montréal utilisent encore *Urba-2000* (aux couleurs hélas délavées, faute de budget pour de nouvelles copies) pour enrichir leurs cours.

Dans *Le Jour* cette fois, Jean-Pierre Tadros démontra à nouveau que la critique cinématographique peut rejoindre les exigences d'une société, d'une civilisation qui ne sont pas seulement celles des loisirs comme d'aucuns le prétendent. Oui, toujours des J. P. Tadros, des Clément Trudel supporteront mes efforts, mes exigences. Hélas de fines bouches m'accuseront de trahison, d'avoir privilégié les experts, les techniciens, les bâtisseurs plutôt que les simples citoyens. Les mêmes personnes qui, deux ans plus tôt, me reprochaient l'absence de solutions techniques, concrètes, déploraient maintenant l'importance donnée aux réalisations concrètes et positives, avec justement l'approbation des citoyens. Enfin, je commençais à connaître la mauvaise foi de petites chapelles ressortant toujours les mêmes clichés mal découpés dans de vieilles revues de cinéma. Je ne faisais toujours pas de «Cinéma» avec un grand C. Basta! Cette attitude d'un noyau arrogant et peu productif, assis sur la suprématie du clan, ne changerait d'ailleurs pas à mon égard, quels que soient les films et les conditions dans lesquelles je les réaliserai, quels que soient leurs succès publics. Giles Whitcomb, un expert de l'UNDRO à Genève, un homme de terrain avec lequel nous nous étonnions qu'aucun de mes films ne fût jamais présenté à Nyon (petite ville près de Genève, où se tient un festival annuel du documentaire), me rassura aussitôt : «Ne te tourmente pas, les films y sont souvent projetés devant une assistance de trois ou quatre spectateurs». Le jury sans doute! Et quel jury! Qui en présélection écarte automatiquement les films qui ne sont pas sous-titrés à la manière européenne, et qui ne répondent pas aux critères d'une clique européocentrique, comme je l'apprendrais plus tard. Nyon, Manheim, Berlin, Festival du réel, etc., autant de sanctuaires d'un certain mépris de la simplicité. Persévérer dans un cinéma à hauteur d'homme, c'est aussi savoir que ces portes-là vous seront fermées.

Le syndrome du Viêt-Nam

URANT LES ANNÉES D'ACTIVITÉ à Société Nouvelle, je suis obsédé par le drame indochinois, et soutiens plusieurs groupes opposés à la Guerre du Viêt-Nam. Mais un cinéaste ne peut vraiment aider une cause qu'en lui consacrant un bon film. Aussi je convaincs Yukari, mon épouse, et des leaders montréalais de l'opposition à cette guerre, que je dois réaliser un film là-bas, alors qu'une pluie de bombes s'abat sur le delta tonkinois.

Les démarches que j'entreprends avec les autorités nord-vietnamiennes sont décourageantes. On allègue cent raisons pour refuser ma venue. Depuis 10 années à Montréal nous soutenons la cause vietnamienne, et chaque lettre de la rue Leverrier (représentation nord-vietnamienne à Paris) est plus négative que la précédente. J'ai pourtant obtenu le soutien officieux de mon administration, bien qu'officiellement notre pays endosse la politique, l'agression américaine à laquelle il fournit nickel et explosifs. Évidemment, je ne m'appelle pas Jane Fonda, et les autorités nord-vietnamiennes me répondent dans leur dernier courrier qu'elles me refusent l'entrée à Hanoi pour ma sécurité. Argument fallacieux, puisque j'ai clairement indiqué que ma vie égale celle des familles se terrant là-bas sous des bombardements intenses. Le projet de film *Vivre* est donc abandonné. Bien que ce fût déjà le titre d'un très beau film d'Akira Kurosawa, je ne voyais pas de titre plus juste pour un documentaire sur l'acharnement à vivre, à survivre du peuple vietnamien.

Plus tard, après la libération de Saigon, le départ des derniers Américains et l'unification du pays, je recevrai des informations irréfutables clarifiant ce refus de filmer notifié dans la froideur diplomatique. On n'avait pas voulu qu'un documentariste s'obstinât à réaliser un film, un constat qui ne fût pas avant tout une œuvre de propagande, dictée par le parti et l'état-major. Un cinéaste canadien – même sympathique à la cause vietnamienne –, pouvait être tenté de filmer des scènes qui ne cadraient pas avec les slogans du parti, avec l'image presque sacrée d'un peuple soudé derrière ses leaders, telle qu'elle était diffusée dans les médias. J'avais pourtant rencontré des représentants de Hanoi, des parlementaires, des activistes nord-vietnamiens se confondant en effusions, m'assurant de leur soutien, sans jamais obtenir le feu vert pour un film dont la crédibilité, répétaient-ils, servirait leur cause.

Oui, durant des années j'ai traîné le Viêt-Nam comme une sorte de caillot, dont on redoute qu'il interdise soudain toute vision du monde autre qu'une image figée sur un désastre. Yukari y joignit une œuvre graphique dans laquelle j'appris à la connaître autant que dans les mots. Mais les états d'âme sont moins dangereux que les mines, les éperons de bambou, le napalm. Souvent aussi je me tus, car les articles publiés ici et là, les manifestations anti-américaines m'apparaissaient indolores, en regard des jours atroces que brûlaient aussi bien les *bô dôi* et les *nu cán bô* (soldats et soldates Viêt-cong) que les G.I. Quand des combattants Viêt-cong, nourris d'un boudin de riz porté en foulard, abattaient 40 kilomètres de piste dans la moiteur tropicale, traqués par le napalm et la malaria, quand des gaillards de l'Arkansas, du Maine, de l'Orégon s'éclataient la cervelle sous le ballet des hélicos, que valaient, des deux côtés de l'Atlantique, nos belles indignations intellectuelles ?

Oh ! qu'elle parlait bien Jane Fonda. Dix ans plus tard, elle ferait fortune en agressant les bourrelets de trente millions de rombières. Et aujourd'hui je regarde une photographie de Werner Bischof ou d'un reporter anonyme de l'UPI, je relis quelques lignes de François Chalais, les aveux de Jean Lacouture, et de quelques autres qui eurent l'honnêteté de reconnaître s'être fait berner par la propagande de Hanoi. Le Mai Lai des intellectuels occidentaux, pour être plus diffus, n'en sera pas moins tragique que celui d'une section de G.I. Le Viêt-Nam n'a pas seulement empoisonné une partie de ma vie, il a sectionné des cordons, des antennes qui me reliaient à cent points d'ancrage. Il a brûlé des pages entières au registre des valeurs humaines. Le Syndrome du Viêt-Nam n'a pas blessé seulement l'Amérique, il a gangrené toute la pensée d'un demi-siècle.

Les urgences de l'Afrique –
L'appel de l'Asie

L 'ÉTÉ 1974, AVANT MÊME LE MIXAGE des derniers films de la série *Urba-2000*, j'entame les démarches pour un projet très différent, provisoirement appelé *Maladies Tropicales*. Quatre raisons me poussent dans cette nouvelle direction.

Après 23 films axés sur l'urbanisme, je risque fort de me répéter en poursuivant mon travail dans le même secteur, sans un grand courant d'air. Me guette aussi le danger d'être amené à me prendre pour un expert, alors que je n'ai consacré que quatre années aux questions urbaines. Deux universités m'ont d'ailleurs invité à donner des exposés devant leurs étudiants en urbanisme et architecture, et je n'ai accepté que des rencontres amicales, sans aucun formalisme. Ayant quitté l'école très jeune, je préfère les contacts francs et directs, les faits concrets à toute théorie. Puis en urbanisme – j'en ai alors la conviction –, nous n'irons pas très loin dans une société nord-américaine pouvant se payer des films et des commissions d'enquêtes, mais trop engluée dans ses atavismes ruraux et ses appétits spéculatifs, pour s'engager dans des redressements radicaux.

La seconde raison est interne à ma carrière. Dans mon milieu professionnel immédiat (à l'ONF), si j'ai acquis le respect de fonctionnaires et techniciens intègres, je suis considéré par la plupart des cinéastes comme un empêcheur de tourner en rond. On juge mon travail subversif, dans la mesure où il fait ressortir d'onéreuses extravagances. Réaliser 10 films pour le prix d'un ou deux, et répondre en même temps à l'attente du public, est une faute grave. Que l'on tolère pour une seule raison : les commandites de mes films financent indirectement des œuvres de collègues au financement difficile (cela fut dit, répété de la façon la moins ambiguë à l'assemblée de la Production française). Puis trop de gens au Québec (y compris parmi les cinéastes) ne comprennent pas que le patrimoine bâti est aussi important que la langue, pour l'identité d'une nation. Nous menons ici une lutte quotidienne pour la sauvegarde de notre langue, mais nous laissons détruire l'image physique de nos racines, en rasant nos quartiers et mutilant nos paysages. Très rares sont ceux qui mesurent cette distorsion dans nos priorités nationales. Après avoir répété ce dur constat durant plus de quatre ans sur film, dans les journaux, à la radio et dans d'innombrables réunions, je juge que c'est la tâche de gens beaucoup plus compétents : des Michael Fish, Joseph Baker, Jean-Claude Marsan, Phyllis Lambert, Anshel Melamed et quelques autres que j'admire.

Les deux autres raisons sont aux antipodes des précédentes. Voilà vingt ans que j'ai découvert l'Afrique noire, et j'en mesure de plus en plus la souffrance. Tout un continent survit de broutilles, quand nous gaspillons sans retenue. Je reçois un volumineux document du gouvernement fédéral, dénonçant les carences du système sanitaire canadien, malgré les millions, les milliards de dollars consacrés à la santé de vingt-trois millions de personnes. On apprécierait que je prépare sur la question globale de la Santé un projet aussi poussé que mes récents travaux sur les questions urbaines. Or, au même moment, on consacre en Afrique noire environ un dollar par habitant pour la santé (annuel-lement). Pourquoi alors réaliser des films qui aboutiront à une impasse ? Car, tant que des médecins, des chirurgiens exigeront des revenus de 100 000 à 200 000 $ par an pour soigner leurs semblables, et que les trusts pharmaceutiques auront toute liberté pour réaliser des profits indécents, les problèmes fondamentaux de la santé au Canada seront artificiels.

En septembre, j'assiste à la 24ᵉ Session de l'OMS–Afrique à Brazzaville (Organisation mondiale de la santé, Direction régionale pour l'Afrique), afin de réactualiser ma connaissance des priorités sanitaires sur le continent. Hélas, deux jours complets sont consacrés aux discours de félicitations et remerciements officiels, dans la langue de bois des médecins-diplomates. Dans leurs cabines, les traducteurs onusiens sont excédés par ce jeu aussi coûteux qu'inutile. L'un d'eux, avant de repartir pour Genève, me relate l'émoi que causèrent quelques collègues scandalisés, en publiant dans un bulletin le coût de traduction, composition, impression et diffusion de tous ces discours inutiles dans la plupart des conférences onusiennes – des millions de dollars, qui manquent si crûment pour tant de priorités : forages de puits, canalisations, réservoirs, dispensaires, médicaments, etc. Je lui rappelle qu'en Afrique le ballet des Mercedes et les escortes de motards élyséennes, les voyages en avion en première classe, les folies présidentielles et le flot incessant des détournements de fonds vers les coffres étrangers enfoncent allègrement les excès protocolaires... Il sourit.

Mais les jours suivant la 24ᵉ Session sont plus fructueux. Avec les chefs des divisions spécialisées de l'OMS–Afrique, nous dégageons les véritables urgences sanitaires.

À cette époque deux expériences canadiennes se déroulent en Tunisie : la formation d'équipes pédiatriques à Tunis, par quelques spécialistes montréalais ; et un programme vidéo de vulgarisation agricole lancé par un confrère de l'ONF, Gilles Blais, avec le financement de l'ACDI (Agence canadienne de développement international). Au retour de Brazzaville, je m'arrête donc en Tunisie où je constate l'efficacité du programme monté par mon collègue, un travail de terrain qui m'apparaît essentiel.

Quelques jours plus tard, à Genève, on s'étonne que je n'aie pas consulté le siège mondial de l'OMS avant sa branche africaine. Bien que le projet ne soit encore qu'au stade préliminaire, je précise que nous voulons en faire un programme dont l'orientation, le contenu, la poursuite sur le terrain seront principalement décidés par les Africains.

En octobre, je rédige l'avant-projet *Santé-Afrique*. Plutôt que de décrire les maladies tropicales, le programme vise la formation des personnels de santé de base, afin de répondre à l'ensemble des priorités sanitaires en Afrique noire francophone − Oh! il y eut déjà une barrière à lever, quand, à Brazzaville, les représentants des pays anglophones s'offusquèrent devant un programme lancé en français. Avec le producteur Jean-Marc Garand, nous convenons vite qu'il s'agira d'un travail de plusieurs années, impliquant de multiples consultations et démarches administratives, dans des pays où la ponctualité n'est pas toujours une réalité tangible... Il faudra tout d'abord à Jean-Marc Garand quelques mois pour négocier avec l'ACDI le financement de la première phase du projet : les recherches sur le terrain pour la définition des contenus objectifs des films (pour plusieurs raisons, techniques et logistiques, nous avons opté pour des films-outils aux originaux tournés en 16 mm).

En décembre, avec Yukari, nous partons pour une plongée de quatre mois en Asie, sous-continent indien et Indonésie tout d'abord. Nous voyageons dans l'inconfort populaire, et logeons souvent à la même enseigne. De nouveaux amis nous rendent ici et là les adieux, les départs difficiles. Il nous faudrait pour le moins une année avant de pénétrer réellement des pays, des peuples aux cultures millénaires, et dont les drames nous imposent silence. Après l'Inde, le court séjour au Sri Lanka me rappelle le départ manqué pour ce pays, 18 années plus tôt. Ai-je alors un préjugé favorable ?, je ne sais pas. Ce pays me fascine par une sorte de léthargie violente, un état ambigu de douceur et de danger imminent. Il m'apparaît comme un refuge qui contraste avec l'Inde de toutes les vibrations, et de tous les excès. Puis Java surpeuplée gomme la douceur cinghalaise, y superpose les accords insolites d'une civilisation de la terre et de l'eau, car pas une motte de terre brune, pas la surface d'une main sur ce sol n'est perdue. On peut passer une vie à étudier l'ingéniosité, l'art, le travail inlassable des Javanais, des Balinais pour maximiser les rendements agricoles d'un territoire exigu. Ensuite, Singapore nous étonne, creuset oriental où se fondent les ethnies, les langues et les religions sous une main de fer politique, qui réussit à bâtir sur un non-sens géopolitique une petite Suisse équatoriale à fleur d'eau.

Nous devons partir soudainement pour Tokyo, où nous retient l'agonie de Hidehei, père de Yukari, emporté par le cancer. Au retour, la Malaisie, la Thaïlande étalent leurs contrastes, leurs plaies et leurs fastes entre les minarets et les pagodes, avant le grand bond vers les technologies occidentales, et japonaises. Mille vies nous éclatent au visage, dont les cris interdits sont peut-être plus graves encore que ceux des jeunes prostituées. Car ce sont des pays, des peuples entiers qui se renient, qui se vendent dans une course au modernisme dont les traumatismes seront

irréversibles. Pourtant la Thaïlande me fascinera à chaque
retour, lors de tournages dans la région. Il est rare de voir
un peuple jongler avec autant d'habileté sur autant de
dangers. Puis les autorités birmanes limitent notre séjour à
une semaine, c'est la règle pour tous les étrangers. Frustration. La misère, le délabrement de Rangoon (aujourd'hui
Yangon), le mutisme des gens ternissent les splendeurs
architecturales jusqu'à Pegu, Pagan, Mandalay. Le Myanmar
(nouveau nom de la Birmanie) a une longue réputation
d'oppression, de tortures et d'assassinats. Avant notre retour
en Inde et au Canada, le paisible Népal ne saura effacer le
malaise durement ressenti sur les rives de l'Ayeyarwady.

Ces quatre mois filent vite. Yukari m'aide à décoder
des symboles et attitudes, et l'Asie me marque. Un continent
où vivent les trois cinquièmes de l'humanité ne peut
qu'ébranler tout Occidental travaillant dans les communications. Un précédent séjour en Orient m'a déjà amené
à modifier des jugements antérieurs. En Europe et
Amérique du Nord, notre éducation est faussée par un
égocentrisme culturel dévastateur. Brusquement nous
découvrons qu'on nous a menti par omission. Combien de
collégiens européens ou canadiens peuvent citer les noms
d'écrivains japonais, ou de poètes bengalis, de musiciens
javanais, de philosophes chinois. De deux pays de chacun
un milliard d'habitants, beaucoup d'Occidentaux ne
connaissent que deux noms : Mao Tsé-Toung et Gandhi.
Or beaucoup d'élèves orientaux savent qui étaient Bach,
Mozart, Goethe, Platon, Shakespeare et Victor Hugo.
Notre nombrilisme est immoral, notre prétention hima-
layenne. Une fillette cinghalaise de Sigiriya nous étonna.
Elle n'avait pas huit ans, et au retour des touristes étrangers
descendant du rocher-forteresse abritant depuis 15 siècles
de remarquables peintures murales, elle abordait ces visiteurs

en leur chantant un refrain populaire de leur pays. En allemand, en suédois, en anglais, japonais, thaï, hindi, etc. Devant nous elle hésita, puis fredonna «Frère Jacques...» Je sais qu'un tel souvenir n'a guère qu'une valeur anecdotique. Mais encore. Les automobiles, appareils électroménagers, outils japonais et coréens sont livrés chez nous avec des inscriptions et des manuels bilingues (anglais-français), alors que bien des produits occidentaux arrivent en Orient avec leurs seules inscriptions anglaises. Nous avons, en Amérique du Nord plus que partout ailleurs, grandi avec les slogans du *First in the World* et du *Best in the World*. Ce manque de modestie n'invite pas à l'ouverture.

Oui, l'année 1975 s'ouvre sur l'Asie, qui imposera désormais un réexamen de toutes mes priorités.

L'Afrique urbaine, avec l'ONU

A MON RETOUR D'ASIE début avril 1975, Jean-Marc Garand me confirme que les démarches administratives se poursuivent pour le démarrage du projet *Santé-Afrique*. Ce sera long, nous le pressentons.

Dix jours plus tard, Yves Leduc, alors directeur de la Production française à l'ONF, m'offre de répondre à une demande de services des Nations unies, pour la préparation de la conférence Habitat devant se tenir en juin 1976 à Vancouver, sous le titre exact : « Habitat – Conférence des Nations unies sur les établissements humains ». Trois raisons motivent l'offre d'Yves Leduc : ma passion pour les questions urbaines, ma conviction de l'efficacité du film-outil, et une bonne connaissance de l'Afrique. Une quatrième explication, non dite, flotte entre nous : la prévision de longues négociations entre l'ONF et l'ACDI, avant de pouvoir lancer le projet *Santé-Afrique*.

De rapides rencontres au secrétariat de la conférence à New York précisent ma responsabilité : agir comme cinéaste-consultant auprès des cinéastes africains, en les aidant à préparer et réaliser dans les délais prévus, les courts métrages destinés à appuyer la participation de leurs pays à la conférence de Vancouver. Avec le cinéaste sénégalais

Ababacar Samb, nous nous partageons une vingtaine de pays. Je prends ainsi les 11 dossiers suivants : Maroc, Algérie, Tunisie, Mauritanie, Sénégal, Mali, Haute-Volta (aujourd'hui Burkina Faso), Niger, Togo, Dahomey (qui, la même année, prendra le nom de Bénin), et République Centrafricaine (RCA). Mon travail doit s'effectuer en deux missions, il en nécessitera cinq, de mai à novembre 1975. Les retards administratifs s'accumulent à tous les niveaux locaux, ainsi qu'à New York et Ottawa où doivent être entérinés le volume et l'envoi des aides financières, suite aux rapports positifs que nous adressons en recommandant les subventions prévues par Habitat et par l'ACDI. Comme cinéaste, je m'interdis toute immixtion opérationnelle dans le travail des réalisateurs nationaux affectés aux programmes. La plupart deviennent vite des amis, avec lesquels je partage autant de convictions que de frustrations. Pour certains collègues, auxquels leur service de l'Information attribue un budget annuel ridiculement bas, voire inexistant, cette conférence internationale est une chance à saisir. Mais comment concilier le talent et l'enthousiasme avec la lourdeur administrative, et surtout avec la propagande présidentielle ? Le tiraillement entre la conscience professionnelle et la sauvegarde d'un poste (rare), frise le cauchemar chez plusieurs cinéastes africains. On m'écoute dans les ministères et les services d'Urbanisme et du Plan, quand je défends telle ou telle option du réalisateur local, mais je sais que sitôt mon départ ce cinéaste doit se soumettre aux directives politiques, conduisant parfois à un film sans beaucoup d'intérêt pour la conférence de Vancouver. Lorsque l'erreur m'apparaît trop grossière, la propagande et le traitement visuel inacceptables, alors que je sais le cinéaste compétent, je tente l'efficacité de la franchise avec le bureau central de New York. Hélas la diplomatie... ne veut pas de vagues. Nous aurons donc quelques réalisations médiocres, et des cinéastes tourmentés. Après avoir cerné l'incompétence d'un ministre mauritanien retardant tout travail positif, je suis déclaré persona non grata et dois abandonner le dossier de Nouakchott. Cette attitude me vaut l'amitié de quelques cinéastes et fonctionnaires de la base, mais elle se heurte à la muraille hiérarchique qui n'a que faire de la qualité du travail d'un cinéaste mauritanien. Le pionnier Paulin Vieyra, cinéaste dakarois et ami de longue date, écrira un livre relatant l'apport de cette conférence pour les jeunes cinéastes africains. Il avait souri, lorsque j'insistais pour qu'Aminata Diagne, secrétaire du PNUD (Programme des Nations unies pour le développement) à Dakar et très active sur le dossier, ne fût pas évincée d'une réunion de travail par le Représentant Résident, un Suédois dont l'arrogance était, elle aussi, l'une des nouvelles plaies de l'Afrique. De mai à novembre, dans le labyrinthe des institutions et ministères, que de petites intrigues, de copinages, et de corruptions envahissantes, où la langue de bois paralyse le travail ! Malgré ces difficultés, une quinzaine de cinéastes progressent sur autant de films. D'autres, par contre, vont à l'échec comme au désert l'eau disparaît dans le sable.

Si, à Tunis, il y a plus de magouille que de travail, cinéastes algériens et marocains sont compétents, et nous nous entendons vite sur tous les aspects de leurs productions. Dans la lumière du M'Zab ou les ombres ocrées des ksour, l'Algérien Kerzabi et le Marocain Badry présentent adroitement la richesse d'une architecture immortelle où l'homme reconnaît la valeur des matériaux et des objets, l'alliance intime du climat et des formes. Mais à 4000 kilomètres de là, dans ce pays enclavé et oublié qu'est la République Centrafricaine, le courtois et lucide Guillaume Yambaka se mord les doigts. Il tient un bon sujet, préparé avec la collaboration du BIT (Bureau international du travail). Dans un documentaire de 18 minutes il évoquera l'habitat traditionnel de son pays, et les méthodes pour l'améliorer dans le respect des matériaux locaux. Puis l'opération Galabadja, le relogement de sinistrés des inondations de l'Oubangui survenues deux ans plus tôt s'y ajoute. Il y a là un louable effort de réponse adéquate à une situation d'urgence. Et Guillaume Yambaka fermera son film avec les récentes réalisations du quartier SICA 3, réussite reconnue pour l'accès populaire à un habitat de qualité. Des maisons en banco stabilisé et ciment, avec aération, eau et électricité pour moins de 4 000 $. Tout irait bien, sans une directive présidentielle qui impose une longue séquence sur le village-pilote Jean Bedel Bokassa, à 22 kilomètres au sud de Bangui. Une réalisation médiocre sur un mauvais terrain, qui n'a pour valeur que son appartenance au village du Président. Mais le maréchal Bokassa – qui se fera sacrer empereur, avant d'être déchu – a supprimé le meilleur projet d'habitat en RCA : le village-fixation des nomades Bororo à Ouro-Djafon près de Bambari, pour l'unique raison que l'idée de cette réalisation ne venait pas de lui. Car tout dans ce pays doit porter le nom du dictateur : université Jean Bedel Bokassa, école d'enseignement médico social J. B. Bokassa, marché J. B. Bokassa, scierie J. B. Bokassa, etc. Tout un roman tartarinesque et pitoyable.

Mon arrivée à Bangui troubla un haut fonctionnaire obséquieux, chargé de me recevoir avec une limousine. Personne ne m'accostant à ma descente d'avion, je pris un taxi et me rendis au petit hôtel Minerva. Le lendemain, ledit haut fonctionnaire me dénicha dans ce modeste hôtel et, tout surpris, m'expliqua nerveusement que la veille il m'avait longtemps attendu à l'aéroport, dans le salon des VIP. Une semaine plus tard, le voilà qui assiste à mon départ, attendant que je lui remette une copie de mon rapport, destinée au ministère de l'Urbanisme et de l'Aménagement du territoire. Durant mon court séjour il a plusieurs fois rappelé l'importance du village pilote présidentiel, et compte sur mon appui, ma compréhension. Je lui remets l'enveloppe cachetée à la dernière minute. Un peu à l'écart, le brave Guillaume sourit. Je lui ai lu mon rapport la veille au soir, dans lequel je recommande vivement son plan de film, sauf la séquence imposée à propos du maudit village modèle J. B. Bokassa. Le DC 8 décolle pour Tripoli. Dans sa courbe l'Oubangui caresse une capitale d'opérette, face à l'indolente Zongo zaïroise.

La plupart des pays font de bonnes présentations à Vancouver en juin 1976, et leurs courts métrages enrichissent la filmothèque-vidéothèque d'Habitat. Mais fin 1975 j'avais pris un coup de vieux, sans doute touché par la maladie de Kissinger, ainsi que l'on nomme depuis peu cette fatigue de l'organisme consécutive à de fréquents changements de fuseaux horaires. Peu importe. J'ai aidé une quinzaine de cinéastes africains, dont certains réduits à un chômage presque continu. Je n'ai pas voulu tourner pour eux un seul mètre de pellicule, ni leur préciser le montage d'aucune séquence. J'ai tenu à respecter le mandat reçu à New York de Jim Carney et Andréas Fuglesang. L'Afrique compte assez de cinéastes compétents, pour que nous ne pratiquions pas le paternalisme. Conseiller, aider sans intérêt personnel immédiat, cela n'est pas toujours évident dans le domaine de la coopération. Dès mon retour de l'atelier préliminaire d'Addis-Ababa, où nous avions pour la première fois rencontré les responsables de chaque pays africain pour le programme Habitat, j'avais refusé le dossier Côte d'Ivoire. En effet, ce pays était le seul à avoir désigné non pas un responsable autochtone, mais étranger (français). Or je connaissais et aimais trop ce pays pour accepter qu'un Ivoirien ne fût pas choisi. Un Timité Bassory, par exemple. Heureusement, Ababacar Samb partagea mon indignation, et obtint finalement la nomination de

Timité. À Ouagadougou, Niamey, Cotonou, des gens humbles et sérieux firent leur travail. Les personnels du PNUD furent généralement d'une grande efficacité. Oui mesdames Paquin, Boya, Diagne, Bennani-Baiti, vous saviez mieux que bien des experts rassurer un cinéaste, dégager une priorité, enlever le caillou qui bloquait l'engrenage administratif. Vous ne receviez pas d'éloges, mais nous savions tous que sans vous bien des films ne seraient jamais parvenus à Vancouver.

Cette année-là je n'ai réalisé aucun film, mais j'ai rempli l'une des missions les plus exaltantes de ma carrière. Seuls les Africains peuvent vraiment en juger. Ce travail nous rapprochait au-delà des frontières, des obstacles, des intérêts personnels ici et là. Le rythme, les horaires, les défis furent épuisants, auxquels s'ajoutaient les retards, les nuits blanches dans l'étuve ou les courants d'air des aérogares. Oui, les amitiés effaçaient les maux de tête et les crampes, faisaient oublier le douanier gâchant l'image d'un pays, la clé du téléphone ou du Xérox qu'il fallait aller quérir au bureau du ministre. Et si un responsable imbu de ses titres, était plus préoccupé par le remplacement de son climatiseur que par l'extension des bidonvilles ou l'obstruction des égouts, il y avait à la sortie du ministère une fillette pauvre, plus belle que les secrétaires les mieux entretenues, qui nous proposait des cacahuètes en bouteille ou en cornet, avec une grâce candide. Quand tel autre fonctionnaire, soucieux du pli de son pantalon, écourtait la visite d'un chantier, on voyait à l'écart un homme droit dont les grands yeux résumaient l'angoisse, ou une femme muette qui songeait tout simplement : quelle maison et quelle vie nous préparent-ils ? L'Afrique sera toujours le lieu de quelques arrogances, et d'émouvantes simplicités. Il suffit de choisir entre le blablabla des uns et le regard des autres.

1 9 7 6 • 1 9 7 9

L'Afrique en danger.
Trente films médicaux pour un
continent de toutes les urgences

ES MISSIONS AFRICAINES pour Habitat n'ont été qu'un
long prologue. Dès le 5 janvier 1976 – aussitôt après
la projection du triptyque de trois jeunes cinéastes chiliens
réfugiés au Québec : *Il n'y a pas d'oubli*, de Rodrigo Gonzalez,
Marilù Mallet et Jorge Fajardo –, j'entame un travail de
quatre ans : *Santé-Afrique*. Une période qui ferme les
années 70 avec la réalisation de 31 films médicaux, coupée
sur le dernier mile par trois interruptions : fin février et
mai/juin 1979 pour les préparatifs et le tournage d'un film
en Chine, et en janvier 1980 pour un film d'urgence sur
l'exode massif des Cambodgiens consécutif au génocide
khmer rouge. Le 19 mars 1980, quand j'approuve les copies
zéro des deux derniers films du programme *Santé-Afrique*,
je ne sais si je mesure mieux qu'aujourd'hui – 11 ans et
22 films plus tard –, la part de défi, voire l'insolente prétention que constituait ce projet quatre ans plus tôt aux yeux
de nombreuses autorités, ici comme en Afrique et à Genève.

Ainsi le projet lancé en 1974 (voir page 157) a fait son
chemin administratif à Montréal et Ottawa. Sans être
officiellement approuvé, il est assez avancé pour que j'en

prépare le calendrier et le budget, et engage une correspondance suivie avec des spécialistes, médecins et autorités sanitaires d'une vingtaine de pays. Il apparaît vite qu'il s'agira d'une aventure d'au moins quatre années, même en forçant la machine, et en exigeant de tous nos collaborateurs le respect du calendrier et des engagements. Dès cette étape préparatoire aussi, le projet est scindé en deux volets opérationnels : production, et distribution-utilisation des films. Olivier Fougères est responsable du second volet, lequel comprend l'inventaire et la participation de nombreuses institutions africaines (ministères, écoles et centres de formation du secteur santé-hygiène, stages de recyclage, etc.), et la formation des formateurs, c'est-à-dire l'insertion du film didactique dans l'enseignement médical, avant même l'arrivée des films. Il agit également comme producteur délégué à la phase production, m'apportant une aide administrative qui ne fera jamais défaut, le producteur exécutif du programme demeurant jusqu'au bout l'infatigable Jean-Marc Garand.

Début 1976, je recrute les membres du CASA, le Comité africain *Santé-Afrique* qui orientera et définira le contenu objectif des films. Je désire un comité comprenant cinq femmes et cinq hommes, mais n'obtiens que l'engagement de quatre femmes, dont l'une nous quittera en cours de route, ayant changé d'employeur et ne pouvant poursuivre son mandat parmi nous. À cette époque, mon insistance pour une parité hommes-femmes irrite des dignitaires africains, pour lesquels les femmes les plus compétentes ne méritent que des postes de secrétaires ou d'assistantes. Le machisme africain, pour être différent du latino-américain, n'en est pas moins dévastateur. La proximité du monde arabe, et une islamisation amorcée du continent noir expliquent bien des outrances et frustrations.

Cependant, dans plusieurs pays d'Afrique noire, je rencontre des doctoresses, infirmières et diététiciennes de haut niveau, auxquelles les services de santé ont attribué des postes supérieurs.

Devant le CASA réuni pour la première fois à Abidjan en mai 1976, je présente l'ossature d'un projet d'une trentaine de films didactiques (de 20 à 30 minutes chacun), axés sur une douzaine de thèmes essentiels en Afrique noire : nutrition, hygiène du milieu, centre de santé intégré, PMI (protection maternelle et infantile), espacement des grossesses, actions communautaires (versus santé), eau, maladies de l'œil, Schistosomiase (ou bilharziose), lèpre et dermatoses, animation rurale (versus santé), auxquels le comité ajoute tuberculose, dracunculose, Médecine traditionnelle et santé dentaire. Pour chaque sujet retenu, les membres du CASA, médecins pour la plupart, m'indiquent les noms de collègues auprès desquels je pourrai poursuivre les recherches détaillées et les démarches précédant le tournage des films. L'objectif du projet est clairement adopté par le comité, et une compréhension des priorités rapproche les participants africains (les membres du Comité médical : le CASA) et canadiens (ONF et ACDI). Cet objectif se résume ainsi : réaliser des films-outils devant faciliter l'enseignement médical dans des centres disposant de faibles budgets et ressources, le projet fournissant les films, projecteurs et accessoires, manuels d'utilisation, stages de formation, etc. Le film peut aider l'enseignement pratique, là où manquent d'autres moyens.

Autour de la table, nous avons tous en tête quelques chiffres édifiants, tirés des dernières statistiques pour les années 1972/1973 : on compte en zone rurale un médecin pour 245 000 habitants en Haute-Volta, et un pour 280 000 en République Centrafricaine. En incluant les zones urbaines, les moyennes sont alors, pour un ensemble de 19 pays francophones et anglophones d'Afrique Occidentale

totalisant 100 millions d'habitants, de un médecin pour
18 000 habitants, un dentiste pour 250 000 habitants, une
sage-femme professionnelle qualifiée pour 15 000 habitants,
un ingénieur sanitaire pour 950 000 habitants, et un technicien de laboratoire pour 100 000 habitants. À la même
époque on relève un médecin pour 650 habitants aux USA
et un pour 730 au Canada, un pour 800 en Suède. La
moyenne des dépenses globales de santé, par habitant et
par an, est de un dollar en Afrique Occidentale et Centrale,
de 241 $ au Canada, et 294 $ aux USA. Si la mortalité infantile est de 15 pour 1 000 au Danemark et de 17 pour 1 000 au
Canada, elle est trente fois supérieure en Afrique, où dans
bien des régions plus de la moitié des enfants meurent
avant l'âge de cinq ans. Les statistiques sur les équipements
hospitaliers sont à l'avenant, sans compter leur état déplorable. Oui, si les médecins africains ont accès aux sources
d'informations, aux connaissances d'une médecine universelle, il est vrai aussi qu'ils doivent chaque jour affronter
des situations, des pénuries, des désespoirs dont nous
mesurons mal l'étendue en Occident, avec les distorsions
aberrantes d'une presse si sélective. Car il faut le dire avant
de poursuivre un tel projet : trois morts par insolation sur
une plage en août au Canada, en France ou en Espagne,
cela fait sensation sur les journaux et à la TV, cela agite les
ministères. Mais trois cents morts par la sécheresse au
Sahel, à peine l'évoque-t-on en huitième page par cinq
lignes que bien peu liront. Il faut, pour que nos médias
s'intéressent au Tiers-Monde, que les morts se chiffrent
par milliers, avec des images spectaculaires, comme au Biafra, au Bangladesh. Mais parfois aussi, les membres du
CASA pèchent par dignité. À vouloir taire leurs misères, il
ne nous convainquent pas forcément du bien-fondé de leur
attitude vis-à-vis tel ou tel problème social ou sanitaire. Il
m'arrive alors, devant eux, d'hésiter entre l'amitié et la
rigueur. Entre les murs de l'INSP (Institut national de santé

publique) d'Abidjan où nous devons faire un examen impartial des sujets prioritaires, y a-t-il place pour les susceptibilités locales, nationales de chacun. Les tabous ne viennent pas toujours des milieux analphabètes.

De juillet à novembre 1976, successivement au Cameroun, au Congo, au Togo, en Côte d'Ivoire, au Rwanda, en Tanzanie, à Madagascar, au Sénégal et en Haute-Volta, dans les ministères, instituts et facultés, les hôpitaux et dispensaires des capitales, mais surtout dans les petits postes de brousse, avec les équipes multidisciplinaires travaillant avec presque rien face à de tragiques besoins, je rencontre plus de deux cents médecins et chirurgiens, techniciens, infirmières et infirmiers arrachant la survie à la malédiction de la terre et des hommes. Le voyage dans les registres des dispensaires est plus dur que celui sur les pistes abrasives. Les pharmacies vides des postes isolés sont plus insupportables que les files d'attente dans les hôpitaux des grandes villes. Les silences du médecin, de la sage-femme sans ressources au fond du Sahel, sont plus éloquents que les plaintes des experts dans les CHU (Centres hospitaliers universitaires) de la côte. Partout un mot revient : manque. Manque de crédits, de matériel, de médicaments, de personnel. Manque d'écoute tout d'abord, de la part des gouvernements plus sensibles au prestige des capitales qu'aux souffrances de l'arrière-pays. Mais il faut taire cette réalité. La répéter ne peut qu'attirer des ennuis. Alors d'héroïques médecins et infirmières doivent pratiquer la médecine en niant parfois l'enseignement, les beaux principes reçus à la faculté. Que signifient, à cinq heures de piste d'une petite ville elle-même fort démunie, que signifient entre les murs d'adobe d'un dispensaire où le revêtement de ciment n'a jamais été terminé, où le puits fournit – quand il n'est pas tari – une eau douteuse,

où manque l'électricité puisque l'essence nécessaire à la
génératrice sert plutôt aux déplacements de quelque
notable ou politicien, que signifient les mots seringue
jetable, eau pure ou distillée, compresses renouvelées toutes
les heures, goutte à goutte de sérum, biopsie, radiographie,
et tant d'autres précieuses recommandations? Là où les
matrones n'ont jamais reçu la trousse UNICEF, là où le pian
plante ses horribles boursouflures sur les adolescents,
lesquelles disparaissent rapidement après une injection
d'extencilline – mais les ampoules fournies par l'UNICEF
ont été détournées par des fonctionnaires vénaux, et sont
revendues à prix fort par les pharmaciens. Et les lépreux,
parias parmi les parias. Et les hommes robustes, soudain
cloués au sol par la dracunculose, ce ver de Guinée qui
paralyse des villages entiers près des marigots infestés. Et
ces milliers d'aveugles de l'onchocercose (plus simplement
appelée cécité des rivières) et qui vide tant de villages du
pays Mossi. La réalité du terrain, le vérité têtue de
l'Afrique profonde n'est plus le discours officiel de l'OMS.

Alors, le soir, après souper, devant une tasse de citron-
nelle ou le silence d'une servante, un médecin me pose la
question, à Yako, à Tambacounda, à Mayahi, à Gizagara ils
se répètent à peu près : « Et que vos films vont-ils changer à
tout ça? » Et je n'ai pas de réponse. Pas plus que pour
l'infirmière du Nord Cameroun, qui, fixant mon agenda,
s'étonne de mes si longs voyages, de ce que cela doit coûter,
elle qui n'a pas d'ambulance, pas même une charrette pour
conduire un malade urgent à l'hôpital, à 40 kilomètres de
piste de son malheureux dispensaire. Presque chaque soir
je m'endors péniblement, la tête en feu.

Je rentre fin novembre à Abidjan. Je délaisse l'avion,
et prends le train à Bobo-Dioulasso où j'ai bouclé les
dernières consultations en refermant mes dossiers sur la

schistosomiase, l'onchocercose, la trypanosomiase. Départ
à 14 h 20 de Bobo, arrivée à Abidjan le lendemain matin à
7 h 45. Cette fois la ponctualité est en gare. Le chemin de
fer a fait peau neuve, et la gare voltaïque a perdu son cachet
local. Le pays Mossi déroule sa brûlure, verdoie à
l'approche de Banfora, et déjà le filet d'eau de la Léraba
marque la frontière avec la Côte d'Ivoire. La Léraba sur la
rive de laquelle je reviendrai bientôt avec mon équipe,
filmer les glossines infestant les paysans sénoufo, car la
Tsé-Tsé ici glisse le drame silencieux de la trypanosomiase
(ou maladie du sommeil) entre la douceur de la mangue et
l'écho du balafon. Puis passe Ferkessédougou qui me
rappelle ma première Afrique, le temps de l'éblouissement
dans la savane blonde aux filles nées pour la danse – c'était
ving ans plus tôt. Katiola dans la nuit, et Bouaké une heure
plus tard, dans ce creuset nocturne où la rumeur baoulé
crève la tiédeur de l'instant avec des cris d'enfants jamais
oubliés. Les mômes couverts de pian que j ai trop connus
en ces villages du coton et de l'eau assassine, et qui por-
taient des noms trop beaux pour être vrais. Les clameurs
s'effacent, je referme la vitre du compartiment, la nuit
ivoirienne se fait roulement métallique, banal comme dans
un polar. À Dimbokro je m'éveille à peine, à Agboville je
rouvre la fenêtre et l'aurore abé m'enveloppe de sa lourde
moiteur, semée de mille bruissements forestiers. Rapidement le jour se lève par giclées entre les grands arbres,
jetant ses odeurs confondues, levant ce rideau de plomb
qu'est souvent le ciel d'Abidjan. Je peux gagner l'hôtel
avant que la trombe ne s'abatte sur la ville.

Ces 18 heures de train furent salutaires. La nuit a
décanté les mois, spasmes d'un demi-éveil où les pays, les
sols, les villes misérables, les villages fantômes, les femmes
droites et dignes, les hommes las et abusés, les enfants sans
enfance, les nouveaux-nés déjà morts se sont tous repliés
dans un bref passé, un cauchemar gommé dans la litanie

des gares, tandis que les noms sénoufo et baoulé reprenaient une musique nostalgique. L'avion m'eût jeté à l'hôtel Tiama, encore crispé dans les images insoutenables du Sahel.

À nouveau réuni à l'INSP d'Abidjan, le CASA sait que la décision finale pour le nombre, le format et le contenu des films doit être prise avant la fin de la semaine. Suite au mandat que j'ai reçu du même comité six mois auparavant, je livre le résultat des recherches poussées dans 10 pays, car j'ai ajouté l'île Maurice à mon itinéraire. Mauritius où le planning familial est l'un des mieux conduit de la planète. Par contre, les recherches au Niger et au Soudan s'effectueront après la réunion du comité, pour des raisons de calendrier et d'économie.

Je propose alors une liste de 45 films d'environ 30 minutes chacun, pour répondre adéquatement aux demandes qui se sont ajoutées dans plusieurs pays, lors de mes entretiens avec les responsables de la santé. Rougeole et santé mentale notamment, ont été rajoutées avec insistance. Des membres du CASA ont d'ailleurs été témoins de ces requêtes solidement argumentées, alors qu'ils participaient à mes consultations dans leurs pays respectifs.

Hélas, le producteur exécutif, appuyé par l'agent de l'ACDI, doit vite annoncer la limitation du programme à 30 films. Ce qui représente déjà un beau défi. Les choix sont difficiles, car les priorités varient selon les régions, les pays, et les membres du comité ont pour mandat d'orienter le programme vers les besoins prioritaires de l'Afrique, et non de leur propre pays. Sont alors rejetés les films sur la lèpre (une grave erreur à mon avis), sur la filariose de Bancroft, quatre films axés sur la médecine traditionnelle (au Cameroun, Togo, Congo et Rwanda) ainsi que deux films sur l'animation rurale montrant des expériences originales au Sénégal et en Tanzanie. Les quatre sujets prévus sur les maladies de l'œil ne devront faire qu'un seul film, ce qui au tournage et au montage s'avérera impossible, et le sectionnement du sujet en deux films portera la série finale de 30 à 31 films médicaux. Les femmes étant minoritaires au sein du CASA, des sujets prioritaires pour l'Afrique noire tombent aisément, tels les trois films initialement prévus sur l'espacement des grossesses. Cela me fait mal, mais dès le lancement du projet, nous nous sommes retiré tout droit de veto sur le contenu médical, Jean-Marc Garand et moi, pour que ce contenu soit l'entière décision des médecins africains. Je regretterai longtemps le manque de combativité des femmes du comité. Elles se soumirent trop vite à la volonté des hommes, de leurs confrères qui, sous les pressions politiques, repoussent le planning familial, mots quasiment interdits par plusieurs gouvernements. Pourtant, ces films étaient les premiers demandés dans les dispensaires et les centres de PMI, où chaque jour doctoresses et infirmières souffrent à voir des femmes détruites par les grossesses rapprochées, dans un état constant d'anémie et face à de multiples carences familiales et socio-sanitaires. Mes entretiens avec des femmes remarquables (médecins, infirmières, sages-femmes et animatrices sociales) me convaincront du courage et de la souffrance de beaucoup d'entre elles qui devaient pratiquer la médecine dans un milieu où le machisme et la politique faisaient peu de cas de leur dignité, de leurs aspirations. Mais je dois partager, accepter cette frustration, pour réaliser le projet.

Pour parvenir au consensus final, l'horloge sera aussi efficace que l'argumentation socio-médicale. Mais malgré les inévitables divergences sectorielles, le CASA conservera une belle discipline de travail, empreinte d'une amitié constructive. À aucun moment, l'ampleur du travail, des films programmés, ne m'effraie. Mais durant les quatre années du projet une idée toute simple m'obsédera, la question posée par quelques médecins de brousse ! Et si les films, malgré tous nos efforts, n'allaient rien changer ?

Oui, quittant les beaux locaux de l'INSP d'Abidjan, je pense à cette Afrique de l'hinterland, à ces villages isolés, désolés, à ces milliers de petits dispensaires où rien ne parvient, tandis que les capitales s'enorgueillissent souvent de pimpants équipements. Cette Afrique-là se voit peu sur les cartes, encore moins dans les rapports officiels. L'Afrique profonde, belle, digne et muette. Odeur de sable ou de feuillages humides, odeur de sueur, combien l'aiment sur les écrans et dans les livres, qui ne voudraient pas y séjourner ne serait-ce que deux ou trois nuits ? À commencer par des hauts fonctionnaires et... des médecins africains.

Du 9 mai 1977 au 23 mai 1978, nous tournons les 31 films du programme *Santé-Afrique* dans neuf pays, par ordre chronologique : Sénégal, Togo, Côte d'Ivoire, Madagascar, Rwanda, Soudan, Cameroun, Niger et Burkina Faso. Nous donnons la parole aux personnels de santé de base, en filmant leur travail, leur patience, leurs efforts. La plupart des films centrés sur une maladie tropicale comprennent trois parties : diagnostic (incluant le diagnostic différentiel dans certains cas), traitement, et prévention. Ces 13 mois de tournage intensif sont coupés à mi-chemin par une semaine à Paris pour l'obtention de visas et le renouvellement de notre stock de pellicule, et fin décembre par une semaine de repos à Nairobi et aux Seychelles. Je dois aussi allonger un week-end d'une journée, afin d'assister aux obsèques de mon père le 3 avril 1978 (voir page 55).

Voici la liste complète des films de la série *Santé-Afrique*, dans l'ordre du catalogue d'utilisation, et avec les pays de tournage pour chaque film (les lieux n'étant pas mentionnés dans les films, pour éviter toute susceptibilité ou publicité négative) :

Diagnostic de la malnutrition – 29' 26"
Sénégal, Rwanda, Cameroun, Burkina Faso

Nutrition, pays du Sahel – 27' 19"
Sénégal, Niger

Nutrition, zones forestières – 29' 27"
Côte d'Ivoire, Cameroun

Nutrition, Madagascar – 29' 41"
Madagascar

Nutrition, expérience intégrée – 25' 29"
Rwanda

Centre de santé intégré – 28' 14"
Togo

Soins d'urgence – 55' 40"
Côte d'Ivoire

Vaccinations – 28' 28"
Cameroun, Burkina Faso

Équipes mobiles de santé – 24'
Madagascar

Soins aux déshydratés – 30'
Côte d'Ivoire, Burkina Faso

Dermatoses – 38' 40"
Sénégal

*Maladies sexuellement transmises (MST)
et tréponématoses endémiques* – 39' 42"
Sénégal, Côte d'Ivoire

Rougeole (et complications) – 24' 45"
Rwanda, Cameroun, Sénégal

Schistosomiase (bilharziose) – 48' 27"
Cameroun, Madagascar

Tuberculose – 29' 53"
Togo, Côte d'Ivoire

Dracunculose – 24' 45"
Togo, Côte d'Ivoire
Trypanosomiase (maladie du sommeil) – 35' 05"
Burkina Faso
Prise en charge du malade mental – 48' 18"
Sénégal
Trachome – 23' 13"
Burkina Faso
Onchocercose – 28' 43"
Burkina Faso
Conjonctivites et avitaminose A – 22' 52"
Côte d'Ivoire, Rwanda
Cataracte et glaucome – 30' 38"
Côte d'Ivoire
Soins prénatals – 29' 16"
Niger
Accouchement à domicile (dans la case) – 29' 32"
Togo
Surveillance de l'enfant avant un an – 30' 50"
Côte d'Ivoire, Togo
Surveillance de l'enfant de un à six ans – 30' 20"
Côte d'Ivoire, Niger
Santé dentaire – 46' 06"
Sénégal, Togo
Assainissement du milieu – 29' 39"
Rwanda, Cameroun, Côte d'Ivoire, Niger, Burkina Faso
L'eau – 40' 38"
Togo, Côte d'Ivoire, Rwanda, Cameroun, Niger,
Burkina Faso, Soudan
Action sanitaire des Fokonolona – 27' 05"
Madagascar
Animation rurale et santé – 29' 21"
Niger

Un livre entier serait nécessaire afin de rappeler les enthousiasmes, anecdotes, amitiés, paris et défis, mais aussi les déceptions, les échecs, et bien des drames dont nous fûmes témoins durant cette riche aventure. Oui, une aventure humaine, qui souvent nous rappela notre impuissance. Mais ce livre serait rebutant pour tout lecteur non averti des questions sanitaires en Afrique noire durant les années 70, et qui hélas n'ont guère changé depuis – dans certaines régions les situations se sont même aggravées, avec l'apparition du sida et la résurgence d'endémies tropicales. À deux reprises durant le tournage, Yukari me rejoignit pour quelques semaines, durant lesquelles elle exécuta d'admirables dessins et portraits du monde noir, un univers qui la fascina.

Cette longue année de tournage m'est restée en mémoire. De temps à autre je revis des instants, des attentes, des tensions aussi, partagés avec des médecins ou infirmières rompus à la résignation africaine. La lourde Éclair NPR ne flancha pas, pour avaler 200 000 pieds (61 000 mètres) de film 16 mm. Au Rwanda, dans les collines de Ruhengeri, elle tomba avec moi lors d'un pénible travelling arrière, sans autre dommage qu'une vis à remplacer à la base de la barre porte-filtre qui me sert de stabilisateur dans la main droite. Les chiffres précités demeurent modestes, car ils signifient un ratio de tournage de 5. 84, moins de 6 pour 1, alors que je tourne généralement avec un ratio de 10 pour 1 (largement inférieur à celui de mes collègues à l'ONF). Les 31 films totalisent 16 heures trente de projection. Le coût global de production, des premières recherches à la livraison des dernières copies zéro, s'établit à 1 158 000 $ canadiens, soit 28 000 $ de moins que le budget prévu avec l'ACDI, pour un coût final de 37 350 $ par film (d'une longueur moyenne de 32 minutes).

Le montage et la finition des films s'effectuent de juillet 1978 à mars 1980, avec de brèves interruptions pour la réalisation d'autres films (voir page 170), durant lesquelles

France Dubé poursuit le travail selon les plans de montage établis avant mes départs. Moins de deux années pour sélectionner les rushes, monter les 31 films, les faire approuver par le CASA réuni à deux reprises à Montréal, effectuer les rectifications demandées (généralement mineures), et compléter les opérations techniques précédant les travaux de laboratoire. Dans mon milieu à cette époque, il n'est pas rare qu'un seul documentaire prenne un an de montage. Deux personnes m'apportent un concours aussi amical qu'efficace : France Dubé et Scherer Adrien. Sous une belle humilité, France cache une grande intelligence du documentaire, un bon sens et un jugement rarement pris en défaut. Elle fut déjà mon assistante au montage des 10 films de la série *Urba-2000*, avec une présence efficace. Le Dr Scherer Adrien est un médecin haïtien lui aussi d'une disponibilité et d'une modestie exemplaires. Durant vingt années il travailla pour l'OMS dans des pays aussi durs que le Zaïre et le Nigeria, avant d'obtenir un poste à la Direction régionale de Brazzaville. Sa profonde connaissance du milieu, son jugement précis vis-à-vis d'ambiguïtés typiquement africaines, son talent pour énoncer simplement ce que d'autres experts disent confusément en termes savants, sont essentiels lors de la rédaction finale des commentaires des films. Après vingt ans de pratique médicale, cet homme donna le meilleur de sa vie à l'Afrique. Il aspirait, près de ses enfants, à un repos nourri d'espoirs pour les progrès des nations africaines lorsque 10 ans après avoir pris sa retraite il fut frappé d'une paralysie. Depuis juin 1988 mous le revoyons cloué sur un lit d'hôpital à Montréal. Devant cet homme qui symbolise toute la générosité de l'homme noir, que la science a ennobli sans le corrompre, Yukari et moi sommes aujourd'hui consternés, car on ne peut nous assurer qu'il nous comprend, s'il est certain qu'il nous reconnaît. Comment la vie peut-elle être aussi cruelle, en retirant son automne à un homme aussi digne, qui pour ses frères donna tous ses étés ?

Khardiata Diop, que nous appelons Khady, une jeune sage-femme de l'Institut d'hygiène de Dakar devenue spécialiste des MST, vient à Montréal pour lire les commentaires de tous les films. Cette femme est un phénomène. Après une quinzaine de séjours en Afrique, je ne connais pas d'autre personne réunissant une intelligence aussi vive du métier pratiqué, une parfaite aisance avec les mots scientifiques et médicaux, et un rare talent lors du tournage, pour réussir à la première prise l'explication d'un cas clinique, avec les gestes précis au bon moment, au bon endroit, et tout cela sur un ton naturel malgré la complexité de l'exposé. Bien des grands spécialistes de Dakar, Abidjan, Yaoundé, chirurgiens réputés, professeurs rompus aux auditoires des facultés, peuvent lui envier cette maîtrise dans la présentation d'un diagnostic, d'un traitement, qui fait honneur à la médecine africaine. Après sa collaboration avec nous, cette jeune femme souhaite suivre un cours d'anesthésiste à l'Université de Sherbrooke. Malheureusement, son père médecin ne doit pas être en cour au ministère ou à la Présidence; et ni l'ACDI, ni l'ambassade canadienne à Dakar ne l'aident à obtenir ce cours d'anesthésiste. Quand on sait le nombre de médiocres bien nés qui, en Afrique, décrochent des bourses étrangères, il est révoltant de voir une personne d'une telle valeur victime du machisme et de l'indifférence. Oh! Khady, Yukari ne t'oublie pas, toi qui à ton départ de Montréal courais les magasins et les disquaires, entamant largement ton salaire avec toute une valise de cadeaux, pour un grand frère surtout qui, deux mois plus tôt, m'avait téléphoné afin de me demander pourquoi nous invitions sa sœur, et non lui, pour travailler sur nos films. Cela vexait son orgueil, de voir sa jeune sœur appréciée pour des qualités qu'il était loin d'avoir, à en juger par le ton affecté et le ridicule de ses questions. Khady Diop est d'une famille musulmane rigoriste. J'eusse aimé qu'elle fût plus libre d'elle-même, et que mon pays l'aidât à conquérir cette liberté. Mon travail en d'autres pays islamiques d'Afrique et d'Asie, m'a enseigné qu'elles sont très nombreuses les femmes douées auxquelles des professions élevées sont interdites. N'en déplaise à la propagande islamique, il faut appeler les choses par leur nom, et dénoncer ce racisme sexiste et viscéral.

Mille cinq cents copies des films de la série *Santé-Afrique* ont été utilisées par les écoles de médecine, les centres de formation de plusieurs niveaux dans une vingtaine de pays africains, de l'Atlantique à l'océan Indien. Dans plusieurs pays elles poursuivent encore leurs circuits, de cours en stages, avec l'intérêt de professeurs et d'étudiants aux ressources limitées. Ailleurs le temps a fait son œuvre, avant que n'apparaissent les cassettes vidéo, les films 16mm sont abîmés, et plus d'un projecteur est abandonné dans un placard, faute d'une simple petite courroie ou d'une lampe. L'ACDI, qui sous le gouvernement Clark refusa de satisfaire à une demande supplémentaire de copies par des pays très étendus désirant en doter leurs écoles de formation sanitaire, a pu payer une étude inutile sur l'impact des films dans plusieurs pays. Le rapport confirme nos prévisions, à savoir que la série *Santé-Afrique* a permis d'améliorer l'enseignement avec une grande efficacité dans les centres où le personnel était motivé. Bien que rédigé dans un charabia très « Ottawa », ce constat sécurisait des fonctionnaires de la coopération, qui, durant six années, avaient pu douter de nos assurances. Et je pensais : Avec l'argent dépensé pour ce rapport superflu, j'aurais pu réaliser les trois films si urgents pour les centres de PMI d'une vingtaine de pays, sur le brûlant sujet de l'espacement des grossesses.

Au siège mondial de l'OMS, à Genève, beaucoup d'experts saluèrent notre effort en toute honnêteté. Mais une poignée de spécialistes s'offusquèrent du contenu de tel ou tel film, et attaquèrent, sans courtoisie ni éthique professionnelle, leurs collègues africains pour le recours à telle ou telle méthode ou pratique. Et les Africains surent très bien leur répondre, en précisant lors d'une grande assemblée que ce n'est pas en coupant les cheveux en dix-huit et demi, et en attendant éternellement les solutions, les équipements, les médicaments idéaux que l'on fera avancer la santé en Afrique ; mais plutôt en agissant chaque jour avec les moyens disponibles et les bonnes volontés, du simple infirmier au chirurgien. Des médecins africains m'avaient dit plus tôt qu'en supprimant les conférences annuelles si coûteuses de l'OMS, on eût pu financer l'éradication de la rougeole dans plusieurs pays par une bonne couverture vaccinale. La rougeole qui, dans huit pays, était la première cause de mortalité infantile.

Les films de la série *Santé-Afrique* ont été entièrement orientés et réalisés avec et pour les Africains. Nous avons même refusé le générique habituel de l'équipe de réalisation-production de l'ONF, afin d'éviter la critique des élèves africains devant les films, manuels et autres matériels d'enseignement portant toujours les noms d'auteurs étrangers, européens le plus souvent. L'impérialisme nuit à l'enseignement médical dans le Tiers-Monde, où les trusts pharmaceutiques parviennent de moins en moins à diffuser leur publicité sous la forme d'outils de formation.

Je revendique pleinement ces films auxquels j'ai consacré quatre années de ma carrière, avec l'amicale et efficace collaboration des personnels de santé africains.

Réaliser des films-outils pour des besoins prioritaires, m'apparaît plus utile que de satisfaire mon ego de cinéaste par quelque film léché, avec temps et moyens. Le prestige nourrit de petites chapelles, quand l'efficacité à hauteur d'homme rassemble des sociétés entières. Malheureusement ces outils audiovisuels sont de moins en moins financés par nos gouvernements, qui leurs préfèrent les films dits « de prestige », et qui ne sont généralement que de la propagande bien emballée. Quant aux « outils de formation » pensés par des experts entre deux cloisons d'un bureau de Montréal, Ottawa ou Toronto, mieux vaut n'en pas parler.

On ne peut passer quatre ans sur un tel programme sans en être marqué. Devant me résigner à délaisser ce type de cinéma utilitaire, faute d'une conviction partagée en haut lieu, je conserve, par des documentaires d'approche plus classique, le sens des priorités concrètes, cohabitant mal avec les critères d'esthétisme et de prestige rôdant autour de moi. Toute une vie sera-t-elle nécessaire pour arracher enfin la compréhension des nantis pour les besoins des otages de notre croissance-à tout prix, sur une planète résolument asymétrique ? Un monde où les déséquilibres finiront par tuer les plus forts, par simple asphyxie. Pourquoi ai-je choisi, voilà quarante ans, un média qui aujourd'hui coûte au moins 4 000 $ la minute, aux coûts minima de production du film documentaire en ces premières années 1990 ?

꧁꧂

Treize années ont passé depuis le dernier jour de tournage de *Santé-Afrique*. C'était fin mars 1978, au village voltaïque de Dapélogo, pour une séquence sur le dépistage et le traitement du trachome, avec l'équipe du GOM, le Groupe ophtalmologique mobile de Ouagadougou, qu'animaient sous l'impulsion du Dr Antoine Rolland quelques médecins et infirmiers, Burkinabés coriaces au soleil et à la poussière : Amadou Konaté, Omar Diallo, J. R. Somda, Félix Kaboré et Hassan Compaoré. Ce matin-là dans le souffle brûlant semé de palabres, de cris d'enfants, et l'écho de quelques chèvres, nous filmions l'opération d'un trichiasis selon la méthode de Trabut. Sans électricité, sans autre cloison qu'un dérisoire paravent ou la poitrine de l'infirmier, sans eau courante. Des examens cliniques et trachomes, conjonctivites, avec ou sans ptosis ou pannus cornéen, et un brillant commentaire du Dr Diallo complétaient ce tournage ultime. Ils furent plus de deux cents, à nous avoir ainsi, durant 13 mois dans neuf pays, montré dignement ce que l'on peut réussir avec presque rien. Avec des yeux, des mains irrigués de compassion, de générosité. Avec surtout une compétence, une adresse, un art plus essentiels à la survie que les mythiques scanners américains. Lesquels se sont effacés dans la multitude des noms en tant de langues, lesquels se sont gravés pour toujours dans un geste qui, un matin, un midi sec ou gluant, fit la différence entre la vie et la mort.

Ô la douceur et la patience du Dr Estelle Shaw, à la PMI d'Adjamé, dans les locaux de l'INSP d'Abidjan – Adjamé la criarde dans Abidjan la fière. Estelle qui m'apprit que la patience, la persévérance avant tout, valent mieux que toutes les indignations ou promesses. Estelle qui, dès la première rencontre, m'avait rappelé la générosité abouré des gens de Grand-Bassam, près desquels j'avais tourné mon tout premier film vingt-deux ans plus tôt, en 1955 : *Le cimetière des males gens*. Oui Estelle, Yukari qui vous aime ne me démentira pas, car elle aussi se souvient d'un bref passage à Grand-Bassam. Il y a dans vos yeux d'obsidienne, je l'ai déjà dit ailleurs, un feu dont je ne sais s'il s'attise au vent du large ou aux plaintes de la lagune. Au souffle de la côte ou à l'écho des villages noyés sous les géants verts de la Comoé. Il y a dans vos yeux, dans vos mains, dans vos gestes cette immense sollicitude africaine, qui toujours humanise l'inhumain. Dans votre voix, Abidjan enfin retrouvait la chaude simplicité du village.

Et quelle tête pour Rodin, sur les épaules du Dr Paul Essoh-Nomel à l'Hôpital de Treichville. Mais quel visage dur, quel regard insupportable quand il quitte l'enfant mort malgré de longs efforts de réanimation, emporté par un état aggravé de déshydratation, compliqué par une malnutrition sévère, avec collapsus cardiovasculaire. Je ne le reconnais plus. Toute l'Afrique, dans ses yeux, m'ordonne le silence.

Le même silence qui s'impose au fond du Rwanda, dans les mains des infirmières allemandes de Gizagara. Des mains qu'elles avouent impuissantes à soigner des enfants et leurs mères, irrévocablement condamnés par un cumul de carences et de plaies. Des êtres d'une atroce maigreur, des yeux incroyablement grands.

Et l'enfant de Yaoundé, dont un œil a littéralement fondu au bas du visage, dans une horrible complication de la rougeole.

Régulièrement reviennent ces images qu'il fallait filmer ou ne pas filmer, plus gravées qu'enregistrées, telles des aberrations du XXe siècle – la décision ne fut pas toujours évidente, même dans une optique médicale. Plusieurs nouvelles d'un recueil relatent ces instants vécus entre espoir et cauchemar (*L'Homme courbé*, 1988), et un essai antérieur est consacré aux doutes, à l'impuissance du cinéaste face aux défis du Tiers-Monde (*L'Humanité seconde*, 1985). Mais ni le film ni l'écriture ne libèrent ces fragments de mémoire vive, qui brûlent tels des signaux de détresse. Des démentis à l'adresse de certains lettrés d'Occident qui diffusent une culture du luxe, du mépris.

Treize années ont passé, durant lesquelles Yukari, de temps en temps, répéta à la sortie d'un nouveau film : «Tiens, encore une scène de *Santé-Afrique*!» Yukari à qui rien n'échappe. Et à laquelle je réponds parfois, ainsi qu'à des collègues : «Oui, quoi que je fasse et où que j'aille, j'aurai toujours un pied, un œil en Afrique.»

1 9 7 9

Dans le ventre du dragon

APRÈS UNE ATTENTE DE SEPT ANNÉES, j'obtiens l'accord des autorités chinoises pour le tournage d'un documentaire d'à peine deux heures. Je désire montrer comment se forge là-bas un homme nouveau, comment il peut s'inscrire dans un réel progrès, et non seulement dans la propagande. La marche de la Chine nous concerne tous. Un cinquième de l'humanité, cela dépasse l'histoire et la démographie. Au tout début du projet, je prévoyais filmer dans une commune rurale du Nord, mais Tony Ianzelo, un collègue de la Production anglaise à l'ONF, ayant abordé le sujet, je choisis l'immense combinat sidérurgique de Woukang, à Woutchang, l'une des trois villes qui forment la grande agglomération de Wuhan, au confluent du Yanzi Jiang et du Han Sui. Située au cœur de la Chine, la capitale du Hubei a un long passé révolutionnaire, et elle marque la charnière entre le Nord austère et le Sud laxiste. Et le trafic fluvial descendant du Sichuan, ou remontant de Shanghai, diffuse ici ses épices, ses odeurs, ses cuisines; mêle les dialectes, les coutumes et les destins dans une ville géante multiforme où le maoïsme ne cimente que la surface des choses.

Pour les Chinois, Wuhan est l'un des «trois fours», les deux autres étant Chongqing et Nanjing. Mais l'hiver surprend. Arrivant de Beijing par le train fin février 1979, sans aucun habit chaud canadien, un froid sec m'ouvre brusquement aux dures réalités des cités ouvrières. À l'université de Wuhan les étudiants portant pull-overs et manteaux grelottent à leurs pupitres. Je suis heureux lorsque je peux prolonger mes rencontres sur la plate-forme des hauts fourneaux, et j'étire repas et marche nocturnes avant de me glisser dans les draps froids de l'hôtel Victoire.

Il n'est pas facile de négocier avec les Chinois. Tout détail se complique, et doit faire l'objet de longues discussions. Ne pensez pas que l'Afrique est le continent des palabres, la Chine la devance aisément. Dans les magasins aux choix restreints, les cantines, les bureaux du combinat, aux postes de contrôle des hauts fourneaux, des fours et des laminoirs, à la crèche ou à l'hôpital, partout on saisit l'occasion d'argumenter, de débattre à l'infini sur les moindres actions, propositions et décisions. Personne n'est dupe. Chacun joue le jeu de la propagande officielle, sachant que les dialogues n'en sont pas, et que la langue de bois nationale – au plutôt la langue de bambou, car elle se courbe si bien en sourires entre les thés fréquents – n'est pas le fleuron du régime.

Cela dit, je garde mon enthousiasme après dix jours de rencontres préparatoires dans ce complexe industriel qui emploie 95 000 ouvriers, techniciens et bureaucrates. Comme l'a si bien dit Claude Roy, «La Chine ne se compare pas». L'Empire du milieu est un continent qui a beaucoup appris avant les autres, et qui fera encore beaucoup d'erreurs sans devoir d'excuses a personne. Février 1979 est là-bas une période d'ouverture. Partout les dazibaos dilatent la parole dans un immense défoulement populaire. La langue du vent flotte au-dessus de la langue de bambou. Chaque jour aussi de nombreux responsables, chefs d'ateliers, directeurs d'usines, ingénieurs, délégués politiques se montrent rassurants à l'heure de l'inévitable *Campei!*, le toast fourni d'un verre de motai. C'est promis, tout est prêt pour mon retour fin avril, pour le tournage du film dont les grandes lignes font l'objet d'un accord.

Je choisis un couple attachant sur lequel sera centré le film : monsieur Liang et madame Yu – en Chine l'épouse conserve son nom de famille après le mariage légal. Ce couple est assez représentatif des 300 000 résidents des cités ouvrières du combinat. Leurs trois garçons, à mon départ, devisent sur leurs futurs rôles dans le film. Même si je leur répète qu'ils n'auront qu'à étudier, travailler, jouer, aider leurs parents, bref vivre exactement comme si nous n'étions pas là... il demeure qu'avec leurs voisins ils se confondent en suppositions.

Je quitte Wuhan, puis Beijing, frustré de n'avoir qu'effleuré la réalité de la première nation mondiale, mais confiant de pouvoir au retour réaliser un documentaire captivant. À l'ambassade du Canada, Hugh Stephens et Douglas McCashin ont accompli un travail essentiel, ingrat, faisant reculer bien des obstacles. Parmi les fonctionnaires chinois avec lesquels j'ai dû préciser mes intentions, quelques-uns furent d'une extrême gentillesse, et leur ouverture gomma bien des écueils, tels madame Lo Di Chen du ministère de la Culture à Beijing, madame Dai Hong et monsieur Wou Xi Tchin à Wuhan. Mais ils furent si nombreux, tous vêtus de bleu, à m'accompagner partout, à répéter les mêmes arguments entre les mêmes tasses chaudes, à remettre en question ce qui avait été décidé une heure plus tôt, à compliquer les faits les plus banals. Sorte de Yin et Yang, ou de curieux ping-pong sémantique, qui peut parfois user les nerfs plus sûrement que les voix les plus aiguës aux opéras chinois.

Au retour en mai, la chaleur monte chaque jour. Wuhan en juillet-août mérite sa réputation de four. Et puisque nous filmons principalement dans une aciérie, il importe d'éviter ces mois étouffants, paralysants. Notre tournage s'étalera donc du 1er Mai, fête du travail haute en couleurs, avec dragons géants et délire de pétards, au 1er Juin, fête des enfants qui est là-bas un immense pique-nique populaire, une kermesse redonnant aux hommes en bleu l'allure des autres Terriens. (Depuis, l'habit bleu a laissé place à la fantaisie des variations vestimentaires).

Avec Michel Hazel à la prise de son, nous avons tout un défi devant nous : suivre, enregistrer la vie quotidienne d'une grande cité industrielle de Chine centrale, sans succomber ni à la propagande ni à l'exotisme. Pour cela Michel Hazel possède une qualité qui me sert bien : il est *cool*, il garde son calme aux moments de grande tension. Il a déjà fait du très bon travail sur deux de mes films qui ne furent pas les plus faciles : *L'école des autres*, *L'homme et le froid*.

Nous nous lions vite d'amitié avec monsieur Liang et madame Yu, leurs garçons de 12, 9 et 7 ans ! Qin, Li et Yuan. À 40 ans le père est chef de section au haut fourneau n° 1, et à 39 ans la mère travaille au Bureau de production de la fonderie, après avoir été actrice dans sa jeunesse. Ils se sont mariés voilà 13 ans, et sont tous deux diplômés de l'Institut de métallurgie de Wuhan. Deux employés modèles. Pas tout à fait, car le gouvernement demande aux couples de n'avoir qu'un seul enfant. Quand nous osons une question relative à leur « grande famille », madame Yu rougit encore plus qu'une fillette devant un comptoir de bonbons.

J'aime madame Yu comme j'aime madame Lo Di Chen à Beijing. D'ailleurs elles se ressemblent physiquement, et par un fond de bon sens qui les réunit au-delà de leurs fonctions très éloignées. Leur beauté n'est pas celle des troupes prestigieuses que le pays envoie à l'étranger pour soigner son image. Le maquillage leur est quasiment inconnu, la simplicité et le cœur pallient chez elles les carences sociales d'une nation dont les membres sont endoctrinés dès leurs premiers pas. Et les paroles qu'elles retiennent en disent tout autant que celles qu'elles prononcent avec timidité.

Tout irait donc bien en ce mois de mai 1979, s'il n'y avait pas monsieur Su, obligatoirement adjoint à notre équipe par le Studio du film documentaire de Beijing. Su Zi Qiang, prétendument cameraman expérimenté, s'avère très vite aussi peu pétri de cinéma et d'enthousiasme que je le suis de maoïsme. Il est aussi obtus qu'un sbire stalinien, et ses réactions handicapent le tournage, malgré la subtilité dont notre interprète Chao Yuang Tchéou est capable. Oh! bien sûr, il prétend nous aider, mais tout va tellement mieux en son absence! Souvent, de très belles scènes se gâtent devant la caméra, après que le camarade Su soit allé glisser un conseil à l'oreille d'un contremaître, d'un professeur, d'une infirmière... J'arrête alors le tournage, refusant des séquences brusquement rigides. Oui, plus notre censeur s'éloigne, meilleur est le tournage. Heureusement, nous sommes plus rapides que lui, et pendant qu'il grille ses premières cigarettes matinales, ou qu'il discute avec quelque petit chef ici et là, nous pouvons tourner de belles scènes naturelles.

Hélas! le 12 mai, alors que nous avons déjà pu tourner cinq heures de film captivantes sur les activités industrielles et sociales de Woukang, se produit un incident qui donne toute la mesure du harcèlement de notre censeur. Depuis deux jours, nous attendons d'être appelés pour filmer une naissance à l'hôpital du combinat. Des naissances, il y

en a chaque jour, et j'ai déjà obtenu collaboration et autori-
sations des médecins, infirmières et autres personnels de la
maternité. Mais depuis deux jours monsieur Su nous
annonce « pas de naissance prévue aujourd'hui ». Or, s'il y a
bien une chose que les dictatures les plus rigides n'ont pu
changer, c'est bien la naissance des bébés ! Le troisième
jour donc, je me lève très tôt, vais à l'hôpital où chacun
s'étonne de notre absence les jours précédents, car les
naissances n'ont évidemment pas manqué. Une femme aux
dernières contractions m'indique clairement, par l'intermédiaire d'un médecin qui par bonheur parle japonais,
son plein accord pour que l'on filme la délivrance de son
enfant. Nous l'avons prévu dès le début du projet, et enté-
riné dans notre accord, le film s'ouvrira sur l'arrivée d'un
nouveau Chinois. *970 millions, plus un*, telles sont les
premières paroles du film. (Aujourd'hui en 1991, la Chine
compte 1 milliard 105 millions d'habitants). Mon équipe
me rejoint, et tout va pour le mieux, y compris le beau
regard de la mère aux dernières contractions. Mais soudain
apparaît une infirmière autoritaire, suivie de l'ineffable Su,
plus nerveux que jamais. La tête du bébé apparaît dans
mon viseur, puis le noir. La main de Su vient de s'aplatir
sur mon objectif. Consternation parmi le personnel, où la
nouvelle infirmière en chef sème un silence mortel, et
demande à la mère d'afficher une moue réprobatrice à
notre égard. Cette comédie fait mal à voir. Je me retiens, en
ce milieu d'asepsie et de demi-silence, alors que les infirmières jusque-là souriantes se font aussi ternes que les
bouddhas couverts de poussière, dans la Pagode des mille
bouddhas de Wuhan. Rapidement, nous filmons le lavage,
la pesée, l'emmaillotement du bébé, bientôt roulé dans son
fourreau bariolé. Nous ne sûmes jamais pourquoi Su Zi
Qiang avait décidé d'interdire le tournage de la scène
d'ouverture du film *Un mois à Woukang*, telle qu'elle avait
été prévue dans nos accords.

Je demande à rencontrer d'urgence les autorités locales du Combinat et du Parti, et leur annonce le jour même l'arrêt du tournage. Il nous est impossible de poursuivre la réalisation du film avec l'autoritaire présence du censeur pékinois. Les responsables locaux sont navrés. Il apparaît qu'eux aussi détestent ce cul froid venu de Beijing. L'interruption du tournage durera huit jours. Une première dans ma carrière. Je fais deux allers-retours à Beijing, y accueille Georges Dufaux venu de Montréal à la demande du producteur Jean Dansereau. Les discussions à l'ambassade du Canada, au ministère de la Culture, ne peuvent évidemment aboutir au retrait de monsieur Su, car un fonctionnaire, ici, ne peut perdre la face. Une solution est finalement retenue par les autorités : Su Zi Qiang restera à Wuhan, mais en présence aussi de Georges Dufaux, et, pour quelques jours, d'un membre de l'ambassade.

Nous tournerons la plupart des séquences prévues, accélérant notre rythme de travail, allongeant les journées, et sans aucun échange avec le censeur, qui se tiendra coi à l'écart, avec une bonne provision de cigarettes. Enfin ! nous filmerons à peu près comme ailleurs dans le monde. J'ai parlé avec plusieurs cinéastes étrangers ayant travaillé en Chine. Ils ont plus ou moins brutalement connu notre expérience. Sauf bien sûr les inconditionnels marxistes, qui surent parfois nous faire passer des documentaires entièrement organisés (doit-on dire « mis en scène » ?) pour des enregistrements naturels ou spontanés. À l'étape préparatoire en cette époque, les Chinois étaient aimables, coopératifs, et après les palabres, signaient des ententes sur un ensemble de points (séquences, sujets) définis en commun. Mais au tournage, toujours la même musique. Ils reniaient leurs engagements pour les motifs les plus futiles, ou même sans donner aucune raison. Ils voulaient tout contrôler, n'acceptant pas le documentaire tel que nous l'entendons en Occident. Ils vivaient encore l'ère et les méthodes du documentaire soviétique, réalisé sur papier plutôt que sur film : images léchées d'une propagande sans complexes.

Peut-être aussi ce pauvre Su était-il un cinéaste frustré, ayant dû trop longtemps s'aplatir sous la langue de bois. Peut-être voulait-il se venger sur quelque étranger trop libre de ses actes. Qui sait? Plusieurs cinéastes étrangers n'ont pas aidé, de leur côté, à accélérer l'ouverture. On leur fit le même coup, ils acceptèrent. Préférant rentrer avec un film amputé, ou dénaturé, que bredouilles. J'étais je crois, le premier qui préférais rentrer sans film, ou avec un film réduit de moitié et un commentaire expliquant pourquoi. Pour moi, avoir attendu sept ans une autorisation, n'a jamais signifié ou sous-entendu qu'un chantage pût être gagné au détriment de l'honnêteté, de la crédibilité d'un documentaire. Je remercie l'ONF de m'avoir soutenu dans ma démarche, d'avoir rendu possible un film que j'ai voulu en hommage aux femmes, aux hommes qui là-bas fournissaient des efforts quotidiens pour échapper à la grisaille, à la médiocrité, aux mille bassesses environnantes. Avec ce film, j'étais sur le fil du rasoir : ou je cédais à l'enthousiasme aveugle qui produirait un autre film à la gloire de la Chine nouvelle, ou j'exigeais un documentaire pur puisant uniquement au quotidien des hommes et non des idées, des slogans. De toute manière je serais incompris par les uns, honni par les autres. Effectivement, on comprit mal ce film. Il n'était pas dans le ton laudatif des retours de Chine à cette époque. Mais lorsque se tint un congrès de géographie, les spécialistes de la Chine reconnurent que ce film était le plus exact sur la réalité chinoise. Cette opinion, venant de sinologues qui ne me connaissaient pas, vaut plus qu'un quelconque prix dans un festival, de la part d'un jury qui juge les films avant de les avoir vus.

Dans le cinéma documentaire, l'honnêteté peut coûter très cher. L'exiger est pourtant un principe de base, essentiel. Me taire, accepter les caprices des Chinois, n'eût pas produit un film irrecevable aux yeux d'un large public, y compris des intellectuels pour lesquels la mode, souvent, importe plus que le fond. Mais sans un engagement total dans la recherche de l'objectivité, ma vie n'aurait pas de sens. Je dis bien « la recherche de l'objectivité », car l'objectivité, elle, nous demeure à tous inaccessible.

Avant l'incident de la maternité, d'autres scènes naturelles firent dresser les cheveux de monsieur Su. Comme ces camions qui transportaient, entassés debout, les ouvriers du combinat, alors qu'il eût voulu que nous filmions seulement les voyageurs des beaux autobus neufs Ikarus. Mais il y avait chaque matin des centaines de camions, de bennes ouvertes transportant des travailleurs, et seulement... trois autobus Ikarus. Ou ces buffles qui paissaient sous les lignes à haute tension de l'aciérie, quelle belle image ce contraste entre buffles et hauts fourneaux, mais là aussi Su nous accusait de fausser la réalité. Et pourtant, ce côtoiement de deux mondes, c'était partout la Chine en rapide progrès.

Sur la plate forme d'un haut fourneau, les ouvriers sont en Chine comme ailleurs, comme je les ai vus aux aciéries d'Hamilton et de Varsovie. Aux changements de chiffres, ils décompressent, lancent blagues et jurons avant de bondir sous la douche. Et ici, durant plusieurs jours, je les ai vus se secouer tels des épouvantails, lancer des regards de feu dans des visages noirs de fumée, déboucher des bouteilles d'eau gazeuse comme s'ils venaient de traverser le Gobi, lâcher des mots vifs qui n'étaient à coup sûr pas plus taoïstes que moi. Après huit heures en enfer, abrutis par le feu, penchés sur les coulées, le laitier, les basculeurs au-dessus des wagons de fonte liquide, moulés dans la sueur et la crasse, ils ont bien de droit de décompresser enfin. Cette détente est saine. Eh bien ! le jour où j'attends avec ma caméra cette relève des équipes, ce jour-là la Terre tourne à l'envers. Sous la sueur et les scories, ils arrivent lentement, avec des attitudes constipées, muets comme des carpes, sages comme des bonzes, pudiques telles des mariées. Évidemment, je ne tourne pas un pied de film de cette scène ridicule, due au passage de monsieur Su quelques minutes plus tôt sur la plate-forme.

Les ouvriers chinois, c'est bien connu, sont plus disciplinés que les robots japonais, n'est-ce pas monsieur Su. Alors, quand on leur aménage des cantines modèles, ils s'y pressent tous comme un seul homme, fiers de trouver dans leur assiette l'énergie d'une autre journée de travail. Pourtant, ils sont nombreux les moutons noirs, ceux qui s'en vont seuls, ou deux par deux, manger assis sur une poutrelle, un tuyau de fonte, le marchepied d'un wagon. Il faut croire qu'ils aiment le grand air, après les heures de fournaise ou le vacarme des laminoirs. Mais interdiction de filmer ces ouvriers indisciplinés, car ici les cantines, nous dit l'impayable Su, les cantines sont si belles que personne n'a l'idée d'aller manger ailleurs...

J'avais dû insister pour qu'on ne me désignât pas une famille modèle, logeant dans un des rares appartements-vitrines de la cité ouvrière de Woukang, ceux qu'on montre aux journalistes. Fraîchement repeints, avec de beaux meubles vernis, avec de l'espace surtout. J'avais obtenu que l'on pût suivre la famille Liang-Yu dans son appartement. Deux pièces pour cinq personnes, plus une minuscule cuisine servant aussi de salle de lavage. C'est la norme à Wuhan. Des murs de brique, un intérieur sobre, sans objets inutiles. Et dans cet espace réduit, madame Yu utilise sa machine à coudre pour confectionner ou recoudre les habits, les fils étudient sérieusement, le père s'active sans complexe au fourneau. Depuis l'arrivée de Georges Dufaux dans la cité, nous obtenons désormais que Su ne nous précède pas là où nous allons filmer, et souvent je change le lieu de tournage à la dernière minute, sautant sur une scène naturelle que le censeur éloigné n'a pu prévoir. Alors, le tournage devient presque normal. À 200 mètres, Su et quelques fonctionnaires doivent entretenir Georges des riches promesses de l'amitié Chine-Canada... et nous pouvons filmer plus librement la vie, la respiration de Woukang. Dans les usines, à l'école, au marché, dans les rues, les jeux et les cérémonies, nous filmons désormais la vie, surprenante et riche, intense comme dans une ruche.

Quelle leçon nous livrent les écoliers, qui à tour de rôle nettoient leur classe après le dernier cours, transportent l'harmonium d'un étage à l'autre, et, les jours de congé scolaire, participent à des corvées de désherbage ou de nettoyage dans le quartier. Nos écoles québécoises devraient s'en inspirer, elles qui sont régulièrement paralysées par les grèves des inutiles employés de soutien. Et quand un élève sait qu'il devra nettoyer le sol, il est moins porté à le salir. Rentrant de Chine et invité à une soirée récréative dans un collège de Montréal, j'ai eu un haut-le-cœur devant l'état des lieux. Je venais de changer de planète.

Oui, la discipline peut là-bas atteindre le ridicule, soumettre petits et grands à des simulacres de ferveur communautaire. La cérémonie du serment des Jeunes Pionniers, les concours d'habileté professionnelle lors d'une grande fête des cheminots et électriciens du combinat, les précautions oratoires des techniciens dans un comité d'entreprise avaient aussi leur part de naïveté, de rigidité, de propagande. Mais les participants n'en étaient pas plus dupes que nous. Ils souriaient, éludaient nos questions après ces instants de raideur officielle. Cependant, nous avons vu la naissance d'une Chine nouvelle, relativement propre, correctement vêtue et nourrie, et s'attaquant elle-même à la résolution de ses multiples problèmes, plutôt que de quémander l'aide étrangère.

Dans la petite fonderie satellite de Hong Kang Chang, produisant des masselottes de lingotières pour les aciéries du combinat, on compte 30 femmes sur les 220 ouvriers, et la directrice de l'entreprise, madame Tchin Yu Liang, jongle merveilleusement entre la langue de bois du Parti et les réparties les plus franches entre camarades, selon le moment et l'endroit. Ici, les employés ont construit eux-mêmes leur cubilot, leur pont roulant, leur grand tour frontal et la plupart des équipements.

Et tout ce monde embrigadé depuis l'enfance, possède assez de bon sens et de sagesse pour s'aménager des moments de détente, des retours à la Chine éternelle qui sont aussi des sentiments universels. Oh! madame Yu, préparant votre savoureux poisson dominical – que vos enfants avaleraient en 10 minutes, diable! que l'on mange vite en Chine –, comme vous ressembliez à ma mère, trente ans plus tôt dans le Val de Loire. Sans doute votre poêle à charbon n'était-il pas aussi pratique qu'une cuisinière électrique Thermor. Et encore? Le plaisir que vous aviez à préparer ce plat, et à le partager ensuite avec nous, était sans frontières.

Durant les derniers jours à Woukang, chaque soir je regardais un père et sa fille jouer au badminton. À 11 ans, elle était géniale, d'une maîtrise olympique. Mais la Chine était encore trop complexe pour que j'éprouve un sentiment de satisfaction. Dans ma chambre, j'écrivais l'ébauche du commentaire après avoir établi le plan de montage du film. Douze ans plus tard, ces lignes n'ont pas vieilli. Oh! il y eut Tien An Men, jamais je n'aurais pensé qu'un Deng Xiaoping pût massacrer et son peuple et les espoirs qu'il avait fait naître pour lui, et pour nous. Mais l'incertitude qui clôturait mon second séjour en Chine, et qui durant une dizaine d'années ouvrirait toute pensée sur ce premier pays de la Terre, était celle évoquée fin 1979, dans le commentaire final du film :

> Un mois à Woukang. En vous livrant ces dernières images, je dois vous avouer humblement que j'ai peur. Peur que ce père et sa fille, qui chaque soir avant mon départ, m'invitaient à jouer avec eux, me fassent oublier toutes les aspirations, toutes les libertés, tous les rêves qui leur sont interdits.
>
> Et aussi la peur de ne pas vous crier assez fort, combien la somme des souffrances, des privations, des efforts du premier peuple de la Terre, porte d'espoirs, et combien ces espoirs doivent aussi être les nôtres. La peur de ne pas être capable de bien vous dire, qu'un milliard de Chinois ne peuvent toujours se tromper, et qu'au-delà les libertés qu'ils n'ont pas, les nôtres sont fragiles.

J'entends encore Raymond Charette lisant ce texte, puis quittant le micro pour me dire : « Michel, la Chine, que c'est donc compliqué... »

Pour la survie du Cambodge

Le Cambodge n'existait plus. Une bombe atomique n'aurait pu le détruire davantage. C'était le résultat de la guerre civile et du régime communiste... Chacune des familles du pays comptait ses morts... Des 527 diplômés de l'école de médecine de Phnom Penh, une quarantaine de médecins sont toujours vivants. Sur les 7 000 habitants de mon village natal, Samrong Yong, il n'en reste plus que 550. Sur les quarante et une personnes constituant ma plus proche famille, neuf ont survécu...

AINSI S'EXPRIME le médecin cambodgien Haing Ngor, vers la fin de son livre *Une Odyssée cambodgienne*. Après avoir survécu à un long cauchemar, à la faim, aux tortures, à la barbarie, Haing Ngor fut engagé par le cinéaste britannique Roland Joffé pour tenir le rôle de Dith Pran dans son film *Killing Fields* (*La déchirure*). Ce film est l'un des plus forts qui ont été réalisés durant la dernière décennie, tout comme *Music Box* ou *Au revoir les enfants*. Ils appartiennent à cette famille des chefs-d'œuvre qui témoigneront longtemps pour les drames profonds de notre époque, alors que les coûteuses images de notre décadence et de notre gaspillage seront oubliées. Dans ma bibliothèque, le livre pur et dur comme le silex de Haing Ngor, rejoint celui de Shulamith Lapid, *Fania ou Le village sur la colline*, saga d'une femme forte sur une terre assassine. Dans le premier, un pays, un peuple se voient détruire dans le silence des nations, dans le second un peuple nié et massacré se bâtit enfin un pays dans les pires conditions. Hélas ! du Tonle-Sap à la Galilée, du Nordeste à l'Ogaden, il faudrait toute une bibliothèque, une cinémathèque mondiale pour témoigner de l'acharnement des hommes sur leur terre, du courage des femmes dans les blessures de la terre.

En décembre 1979, cinq ans avant le bouleversant film de Joffé, et huit ans avant de lire Haing Ngor, je rencontre Robert Garry, pour lequel j'ai toujours eu un grand respect. Cet ancien administrateur français au Cambodge, alors brillant géographe à l'université de Montréal, est amoureux de la terre khmère. Prononcez deux mots, deux noms de villes, de fleuves ou de montagnes, deux prénoms chers à ce pays, et cet Agenois taillé comme le Balzac de Rodin s'illumine, s'enflamme, refait le monde à l'image d'un pays très doux, terre inondée du riz et du lotus, chemins du buffle et du poète, grâce timide dans la soie, et sagesse du bodhisattva.

Les nouvelles du Cambodge nous glacent. À l'horreur succède le désespoir. De nature optimiste, Robert Garry se penche, se voûte, accablé par les chiffres. Depuis des mois nous partageons les mêmes angoisses. Depuis l'entrée des Khmers rouges à Phnom Penh en avril 1975, jusqu'à leur expulsion par les Vietnamiens en janvier 1979, l'Angkar a fait deux millions de morts, le tiers de la population khmère. On ne connaîtra jamais les chiffres exacts, mais les organismes internationaux parviennent à ces données par accumulation de chiffres précis pour des villages, des familles. Et pour un tel génocide, la précision des chiffres n'importe plus. Oui, en quatre ans, l'Angkar – organisation secrète des Khmers rouges jusqu'à l'effondrement de leur monstrueuse utopie appelée Kampuchéa – a tué par les méthodes les plus barbares un tiers du peuple qu'elle prétendait conduire à une nouvelle civilisation rurale, exempte d'influences étrangères. Suppression systématique des intellectuels, des médecins, des ingénieurs, des professeurs. La folie d'une poignée d'idéologues imbus d'une vision théorique de la nation, qui condamne à mort tout porteur de lunettes, tout possesseur de livres. Tous les livres seront d'ailleurs détruits. Le pays de la quiétude rurale devient celui des charniers. Durant quatre années aussi l'Occident s'est tu, s'est réfugié dans le syndrome du Viêt-Nam pour ne pas bouger. Quand enfin Hanoi envahit le Cambodge afin d'en chasser un tel régime d'appauvrissement et de mort, l'Occident n'a rien à dire. Lorsque nos ministres des Affaires étrangères s'agitent tardivement, leur crédibilité est nulle. Le Viêt-Nam anémique au secours du Cambodge exsangue, cette image-là non plus n'est pas exacte. Durant quelques années pourtant, elle s'imposera.

Au génocide succède la misère. À l'heure où nous partons en vacances de ski, un million de Khmers se pressent sur la frontière thaïe. Ils ont fait 100, 200 kilomètres à pied, perdant ici et là un enfant, un parent, rançonnés par les armées rivales, violés, dépouillés par les brigands, se nourrissant de racines de manioc, de noix d'arec, de feuilles, d'insectes parfois. Au bout de ce long calvaire : la mort sur une mine ou dans le feu croisé des factions, au mieux l'arrestation par l'armée thaïlandaise et l'internement dans les vastes camps hâtivement aménagés sur la frontière.

Et ce peuple refuse de disparaître. Quelques appels au HCR (Haut Commissariat des Nations unies pour les réfugiés) me confirment la détermination des Cambodgiens à sauvegarder leur culture, à réécrire leurs livres, à avoir des enfants.

Le Canada s'est engagé à accueillir 50 000 réfugiés indochinois (Vietnamiens, Cambodgiens, Laotiens). Seuls nous dépassent les USA et la France, et nous suivent l'Australie et l'Allemagne de l'Ouest. Chaque jour éclatent de nouveaux drames sur la frontière thaïe. La mort atroce des réfugiés refoulés à Preah-Viher dans la zone des monts Dang-Rek, crée une commotion parmi les personnels des agences internationales. Les rapports sur la malnutrition au Cambodge, la stérilisation des adultes (hommes surtout), la déportation d'adolescents vers le nord du Viêt-Nam, le pillage accéléré des ressources naturelles par l'occupant, et la vietnamisation de la vie quotidienne ajoutent à l'exode massif le tableau d'un pays en pleine décomposition sociale. Hélas, notre politique officielle d'accueil est à peine connue, que déjà le gouvernement canadien recule, supprime son parrainage pour 25 000 réfugiés, sur le double initialement annoncé, cédant ainsi à la pression de groupes de citoyens plus ou moins xénophobes. Face à un tel génocide, à de telles souffrances, l'humanisme timoré devient intolérable.

Le 10 janvier 1980, je présente à notre comité du Programme le projet d'un film à réaliser d'urgence sur la frontière khmère/thaïe. Alors que mes présentations écrites oscillent généralement autour de 30 pages, je me limite cette fois à 6 pages, faits et chiffres étant assez forts. Je termine ainsi :

> Ce film sera une descente dans l'absurde, l'insuppor-table, un silence éclaté au-dessus des polémiques...
> Il y a des films que l'on doit faire sur le coup, en se trempant jusqu'aux os dans la réalité, même si cela suppose l'incertitude, l'inconfort des rectifications intellectuelles, inévitables ; même si cela nous démolit un peu plus.

Le feu vert m'est donné le jour même. La veille, j'ai regardé le documentaire fort de Maurice Bulbulian tourné aux environs de Monterrey : *Tierra y libertad*, grande fresque amère d'un sous-continent maudit. Ce soir-là, rentrant chez moi, je pense que l'ONF se met vraiment à l'écoute d'une planète aux frontières illusoires.

La vie commence en janvier est tourné du 26 janvier au 9 février, et monté en mars 1980. Le film est mixé le 21 avril, et la copie zéro approuvée le 19. Le coût total de production s'élève à 97 000 $ canadiens, sur un budget prévu de 128 000 $.

Tourné à chaud au plus fort de l'afflux, de la pression sur les postes frontaliers, et dans une dizaine de camps de réfugiés administrés par le HCR et plusieurs organisations humanitaires internationales, avec le concours de la Croix-Rouge et d'ONG thaïlandaises, c'est un film qui se vit, mais ne s'évoque pas. C'est l'un des films les plus risqués de ma carrière, mais aussi l'un de ceux auxquels je demeure le plus attaché. On ne filme pas la guerre, la mort, le désespoir, puis le courage d'un peuple martyr, sans une obligation de retenue.

J'ai connu là-bas, dans l'enfer de Ban Nong Makmun, et de Ban Nong Samet, dans l'immense Khao-I-Dang, et plus au sud à Mai-Rut, à Khao-Larn, à Laem-Sing, des familles inoubliables. Des femmes d'une grande dignité, des hommes droits, des enfants sans enfance, dont les témoignages écrivaient l'histoire d'une époque, d'une société humaine sans honneur ni principes, et qui n'avait qu'un nom : la lâcheté occidentale.

La femme terrassée par la chaleur à l'entrée de sa tente, qui a vu ses filles violées puis tuées devant elle, pourquoi certains journalistes occidentaux doivent-ils à nouveau la blesser en mettant en doute son récit, en la taxant d'anti-communisme ? L'ingénieur qui ne peut lire mes papiers, puisqu'il a dû jeter ses lunettes pour survivre dans les rizières de l'Angkar, pourquoi devrait-on le qualifier d'ancien bourgeois. Oh! que les paroles, les questions de certains étrangers sont aussi assassines que les poignards, les sacs de plastique, ou les matraques des Khmers rouges.

J'ai voulu fermer le film avec l'image de deux jeunes filles, qui à deux pas d'un hôpital de campagne où mouraient les blessés, dans l'horreur déchiquetée de Makmun, là où l'on passe sans savoir du Cambodge à la Thaïlande, là où les mines, les obus nous épiaient, oui deux jeunes Khmères qui dansaient sur une musique millénaire. J'ai beaucoup voyagé, mais rarement vu une telle volonté de survivre à toutes les forces qui s'acharnent à détruire un pays. Devant ces deux Khmères, ma main tremblait sous la lourde Éclair NPR. J'attendis quelques secondes, recherchant un calme impossible, afin d'obtenir une image stable de cette scène impensable, tandis que dans mon dos l'officier thaï m'enjoignait de quitter au plus vite Makmun où notre présence était interdite. Quelques jours plus tôt, je n'avais pas de militaire à mes basques, mais devant une file interminable de femmes et d'hommes épuisés après 50, 100 kilomètres dans la poussière et les harcèlements pour venir à Ban Nong Chan toucher quelques boîtes de sardines, un litre d'huile et du riz – qu'ils se feraient probablement voler sur le chemin du retour –, j'étais littéralement paralysé. Que signifie filmer, cadrer des images fortes en de tels cas? Ces gens qui avaient marché deux, trois, dix jours, avaient perdu un enfant, une épouse en chemin, ces gens aux visages tannés sous les turbans, aux mollets égratignés sous les sarongs, oui, ces gens nous souriaient. Dans tant de pays, ils nous auraient jeté des pierres, auraient craché sur la caméra. Certains instants, dans la détresse, sont si dignes et intenses qu'ils interdisent jusqu'au raisonnement.

La vie commence en janvier est un film que j'ai ressenti comme un souffle au cœur.

Les ratés

T OUTE VIE DE CINÉASTE est marquée par ce que j'appelle « les ratés ». Des projets, des films préparés avec conviction, sinon avec passion, et qui meurent au fond d'un classeur. Tels les plans, les maquettes des édifices jamais construits. Mais l'architecte est moins frustré. Une maquette livre une bonne image d'une œuvre architecturale. Un roman aussi, sans être publié, peut être lu et apprécié par quelques lecteurs, la qualité de l'écriture ne grandit pas à l'impression. Par contre, un film n'existe qu'à la sortie de la salle de montage, et sur l'écran. Sur papier, bien des synopsis sont des réussites potentielles, alors qu'ils pourront devenir des films insipides. Mille impondérables interviennent au tournage, avec lesquels le réalisateur doit composer, et parfois se battre pour imposer sa vision, son interprétation des éléments. Pour le documentaire surtout, qui est une constante recherche d'équilibre, une symbiose entre facteurs et conditions variables. Toujours sa vulnérabilité se rappelle au cinéaste, parce que le coût d'un documentaire, aujourd'hui en 1991, s'établit au-delà de 3 000 $ la minute (coût moyen pour mes films, pour certains documentaristes il est deux, trois, voire quatre fois supérieur).

Je n'évoque pas ici ces idées qui soudain vous brûlent, que l'on teste auprès de quelques amis sûrs et exigeants, et qui traversent une brève saison à la manière d'un amour platonique. Non, je parle de ces projets avec lesquels on vit quelque temps, pour lesquels on se lève au milieu de la nuit afin d'en noter des séquences, des images, quand ce n'est pas pour téléphoner aux antipodes. Voilà longtemps, il m'est arrivé d'appeler ces projets avortés des «enfants morts». Mais après avoir à plusieurs reprises arrêté ma caméra devant la mort d'un enfant, j'ai pensé que ce terme était déplacé, indécent. Quelles que soient les énergies, la passion, la détermination mises à la préparation d'un film, son abandon ne peut d'aucune manière être comparé à la mort d'un enfant, qui est toujours la douleur du monde.

Ces projets meurent pour de multiples raisons : sujet trop éloigné des modes du moment, trop ambitieux selon les producteurs, trop austère pour les distributeurs, ce qui aujourd'hui signifie en clair : trop élevé pour la télévision. Ou encore! trop aléatoire ou risqué, avec les obstacles politiques, diplomatiques ou purement administratifs. Il faut ajouter que la mode des vidéoclips a fait ses ravages, et que le cinéma à domicile qu'est devenue la télévision couplée au magnétoscope, se gave presque exclusivement de sous-produits hollywoodiens, c'est-à-dire de sexe et de violence. En 2100, que penseront les historiens d'une société qui se délectait de *Dallas*, *Goldorak*, *Ma sorcière bien-aimée*, ou des sirops littéraires de Danielle Steel?

Ainsi se sont éteints des projets de documentaires pour lesquels nous avions entre amis brûlé d'impatience : *La peau*, poème ou pamphlet anti-raciste mijoté avec Fernand Cadieux; *Vivir y morir*, avec Jordi Bonet; *Le cimetière marin*, mémoire de Paul Valéry et ensorcellement de Fadiouth; et bien d'autres ratés que j'évoque dans ce livre.

Je vais ici rappeler en quelques raccourcis des projets dont l'abandon m'a particulièrement marqué.

Dès novembre 1977, j'adressais à mon producteur exécutif un projet que j'abandonnerais finalement en 1987, après avoir tenté de la faire accepter par les administrations qui se sont succédé durant cette décade à l'ONF. *Combat pour une planète* devait réunir des films de 58 minutes, traitant d'actions concrètes menées par des pays, ou groupes de pays, pour assurer un meilleur avenir des sociétés humaines. À une époque où les médias sont polarisés sur les conflits ethniques, religieux ou idéologiques (années 70/80), je propose donc une grande série de téléfilms axés sur des actions exemplaires visant les priorités universelles. Une quinzaine de thèmes ou sujets, brièvement exposés, en appellent d'autres, à définir par un comité de quelques documentaristes chevronnés, auquel je voudrais passer le relais pour des préoccupations accumulées depuis quelques années. Dans un premier temps, je ne retiens que des actions déjà entamées, des travaux fort avancés, avec lesquels les cinéastes pourront cerner divers aspects de la réalité : problème majeur ou question vitale, solution proposée, avec ses espoirs et ses limites, évaluation à mi-parcours ou en phase opérationnelle, modifications envisageables pour adapter le modèle à d'autres régions ou situations.

Les premiers sujets que j'ai étudiés et que je propose comme base de départ, à orienter selon les priorités d'un éventuel comité, sont :

- Arrêter l'avance du désert. Au Sahara d'abord, avec la barrière verte algérienne, et d'autres tentatives au Sahel.
- Les grands travaux hydrauliques en Chine, visant parallèlement l'énergie électrique, la production agricole, et la régulation des cours d'eau (les

inondations entraînant de lourdes pertes, à intervalles historiquement rapprochés).

- Le canal Jonglei, qui transformera tout le Soudan sud-oriental en un immense grenier à céréales.

- Le Negev, ou la mise en valeur du désert.

- La sauvegarde des grandes forêts équatoriales : Amazonie, Kalimantan, Sabah, Gabon, Côte d'Ivoire, tout l'écosystème tropical.

- La transmigration indonésienne, Java surpeuplée et la réinstallation sur les terres vierges, ou largement sous-peuplées, des îles excentriques de l'archipel.

- L'urbanisme inversé : Calcutta, ne plus «bulldozer» les bidonvilles, mais les réaménager avec la participation des résidents.

- Villa El Salvador près de Lima, modèle unique de gestion urbaine périphérique, dans l'intérêt des classes défavorisées.

- La lutte contre les pluies acides.

- Les énergies douces.

- Le dessalement de l'eau de mer.

- La bataille des céréales : blés, riz, maïs plus résistants, adaptés à de nouveaux sols, avec l'abaissement du recours intensif aux engrais chimiques qui brûlent les sols.

- L'aquaculture en rapide extension.

- L'espace vital gagné sur la mer, sur les marais, sur le désert (espaces urbain et agricole).

- Vaincre le froid (réactualisation des thèmes du film *L'homme et le froid*).

Et d'autres sujets, dont l'étude n'a pas été poussée au stade préliminaire du projet : Recyclage des déchets, Des bactéries pour demain, Un toit pour tous (habitat à coût réduits, nouveaux matériaux et méthodes), etc.

Ce projet, hélas! fut sans suite. Des réponses polies, de belles paroles, sans décision ni budget. Rien de plus. Pourtant, lors de mon travail sur quatre continents, j'ai sondé l'intérêt pour une telle série, et la réponse était unanimement positive, enthousiaste. Trop positive sans doute, pour quelques chapelles et comités occultes qui ici préfèrent détruire plutôt que construire. Oui, on préfère dépenser des millions de dollars pour livrer chaque soir dans les foyers la violence en direct, celle des guerres et celle d'Hollywood. Mais les efforts sains des hommes, connaît pas! On ne veut pas connaître. Triste époque – qui est celle de ma vie active.

Une dernière fois, j'ai proposé la réalisation de cette série de films, destinés aux publics du monde entier, par un groupe de documentaristes de l'ONF pour marquer le cinquantenaire de notre institution. Ainsi nous aurions offert une série universelle sur les priorités du XXIe Siècle, à nos frères de toutes races et de toutes langues. Une fois de plus l'ONF aurait fait sa marque dans les milieux épris d'éducation, d'ouverture, d'humanisme. C'était trop beau. Aucun effort de notre Direction n'a été tenté pour y associer l'UNESCO, la National Geographic Society, les grands réseaux de télévision éducative (USA, Europe, Japon). Non, pour son cinquantième anniversaire, l'ONF fera une fête, une fête du documentaire organisée comme une foire de village. À laquelle évidemment, aucun de mes films ne sera présenté. Une petite clique, dont la plupart des membres ont fait peu de films, voire un seul ou zéro, décidera en 1989, qu'aucun des 77 documentaires que j'avais alors réalisés à l'ONF (sur 149 alors dans ma carrière) n'était digne de figurer parmi les deux cents films présentés, dont certains d'une notoire indigence. Je serais puni, par quelques lâches opportunistes, pour avoir parlé trop franchement de peuples dont les besoins essentiels contrastent trop avec nos extravagances d'enfants gâtés.

Un homme de 55 ans ne pleure pas. Pourtant un soir de l'été 1989, je suis rentré très tard chez moi, sans oser parler à Yukari. J'étais démoli. Cette nuit-là j'ai songé au Sri Lanka. M'y aurait-on autant insulté, après trente-deux années de travail intense, non pour faire fortune, mais pour laisser des témoignages crédibles sur les priorités de notre temps. À ce colloque, qui fut plutôt un picnic aux frais du contribuable, on alla jusqu'à programmer une session sur le Tiers-Monde. Or, du Tiers-Monde, l'organisateur ne connaissait guère plus que les terrasses de cafés des capitales. Des collègues rapportèrent que mon absence y fut choquante. Oh! bien sûr, le Québec n'est pas peuplé de pâles opportunistes se prétendant cinéphiles. J'ai connu ici, de l'Estrie à la Côte-Nord, de la Beauce à l'Ungava, tant de gens sains et honnêtes, taillés d'érable ou de granit, et qui ne me demandaient pas où j'étais né avant de me serrer la main. Montréal aussi est une ville que j'ai dans la peau, et que j'ai défendue contre se démolisseurs. Qu'y grenouillent quelques minables n'ôte rien à toutes celles, à tous ceux qui m'ont aidé à la comprendre, à l'aimer, à la défendre. Hélas! le Cinéma est comme la Ville, ceux qui le pillent sont plus respectés que ceux qui le défendent.

Les pillards sont bien connus. Ils mangent à tous les rateliers. À Paris, à New York, à Tokyo ils sont identiques à ceux de Montréal. Je le savais déjà. Des films comme *L'école des autres*, *L'homme et le froid*, *La vie commence en janvier*, *Un mois à Woukang*, *La casa*, *Sucre noir* et quelques autres avaient été applaudis par des salles combles ici, aux USA, au Brésil, en France, en Suisse et au Japon. Mais ces films avaient été réalisés avec des budgets si modestes qu'ils gênaient trop de petits seigneurs d'ici. Il ne fallait absolument pas montrer ces films aux invités d'un colloque nombriliste. On sut envelopper le mépris dans une belle subversion administrative. Pauvres lumières. Mais dans l'organisation de ce *party* marquant le cinquantenaire de l'ONF, il y avait deux personnes, deux responsables qui avaient collaboré avec moi durant plus de 15 ans. Leur silence me blessa pour longtemps. Je compris que pour certains on ne devient jamais Canadien, on ne fait jamais partie de « la guingue ». Georges Dufaux, alors directeur du Programme français à l'ONF, dut comprendre qu'une injustice avait été commise. Il me désigna pour nous représenter à Tokyo, où l'ambassade du Canada organisait une présentation de films en l'honneur de notre cinquantenaire. Des collègues s'en offusquèrent. Pourtant, le 13 mai 1989, avant et après la projection de *Sucre noir* dans la grande salle du Yurakucho Yomiuri Kaikan, je défendis leurs films. Je rappelai aussi là-bas que sans Michel Brault, sans Claude Jutra, Jean Roy et quelques autres, l'ONF francophone ne serait pas ce qu'il est. C'était deux semaines après le tournage des *Silences de Bolama* en Guinée-Bissau, qui m'avait encore rapproché d'une Afrique jamais vraiment quittée. Les jours suivants, avec les mordus de cinéma d'Iwanami-Hall, avec Sumiko Haneda et quelques autres cinéastes nippons indépendants, je réalisais que la passion du documentaire serait toujours plus forte que le mépris d'une clique n'osant avouer son racisme. À Paris, trente ans plus tôt, Agel et Marcorelles m'avaient amicalement prévenu : dans le cinéma, les coups vous arriveront parfois de tout près, des confrères...

Oui, 1989 a passé. Je n'oublie pas l'injustice, le mépris. Mais je continue, je tente à chaque film d'aller un peu plus loin, avec des communautés, des personnes qui vivent si durement, si loin de nos mesquineries, nos bassesses de petite bourgeoisie. Cette année-là aussi, j'ai enfin pris une bonne décision : je ne participe plus aux débats d'un clan qui me poignarde si peu élégamment.

Un autre raté me laissa un goût amer. Je désirais réaliser un film sur la vie quotidienne, le travail acharné, l'exigence politique et morale de Claude Castonguay, ministre. J'obtins son accord, dans les meilleures conditions. Nous allions faire le portrait d'un grand serviteur de l'État. Le commissaire refusa. Oui, André Lamy fut subtil dans son refus : « Si tu réussis un bon film, ne dit-il, on nous accusera de faire de la propagande libérale ; et si tu manques ton coup, on nous reprochera de nuire à un membre important du gouvernement provincial ». Que pouvais-je objecter à une argumentation aussi jésuitique ? Nous fûmes quelques-uns, à Québec et Montréal, à regretter une telle dérobade, et je conservai toute mon estime pour Claude Castonguay, homme d'action d'une rare qualité.

Un beau gâchis :
le projet *Urbascope*

DE RETOUR DU CAUCHEMAR CAMBODGIEN, je rencontre à Manila en février 1980, le professeur Carlos P. Ramos, alors secrétaire général d'EROPA (Eastern Regional Organization for Public Administration). Nous sympathisons très vite. Cet homme d'une génération précédant la mienne, est un humaniste au contact duquel je m'avoue humblement ignorant. Juriste et administrateur, il est épris d'éthique et de justice, dans un pays de toutes les corruptions et violences. L'accueil qu'il me réserve chez lui, la lucidité avec laquelle il cerne les questions brûlantes non seulement pour les Philippines, mais pour une bonne partie de la planète, les paroles simples et justes qu'il a pour les situations apparemment compliquées, et à tout moment la chaleur qui anime un regard d'honnête homme, concourent à mon vif désir de prolonger ce premier séjour aux Philippines. Impossible. Je dois m'atteler au montage de *La vie commence en janvier* dans une semaine. Carlos P. Ramos me présente le professeur Honorato, avec lequel je découvre le Tondo, vaste bidonville qui est le creuset de nombreuses expériences sociales. Puis je rencontre Nathaniel Von Einsiedel, commissaire à la Planification urbaine pour le grand Métro-Manila, alors chapeauté par l'encombrante Imelda Marcos. Très vite, ces trois Philippins rompus aux questions urbaines m'encouragent à poursuivre le projet *Urbascope*. Ils me rappellent la passion, la sagesse aussi de Loek Kampschoer à La Haye, de Giuseppe Campos-Venuti à Bologna.

Après les séries *Urbanose* et *Urba-2000* réalisées en 1971/1974 (voir pages 141 à 153), six années m'ont permis de prendre du recul vis-à-vis des questions urbaines. Maintenant, ce qui me préoccupe, ce ne sont plus les blocages dans les villes des pays riches, mais les pressions explosives et l'immense défi des grandes agglomérations du Tiers-Monde. Je connais les statistiques, édifiantes, mais j'ai surtout exploré de nombreuses villes ayant grandi à la façon d'une lèpre ou d'un cancer, rongeant, asphyxiant d'anciennes cités historiques.

Avant même que ne sortent les films chinois et khmer, et tandis que sortent du laboratoire les derniers films du programme *Santé-Afrique*, le projet *Urbascope* réclame la majeure partie de mon temps. Jusqu'à son abandon, fin 1981. Dix-huit mois durant lesquels je démêle l'écheveau des intérêts contradictoires qui entravent, hypothèquent, puis « gangstérisent » le développement urbain dans les pays pauvres.

Un an plus tôt à Lausanne, l'architecte brésilien Jorge Wilheim, alors ministre de l'Économie et de la Planification de l'État de São Paulo (poumon économique du pays), passe une soirée à me convaincre de l'urgence à redresser la croissance anarchique des grandes villes du Sud. Il est l'un des meilleurs experts participant aux débats du FACT 79 (Forum Architecture Communication Territoire, Lausanne, janvier 1979). Le gratin suisse et européen de l'architecture et de l'urbanisme, parmi lequel semblent perdus ou hors d'ordre quelques professionnels du Sud. Je suis alors membre du jury du Festival de films sur l'architecture et l'urbanisme, organisé dans le cadre du forum. Déjà le vocabulaire, les préoccupations, les obsessions des urbanistes occidentaux m'irritent. L'incompréhension entre les hémisphères Nord et Sud est pénible. Normes, critères de qualité, priorités et intérêts de classe d'un côté, et urgence de mesures radicales, courageuses de l'autre. Là on parle couleur, matériaux, esthétisme, et ailleurs occupation sauvage du sol (les *invasiones*), démographie de tous les dangers, dérapages policiers, puis urgence de réinventer un urbanisme adapté aux problèmes du Tiers-Monde.

Un jeune urbaniste québécois sortant de l'UQAM me rejoint pour approfondir le dossier. Sylvain Ducas devient un ami, un collaborateur efficace aux talents évidents : perception rapide des problèmes essentiels, don de les exposer clairement, aptitude naturelle à dialoguer aussi bien avec de simples locataires des quartiers défavorisés qu'avec des professionnels, beaucoup d'enthousiasme et de travail. Cela compense un peu mon inclination au pessimisme, ou tout au moins à l'amer réalisme qui ressort de mes études sur les grandes villes du Sud.

Très vite notre projet prend forme. Présenté à la division des Affaires urbaines de la Banque mondiale, il fait lever le nez des experts, parce qu'il n'est pas écrit dans leur jargon. Nous parlons plus des hommes, de leur vie courante, de leur cauchemar dans les villes explosives, que des théories à la mode entre experts, sur des sujets devenus pour eux des exercices intellectuels ou administratifs plutôt que de réels efforts d'aide. À plusieurs reprises mes rencontres à Washington sont des douches froides, dans ce temple de l'arrogance qu'est la World Bank, où peu d'action, peu de résultats positifs s'enregistrent, comparativement aux tonnes de documents produits. Après avoir lu, décodé un grand nombre de ces papiers savants, et constaté sur le terrain à quel non-sens, à quels gaspillages ils conduisaient, j'ai acquis la conviction que bien des petites ou moyennes ONG étaient plus efficaces que la World Bank. Oh! sur des centaines d'experts et consultants, on rencontre d'authentiques professionnels, compétents et intègres, que leur science n'a pas rendus inhumains, qui savent la valeur ici d'une pelletée de terre, là d'un fruit rare ou d'un verre d'eau potable, des Lemarchand, des Courtney, des Aujame, des Echeverria.

Hélas notre projet, attendu par de nombreux centres de formation sur trois continents, sera tué par une brochette d'experts bien incapables d'exprimer clairement pourquoi. Ou plutôt, ainsi qu'on me l'expliquera plus tard à New York et à Genève, pour la simple raison qu'une petite équipe de cinéastes canadiens risquait de faire de l'ombre à un service de la Banque mondiale plus connu pour ses prétentions que pour ses réalisations. Invités durant une semaine à Montréal pour nous aider à orienter définitivement le projet, certains experts usèrent d'un tel charabia, dans un tel désordre ou désaccord entre eux, que Sylvain et moi nous posâmes plusieurs fois la question : De quoi parlons nous? Un «expert» de l'ACDI avait rejoint ces beaux phraseurs, on ne sut jamais ce qu'il avait construit ou produit. Aujourd'hui, après avoir rencontré bien des personnes et communautés ayant souffert des diktats de la World Bank, je sais quel bluff cachaient des attitudes impériales. Sans les petits pachas de Washington, j'ai réalisé des films que je n'aurais jamais pu faire avec leur collaboration, des films à hauteur d'homme, des témoignages sur les efforts, les vies muettes et héroïques de femmes et d'hommes qui ne vivent pas sur la même planète que la World Bank.

Fin octobre 1980, assistant à Nagoya à la première Conférence internationale des Nations unies sur les régions métropolitaines, je discute de longues soirées avec des fonctionnaires, principalement asiatiques, qui me demandent quand ils pourront utiliser les films de la série *Urbascope* dans leurs centres, instituts, administrations et ministères. Coréens, Philippins, Indonésiens, Indiens, Thaï, Cinghalais, Pakistanais, Malais, mais aussi Mexicains, Brésiliens, Kenyans, et quelques Américains sont les plus intéressés. Aux courriers qu'ils m'adressent ensuite, précisant des questions, des priorités débattues à Nagoya, et renouvelant l'assurance de leur collaboration sur le terrain pour le tournage des films, je dois finalement répondre par l'annonce de l'abandon du projet. À Jakarta, Bangkok, Mexico, Rio de Janeiro, à Lagos et au Caire des responsables d'actions urbaines s'en émurent. Je reçus un triste courrier durant quelques mois, puis ce fut l'oubli.

Je conserve des documents de base, que nous avons préparés avec passion en 1980/1981. La plupart demeurent très actuels. Sylvain travaille maintenant au service d'Urbanisme de Montréal, où je lui souhaite de conserver l'enthousiasme et l'intégrité qu'il m'offrit sur le projet *Urbascope*. Pour résumer ce gâchis, voici le projet en ultra-raccourci : une série de films destinés à la formation des personnes travaillant sur les questions urbaines, dans les pays en développement. Des documentaires, films-outils d'une heure chacun, inscrits dans les programmes des centres, instituts de recherches et formation, administrations, organisations nationales et internationales préoccupés par les priorités urbaines du Tiers-Monde. Des films non composés d'interviews, mais présentant des actions positives sur les plans conceptuel, technique, et opérationnel. Avec les aspects critiques, les redressements éventuels en cours d'opération. Nous proposions initialement une vingtaine de films, traitant des priorités suivantes, déterminées par le terrain :

- Abris-taudis-bidonvilles, avec action violente (expulsions, démolitions).
- Abris-taudis-bidonvilles, avec action douce (aménagements et services *in situ*).
- Eau, déchets, hygiène.
- Transports urbains (accessibles aux faibles revenus).
- Production, emploi, formation (avec recherche de l'équilibre rural-urbain).
- Villes nouvelles.
- Nouvelles capitales.
- Petites villes à croissance rapide.
- Villes géantes (nouvelles dimensions des problèmes).
- HLM (appellations et critères variables selon les pays).
- Ré-animation autour des centres traditionnels.
- Utilisation des matériaux locaux, techniques, architecture et artisanat traditionnels.
- Villes multiethniques.
- Villes historiques, patrimoine à préserver.
- Impact du tourisme de masse.
- Sécurité-insécurité (criminalité, délinquance, police, prévention).
- Inversion du mouvement rural-urbain.
- Coopératives d'habitation.
- Actions communautaires de base.
- Développement régional.
- Contrôle du sol (*Land Policy*).

Le CTU (Comité technique *Urbascope*), composé de 13 experts internationaux, à sa réunion de septembre 1980, transforma cette liste en un nouveau programme de 40 sujets, certains pouvant être regroupés dans un même film après les recherches approfondies sur le terrain.

Après consultations avec l'ACDI, nous proposâmes finalement une approche méthodique, tricontinentale, pour un programme de 26 films, répartis en trois modules (réalisation en trois phases) : 8 films en Amérique latine, 10 films en Asie, et 8 films en Afrique et Proche-Orient. Malgré tout le support reçu dans les pays et organismes contactés, cette dernière proposition fut abandonnée par l'ACDI et la Banque mondiale, sans explications.

Quelle leçon devais-je tirer de cet échec ? Nous avions, avec Sylvain, travaillé aussi fort sur ce projet que je l'avais fait pour *Santé-Afrique*. La demande du milieu était aussi forte et documentée. Nous avions la même compétence pour la réalisation du projet, étant même tous deux plus imprégnés des réalités urbaines que je l'étais auparavant de la médecine tropicale. Enfin, nos coûts de production étaient très bas. Trop bas peut-être, et j'appris que des experts eussent apprécié que le budget fût gonflé en prévoyant l'adjonction de consultants ici et là, logeant bien sûr dans des hôtels quatre étoiles, comme il va de soi pour les messieurs de la Banque mondiale. Paradoxalement, je souffris moins de l'abandon de ce grand projet que d'autres simples films. Avec Sylvain, nous avions la conviction d'avoir rempli notre mandat, en présentant un bon programme, répondant à des besoins précis, prêt à être réalisé, avec contenus objectifs, lieux de tournage, personnes-ressources, calendrier et budget. Je compris seulement un peu mieux où loge la conscience professionnelle chez certains experts surpayés, et dans les directions de services importants des grandes institutions. Un détail parmi cent aberrations : un « expert international » mit plus d'énergies à négocier son cachet qu'il n'en mit durant les cinq jours de sa participation au comité. Et que dire de cet autre expert des plus pointilleux, qui ne pouvait travailler le vendredi à cause de sa religion...

Je n'ai plus jamais proposé la réalisation d'un projet d'une telle ampleur. Non par manque d'énergie, ou pour m'être fermé aux besoins criants du Tiers-Monde. Mais *Combat pour une planète* était mort de l'étroitesse et de la jalousie chez nous, et *Urbascope* avait été tué par quelques hauts fonctionnaires dont il serait instructif de voir les réalisations, ou les plagiats.

Bangkok, Jakarta, Manila, Karachi, Lagos, Le Caire, Nairobi, São Paulo, Lima, Bogota, Mexico, etc., s'étirent, se convulsent, explosent sans cesse. Avec des drames, des morts connus et inconnus. Le massif édifice de la World Bank n'en vibre pas d'un millimètre. Devrons-nous attendre, pour nous en préoccuper, que les flots d'immigrants clandestins deviennent incontrôlables aux frontières de l'Europe et de l'Amérique du Nord ?

Gouroussé, Côte d'Ivoire

Photo : Michel Régnier

L'école des autres, Canada

Photo : Michel Kieffer

Le cœur et le riz, Bangladesh
Photo : Michel Régnier

Le soleil et la nuit, Soudan
Photo : Michel Régnier

Le monde de Frédy Kunz, Brésil
Photo : Michel Régnier

Isidora, au creux des Andes, Bolivie
Photo : Michel Régnier

La Casa, Équateur
Photo : Michel Régnier

Sucre noir, République Dominicaine
Photo : Michel Régnier

Sous les grands arbres, Brésil
Photo : Michel Régnier

Elles s'appellent toutes Sarajevo, Bosnie
Photo : Michel Régnier

Elles s'appellent toutes Sarajevo, Bosnie

Photo : Michel Régnier

Thân – Dans la guerre invisible, Cambodge

Photo : Michel Régnier

1 9 8 1

La terre et la parole.
Non, le tapage et le silence

E N NOVEMBRE 1981, le film interdit qui s'ajoute à ma liste noire était probablement condamné dès les premiers jours où j'en avais rêvé. Je traînais ce projet depuis long-temps : réaliser un documentaire de deux heures, intitulé *La terre et la parole*, qui serait une plongée dans la vie quoti-dienne de familles israéliennes et palestiniennes, sur une même terre, de mêmes racines, avec une même passion, pour lesquelles cependant les mots s'opposent, se nient, se combattent.

Bien des conflits, des guerres, des révolutions, des catastrophes sont passés sur nos écrans TV, en leur temps. Guerres d'Indochine, d'Algérie, du Biafra, changements politiques radicaux et révolutions sanglantes sur quatre continents, de l'Ouganda au Chili, de Cuba au Bangladesh. Ils ont duré des mois ou des années. Ils ont passé. Mais durant tout ce temps, les tensions entre Israéliens et Palestiniens demeurent, soulèvent l'attention mondiale avec leur alternance de terrorisme, de guerres-éclairs, de tentatives et de ruptures de négociations, de pourrissement. Combien d'éditoriaux, de livres, de conférences, de mani-festations, de journaux télévisés... Dix ans plus tard, je peux écrire les mêmes lignes.

D'autres questions fondamentales ébranlent le globe : l'apartheid sud-africain, les massacres du fondamentalisme musulman, ceux des dictatures sud-américaines et asiatiques, le constant génocide des Indiens entre l'Orénoque et le Bio-Bio, la malnutrition et les grandes endémies en Afrique noire, la pollution à grande échelle en Europe de l'Est, l'esclavage et la mort des enfants de l'Inde au Pérou. De tous ces maux on parle peu. Mais du moindre incident en Cisjordanie, on débat des jours et des jours.

Je note simplement le fait. Sans doute les raisons en sont multiples, profondes, variables selon les pays, les milieux, les médias. Sans doute les six millions de Juifs morts dans les chambres à gaz et les camps de concentration, pèsent-ils trop lourdement sur nos consciences, et nous obligent à nous sentir concernés par la vie, la survie de l'État hébreu. Peut-être aussi qu'Israël témoignant de l'espoir fou d'un peuple rescapé de la mort programmée, nous sommes plus exigeants envers lui, et nous acceptons mal que sa vie doive entraîner la négation des Palestiniens dans beaucoup de leurs droits. Il y a tellement de «peut-être...», et mes convictions personnelles, mes angoisses ne sont rien à côté des doutes et certitudes, des inquiétudes des rescapés de l'Holocauste, ou des misères des Palestiniens grandis dans les camps.

Pourtant je ne propose pas ce projet pour me justifier de quelque engagement personnel découlant des hypocrisies de l'enfance, ou d'amitiés juives ou arabes. Je sais trop que l'oubli de certains instants vécus demeurera impensable ; et que le respect pour des peuples et des cultures doit dépasser l'émotion, l'amitié, s'il prétend rejoindre l'enracinement des autres. Autant le dire tout net, ce projet de film est aussi difficile qu'emballant. Je sais qu'il butera sur les scepticismes, les incompréhensions. Mais cela dure depuis si longtemps. Je sais aussi que ce film ne ressemblerait à aucun autre que j'aie pu envisager ou entreprendre. Car avec ce projet, les mots eux-mêmes deviennent dangereux. Dans cette partie du monde, on est constamment au bord du gouffre, à propos d'un mot, d'un symbole, d'un souvenir.

La majorité des reportages diffusés par les chaînes de télévision me frustrent. On s'attache d'abord aux excès, aux débordements de haine et de violence. Les questions-éclairs dans la rue, dans les ruines, sont superficielles ou stéréotypées, on y ressent l'autocensure d'un parti ou de l'autre chez des populations sur le qui-vive, auxquelles on a retiré le droit de penser par elles-mêmes. La vie des gens, leurs aspirations profondes ne nous intéressent plus, semble-t-il, qu'en fonction du nombre de morts, des destructions, des images spectaculaires des attentats terroristes. Et à force de marteler ces images chocs, on accrédite un cliché de l'Israélien et du Palestinien. On ancre une idée, une image de leur lutte qui interdit toute possibilité de les comprendre, de les percevoir autrement que dans des clichés extrémistes. Œil pour œil, dent pour dent, semble régler l'alternance des signaux qu'on nous adresse.

Voilà dix ans donc, je proposais un film de deux heures qui irait à contre-courant de cette tendance médiatique. Où des gens simples, sans galons ni titres, sans mandat de telle ou telle faction, bref où le monde ordinaire, qui est le cœur d'un peuple, et bien souvent son esprit le moins dévoyé, ne s'exprimerait pas uniquement par la haine ou la propagande. Pas de *stock-shots* (film d'archives) ni de violence spectaculaire, mais au-delà de la déchirure, une marche patiente vers les mots et les gestes qui finiraient bien un jour par rapprocher deux peuples se disputant la même terre. Ce serait probablement dangereux, risqué, éventuellement un échec. Mais ce risque n'est-il pas de notre devoir, du nécessaire effort des médias pour dépasser la facilité commerciale, la réalité piégée de l'audimat ?

Contactée, la Société Radio-Canada refusa de s'associer au projet, et mon producteur exécutif à l'ONF manqua de conviction pour le soutenir. Puis rien n'a changé. Aux journaux télévisés se succèdent toujours les mêmes antagonismes, irréductibles. La Guerre du Golfe n'a fait qu'exacerber les imaginations, et les fanatismes. La subversion redouble. Un Saddam Hussein, avec un lourd passé de bourreau, ordonne à ses hélicoptères d'attaquer ses propres populations civiles fuyant les zones de destruction, et c'est à peine si la nouvelle a un écho dans les médias. Après la torture des opposants et l'envoi d'une armée au massacre, il passe à l'assassinat systématique des Chiites et des Kurdes, avec la permission de l'Occident. Mais là encore, pour une presse aveuglée par son antisémitisme habituel, tout cela n'est pas bien grave. En lançant quelques *Scud* sur Israël, Saddam Hussein est devenu un héros médiatique. Dans le même temps, on répète deux, trois fois par jour au journal télévisé qu'un 800e, 823e Palestinien est mort dans l'Intifada, si spectaculaire pour les médias, bien payante pour un Arafat incapable de tout geste positif, mais finalement le cercueil d'enfants otages du fanatisme de quelques clans. Ce ne sont pas, dans le même temps, 823, mais des milliers, des dizaines de milliers de femmes, d'hommes et d'enfants qui sont massacrés au Tibet, au Brésil, au Pérou, au Guatemala, sans que cela n'apparaisse dans les médias, ni ne suscite la moindre intervention à la tribune des Nations unies.

Non, il ne fallait pas proposer *La terre et la parole*. Il ne faut pas plus le proposer aujourd'hui, avec l'antisémitisme qui règne dans notre milieu. La dure réalité, pour nos gouvernants, c'est que la vérité là-bas, la parole des femmes et des hommes dignes, courageux, Israéliens et Palestiniens, cette opinion ne vaut pas un baril de pétrole...

L'Amérique latine :
bruits, silences et vertige.
Un Nicaragua non conforme

D EPUIS TROIS DÉCENNIES l'Amérique latine cogne à la
porte. De longs séjours en Afrique, une attention
particulière pour les conflits ethniques et politiques qui
ébranlent l'Asie m'ont longtemps éloigné des questions
sud-américaines. Mais je sais que dès que j'aborderai ce
continent, l'exigence sera forte. Journaux, livres et revues
me laissent une amère impression, que renforcent les
reportages des télévisions nord-américaines, souvent super-
ficiels. Plus grave encore, la présence croissante d'exilés
latino-américains à Montréal, loin de dissimuler cette
gêne, l'accentue. Paradoxalement, le continent qui devrait
naturellement m'attirer, me repousse. Deux séjours au
Mexique et au Guatemala n'y ont rien changé. Dans ce
dernier pays surtout, dans le Quiché, le Totonicapan, le
Solola, je réalise vite que le plus beau pays du monde cache
mal une atroce réalité : le massacre continuel des Indiens,
des paysans, et des intellectuels qui les soutiennent. Les
silences sur les visages basanés de Sacapulas, les jambes
arquées des travailleurs du café de Santiago de Atitlan
gomment vite les paysages les plus envoûtants et les
musiques les plus pures. Avant l'avion du retour, la richesse
du Musée ethnographique aggrave le sentiment d'un

gâchis innommable. Comment des peuples aussi riches ont-ils pu être à ce point asservis, et leur patrimoine détruit, pour les intérêts nord-américains et ceux de quelques oligarchies locales ?

Oui, le divorce est patent entre la misère des paysans et le discours des exilés. Le malheur de l'Amérique latine ne serait-il pas d'abord la distance entre la douleur du *campesino* et le beau verbe des lettrés. Hélas ! ce constat sera confirmé, asséné à chacun de mes séjours. L'Amérique latine souffre de *discourite* et d'hyperbole.

Alors que nous espérons encore la réalisation prochaine du premier module du projet *Urbascope*, consacré à l'Amérique latine, je suis un cours accéléré d'espagnol durant sept semaines à Cuernavaca. Les murs des petites salles de cours sont garnis par les livres d'Ivan Illich et de ses correspondants et amis de partout, l'école occupant les locaux du CIDOC (Centre international de documentation), d'où Illich propagea ses idées sur une culture alternative pour un meilleur développement. M'accompagnent un journaliste du *Globe and Mail*, un ingénieur d'Agropur et un administrateur municipal de Vancouver, parmi une majorité d'étudiants américains. Quelques mois plus tard je parcours Équateur, Pérou et Bolivie, non seulement leurs fascinantes capitales, mais le pays profond où se conjuguent grandeur et souffrance d'un continent assassiné. Des quasi-esclaves de la banane tout autour de Machala, aux mineurs de Potosi finis à 40 ans, des inventeurs d'un urbanisme de survie à Villa El Salvador, aux femmes cassées par trente années de pentes raides à La Paz, des ouvriers d'Ambato aux culs-terreux de Yotala, trois pays, mais un seul peuple andin, m'apprennent une langue ignorée à l'école, et tout d'abord les silences qui soudent les langues indiennes du Río Grande à La Plata. Dans ce continent, il faut le savoir, le castillan est souvent une langue trop fière, trop riche pour s'abaisser à la détresse des sous-hommes.

Je boucle ce périple andin avec un architecte péruvien, Jorge Orrego, qui me présente Miguel Azcueta au cœur de ce défi limérien qu'est Villa El Salvador. Tout de suite, cet homme et ce bout de désert où se bâtit avec lui non pas un autre immense bidonville, mais la ville la plus chaleureuse d'un continent pillé, cet homme généreux et ce lieu de toutes les luttes me disent que je reviendrai ici. Effectivement, je reverrais Miguel à Lima et à Montréal, bien que devant abandonner un projet de film auquel je tenais fort, à Villa El Salvador. Miguel sera le premier alcade (maire) de cette banlieue des sables, cette ville unique imposant aux trois Amériques un modèle de démocratie active. J'emporte aussi un rêve dur né dans les maisons basses des mines de Potosi, où silicose et tuberculose fauchent les hommes avant qu'ils ne voient grandir leurs enfants. Me baigne cette vapeur tropicale montant de Guayaquil, et qui sous un ciel bas roule des noms à faire vomir tous les Blaise Cendrars de la Terre. Sans talent pour les langues, je massacre un castillan de courant d'air, mais l'Amérique latine à coup sûr dès 1981, a planté en moi d'inséparables balises. Durant les dix prochaines années je ferai de nombreux séjours et quelques films pour moi essentiels sur ce continent saccagé. Il me deviendra aussi familier que l'Afrique et l'Asie, et je lui consacrerai mes premier et troisième romans, ainsi qu'une bonne partie du second. Il s'est développé entre l'Amérique latine et moi un amour-passion, brutal, exigeant, où les colères froides coupent de riches amitiés. Les excès de langage m'ont peu à peu vacciné contre les révolutions orales, tandis que les chants ont perdu de leur attrait depuis que j'ai appris à entendre les plaintes interdites.

Le premier « raté » que je laisse sur ce continent me fait mal. Il se nomme *Tierra de sudor* (*Terre de sueur*) et j'en ai toutes les images en tête lorsque je l'abandonne, le 19 août 1982, jour de mon quarante-huitième anniversaire. Ce soir-là je suis défait, brisé par un sentiment d'impuissance devant l'odieux de la politique, les distorsions officielles soudain mises à nu, dans un petit pays où nous étions nombreux à avoir placé beaucoup d'espoirs : le Nicaragua.

À l'automne 1981, je passe donc deux semaines à préparer ce film sur la Réforme agraire sandiniste. Avec Augusto Tablada, de l'INRA (Instituto Nicaraguense de Reforma Agraria), je rencontre des responsables attachants, qui n'hésitent pas à débattre des obstacles majeurs rencontrés dans leur travail. La géographie du pays est simple. Sur 135 000 kilomètres carrés, trois principales zones : la zone du Pacifique ou zone des Volcans (les aviateurs l'appellent « l'avenue des Volcans ») avec ses terres riches ; la zone centrale, montagneuse, qui est la zone du café ; et la côte atlantique, plateau de forêt dense, clairsemée au nord après des années de surexploitation, et qui est l'habitat des minorités ethniques négligées par les gouvernements antérieurs : Miskitos, Criollos, Sumos, et la petite ethnie Rama.

Managua, la capitale, est une ville sinistrée, une lèpre tropicale, un quadrillage de ruines mangées par l'humidité, la moisissure, la pauvreté. Neuf ans après le dernier tremblement de terre, les travaux de reconstruction demeurent une pénible interrogation. Face à la cathédrale et au Capitole, silhouettes vidées de leur chair, la masse cubique du centre d'art Rubén Darío est aussi incongrue que celle d'un éléphant assoupi dans un jardin anglais. En périphérie de cette ville informe, des quartiers populaires érigés sans moyens, sans goût, se terrent dans le silence malsain qu'impose une dictature ombrageuse. Des marchés presque vides, des magasins déserts, et un peu partout des murales à la gloire de la Révolution sandiniste. Managua : un soupir et un délire qui rampent entre les hautes herbes. Le pays n'a pas 3 millions d'habitants. Son sol et son climat pourraient, selon les agronomes, facilement en nourrir trois fois plus. Cette révélation est dure à avaler. Elle dégonfle la propagande sandiniste. La Révolution a accumulé les erreurs et chassé les experts. Un pays qui pourrait être le plus beau jardin d'Amérique somnole dans un gâchis exemplaire. On a donné plus de force aux paroles qu'aux actes, accordé plus d'honneurs aux slogans qu'aux travaux. La réforme agraire peut-elle encore renverser cette léthargie généralisée, qui recouvre le pays ?

Nous découvrons des villes, villages et hameaux où des hommes maigres et leurs muettes épouses n'attendent plus rien des autorités. Pantalons déchirés au bas desquels les malléoles et les orteils rompent la maigreur en de grotesques appendices. Cous et joues creusés de sillons terreux où la voix rare fait lever les blessures, les abcès sous la dureté du soleil. Deux ans après leur victoire sur la dictature somoziste, les Sandinistes n'offrent que des flots de paroles qui, disent les mauvaises langues, feront déborder le lac de Managua. Au népotisme, à la torture et aux assassinats succèdent non plus l'enthousiasme et la détermination, mais la lassitude et l'attente. Partout on attend. Que les autorités se taisent, que disparaissent les slogans sur les murs, que boutiques et marchés se remplissent, qu'équipements et techniciens reviennent, que cesse le blocus américain, qu'augmente l'aide cubaine et européenne, qu'enfin la Vierge cesse d'oublier ce coin d'Amérique qui lui tend autant de jurons que de fleurs.

En 1980, pourtant, le peuple fit un miracle : 400 000 volontaires apprirent à lire et à écrire à 750 000 analphabètes. Incroyable mais vrai. L'UNESCO ne l'a jamais fait. Puis les programmes de santé étonnèrent : des dispensaires, des pharmacies de base dans les villages reculés, des équipes mobiles, des agents sanitaires rapidement formés et se mettant au service des paysans, en chassant diarrhées et déshydratation. Avec aussi un Programme d'alimentation et nutrition, qui en conjonction avec le PAN (Programme alimentaire national) entreprit une campagne d'éducation dans tout le pays, afin de renverser les terribles statistiques collant à la population rurale : 80 % des enfants malnutris dans le département de Nueva Segovia, 87 % pour une bonne partie de Zelaya.

Le camarade Tablada m'assure que la réforme agraire sera elle aussi un succès. « Ne vous fiez pas aux étals vides de Managua », redit-il avant le départ en tournée. Hélas, les étagères ne sont pas mieux garnies dans les villes de l'intérieur, Masaya, León, Esteli font pitié. Et nous voilà dans Chinandega, le département qui à lui seul produit 55 % du coton et 70 % de la canne à sucre du pays. Nous rencontrons de petits paysans, dans leurs *minifundias* qui comptent 65 % des parcelles, inférieures à 14 hectares. Puis les gérants des moyennes et grandes exploitations, celles qui ont respectivement de 17 à 70, et de 70 à 350 hectares, et enfin ceux des grandes *latifundias* et des entreprises d'État, possédant respectivement 32 % et 20 % des terres.

La réforme agraire nicaraguayenne ne veut pas exproprier et redistribuer systématiquement toutes ces terres inégalement détenues. Elle veut implanter des coopératives, des programmes d'approvisionnement, des infrastructures sociales, et des projets multisectoriels propres à dynamiser la vie paysanne, tout en améliorant les rendements des cultures et de l'élevage. Belles paroles. Dans Chinandega Norte, de Somotillo à Santo Tomas, j'en discute avec des agents de l'INRA, des agronomes, administrateurs et agriculteurs sceptiques sur la portée des aménagements proposés. Mais si en Chine trente ans d'efforts n'ont pas repoussé tous les archaïsmes entravant le développement rural, n'exigeons pas des Sandinistes qu'ils y parviennent en deux ans. D'autant plus que malgré ses excès, le gouvernement de Managua est plus respectueux des droits de la personne et des initiatives locales que ne l'est la bureaucratie chinoise.

Une réforme, pour bien porter son nom, doit toucher toute la population. Nous filmerons donc, en plus des petites coopératives rurales de Santo Tomas et Palo Grande, une coopérative gérée par des femmes près de Chinandega, et la participation des Miskitos à la réforme agraire. Un bond de quelques jours à l'extrême Nord-Ouest du pays, me permet de rencontrer des leaders miskitos apparemment satisfaits de la toute nouvelle attention que leur portent les autorités de Managua. Au bord du Rio Coco, face au Honduras où se sont réfugiés des compatriotes, la coopérative agricole de Waspam se veut un exemple incitatif pour les 132 communautés établies sur les 720 kilomètres du fleuve frontalier (Miskitos en majorité, et quelques postes de Sumos).

Hélas, je réalise qu'on limite ma visite préparatoire à un lieu trop bien choisi. Je demande à visiter d'autres villages, à rencontrer plus librement les Miskitos. Impossible. Toujours m'épaule un leader officiel, trop officiel à mon goût, puisqu'il porte l'uniforme militaire, ou est déjà fonctionnaire dans les premières structures locales établies par le régime. J'insiste encore. Nous visitons quelques postes, toujours entre officiels, et avec des responsables miskitos aux bouches cousues. De Puerto Cabezas à Waspam, à Ilwas et à Bilwaskarmen, je comprends vite que

ne règne pas la meilleure harmonie entre la majorité
(nicaraguayenne) d'ascendance hispanique et les minorités
indiennes. La réforme agraire est encore un concept
brumeux ici.

De retour à Managua, je pose des questions qui restent
sans réponses. Une visite à *La Prensa* (journal d'opposition) m'ouvre à des blocages de la réforme agraire passés
sous silence durant deux semaines. Au *Barricada* (journal
gouvernemental), je dois remettre mes papiers à l'entrée, et
le journaliste a sa mitraillette sur le bureau, ce qui ne favo-
rise pas la franchise de l'entretien. Dans la presse officielle,
la langue de bois n'est pas loin. Au Bureau de la censure
où le passage est obligatoire pour tout cinéaste, et dans
quelques bureaux ministériels, on me sert des platitudes
administratives, une propagande pour lesquelles la langue
espagnole n'est pas plus brillante que les autres.

Pour finir, un dîner d'adieu dans un excellent restau-
rant de cette capitale demi-morte, réunit l'ami Tablada et
son épouse chilienne. Malgré le flou de quelques détails, et
un grand doute sur le volet miskito, je repars avec un bon
projet de film. On ne peut demander que tout aille pour le
mieux, dans un pays aussi pauvre, deux ans seulement après
sa Révolution. Et l'INRA accepte que le film ne soit pas
pure propagande, qu'il soit assez exigeant pour être
crédible à l'extérieur.

Pour ce film, l'ONF collabore avec Alter Ciné, petite
compagnie cinématographique montréalaise animée par
les cinéastes Yvan Patry et Danièle Lacourse, réalisateurs
d'une série de documentaires sur l'Amérique centrale, et
plus tard sur l'Érythrée d'où ils rapporteront le remarquable *Le pays oublié*.

Le 13 août 1982, je remets aux producteurs de l'ONF et
d'Alter Ciné le projet du film à tourner deux mois plus

tard. Un documentaire de 58 minutes sur la réforme agraire au Nicaragua, axé sur le travail, les efforts à la base. *Tierra de sudor* sera un film de cœur avec des paysans parmi les plus pauvres, mais aussi les plus chaleureux de la Terre.

Cinq jours plus tard, je suis ébranlé par un article accablant de la revue *Esprit* sur le traitement des Miskitos par le gouvernement nicaraguayen. Tout le contraire de ce qu'on m'a donné à voir durant mon bref séjour dans Zelaya Norte. Mon scepticisme d'hier au départ de Puerto Cabezas s'avère fondé. Je connais depuis 15 ans les animateurs de la revue *Esprit*, et j'éprouve beaucoup de difficulté à mettre en doute leur honnêteté vis-à-vis du Nicaragua. J'appelle aussitôt Paul Thibaud, puis l'auteur de l'article. Les faits, vérifiés sur place, sont plus durs encore que la réalité qui ressort du papier publié. Le coup est dur. Sans douter de la parole des amis de la rue Jacob, je fais dans la nuit deux appels à Genève, à des organisations internationales actives en Amérique centrale, et dont plusieurs responsables m'ont toujours répondu très franchement sur les questions les plus délicates. Ils ne sont nullement surpris par les nouveaux faits relatifs aux Miskitos. Dans leur position, ils ne peuvent révéler tout ce qu'ils savent, mais il est évident que les déclarations officielles de Managua ne correspondent pas à la réalité. Et surtout m'est confirmée une action qui me hantait : la destruction systématique de villages miskitos, et le déplacement forcé de leur population. Il m'est impossible de rejoindre immédiatement Augusto Tablada, et ma nuit blanche est interminable...

Vidé par la sale impression d'avoir été dupe et naïf, je rédige une courte lettre annonçant aux producteurs mon abandon du projet *Tierra de sudor* :

> ... Des informations dont j'ai pris connaissance seulement le 18 août à 17h30, et qui m'ont été en grande partie confirmées par des sources dignes de foi, ne

me permettent plus de soutenir une partie des arguments, et partant des objectifs de ce projet de film...

Quels que soient les mots les plus justes que l'on cherche à mettre pour justifier son attitude, quelle que soit l'ardeur mise à défendre une chose, un projet ou une cause, je vous demande de croire en ma conviction qu'aujourd'hui, pour moi, la réalité nue de faits accablants ne peut trouver d'excuses d'aucune façon...

Cette décision me hantera durant quelques années. La réalité là-bas ne sera jamais noir et blanc. Sans parler d'évidentes manipulations des médias, il sera reconnu dans les milieux internationaux œuvrant au Nicaragua et au Honduras, que des communautés de Miskitos ont, quant à elles, bien été manipulées de part et d'autre de la frontière. La partie du film concernant les minorités indiennes de la côte atlantique n'aurait pu, c'est certain, être réalisée avec une liberté, une ouverture assurant sa crédibilité. Et la possibilité de produire le film sans inclure la participation des populations indiennes, était exclue dès les premières démarches à Managua. Les documentaires techniquement les plus remarquables, sont à mon avis condamnables, si une partie de leur contenu s'avère reposer sur des distorsions conscientes de la réalité. Réalité, vérité, objectivité, quels mots chargés d'ambiguïté, parfois plus délicats à manier que les paroles amoureuses. Et dans la passion, les nouvelles amitiés, la ferveur populaire, l'éthique professionnelle peut aisément devenir moins exigeante.

Sept ans plus tard, avant de céder le pouvoir à l'équipe démocratiquement élue de Violeta Chamorro, les *comandantes* les plus illustres du gouvernement sandiniste se comporteront comme de simples voleurs, s'appropriant qui une villa, qui un véhicule avant de quitter leur poste. La rhétorique marxiste voulant la dignité du peuple, s'efface en quelques jours dans la rapine reprochée aux bourgeoisies latino-américaines. Tout cela, bien sûr, n'est que vétilles, en comparaison du hold-up et du pillage continentaux perpétrés par les oligarchies du Sud, ou par les membres de la Nomenklatura soviétique. La passion pour un peuple, pour un pays, s'abîme parfois dans un petit matin de lucidité. Un matin glacial. Ce qui est tout simplement horrible, dans toute société, c'est que la nuit, l'aveuglement puissent durer une année, une décennie, ou toute une vie.

En 1976 mon frère, Pierre Régnier, publia dans son recueil *Mourir moins sale* (éditions Pierre Jean Oswald) un incisif poème se terminant ainsi :

> j'aime la guerre
> que Camarade fait à Frontière
> j'aime la guerre
> que Colère fait à Misère
> j'aime la guerre
> que S'indigner fait à Se taire
> j'aime la guerre
> que Vivre fait à Laisser faire
> j'aime la guerre
> que les hippies font à la guerre

Aujourd'hui, m'en inspirant, je dis comme documentariste, que j'aime la guerre que le Cœur fait à la raison d'État.

1 9 8 2

Un pari franco-albertain

P ASSONS LES RATÉS D'UNE DÉCENNIE, pour reprendre la genèse des films réalisés. Oh ! souvent j'ai terminé ces films en traînant des obsessions, des séquelles des projets abandonnés. Les lettres et appels téléphoniques de ces gens qui avaient cru à notre compréhension, à notre solidarité, n'atténuaient pas le mal. Il y eut dans ma carrière trop de ces ruptures obligatoires, pour que je n'éprouve pas un sentiment d'indécence, et disons-le carrément un sentiment de culpabilité envers des personnes qui avaient tant à nous donner, et que nous n'avons pu écouter. Au bureau, on me répéta que « ces états d'âme sont inutiles et nocifs », et que je n'avais pas à « porter le malheur du monde... » Oui, facile à dire quand on a tout, presque tout selon les critères d'une vie sociale nord-américaine.

L'été 1981, le producteur exécutif de la régionalisation (francophone) à l'ONF me remet un rapport d'Angéline Martel sur les « Franco-Albertains à la Rivière-la-Paix », pour qu'ensuite je donne mon opinion sur un éventuel projet de film(s), axé sur les perspectives de développement de la minorité francophone de cette région du nord de l'Alberta.

Je ne connais alors cette région que par des articles de journaux éparpillés sur deux décennies. J'accepte et aborde le sujet sans a priori, mais avec sympathie car la question des minorités, ethniques ou linguistiques, m'est toujours apparue importante. Autant je fuis les nationalismes réducteurs, niveleurs, autant je supporte l'épanouissement des communautés culturelles dans des États respectueux de leurs droits. Cette position devient intenable au Québec, où être Citoyen du Monde entraîne depuis quelque temps un malaise intellectuel et moral. Comment aimer Jacques Berque et Alfred Grosser, Élie Wiesel et Gabrielle Roy sans passer pour un hérétique.

Angéline Martel est professeur en sociolinguistique, et ses parents agriculteurs habitent un minuscule village de ce réduit francophone du Nord albertain : Saint-Isidore. Son rapport est une brique. Riche, solide, implacable. Mais la rigueur scientifique y laisse transpirer le cœur, non pas la nostalgie du pays qui fuit doublement – par la distance et par le danger d'assimilation –, mais les notes, les rappels, les traits particuliers qui font qu'un pays d'enfance vous demeure gravé, chaleureux, essentiel malgré toutes les forces qui se conjuguent pour le changer ou le détruire. Après lecture, je rencontre à Edmonton des responsables locaux de l'ONF rompus aux faits têtus de la survivance française dans l'Ouest canadien. À mon tour, plus je fouille l'histoire de cette communauté, plus j'éprouve un malaise. D'autant plus que j'ai auparavant parcouru un autre rapport, sur les Fransaskois (Canadiens-Français de la Saskatchewan), lequel donne plus encore le vertige de la disparition.

Pour résumer, les chiffres m'apparaissent édifiants : en 1971, sur 95 000 habitants dans la division n° 15 de l'Alberta (au centre de laquelle se situe la Rivière-la-Paix), ils ne sont plus que 10 000 d'origine francophone, et seulement 5 375 à parler français («langue d'usage» dit-on pudiquement dans les statistiques). Il est précisé que dans chaque réunion ou assemblée au sein de cette minorité, la présence d'un seul anglophone entraîne automatiquement le recours à l'anglais, «pour fin pratique». Il est aussi précisé qu'aucun médecin, dans toute la région, ne parle français, et que l'on regarde plus volontiers la télévision anglaise que française – sans compter qu'à l'école, aux récréations...

Et je pense : qu'allons-nous faire là-bas, avec un ou plusieurs films, sinon ressasser de vieilles, très anciennes frustrations? J'ai tout simplement envie de dire à Angéline Martel : il a drôlement raison, le commerçant qui t'a répondu :

«Oui, la langue là, que tu moures en anglais ou en français, tu vas mourir pareil.»

En octobre, je propose une série de cinq films, à réaliser par plusieurs cinéastes sous le titre générique *Les enfants du gumbo*. Cinq documentaires avec lesquels nous ferons un portrait approfondi d'une communauté en danger d'assimilation irréversible, à l'autre bout du pays, à près de 4 000 kilomètres du foyer québécois. Le projet apparaît trop ambitieux, et je me retrouve seul avec un seul film, pour lequel j'effectue dix jours de recherches sur le terrain, avec Angéline Martel, en mars 1982.

De ferme en ferme, de village en village, dans un froid coupant qui équarrit les phrases d'une langue engourdie, nous recensons les acteurs courbés d'un drame étouffé. Oh! ils sont riches, apparemment, ils sont prospères les agriculteurs de la Rivière-la-Paix. Des terres de 200, 300, 500 hectares. Des tracteurs, des machines agricoles taillés comme des monstres, avec des puissances de chars d'assaut. Des fils à peine sortis du collège, et qui déjà possèdent leurs terres, cavalent sur leurs pick-up tels des cow-boys défolklorisés. Mais aussi des dettes à la banque, qui les font parler comme des pêcheurs gaspésiens, ou bretons. Les cours du blé qui descendent. Le fuel, la machinerie, les engrais qui montent, et les taux d'intérêt *itou*. Les vacances à Hawaï qu'on rogne, ou supprime. Les faillites d'à côté, d'un beau-frère, d'un voisin dont on raye les noms aux élévateurs comme les enfants biffent de leurs conversations les étoiles déclinantes du hockey. Et pour conjurer le sort, on demande toujours plus à la terre, avec plus d'engrais, plus de pesticides, et plus encore. Jusqu'à lessiver les sols, à les rendre stériles pour un siècle. Et les tracteurs s'enflent tels des mammouths, tirant des charrues infernales, des engins qui d'un seul passage retournent les champs de vingt paysans javanais. Mais ici nous ne sommes ni aux tropiques, ni dans la musique douce des villages ancestraux. Ici on retourne le gumbo, une glaise qui, trempée, vous colle aux semelles, aux jeans, aux jupes, c'est une poix sans pareille, et au soleil une croûte aussi dure à éventrer qu'un vieux bitume. Il faut briser cette plaque coriace pour semer ce qui ne lèvera pas si la neige, si la fonte, si la pluie ne sont pas aux bons rendez-vous. Si la météo, certaines années, ne vous rend pas plus fou qu'un gars de Falher sur lequel s'abattraient les essaims d'abeilles de la capitale du miel. Des machines qui ouvrent la terre jusqu'à la rendre lunaire. Des comptes qui brûlent un homme, et sa femme, comme une barrique de whisky.

Alors je les écoute, n'interviens guère, observant furtivement Angéline qui, amicale et complice, leur tire les tripes, les années dures, les doutes dans les mots rares, hésitants. Fille du pays, ou bonne élève nourrie de maîtres étrangers, la voilà qui chevauche entre deux familles, deux silences refermés sur Jean-Côté, Donnelly ou Girouxville, de pénibles certitudes. Ces gens-là sont les siens. Leur richesse, leur angoisse – on ne sait jamais quand tout bascule de l'une à l'autre – sont un peu les siennes. Les cinq cent mille, le million de dollars d'équipement, là dans la cour ou sous le hangar, deviennent soudain aussi dérisoires que le petit four micro-ondes sur le comptoir de cuisine. Tout cela n'est que métal, que tôle usinée qu'il faut payer avec du grain, des camions de blé filant vers les silos. Alors j'ai l'impression que la vie ici ne requiert plus qu'un vocabulaire très restreint : grain, cours, tonnage, banque, intérêts, engrais, pesticides... Le mot gumbo devient superflu, c'est presque de la poésie, et la poésie ici...

Lorsque le soir Angéline Martel me quitte devant le petit hôtel de Falher ou quelque ferme pour rejoindre ses parents à Saint-Isidore, je me demande quel film je devrais imaginer, afin que les femmes et les hommes d'ici ressemblent à autre chose qu'aux otages de l'absurdité économique et des machines.

Préparant mes notes pour Montréal, je revois les familles qui feront le film : les Lapointe, les Boulet, Sasseville, Garant, Bisson, Blanchette, Veraart, Maisonneuve et quelques autres. Dans des villages qui se chicanent pour une école, une église, un rien. Dans un pays immense où les anglophones les croisent non pas en ricanant, mais dans une superbe indifférence. Eux qui ont le pétrole, et les villes, et les banques. Et la langue pour laquelle, me dit-on, se perpétuent des luttes épiques, des entêtements sublimes et des ruses administratives – que fait la langue dans une telle géographie? La voiture d'Angéline disparaît dans la nuit mauve et glacée, et une citation de son rapport m'accompagne dans le petit hôtel surchauffé :

« Ah, là, voyez-vous, un Canadien-Français qui veut faire un Anglais, hein, fera jamais un Anglais. »

Un mois plus tard, je passe deux semaines au Bangladesh, parmi les paysans les plus miséreux de la planète, pour les premières démarches d'un autre projet. De retour début juin à la Rivière-la-Paix pour le tournage des *Enfants du gumbo*, au fils d'un agriculteur de Donnelly, âgé de 21 ans, et qui possède déjà 250 hectares de bonne terre, sa maison et son automobile, je rappelle : « Sais-tu Daniel, au Bangladesh des paysans ne possèdent que deux ou trois acres de terre, une ou deux vaches, et leur récolte de riz ou de blé ne leur rapporte pas plus de 80 $ par année, avec une famille à nourrir », oui ce jeune Albertain me répond sans hésiter : « Ça, c'est des histoires ». Ce qui signifie en clair, ainsi qu'il me le précise quelques minutes plus tard : tous ces tableaux de la misère dans le Tiers-Monde ne sont que des inventions de journalistes. Bien sûr, il a bossé fort pour avoir ce qu'il a. Une jeunesse sur les chantiers pétroliers en hiver, et l'été sur les terres parentales. Mais les Bangladais eux aussi triment dur, à travailler la terre pour quelques *takas*. Pourquoi le calendrier a-t-il voulu que j'alterne ainsi recherches et tournage dans deux mondes aussi éloignés l'un de l'autre ? Pendant plus d'un mois ici, traçant le portrait de ces agiculteurs franco-albertains plus américains que bien des Yankees, j'ai dans les yeux les regards des enfants bangladais, les yeux immenses des fillettes maigres. Les contrastes de ce genre, évidemment, sont des clichés faciles, que je ne mettrai pas dans mes films. Mais ce sont les hommes qui ont fait que la Terre offre de telles aberrations.

Le tournage de ce film sera un inavouable malentendu. Oh ! je les estime pour la plupart, ces forcenés du gumbo, et les problèmes qu'ils exposent dans le film sont bien réels, tout comme les drames auxquels ils conduisent, les abandons du métier, du pays, au mitan de la vie, vaincus par les banques et les politiciens. Mais je ne sais pas ce qui est le plus tragique ici : la destruction de la terre avec la chimie et la mécanique, ou la mort lente d'une communauté, d'un peuple pour lequel la langue maternelle passe bien après l'urgence de toujours produire plus, afin de rembourser des emprunts de plus en plus élevés.

Alors les rivalités locales, les jalousies, les commérages qui sont ici la moitié grise de la vie, les querelles pour une école, pour un service public dont on accepte déjà qu'il vous serve en anglais, les fêtes plus belles ici que là, le fils d'untel qui ne reviendra pas d'Edmonton, la fille d'un autre qui épouse un Anglais et dont les enfants ne diront en français que «Bonjour!», et encore! tout cela veut dire quoi? Ne suis-je pas en train de tourner le film d'une muette disparition? Pourtant avec les familles, des Blanchette aux Boulet, des Garant aux Lapointe, nous filmons plus la réussite que la lutte ou l'épopée, la richesse que le cœur. Les confidences que l'on me fit trois mois auparavant dans une cuisine, ou que l'on accorda à Angéline, c'est aujourd'hui bouche cousue devant la caméra. «On ne peut pas dire ça dans un film» me répète-t-on, étaler nos querelles, nos blessures, non. Il faut faire un beau tableau, pour tout le pays. Minorité dans la minorité, on veut sauver la face. Et pour ça voyons-donc, les tracteurs Versatile de 300 chevaux, et les multidisques articulées presque aussi larges que les Champs-Élysées, et les élévateurs privés à l'aluminium ou à l'acier étincelants dans la lumière nordique, ça pose mieux que trois têtes sous les petites casquettes publicitaires données par les marchands de Falher ou de Grande-Prairie.

J'aimerais forcer, crever cette retenue maladive, gratter la surface qu'on veut lisse comme le crémage d'un gâteau, et arracher quelques aveux sincères, quelques douleurs anciennes, et des espoirs qui ne soient pas officiels. Non, cela est quasi impossible. On a trimé trois générations pour atteindre le statut, le standing du fermier américain. Ce n'est pas pour faire aujourd'hui du sentiment devant un gars de Montréal, et en plus un gars qui vient des vieux pays ! Hélas, les faillites aussi, seront ici américaines.

Quelques femmes se livrent un peu plus, osent troubler le beau miroir. Marie Beaupré est une mine d'or. Elle sait tout, devine tout, et ne dit rien. J'insiste, et elle dépasse enfin les beaux aveux réservés aux étrangers. Hélas ! le producteur exigera que je réduise le film après montage, car pour lui toutes les vérités des francophones de l'Ouest ne sont pas bonnes à dire. Denise Moulun est une fille qui détonne dans la région. Elle a le malheur de trop bien parler français, d'avoir voyagé, appris des mots jugés ici trop savants. Dommage, le pays a bien besoin de femmes aussi lucides, qui n'acceptent pas de confondre patriotisme et mesquinerie. Denise Sasseville a perdu sa mère, et ne répond pas à l'image modèle d'une fille du gumbo. Elle rêve de devenir dessinatrice de mode. Quelle idée ! Avec son père, dans une petite maison de bois plantée comme dans une toile d'Andrew Wyeth, elle compose toute la tristesse d'un pays dont on ne sait s'il est de promesses ou d'extinction.

Au Nouveau-Brunswick, au Manitoba, en Saskatchewan, en Alberta les minorités francophones entretiennent avec les Québécois des relations ambiguës. La survivance a forgé des crispations défensives. Le Québécois est souvent perçu comme un *Jo connaissant*, presque un imposteur, qui vient faire de l'ombre à ceux qui ont lutté pour le fait français et tout et tout, si creux, si loin. Il faut marcher sur des œufs pour se faire accepter en des milieux sensibles à toute parole un peu relevée. Oh! je suis bien reçu, sans façons, dans bien des maisons durant le tournage. Mais lors des journées de repos, pas une famille ne m'invite. Ce que j'ai ressenti parfois au Québec, je l'éprouve ici, amplifié dans un vide continental que seul le vent semble habiter. Dans les misérables hameaux bengalis, jamais une heure, une soirée n'a passé sans qu'un enfant, un vieillard, un paysan pourtant fatigué au retour des rizières, ne m'invitât à partager la fragile douceur de la vie sous un tamarinier ou un jaquier. Que l'Amérique est dure au sentimental qui ose se souvenir.

Le film *Les enfants du gumbo*, dans sa version originale de 85 minutes, s'achevait sur une séquence dédiée à la sauvegarde de la langue française à l'école. Marie Beaupré et quelques élèves osaient dire des vérités plus encombrantes que vingt tracteurs sur la grande place de Falher, plus indésirables qu'un ours brun dans l'entrée de la si belle école de Donnelly. J'ai dû réduire le film à 73 minutes. Et il me fut difficile de conserver le commentaire final, où j'osais dire que le tableau n'était pas exempt d'ambiguïtés : «Oui, les Franco-Albertains de la Rivière-la-Paix, ne sont plus seulement les *Enfants du gumbo*, mais bien déjà à la fois les managers et les otages d'une agriculture en question, pour laquelle bien des mots, bien des attitudes sont encore à inventer».

Malgré la retenue des participants, et la langue qu'on massacre autant qu'on la défend, j'aime ce film dont les silences sont bavards. Peut-être faut-il aux hommes en danger d'assimilation, aux communautés au bord de l'extinction, des défis insensés et des réponses maladroites, pour repousser le vertige des appels trop sonores. Les

mirages d'Edmonton, de Calgary et Vancouver, les discours de Montréal et Toronto, les railleries des cousins
québécois, et les albums de photos jaunies des familles
éclatées, toute la panoplie des pièges à peuples n'égale pas
la fierté d'une fillette gauche ou d'un garçon fanfaron à son
premier tour de piste au corral d'Eaglesham. Ou le sourire
sans âge d'Honoré Maisonneuve, au volant d'un tracteur
historique et toussotant, après nous avoir rappelé qu'autrefois le gumbo, ça s'ouvrait avec des chevaux et des bœufs,
et de la roche et de la sueur, et des femmes qui suivaient, un
enfant dans la boue et l'autre dans le ventre, sans se
plaindre.

1 9 8 2 • 1 9 8 3

Dans le delta des quatre fleuves

V OILÀ MAINTENANT une vingtaine d'années que je suis
l'évolution, les progrès chaotiques, les conflits aigus
qui handicapent les nouvelles nations indépendantes.
Journaux, essais, et ma propre expérience de terrain ne font
qu'ancrer une certitude : la corruption des gouvernants et
l'égoïsme ravageur des élites sont les premiers obstacles au
développement. Ce pénible constat se double d'une réalité
encore plus inacceptable : l'aide internationale, loin d'être
conditionnée par une recherche d'équité sociale dans les
pays bénéficiaires, consolide le pouvoir des dictatures et
des oligarchies. Dans les années 60 se développe un néo-
colonialisme que Tibor Mende a bien décrit, et qui conduira
les deux-tiers de l'humanité à ce que René Dumont appelle
si justement le « mal-développement ». Nous appuierons et
engraisserons des monstres : Marcos, Suharto, Touré,
Mengistu, Mobutu, Hussein, Ceaucescu, etc. Il y aurait
une encyclopédie de l'aveuglement, de la cupidité et du
mensonge à dresser avec les scandales de trois décennies.
Avec au sommet de l'hypocrisie une gauche occidentale
baptisant et encensant comme « progressistes » des régimes
corrompus et barbares. Quelles contorsions sémantiques,
quelles tortueuses philosophies pour comparer des hommes

comme Houphouët-Boigny et Sékou Touré, peignant l'un comme un valet du capitalisme, et l'autre tel un leader éclairé, alors que dans les faits l'un fit prospérer son pays, tout le pays je crois, avec l'émergence d'une petite bourgeoisie africaine, quand l'autre le pilla, le ruina. Oh ! je sais, les prétentieux gratte-ciel d'Abidjan, les délires de Yamoussoukro ! Mais ont-ils fait plus de mal que les infâmes cellules du camp Boiro à Conakry ? Indira Gandhi, que je sache, n'a ordonné ni les massacres ni les tortures des Hussein et Asad, et quelles critiques ne reçut-elle pas, de ceux qui transformaient les bourreaux en rénovateurs... Il faut avoir l'honnêteté de reconnaître que toute une génération en Occident – la mienne – a bu le petit lait d'une mafia de la pensée politique après la Seconde Guerre Mondiale. Rentrant de séjours dans des pays ravagés par les pires dictatures, combien de fois n'ai-je pas eu un haut-le-cœur devant la vitrine d'une librairie à Paris, London, Montréal. Je quittais des terres fertiles abandonnées, des paysans réduits à l'esclavage, des villes transformées en taudis en une décennie, des populations condamnées par l'incurie, la corruption, et la maladie ; et leurs « élites » politiques étaient présentées tels des phares, de nouveaux leaders d'un monde prometteur. Quelle subversion pour comparer un Touré à un Nyerere, un Asad à un Sadate, un Castro à un Allende ! L'accumulation de telles déviations dans l'information et la politique, permet qu'à la veille de l'an 2000 se produise un génocide cambodgien, que se perpétue l'horreur au Myanmar, en Irak, en Iran, au Soudan, au Brésil, au Tibet, et qui sait ce qui se passe en Chine dans les zones interdites aux étrangers. Communiquer avec les peuples opprimés, c'est devoir décoder les nouvelles, les informations, rechercher les livres interdits ou très mal distribués, ruser pour l'obtention d'un visa de touriste, chercher dans les organisations internationales les personnes intéressées par un réel développement, plutôt que par leur promotion personnelle. C'est vérifier sur le terrain la véracité des faits – et l'on a vu plus haut qu'au Nicaragua ce n'était pas facile. Travailler dans le Tiers-Monde, c'est vivre dans le doute.

~~~~~

Aussi, quand fin 1981 je découvre dans plusieurs publications tiers-mondistes l'œuvre du Dr Zafrullah Chowdhury, mon scepticisme me porte à penser que le tableau est trop beau pour être vrai. J'ai tort. Très vite je vais connaître une action exemplaire. Je rappelle qu'à cette époque je viens d'abandonner le projet *La terre et la parole*, et un avant-projet de film sur la revitalisation d'anciennes coopératives indiennes dans le nord du Pérou, se perd en arguties entre l'ambassade du Canada et la FAO à Lima, malgré tout l'intérêt qu'il suscite à la base.

Le Bangladesh est alors (et encore aujourd'hui) l'un des pays les plus pauvres, avec un revenu par habitant d'environ 100 $ américains par année. Principalement constitué par l'immense delta où se fondent le Gange, la Tista, le Brahmapoutre et la Meghna, il compte 90 millions d'habitants (115 millions aujourd'hui) sur seulement 144 000 kilomètres carrés, soit une densité de 625 habitants au kilomètre carré, la première densité mondiale, en excluant les micro-pays ou villes-États tels que Singapore ou Hong Kong. À titre comparatif, la densité à cette époque est de 345 en Hollande, 244 en Inde, 100 en France, et 2,42 au Canada.

La scolarité touche seulement 26 % de la population, et l'espérance de vie se limite à 47 ans. Les femmes sont souvent des esclaves, dans des villages excessivement pauvres, et islamiques, 97 % de la population souffrent des helminthiases, 95 % des femmes enceintes sont anémiées, et la mortalité infantile est de 140 pour 1 000. La moitié des enfants sont malnutris. A l'échelle nationale, on compte un médecin pour 10 000 habitants, mais dans les campagnes leur proportion se réduit à un médecin pour 50 000 habitants.

Pays agricole, le Bangladesh devrait être prospère. Les terres du delta sont très fertiles, permettant jusqu'à trois récoltes annuelles de riz. Les ressources halieutiques sont abondantes, et le pays dispose de grandes réserves de gaz naturel. Mais les crues et les typhons l'inondent régulièrement, détruisant récoltes et habitations, créant de nouvelles îles à l'extrémité du delta, mais aussi des bandes sablonneuses lors du retrait des eaux, dans le nord du pays. Et la démographie insensée contredit tous les efforts de développement : 90 millions d'habitants sur un espace vital aussi réduit et fragile, 11 ans seulement après une indépendance chèrement arrachée au Pakistan, et malgré une aide internationale d'un milliard de dollars, c'est un défi angoissant.

Les structures archaïques de la société rurale font que les paysans s'appauvrissent d'année en année. Parmi eux, 11 % ne possèdent aucune terre, et doivent remettre la moitié de leur récolte au propriétaire des parcelles qu'ils cultivent, 50 % des agriculteurs possèdent moins d'une acre (40 ares) de terre. Dans les villages, quelques riches propriétaires détiennent pratiquement en otages des dizaines, voire des centaines de paysans, dont les revenus quotidiens oscillent entre 17 et 25 *takas*, soit moins d'un dollar américain. Et cela pour nourrir bien souvent une famille nombreuse – encore une fois les enfants sont la seule richesse accessible. Empruntant à des taux usuraires de 20 % par mois, parfois plus, les paysans ne pouvant rembourser

intérêts et capital ont leurs terres confisquées par les prê-
teurs. Aussi vieux qu'ignoble, le système génère et amplifie
ses spoliations, ses blessures, ses drames. Des études
méthodiques de l'Institute of Nutrition and Food Science
de Dhaka, établissent la relation directe entre la superficie
des terres possédées et la santé des familles. Ainsi la mortalité en-dessous de cinq ans est double dans les familles
possédant moins d'une acre de terre, de celle prévalant
dans les familles détenant plus de trois acres.

Dans ce pays tragique, des mouvements et organismes locaux, avec l'aide d'organisations caritatives internationales, proposent une meilleure éducation des paysans et
leurs familles, et leur accès à plus de responsabilités en vue
d'améliorer leurs conditions de vie. Avec la Grameen
Bank, le mouvement Gonoshasthaya Kendra, communément appelé G. K., est l'un des plus efficaces. Son nom
se prononce Gonochasto Kendro, et signifie Centre de
santé populaire.

Fondé en 1972, l'année de l'Indépendance, le Centre
de santé populaire de Savar, à 30 kilomètres au nord de
Dhaka, est l'œuvre des docteurs Zafrullah Chowdhury,
Nazim Uddin Ahmed, Sitara et Mobin qui avaient déjà
monté un hôpital de campagne de l'autre côté de la
frontière indienne, pour soigner les blessés durant la guerre
de libération, et auxquels se joignirent trois autres médecins et une quinzaine d'assistants médicaux, dont trois
femmes aujourd'hui encore à Savar : Gita et Ira Kor, Gita
Chakrabarti. Leur leader, le Dr Zafrullah Chowdhury,
coordonne toujours les activités du mouvement 11 ans
après son lancement, et son nom au Bangladesh est syno-
nyme d'énergie et de dévouement inlassables au service

des plus pauvres. Depuis le premier dispensaire de Savar, installé sous une tente en 1972, jusqu'aux trois centres actuels aux activités multiples de Savar, Bhatshala et Sripur, avec les six sous-centres de Panishai, Shimulia, Jarun, Mireshanga, Dapashai et Lasmonpur, c'est toute une épopée du service sanitaire et social que G. K. a inscrite au Bangladesh (les centres et sous-centres de G. K. se sont encore multipliés depuis le tournage des films).

Une très forte volonté éducative préside à l'établissement de ces services sociaux et de production, dans des régions où les traditions populaires, la religion, les rumeurs et la corruption des riches sont autant d'obstacles au changement. Ici, l'expression «paysan pauvre» est un pléonasme, et toutes les activités de G. K. tendent vers cet objectif : soigner, nourrir, fortifier la dignité des familles paysannes. Non pas avec des discours politiques ou religieux, mais par une action concrète et continue répondant aux priorités des villages : soins médicaux, cours de nutrition, espacement des grossesses, eau potable, écoles, formation professionnelle pour hommes et femmes, animation rurale et promotion sociale des femmes. Avec G. K. naît une nouvelle classe de professionnels, au service des masses rurales.

Après la lecture des programmes et bilans détaillés de Gonoshasthaya Kendra, et après avoir été échaudé par plusieurs projets africains analogues, je me pose la question : le Dr Chowdhury est-il un charmeur inégalable, pour que je lise des rapports aussi élogieux provenant de plusieurs sources.

Je communique avec le président du Comité français de soutien au Centre de santé populaire de Savar. Rarement une amitié est née aussi vite, pour devenir aussi forte et durable. Moi qui parfois reproche à la France d'être plus cocardière qu'efficace, en déplorant l'accent professoral ou paternaliste de ses actions caritatives, je découvre un enthousiasme qui refuse les obstacles à un projet constructif. Avant de poursuivre ce chapitre, je le dis net : ce projet qui s'appellera *Le cœur et le riz*, j'y ai cru irrésistiblement dès ma première communication avec Lucien Bigeault. Tant de conviction, de dévouement, c'est trop. Et pourtant c'est juste et sincère, à l'exacte image de la collaboration qui depuis longtemps unit cet homme aux pionniers de Savar. Avant tout, c'est un passionné, plutôt qu'un professionnel de l'aide. Un directeur des services d'exploitation internationaux de la TWA, qui depuis des années ne quitte les problèmes aéronautiques que pour ceux du Tiers-Monde.

De retour d'un séjour de deux semaines parmi les équipes de G. K., et de fructueux entretiens avec Lucien Bigeault, je suis convaincu qu'il y a là-bas un rare exemple d'aide, d'animation et d'éducation chez une population extrêmement pauvre, et que ce travail est conduit par des personnes imposant le respect. Des femmes d'abord, ces *paramedics* de G. K. devenues célèbres en Asie, ces infirmières aux pieds nus, qui dans l'ondoiement de leurs saris portent de village en village les espoirs d'un peuple que chantait Tagore.

En mars et avril 1983, nous tournons les cinq films de la série *Le cœur et le riz*. Notre petite équipe se fond dans la grande famille de Gonoshasthaya Kendra. Avant de prendre sa retraite, et après avoir durant quelques années dirigé le service du son à l'ONF, Claude Pelletier m'accompagne à la Nagra. Son dernier travail sur le terrain est aussi son baptême de l'Asie. Ici, à la première heure, toute journée commence par un travail collectif au champ ou à la rizière. Médecins, infirmières, administrateurs, comptables, techniciens et moniteurs, visiteurs ou cinéastes étrangers, tous se retrouvent dans la corvée matinale. Cette plongée commune a pour but de maintenir vivant et fort le sens du travail rural chez les membres. Ô que les Bangladaises sont belles, droites ou courbées dans les rizières, et fascinantes leurs voix dans les chants traditionnels qu'elles égrènent en volant leur privilège aux shamas. Aux champs, aux dispensaires, aux réunions sous les arbres, aux consultations médicales dans les hameaux, la grâce bengali flotte autour de nous, drapée de vert, de mauve, de bleu ou de rose, d'or ou de safran. Sur les rives et dans les sentiers, de Savar à Sripur, de Panishai à Bhatshala, le travail inlassable des équipes de G. K. nous éblouit par sa belle insertion dans la vie paysanne.

Montés l'été 1983, les films sortent en versions bengali et française début 1984, puis anglaise peu après. Il faudrait un ouvrage entier pour décrire l'expérience qu'ils représentent. Disons que ce fut pour moi une autre grande leçon d'humilité, et de confiance dans la force des populations les plus pauvres, quand la solidarité des gens instruits les rejoint.

Ces films ont été préparés, réalisés pour servir tous les milieux, organismes nationaux et internationaux œuvrant parmi les populations rurales du Sud-Est asiatique, en premier lieu au Bangladesh et au Bengale indien. Combien d'entre nous savent qu'il y a sur la Terre plus d'habitants de langue bengali que de langue française ? Pour les services de distribution de l'ONF, j'ai préparé une liste de quatre pages des organismes intéressés par l'utilisation de tels films. Eh bien !, incroyable mais vrai, la Direction de la distribution à l'ONF, en ces années 80, décide tout simplement d'oublier ces informations. Bien que l'UNICEF ait appuyé la réalisation de ces films, et que plusieurs organisations internationales nous réitèrent leurs demandes, un directeur de service, allergique à tout intérêt et toute aide pour le

Tiers-Monde, bloque la diffusion des films, qui durant plusieurs années ne figurent pas même dans les catalogues de l'ONF. Ces films-outils sont trop fidèles à des engagements, des réalités, des besoins qu'une poignée de fonctionnaires ultra-conservateurs préfèrent ignorer.

Les experts canadiens et étrangers ayant vu ces films, reconnaissent leur pertinence, et leur pressant besoin. Mais il est dangereux que des films répondant aux attentes du Tiers-Monde, soient diffusés comme ils doivent l'être. La demande est trop forte au goût, et pour les budgets de certains responsables d'ici, étroitement nationalistes. Il y a souvent une distance abyssale entre les déclarations, les politiques officielles du gouvernement canadien, ou de son agence d'aide internationale (ACDI), et le comportement de ses fonctionnaires subalternes. Ainsi meurent parfois de beaux espoirs.

Voici les cinq films-outils de la série *Le cœur et le riz*, de 30 minutes chacun :

La tournée de l'assistante médicale, réalisé sur les rives du Bonshi, nous montre le travail d'une *paramedic*, comme on l'appelle là-bas, parmi les familles pauvres de villages sans médecin : Pathalia et Hatubanga. Déplacements en bateau, à pied et à bicyclette, et consultations à l'entrée des maisons d'adobe. Conseils nutritionnels, vaccinations, soins prénatals, réhydratation et lutte contre les diarrhées, ainsi que planning familial, remplissent aujourd'hui la longue tournée de Suraya.

Une autre approche des soins intégrés, décrit l'action quotidienne de prévention, traitement, éducation, que les équipes de G. K. poursuivent au centre de Savar, dans le cadre d'une médecine alternative, adaptée aux priorités rurales (que dédaigne la pratique lucrative des médecins locaux, installés dans les petites villes).

Promotion des femmes en milieu rural, tourné principalement à Bhatshala-Shapmari dans le nord du Bangladesh,
ainsi qu'à Savar et Dapashai dans le centre du pays,
démontre que les femmes des milieux pauvres peuvent
sortir de leur oppression, de leur ignorance, et participer
aux progrès nationaux, lorsque *paramedics,* animateurs et
moniteurs savent les motiver et les instruire, après les
avoir écoutées.

Éducation en milieu rural pauvre, présente les actions multiples par lesquelles G. K. poursuit l'éducation des enfants
et des adultes dans les villages déshérités. Une formule
originale a été lancée par Gonoshasthaya Kendra : les
enfants allant le jour à l'école publique ou à celle de G. K.,
enseignent, le soir, à leurs camarades qui ne peuvent aller
à l'école car ils doivent, le jour, garder les troupeaux ou
travailler aux champs.

Un nouveau centre de santé, expose les efforts nécessaires à
l'ouverture d'un centre sanitaire, au village de Tengra, au
cœur du pays. Les difficultés proviennent autant de la
simple ignorance que de vieilles habitudes d'un milieu
très pauvre. La réticence des familles musulmanes à
laisser leurs filles étudier aussi longtemps que les garçons, n'est pas le moindre obstacle, avec la résistance des
riches propriétaires et usuriers locaux, pour lesquels
l'éducation populaire est maudite.

❧

Lucien Bigeault, dans un bulletin de son comité,
résume très bien l'esprit de Gonoshasthaya Kendra :

> L'équipe de Savar s'est vite rendu compte qu'il ne
> suffisait pas de donner des médicaments aux paysans
> affamés pour qu'ils recouvrent la santé. Ils ont dû

trouver des réponses à ces questions essentielles :
Pourquoi la maladie ? Pourquoi la faim ? Pourquoi
tant d'injustices ? En s'efforçant de répondre à ces
questions, le projet de santé est devenu un projet de
développement global, qui veut prendre en compte
les besoins primordiaux des populations rurales, et
avec elles s'attaque aux racines socio-économiques de
la maladie.

De passage à Savar, Bernard Kouchner, alors ministre
français de l'Aide humanitaire, a écrit sur le livre d'or de
l'usine pharmaceutique de Gonoshasthaya Kendra : « C'est
ici à Savar que le monde change sans violence et que les
femmes, surtout les femmes, transforment la vie. »
Et moi qui ai vu le Dr Zafrullah Chowdhury loger à
Savar aussi simplement que ses *paramedics*, qui l'ai vu
dépenser chaque *taka*, chaque dollar reçu de l'étranger avec
une rigueur monacale, j'étais heureux que l'Office national
du film du Canada produise ces cinq films de formation en
un geste de solidarité avec l'un des pays les plus éprouvés
de la Terre. Hélas, nous fûmes ensuite scandalisés par
l'attitude obtuse de nos services de distribution. Le Yin et
le Yang balancent aussi parmi nous.

Huit années ont passé. La surnatalité, les inondations, les fanatismes religieux et la corruption ont là-bas
durement creusé l'écart entre les conditions de leur survie,
et les chiffres de notre gaspillage, de notre inconscience.
Nos films sont plus utiles que jamais. Et toujours absents
des circuits auxquels ils sont destinés. Nos budgets pour
l'aide aux pays en développement sont régulièrement
amputés. Notre premier ministre, Brian Mulroney, a près
de lui de plus en plus de conseillers, d'experts. Il en avait
49 lors de sa récente visite au Japon, et malgré tant de

matière grise à son service, ses exposés furent si insignifiants qu'aucun grand journal là-bas n'y porta attention.
Aujourd'hui, pour répondre aux priorités de notre temps,
nous offrons des paroles creuses, nous offrons du vent.

Huit années ont passé, et je revois à Shapmari cette
femme plus belle et digne que toutes dans son sari, dont
l'atroce témoignage nous avait ébranlés lors d'une réunion
de paysannes animée par un agent de G. K. Sitôt close la
rencontre, elle avait fui. Alors l'animateur m'avait expli-
qué : cette femme survit, je ne sais comment. Elle vient de
perdre un enfant, son mari est presque mourant, et d'autres
enfants guère mieux. Elle ne porte que des haillons, plus de
trous que de tissu. Alors pour venir témoigner à notre
réunion, elle a emprunté le sari d'une voisine, qu'elle doit
vite retourner, et demain elle devra donner un peu de riz à
la voisine pour la remercier. Du riz qu'elle n'a pas pour
sa famille.

Dans la nuit, très noire, traversant les rizières assé-
chées avec guide et interprète, nous l'avons retrouvée, sous
sa tente, avec son mari, ses enfants, une scène insupportable, une odeur de maladie, de mort. Nous lui avons remis
une pièce de coton afin qu'elle taille deux saris et couvre sa
famille, et de l'argent pour acheter du riz.

À l'aube, vingt ou trente femmes, je ne sais plus exactement, geignaient, suppliaient, appelaient à ma fenêtre, au
campement de Bhatshala, près de Shapmari. L'interprète,
nullement surpris, n'eut pas à traduire bien longtemps
leurs suppliques. Chacune avait une histoire, une situation,
un drame plus insupportable que l'autre, et toutes se disaient
plus à plaindre que cette femme que nous avions aidée dans
la nuit. Nous ne pûmes qu'endurer leurs lamentations,
avant qu'elles ne repartent avec bien des injures. Si nous
leur avions remis quelque chose, elles fussent revenues

cinquante ou cent le lendemain, sinon le soir même. Tout notre travail avec les *paramedics* eût été compromis. Je ne revis pas cette femme, mais elle vêtit deux jeunes enfants afin qu'ils puissent venir à l'école de G. K. de Bhatshala, bien plus pour le repas que pour les leçons. J'eus mal en les voyant, accroupis devant leur plat, une faim animale dans les grands yeux noirs. Je regardai Baharjan Akter, toute la douceur de Baharjan, directrice du centre G. K. de Bhatshala, et j'eus envie de lui dire : « Baharjan, vous êtes une sainte, pour conserver cette douceur, après tant de drames, dans une telle misère. » Je me tus, comme se tut mon équipe. Les trente écoliers vidèrent leurs plats. Je me souvins des paroles d'Estelle Shaw à Abidjan, cinq ans auparavant : l'important, ce n'est pas l'émotion, la colère, l'important c'est de continuer.

Huit années ont passé, et je vois toujours Suraya apaisant l'antique douleur des femmes sur les rives du Bonshi, et aussi leurs espoirs qu'accompagne la flûte d'un jeune berger.

Autour de l'Aga Khan :
l'or et la poussière

FIN AVRIL 1983. De retour du Bangladesh, la construction de la grande université Aga Khan à Karachi m'impressionne. Elle deviendra probablement l'une des premières institutions asiatiques aussi bien par l'ampleur de ses équipements que par l'orientation de ses programmes. Avec madame Talaat Tyabji, les premiers contacts dépassent vite le formalisme, et nul doute qu'après une série de 31 films médicaux en Afrique et une mini-série de 5 films d'animation socio-sanitaire avec G. K., l'Office national du film du Canada peut collaborer avec la Fondation et l'Université Aga Khan, pour la production des films de formation sanitaire réclamés par les équipes pakistanaises.

Dans un monde musulman traversé par d'inquiétants intégrismes, il est réconfortant de noter l'orientation vers l'éducation et la tolérance des Ismaéliens et des Bahā'i. Dès mon retour à Montréal, simultanément avec le montage des films tournés au Bangladesh, j'entame les démarches préparatoires à cette collaboration souhaitée entre l'ONF et AKHS (Aga Khan Health Services).

Août 1984. Je viens d'achever un tournage dans les camps de réfugiés du HCR (Haut Commissariat des

Nations unies pour les réfugiés) au Soudan. Dans trois jours j'entamerai la réalisation d'un autre documentaire, à Peshawar et sur la frontière afghane avec les équipes de la Croix-Rouge internationale. Durant quinze mois les courriers n'ont guère fait avancer les perspectives de collaboration évoquées avec madame Talaat Tyabji, et il a été convenu qu'avant que je monte à Peshawar, un comité médical me recevra durant deux jours à Karachi, afin d'accélérer les démarches.

Dans l'avion de la Swissair, entre Athènes et Karachi, un court article en anglais d'un journal pakistanais me rend très amer le chocolat suisse. On annonce un nouveau décret, précisant que dorénavant dans tout le Pakistan, le témoignage d'une femme devant un tribunal compte deux fois moins que celui d'un homme, et que tuer un homme est deux fois plus grave que tuer une femme. Oui, ce 19 août, pour fêter mon cinquantième anniversaire, je me suis offert peu après le décollage une boîte de chocolats Lindt. Mais je retiens de cette date le profond malaise qui marque la fin du vol, en repliant le journal. Ce n'est pas la première fois qu'une mauvaise nouvelle me tombe dessus un 19 août, comme si la Sologne et le Val de Loire en moi n'en finissaient jamais de pleurer la mort de ma mère Rachèle, quelques jours après ma naissance.

À l'approche donc d'un second séjour à Karachi, je me demande ce que je viens faire ici, ce que demain je vais dire à ma nouvelle rencontre avec les autorités de l'Aga Khan Hospital and Medical College. Le comité local qui m'accueillera sera composé pour moitié de femmes, cela je l'ai appris dans le courrier.

Les 20 et 21 août 1984, je rencontre donc les responsables de la formation du personnel médical au nouvel hôpital universitaire. Le 21 surtout, quatre des six membres du comité de l'École de médecine sont des femmes, et cette réunion en soi est déjà une révolution ici. Nous dépassons vite les objectifs de base du projet. Chaque spécialiste connaît très bien la déplorable situation sanitaire du Pakistan, et mesure pleinement l'apport du film de formation dans des domaines précis de l'éducation socio-médicale. À l'issue de la réunion le projet se précise, auquel, c'est promis, il sera donné suite dans un délai de quelques mois, avec un programme détaillé des besoins et des films orientés pour y répondre.

Pour le personnel ici rassemblé, le pays souffre aussi d'un mal à la base des carences sanitaires : le nombre très restreint de jeunes filles ayant un niveau scolaire suffisant pour entrer à l'école d'infirmières, et la répugnance des jeunes femmes instruites à s'orienter vers une profession médicale, pour des motifs religieux et traditionnels. Les Ismaéliens luttent contre ce facteur de retard dans les services sanitaires, et déjà des infirmières et quelques doctoresses ont été envoyées dans des postes éloignés, soulevant l'ire des intégristes.

Durant une pause entre deux gorgées de jus d'orange, j'avoue à ma voisine le malaise à défendre un projet visant d'abord l'émancipation des femmes, dans un pays qui vient d'émettre un décret infamant contre elles. Je me fais l'avocat du diable : Comment une agence gouvernementale canadienne, pourra-t-elle piloter un projet d'aide allant à l'encontre de la politique officielle du gouvernement pakistanais ? Elle achève son jus de fruit, me regarde, hésite, me confie enfin : « Si vous ne le faites pas, qui le fera ? » Puis elle tente de contenir son émotion, et reprend : « Vous comprenez pourquoi nous avons besoin des étrangers ». Oui je comprends. Elles sont quatre aujourd'hui, quatre Pakistanaises hautement compétentes à me le faire réaliser. Leur présence, leur lutte anonyme sont essentielles non seulement au Pakistan, mais à tout le monde musulman.

À notre avenir à tous. Car tant que de Ryad à Téhéran, de Khartoum à Kaboul les femmes devront se plier aux diktats des hommes, le monde ne progressera guère.

Après ces deux jours à Karachi, j'entreprends dans le Nord-Ouest du pays le tournage du film consacré aux équipes de la Croix-Rouge. Là-haut, à la frontière afghane, les paroles des doctoresses de Karachi vibrent telles des plaies vives, sur d'autres plaies insoutenables. Là-haut un homme ne donne pas son sang pour une femme, serait-elle sa sœur.

À mon retour à Montréal les échanges se poursuivent. Le programme s'épure, les films sont définis dans leur contenu objectif. Le comité médical de Karachi a fait un travail remarquable. Mais entre administrations canadienne et pakistanaise, entre l'ONF et la Fondation Aga Khan le courant ne passe pas. Trop de personnages à Karachi, Genève, Vancouver ou Toronto, étalent leur importance, revendiquent leur prépondérance. Les organisations satellites de l'Aga Khan souffrent elles aussi de rivalités de roitelets que nous connaissons bien au Canada. D'un courrier à l'autre, de délai en délai entre Karachi, Genève et Toronto, avec l'indifférence de consultants canadiens, suisses et autres plus soucieux de leur prestige que des progrès sanitaires dans des villages manquant de tout, le projet se dilue en dossiers, parmi d'autres. Ma conviction réitérée à notre Direction, me vaut chaque fois la même réponse : l'ONF ne peut produire de tels films qu'avec un total financement extérieur. La formation des infirmières pakistanaises n'est évidemment pas une de nos priorités. Belle lapalissade, alors que nous amassons des millions de dollars avec des contrats saoudiens, pakistanais, et qu'un Canadien construit pour Saddam Hussein le plus puissant canon du monde. Durant deux années les administrations se renvoient la balle. Des experts à la Fondation Aga Khan, à l'OMS, à l'ACDI, devant la solidité du programme proposé par les doctoresses de Karachi, argumentent sur tel ou tel aspect bilatéral ou multilatéral du projet, avec de belles lettres diplomatiques. Un médecin suisse, ancien doyen de la Faculté de médecine de l'université McGill et maintenant consultant de l'Aga Khan, finit par me dire que c'est d'abord aux cinéastes pakistanais qu'il incombe de réaliser ces films médicaux nécessaires à leur pays, ce sur quoi je suis bien d'accord. Hélas, m'a-t-on répété à Karachi, deux générations mourront avant que des cinéastes locaux ne s'intéressent a ce genre de film-outil.

Enfin, en octobre 1985, une délégation de la Fondation Aga Khan m'invite à la rencontrer dans un luxueux hôtel de Montréal. De belles paroles, mais pas d'engagement sérieux.

Six mois plus tard, le nouveau responsable de la Fondation pour le Canada, s'installant dans ses nouveaux bureaux de Toronto, m'annonce son désir d'une prochaine rencontre pour activer le projet. Il s'agit alors de 8 films, de chacun 30 minutes, produits en langues urdu et anglaise, éventuellement mis en version punjabi, swahili et arabe afin d'être utilisés dans l'ensemble des pays et régions d'activité des services médicaux de l'Aga Khan. Le contenu et la forme de ces films sont ceux qui sont précisés dans le dernier rapport que m'a adressé le comité de Karachi. Mais chaque fois que je propose une date et un lieu pour la réunion de travail essentielle au démarrage du projet, la réponse est reportée. Dans mon classeur, le dossier AKHS s'épaissit, sans qu'aucune décision pratique ne soit prise.

Las de rappeler des autorités aux engagements suivis de dérobades, je fais part de mon abandon du projet à l'équipe de Karachi. Aussitôt je comprends que là-bas aussi on déplore le labyrinthe bureaucratique et les contradictions des diverses instances d'AKHS à travers le monde. Cela fait mal de devoir abandonner un projet aussi utile, et aussi bien préparé par des professionnelles compétentes.

En fermant ce dossier, j'ai relu l'une des premières lettres de Talaat Tyabji, dont je traduis ici le début :

« Il va sans dire que l'audiovisuel est le média le plus efficace, spécialement dans un pays où le degré d'alphabétisation est aussi bas que 17 %. »

Dans leur avant-projet, fort bien détaillé, les membres du comité médical de Karachi demandaient les huit films suivants :

- Soins prénatals.
- Accouchement.
- Nutrition, de 0 à 3 ans.
- Nutrition et hygiène quotidiens.
- Réhydratation.
- Immunisation.
- Recrutement (améliorer l'image de l'infirmière).
- Professions et spécialisations médicales accessibles aux infirmières.

Le comité rappelait, en introduction, que :

Plus d'enfants meurent dans les pays en développement, par l'ignorance des mères sur les soins infantiles, qu'à cause de la famine ou de la guerre, selon une étude du Worldwatch Institute. La famine, l'analphabétisme, la malnutrition et le manque d'éducation tuent chaque année 17 millions d'enfants, presque tous dans le Tiers-Monde.

Ces réalités, ces chiffres, je les connaissais bien sûr. Mais j'ai dû rappeler au comité que ces réalités-là n'impressionnent pas, ne préoccupent pas les autorités des pays occidentaux, y compris celles de mon institution. Oui, Talaat, Neen, Fauzia et Mehtab – permettez qu'ici je ne retienne que vos prénoms –, nous serons toujours plus prompts à vous livrer des armes que des médicaments, à répondre aux demandes de vos généraux plutôt qu'à celles de vos médecins. Car il y a une double vérité qui s'impose aujourd'hui, au-delà des déclarations présidentielles, au-delà de l'action de l'UNICEF et de toutes les organisations caritatives : c'est que les ventes d'armements rapportent gros, et que l'on craint la croissance démographique du Tiers-Monde.

1 9 8 4 • 1 9 8 5

Un beau programme saboté : Trois Milliards

D ÉBUT NOVEMBRE 1983. Avec Yukari nous venons d'emménager dans notre petite maison de Montréal-Nord. Oui, il m'a fallu friser la cinquantaine pour accepter de devenir propriétaire. Depuis longtemps les enfants, les amis nous taquinaient : Il serait temps que vous cessiez d'habiter un bachelor ! Ayant grandi dans l'exiguïté des logements japonais, Yukari s'étonnait toujours de la grandeur, pour ne pas dire du gaspillage d'espace des appartements canadiens. De mon côté, après 23 films sur l'urbanisme et de nombreux séjours dans des pays où la majorité de la population vit dans l'inconfort et les multiples privations, je trouvais presque indécent les revendications immobilières de mes collègues. Venu visionner les films de la série *Le cœur et le riz*, Lucien Bigeault campa littéralement chez nous, alors que de nombreuses boîtes encombraient encore les planchers. Le bonne humeur qu'il afficha me porte à croire qu'il s'endormit en songeant, comme moi, à la précarité de l'habitat rural bengali.

Au bureau, j'étudie le dossier du CAM (Centro Acción de la Mujer), un groupe de femmes très déterminées, luttant pour l'amélioration des conditions de vie dans les immenses *barrios* populaires de Guayaquil, où je suis passé une première fois en juillet 1981.

Un producteur m'invite à rencontrer le cinéaste français Gabriel Auer, recherchant une collaboration de l'ONF pour la réalisation d'une série de six documentaires, de 52 minutes chacun, sur le thème *Le monde en marche et les organisations humanitaires*. Connu pour son film remarquable *Les yeux des oiseaux* (qui me hantera plus tard, lors d'un séjour à Montevideo), Gabriel Auer nous convainc facilement de l'intérêt de son projet qui, selon ses propres termes aurait pour objectif de «permettre à un public non-informé ou mal informé de connaître et de comprendre pourquoi existent, et ce que font ces organisations internationales à caractère humanitaire». Il relève aussi que «si leur mission est bien de soulager les souffrances, d'aider au développement, et de secourir des êtres en détresse», toutes actions généreuses que nous devons soutenir, il demeure «qu'elles sont l'objet d'attaques, de détournements, et même de malversations. Parfois on abuse d'elles, on va à l'encontre de leurs buts. Des personnes et même des gouvernements sans scrupules se servent de leurs actions à des fins détournées de propagande politique, ou utilisent des pratiques qui accroissent la souffrance de ceux qu'elles sont sensées protéger.»

Dès la première rencontre je sympathise avec Gabriel Auer, et son projet rejoint mes préoccupations des dix dernières années. Les échanges consécutifs confirment une identité de vues sur maints aspects de l'aide humanitaire. Pour bien des films j'ai collaboré avec des organismes internationaux, UNICEF, HCR et OMS notamment, et c'est avec le plus vif intérêt que j'accepte la prise en charge de trois des six films de la série. Hélas je prends ce jour-là la plus mauvaise décision de ma carrière, que je regretterai amèrement. Mais ni Gabriel Auer ni moi ne pouvons alors prévoir l'enchaînement d'erreurs, d'inepties, d'incompétences et de vacheries qui s'acharneront à défigurer ce projet.

Au départ, les six films, destinés à la télévision et d'une durée de 52 minutes chacun, sont consacrés aux organisations suivantes : Amnesty International, le HCR (Haut Commissariat des Nations unies pour les réfugiés), l'UNICEF, l'UNDRO (Bureau du coordonnateur des Nations unies pour les secours en cas de catastrophe), la FAO et le Conseil œcuménique des Églises. Les premier, cinquième et sixième films seront réalisés par l'équipe française de Forum Films, la petite compagnie de Gabriel Auer, avec la participation financière d'un télédiffuseur (ou groupe de télédiffuseurs) européen. Les trois autres films incomberont à l'équipe de l'ONF, avec la participation financière de Radio-Canada.

Au bout de quelques mois, les télédiffuseurs approchés par Forum Films se retirent du projet. De son côté Radio-Canada confirme sa participation au projet, mais à la condition qu'on lui livre non pas des films de 52 minutes, mais six films de 26 minutes. J'ai préparé, avec le HCR, l'UNICEF et l'UNDRO la conception des trois films d'une heure dont j'ai la responsabilité. Au sein des trois organismes, on est conscient qu'il sera difficile, même en 52 minutes, d'établir un solide tableau, un dossier crédible sur les activités multiples des organisations, à une époque où les crises rapprochées rendent leurs opérations de plus en plus complexes et coûteuses. La situation de l'UNDRO est particulière, puisqu'il entre dans ses opérations une large part d'imprévisibilité, et elle se complique justement par la nécessité pour les cinéastes de répondre immédiatement à un appel au premier cas de catastrophe majeure.

Privé du soutien européen initialement prévu, Forum Films négocie son retrait du projet, et la cession de l'idée originale de la série avec l'ONF. Fort d'un engagement de diffusion de six films de 26 minutes de la part de Radio-Canada, le producteur me demande de revoir complètement ma participation, en l'orientant définitivement vers la réalisation de six demi-heures, consacrées à six organisations humanitaires (pas question de consacrer deux demi-heures à une même organisation). Gabriel Auer me confirme personnellement son retrait du projet, après entente avec le producteur canadien. Je demande à Radio-Canada de revoir leur première décision, et d'accepter des films de 52 minutes, tels qu'initialement prévus, et préparés avec les organismes concernés. Malgré tous les arguments fournis, y compris ceux, très forts, des Directions des organisations humanitaires à New York et Genève, le responsable à Radio-Canada maintient sa décision, définitive. Oui, la télévision d'État canadienne ne peut consacrer plus de 26 minutes aux activités mondiales de l'UNICEF, du HCR ou de toute autre organisation humanitaire, malgré l'attachement aux institutions des Nations unies qu'affichent publiquement toutes les autorités politiques canadiennes. Deux heures ou plus pour le base-ball ou le hockey aussi souvent qu'il est possible chaque semaine, des heures quotidiennes de séries américaines plus éculées ou violentes les unes que les autres, oui. Mais une heure dans l'année pour l'action humanitaire d'une grande organisation internationale, dans un monde en profonde mutation, non. Voilà, au milieu des années 80, l'éclectisme d'une télévision d'État.

Aujourd'hui, je reconnais pleinement avoir commis une grave erreur en ne me retirant pas tout net d'un tel projet, dès lors qu'il était clair qu'il serait atrophié. Mais sans vouloir ennuyer le lecteur avec les méandres administratifs d'une institution traversant une période de morosité, je dis simplement que les convictions d'un réalisateur importent fort peu aux yeux d'un directeur de la Production française à l'ONF, dont le bref séjour s'achèvera dans le rejet des cinéastes. Ainsi conduit à poursuivre seul le projet, je propose à notre comité du Programme en avril 1984, la réalisation de six courts métrages, liés à l'action humanitaire des organisations suivantes : UNICEF, HCR, FAO, UNDRO, CICR et OXFAM. Avec un format et un budget réduits, j'abandonne deux organismes initialement inclus dans l'avant-projet de Gabriel Auer : Amnesty International et le Conseil œcuménique des Églises, avec lesquels je n'ai eu jusque là aucun contact personnel, pour les remplacer par le CICR (Comité international de la Croix-Rouge) et OXFAM, que je connais tous deux assez bien.

Pénibles sont mes démarches afin de convaincre les organisations internationales de l'obligation de réaliser des films ramenés à 26 minutes. Des hauts fonctionnaires intègres, des routiers de l'aide internationale dont je connais depuis plusieurs années l'engagement, le dévouement devant les obstacles les plus inavouables, partagent ma gêne devant les diktats de la télévision. Mes dernières rencontres préparatoires à Oxford avec OXFAM, à Genève avec le CICR et à Rome avec la FAO sont d'amères frustrations réciproques. Nous savons tous que nous allons passer à côté de sujets et de films forts, par l'entêtement de la télévision à considérer son public comme un avaleur de spots commerciaux. Nous connaissons aussi l'hypocrisie des gouvernements, qui clament fort leur attachement à la mission éducative de la télévision d'État, tout un imposant aux Directions de leurs chaînes nationales l'orientation vers la facilité, voire la vulgarité couplées avec la commercialisation ou la privatisation des réseaux.

Je préviens mes collègues du comité du Programme, quant aux limites inhérentes à des films aussi courts pour des sujets aussi riches. Le projet est adopté tel quel. Oui,

j'ai fait une grave erreur en n'abandonnant pas ce projet
quelques semaines auparavant.

⸝⸝⸝

Du 10 juin au 8 novembre 1984, nous tournons les
sept films de la série *Trois milliards*, dans huit pays sur
trois continents. Trois milliards, pour chiffrer les femmes
et les hommes luttant pour leur dignité dans ce que nous
appelons le Tiers-Monde. Et sept films au lieu de six,
parce qu'en Indonésie, avec l'UNICEF, les autorités locales
n'acceptent pas que nous escamotions un large secteur de
leurs efforts, et au film prévu en milieu rural nous devons
ajouter un film en milieu urbain.

Après la sélection des rushes en fin d'année, le montage des sept films s'achève fin avril 1985. Comme toujours,
je rédige les commentaires en fonction des objectifs poursuivis, établis en commun avec les personnes concernées
sur le terrain, et non en fonction des goûts ou travers de
nos publics passifs, auxquels les programmateurs de la TV
attribuent généralement un niveau mental de 12 à 14 ans.
Malgré les limites imposées au projet, les courts films
témoignent des préoccupations majeures des six organisations humanitaires impliquées, dans leur action de la
Jamaïque au Pakistan, du Cap-Vert aux Philippines, en
passant par Haïti, le Soudan, la Thaïlande et l'Indonésie.
Le tout pour 580 000 $ canadiens, soit un coût total de
83 000 $ par film, extrêmement bas en regard des budgets
moyens à l'ONF.

Mais puisque ce projet a débuté sur la négation des
convictions des cinéastes, notre directeur décide qu'il se
terminera de la même façon. Brusquement il annonce qu'il

fera réécrire les commentaires, et qu'en plus un montage lui déplaît. Et il ajoute, à son bureau : «J'ai réalisé deux cents films, je sais ce que je dis». Les jours suivants, je demande à voir un film réalisé par ce monsieur et, las devant mon insistance, on me répond finalement à Radio-Canada que cette personne n'a jamais réalisé un seul film et n'a été qu'interviewer sur des courts reportages qui avaient chacun leur réalisateur. Pour la langue écrite, je cherche en vain à la Bibliothèque nationale un seul livre de cet auteur. Mais il paraît que depuis cette époque, il a publié un livre... de cuisine.

Le massacre va alors rondement. Un opportuniste bien connu refait le montage du début du film avec le CICR, d'une façon qui viole toute éthique, alors que ce montage témoignait fidèlement de la réalité vécue sur le terrain. J'ai rarement vu autant de prétention liée à autant d'incompétence. Une rédactrice écrit de nouveaux commentaires. La sobriété fait place à l'emphase, au ridicule, à une purée de mots passe-partout. Des séquences entières sont mutilées par un texte aussi fat qu'inutile. La noblesse des gestes naturels, des gens dignes est estropiée par la platitude de phrases qui sont parfois de lourdes lapalissades. Puis il y a cette forme de mépris intellectuel, qui consiste à expliquer ce que disent les gens, ces étrangers que bien sûr nos publics ne sauraient comprendre, même lorsque leurs propos sont fidèlement traduits. Quand un ministre, un ingénieur ou un agriculteur canadien parle à la télévision, un narrateur ne se croit pas obligé d'ajouter : Ce monsieur a voulu dire ceci, ou cela. Alors pourquoi le faire avec d'honnêtes gens des antipodes ? Quand j'entends les mots creux qui détruisent des scènes chaleureuses, qui insultent les efforts de gens remarquables, je pense simplement que nous n'avons pas tous la même éthique professionnelle. J'ai déjà été en chômage, mais jamais je n'ai accepté, quel qu'ait été le cachet offert, de saboter le film d'un autre.

Six films sont ainsi massacrés, desquels je retire mon nom. Puisque le septième n'est pas inclus dans le contrat liant l'ONF à Radio-Canada, je peux le réaliser jusqu'au bout sans interférence (sans toutefois dépasser 26 minutes) et le signer.

Quel gâchis! Je n'avais pas le choix, c'était la soumission ou la porte, la période des coups bas à l'ONF. On arguera que je devrais oublier tout cela, essarter une fois pour toutes ce chiendent qui ternit, détruit de réels efforts afin de livrer un travail propre et honnête. Mais durant plusieurs mois, ce furent des insultes, des affronts répétés que je reçus par ordres, notes et lettres, une série de lâchetés destinées à abattre un travail de 11 mois.

Dans mon milieu immédiat, un collègue, un cinéaste me permit de traverser cette triste période sans faire de geste irréparable. Il est si facile pour des personnes sans scrupules détenant des postes d'autorité, d'amener des artisans passionnés à perdre leur patience. Gilles Blais, en plus d'être un solide documentariste, a toujours été un ami sûr et exigeant, qui au-delà des mots rares, hésitants même, a le bon sens des gens du Bas du Fleuve, et le cœur d'un juste.

Finalement, j'ai avisé mes interlocuteurs étrangers de la censure dont nous avions été l'objet, eux et moi. J'en revis plusieurs, et leur amitié n'en souffrit pas. L'ONF, selon eux, s'était seulement abaissé un moment au rang des médias peu sérieux qui les abusent sans complexes. Les deux responsables de ce gâchis, directeur et producteur, n'ont depuis réalisé aucun film.

Bien que ces films soient aujourd'hui invisibles (seules les versions censurées circulent, hormis pour le septième), je les évoque ici brièvement. Yukari a pour l'ouverture des films réalisé une sorte de fresque des races de la terre, un défilé de visages sous le titre de chaque film. Et cela pour souligner le caractère universel du travail humanitaire.

Madura-Madura montre la vie dans les villages de l'île de Madura en Indonésie, avec l'action des petites équipes multidisciplinaires de l'UNICEF, supportant les programmes nationaux de santé et d'éducation populaire. À Galis, Proppo, Larangan, Lenteng, Kaduara, tout autour de Pamekasan, nous reconnaissons l'attachement d'un peuple à sa culture, lié à un effort collectif d'éducation et de formation professionnelle. Madura est l'une des 13 700 îles de l'archipel indonésien, et les touristes ne l'ont pas encore polluée. Dans la langue nationale les mots passent au pluriel par une simple répétition. Ainsi, un enfant se dit *anak*, et des enfants *anak anak*. Et pour nous, Madura-Madura, ce sont des dizaines de villages de cette île préservée, parmi les milliers de villages indonésiens où l'action de l'UNICEF se conjugue avec la douceur et l'effort qui rythment leur vie.

Ainsi, après la fermeture du dispensaire, ayant quitté la blouse rose des volontaires de l'UNICEF, madame Sumarmi, la nutritionniste, devient professeur de danse traditionnelle pour ses deux fillettes. Avec des gestes, des mouvements d'une pureté antique, et quelques accords d'une voix douce : la grâce millénaire sous les arbres. Un moment de cinéma. Eh bien ! on a massacré cette scène avec un commentaire inutile. Même chose pour une séquence avec deux forgerons en sueur, battant le fer rouge pour fabriquer un outil agricole.

Ce film avait été conçu comme un hymne à la vie, dans le respect d'une culture ancienne, et très riche.

Dès notre arrivée à Jakarta, les autorités ont présenté leur demande d'un deuxième film, en milieu urbain. À Surabaya, seconde ville indonésienne avec trois millions d'habitants. Je dois les en remercier, puisque ce film est le seul de la série *Trois milliards* à ne pas avoir été censuré.

Dans les kampungs de Surabaya est une leçon de civisme, un bel exemple de collaboration efficace entre une ville industrielle du Tiers-Monde et une organisation humanitaire.

Construite à ras d'eau, ceinturée d'usines polluantes, bruyante dans les vapeurs équatoriales, cette ville portuaire de l'Est de Java est le bouillon de toutes les urgences, face à l'indolente Madura. Chaque jour de nouveaux arrivants s'entassent dans les quartiers populaires, quadrillés par les ruelles et les canaux, et que l'on nomme ici les *kampungs*. Depuis 1979 la ville poursuit leur rénovation dans le cadre du KIP, le Kampung Improvment Programme. Voirie, maçonnerie, égouts, collecte des ordures, formation des fonctionnaires attachés à la rénovation urbaine, services de santé adaptés aux kampungs, pour lesquels l'UNICEF fournit un support efficace. Simultanément avec l'éducation de base et sanitaire, les sports et les arts traditionnels, un vaste mouvement populaire fait renaître les kampungs de Situtopo, Gading, Gubong, où nous filmons l'Indonésie en miniature.

La jeune danseuse de Gubong, qui répète le Ngrémo, danse traditionnelle de l'Est de Java toujours placée au début d'une représentation du théâtre Luduk comme danse de bienvenue, ferme le film avec l'immense espoir d'une ville plus humaine. Et cette fois on la regarde, on l'admire sans qu'un bavardage insipide ne vienne souiller l'intense beauté du moment. Dans un film d'une heure, j'eusse pu insérer le plus beau plan-séquence de ma carrière, car ce jour-là à Gubong, sous le rayon oblique d'un hangar, avec la musique d'un gamelan des pauvres, j'ai dans mon viseur toute la beauté de la Terre dans les mouvements, la grâce irradiante d'une jeune Javanaise. Ce plan-là, Gilles Blais, Yukari, et un ami indonésien qui est l'interprète au montage le voient avant qu'il ne soit tragiquement réduit dans un film de 26 minutes. À Gubong, j'ai retrouvé la fraîcheur de Satie la petite Yacouba rencontrée 28 ans auparavant dans la forêt ivoirienne de Gouroussé, près de Danané.

⁓⁓⁓

Avec *Le soleil et la nuit*, je reprends le chemin des camps de réfugiés, entamé quatre ans plus tôt avec *La vie commence en janvier*. Mais cette fois-ci je n'ai plus Jean Dansereau pour producteur, lui qui avait soutenu ma démarche en Chine et avec les réfugiés cambodgiens. J'ampute donc le programme initialement établi avec les amis du HCR à Genève, et leur antenne d'Ottawa, pour ne retenir que deux tableaux : l'un avec les réfugiés indochinois du camp de transit thaïlandais de Panat Nikhom, l'autre avec les réfugiés éthiopiens dans les camps soudaniens.

Voilà quatre années que la famille Sunthala vit dans une baraque du camp de Panat Nikhom, avec pour toute richesse quelques ustensiles et objets personnels sauvegardés durant l'exode. Grâce à la conseillère à l'immigration du Québec – qui passe dans le camp tous les deux mois –, cette famille laotienne est devant la Porte du Ciel. S'ouvrira-t-elle ? La timidité cache trop de drames pour que Lucile Horner, déjà rompue à la souffrance très digne des réfugiés indochinois (Vietnamiens, Cambodgiens, Laotiens) doute de la sincérité des époux Sunthala. Ils seront acceptés par le Québec, après avoir suivi dans le camp les cours préparatoires de l'école du Québec, donnés par Micheline Lévesque, une chaleureuse Abitibienne qui ne ménage pas ses efforts pour prévenir chez les immigrants le choc culturel du pays froid. Dans les camps asiatiques, les drames familiaux les plus atroces s'effacent apparemment sous la douceur de l'accueil. L'ingéniosité des réfugiés supplée souvent à l'exiguïté des cases, et les occupations artisanales et culturelles créent une sorte d'enveloppe protectrice. Détrompons-nous, ne folklorisons pas les attributs d'une dignité, d'une sagesse millénaires, afin de nous donner bonne conscience, en minimisant la douleur de familles décimées, déchirées, et qui ont toutes une insatiable soif de liberté.

Mais dans les camps soudaniens d'Um Rakoba, Abuda, Wad Hileau, la géographie, le climat, la détresse squelettique des hommes et des arbres ajoutent l'attente de l'eau à celle de la liberté. Ici souffle un vent sec et gerçant, ici le sable, la poussière donnent aux êtres et aux choses couleur de mort lente. Ici sous les tentes, des enfants d'Érythrée, du Tigré, de Gondar n'ont plus la force d'ouvrir leurs lèvres sur le gobelet qu'on leur tend. Mères et enfants ont atteint, dans l'image insupportable de la mal-nutrition, un degré qui n'est plus que silence. Et ceux qui ont vaincu la faim, et auxquels on a pu redonner des corps droits et des regards d'espoir, errent dans un horizon de tentes, ou de cases d'épineux et de broussailles. Silhouettes altières, jeux d'ombres sous un soleil mortel.

L'eau brune – plus de terre que d'eau – que l'on tire d'un affluent de l'Atbara ; *l'ingera*, le pain humide de doura qu'une femme accroupie cuit devant les yeux dilatés des marmots ; le bois mort que des adolescents vont quérir – où?, c'est un mystère –; quelques tracteurs dérisoires pour des milliers de paysans sans terre, sans pays ; une école où le Coran et l'arithmétique sont épelés dans un langage lunaire, irréel, tant est grande la distance entre la survivance d'ici et l'insouciance des écoliers occidentaux; tout, ici, est à réapprendre. À 500 kilomètres de Khartoum, de Gedaref à Kassala, à la frontière du Begemdir éthiopien, ces camps s'ouvrent sous les vagues migratoires des parias de la Terre. Un demi-million de réfugiés dans les camps, et deux fois plus qui se répandent dans les villages extrêmement pauvres du Soudan, car les deux peuples frères ont toujours été accueillants l'un pour l'autre.

Et derrière ces images, la sale réalité de notre indifférence à tous, pays occidentaux qui avons toléré à Addis Ababa un régime parmi les plus sanguinaires. Mais cela, je ne peux le dire, d'aucune façon, car notre télévision veille «à la neutralité, à l'équilibre» de ses informations. Alors, bien sûr, sur nos écrans à Montréal, Paris, Düsseldorf ou Milan, on se plaint que nos pays subissent l'assaut des immigrants clandestins. On se plaint pour quelques dizaines de milliers de réfugiés, après les avoir accueillis avec un battage publicitaire. Tandis que le Soudan, l'un des pays les plus pauvres, où les ravages de la sécheresse rendent indécentes les plaintes des agriculteurs européens, le Soudan lui, doit accueillir sans mot dire un million et demi de réfugiés.

Pour les chétifs réfugiés d'Um Rakoba, d'Abuda, de Wad Hileau, pour les dix millions de réfugiés dans le monde (leur nombre a augmenté depuis le tournage de ce film), dont l'immense majorité aux tropiques, rien n'est sûr, acquis, promis. Ni le pays ni la terre, ni le travail ni le salaire, ni l'époux ni l'enfant, ni la santé ni la vie. Ou plutôt, une seule chose est assurée : l'alternance immuable du Soleil et de la Nuit. Sur ces dernières lignes se fermait le film, avant qu'il ne soit censuré.

Le film *Un arbre* aurait pu être l'un des plus passion-
nants de ma carrière. Avec 52 minutes, nous pouvions livrer
un tableau fort d'une réalité oppressante : la lutte pour la
verdure dans un pays sans pluie. À 26 minutes, ce n'était
plus une fresque à la mesure d'un peuple opiniâtre, mais
une image fort réduite de ses efforts. Et après la censure, il
ne reste pas grand-chose. Je parlerai donc d'un film que j'ai
eu en tête durant chaque journée de tournage, mais que
nous ne verrons jamais.

Nous sommes sur l'île de Santiago, la plus grande des
10 îles de l'archipel de Cabo Verde, ou Cap-Vert, situé à
500 kilomètres au large du Sénégal. Le Cap-Vert, est dans
l'Atlantique le premier signal de détresse du continent
africain, le SOS lancé par cette longue terre brûlée qui va du
Cap-Vert à l'Éthiopie. Ce long pays sans pluie que l'on
nomme souvent le Sahel, prend les dimensions de la plus
grande catastrophe naturelle de tous les temps, car la
sécheresse questionne la survie de plusieurs pays africains.
Bien sûr, pour l'extension du désert, l'homme depuis
longtemps aide la nature, par son élevage itinérant, et ses
déboisements continus sans jamais replanter d'arbres.
Ici au Cap-Vert, l'histoire demeure ambiguë. Pour les
uns, le pays océanique fut toujours dénudé, balayé par des
vents chauds, survolé par des nuages qui vont très loin
tomber en mer. De mémoire d'homme on compte de
quatre à six jours de pluie par an. Parfois, la pluie est aussi
féroce que rarissime, et en cette année 1984, deux semaines
après notre départ plusieurs personnes périrent noyées
dans des fossés débordant brusquement. Pour d'autres, le
pays fut jadis si verdoyant que ses découvreurs l'appelèrent
le Cap-Vert, et c'est l'abattage intensif des forêts pour
construire des bateaux, bâtir des maisons et exporter du
bois de charpente, qui lui légua son état actuel.

300 000 personnes peuplent aujourd'hui l'archipel, alors que 700 000 Cap-Verdiens travaillent à l'étranger, principalement en Nouvelle-Angleterre et au Portugal.

Un programme de reboisement conduit par la FAO (Organisation des Nations unies pour l'alimentation et l'agriculture) et financé par la Belgique, prévoit la plantation de 400 000 arbres cette année sur l'île de Santiago, mais avec les divers programmes d'assistance répartis sur l'archipel, un million et demi d'arbres seront plantés au Cap-Vert en 1984.

Dans un vent sec et brûlant qui fend les lèvres, femmes et hommes grimpent sur les montagnes arides pour creuser des rigoles, aménager des croissants de terre qui retiendront l'eau de pluie lorsqu'elle daignera enfin tomber. Et des kilomètres de murets de pierre volcanique serpentent sur les versants comme autant de défis à la géographie de l'Enfer. Dans toutes les directions on entend la musique syncopée des *enxadas*, les houes locales avec lesquelles les femmes grattent la rocaille sur les flancs calcinés. Des enfants, des jeunes filles montent les repas à midi, des plats de maïs auxquels s'ajoutent parfois quelques morceaux de chèvre ou de poisson. Plus bas, dans les vallées on entretient des pépinières, d'où partent d'autres femmes, afin de planter des milliers de jeunes arbres dans les courbes d'un horizon de feu. D'autres encore, pieds nus sur la rocaille, grimpent durant des heures en portant sur l'épaule l'eau sans laquelle ces nouveaux arbres périraient très vite. Bien que le milieu soit différent, je ne peux m'empêcher de revoir les images de *L'île nue* (*Hadaka no shima*), le film émouvant de Kaneto Shindo.

Des essences nouvelles ont été sélectionnées par les agronomes, pour leur résistance et leur adaptation au dur climat local, notamment le prozopis et le parkinsonia.

Bientôt des milliers de petits arbres verts feront mentir la géographie. À Ribeirão Chiqueiro, Milho Branco, Praia Formosa, dans des villages de pierre noire, des maisons dont on n'a pas les moyens de peindre les murs intérieurs, le mobilier est réduit au strict nécessaire. Ici tout est dur, austère, et prolonge la nudité des paysages. Mais au-dessus de la table ou du lit s'affichent les photographies des parents exilés à Boston, New York, Lisboa, et dont le chèque mensuel aide à survivre. L'eau est rationnée : 30 litres par jour, alors qu'en Amérique la consommation quotidienne est de 400 à 500 litres par personne. Et cette eau précieuse il faut la transporter sur l'épaule ou sur la tête, longs trajets sur les cailloux car les fontaines sont rares.

Je rêve de retourner à Achada Baleia (le Plateau de la Baleine), réaliser un film dédié au courage de ce peuple méconnu. Un documentaire pur. Hélas ! il est rare que l'on puisse retrouver les lieux et les participants d'un film manqué – ou plutôt condamné par la bureaucratie et l'indifférence.

Des principes et des hommes est un court métrage entièrement contenu dans son titre. Car la Croix-Rouge agit chaque jour et partout au nom de quelques principes fondamentaux, pour défendre des femmes et des hommes en danger. Hélas ! j'ai connu à nouveau avec ce film, des professionnels dévoués dont l'action est sans cesse entravée par la bêtise humaine, et la politique. Claude Roy, qui a si bien défini la ligne droite comme «le plus court chemin d'un homme à un autre», ne pourrait certainement pas travailler à la Croix-Rouge.

Fin août 1984. Tout commence sur la route de la Passe de Khyber, à la frontière entre Afghanistan et Pakistan. Une ambulance du Croissant-Rouge pakistanais se dirige vers Peshawar, où l'hôpital du CICR accueille les blessés afghans qui ont souvent marché plusieurs jours avant de rejoindre une équipe de la Croix-Rouge, ou du Croissant-Rouge. Blessures et plaies sont insupportables, et les chirurgiens doivent rentrer leur colère devant les cruautés d'un conflit qui a déjà poussé plus de deux millions de réfugiés à s'installer au Pakistan. Malgré l'extrême tension qui imprègne les lieux, deux équipes chirurgicales pratiquent chacune de cinq à huit opérations par jour, sur des corps où la gangrène a bien souvent fait ses ravages après les obus ou les mines. Plus loin le Centre pour paraplégiques fait des miracles, tout en formant des physiothérapeutes pakistanais et afghans. Un pavillon est réservé aux femmes, mais aucune n'accepte d'être filmée. La condition féminine n'est pas le moindre problème dans ce conflit, et ce n'est pas manquer de respect pour leur culture, que s'indigner du refus de la plupart des hommes de donner de leur sang pour sauver une femme.

Dans les cours qu'ils donnent aux combattants guéris, et aux cadres de la résistance afghane, les agents du CICR rappellent constamment le devoir d'assistance, qui s'applique aussi bien aux femmes, aux ennemis blessés, qu'aux camarades de combat. Mais rien n'est acquis dans l'esprit du personnel de la Croix-Rouge, comme dans l'attitude des personnes qu'il laisse repartir vers les zones de combat. Le guide de premiers secours rédigé en langue dari, et remis aux moujahidines avant leur départ, et le respect des Conventions de Genève, ne seront-ils pas oubliés dès le retour au pays déchiré ?

Il faut beaucoup d'abnégation aux équipes du CICR à Peshawar, dirigées par l'infatigable François Zen-Ruficen, pour accomplir des tours de force quotidiens, avec l'incertitude d'être bien compris. Bravo docteurs Balmer, Dadehkhuda et Morris, ainsi qu'à vos infirmières et assistants. Bravo Jean-Daniel Ducret pour votre centre orthopédique où l'enfant amputé apprenait avec vous non seulement à marcher, mais à sourire. Les principes d'Henri Dunant, chez vous tous, déplaçaient des montagnes. Et si dans les 300 camps de réfugiés étalés aux environs de Peshawar et de Quetta, ainsi qu'au pays natal, on ne retient que quelques mots de vos conseils, ce sont désormais des mots qui comptent.

Hélas des scènes de ce film ont été censurées, et le début remonté. Il s'ouvre maintenant sur une totale négation de l'esprit qui nous animait là-bas, et les textes accordés à vos efforts ont été remplacés par un indigent blablabla. Ainsi que vous me l'avez dit depuis, ce n'est pas la première fois que l'on dénature les propos et l'action de la Croix-Rouge. Cette fois-ci, cela me touche plus encore, car nous avions eu des échanges très francs, et une collaboration exemplaire, à la mesure d'une confiance grandie quatre années plus tôt dans le désastre cambodgien. Mais vos efforts, vos missions ingrates continuent dans un monde qui les réclame de plus en plus, et où je suis assuré de vous revoir.

Des principes et des hommes fut un bel acte de confiance en l'homme. Dommage qu'il soit désormais terni, ironiquement, par le viol des principes et de l'éthique professionnels.

Le typhon, bien sûr, s'est imposé brusquement. Venant de Peshawar, nous arrivons à Bangkok pour apprendre les ravages du typhon Nitang, frappant quatre îles des

Philippines : la pointe nord de Mindanao, Bohol, Cebu et Negros. Une semaine auparavant, le typhon Maring a laissé 35 morts et 103 blessés en balayant le nord-ouest de Luzon. Au passage de Nitang on décompte déjà plus de 1 000 morts, autant de blessés, et 1 150 disparus.

Je téléphone à Montréal et Genève, afin de savoir pourquoi nous n'avons pas été appelés à rejoindre d'urgence la zone sinistrée. La machine onusienne étant ce qu'elle est – d'une lourdeur de dinosaure –, non seulement nous n'avons pas été rejoints à Peshawar, mais la Direction de l'UNDRO (Bureau du coordonnateur des Nations unies pour les secours en cas de catastrophe) hésite encore à nous donner le feu vert pour Manila, car le gouvernement philippin n'a pas encore adressé « la requête officielle » pour les secours d'urgence. Accélérant les communications, je retarde avec les autorités locales du HCR le tournage prévu au camp de réfugiés de Panat Nikhom, et le surlendemain nous quittons Bangkok pour Manila. Là je dois encore précipiter les démarches afin que notre équipe puisse sans délai rejoindre la région sinistrée. Avant toute chose il me faut l'autorisation de déplacement du Centre international de presse. Le pays vit encore sous la dictature Marcos, et disons-le net : sous le règne d'Imelda. Un officier me fait donc signer un engagement à ne rien rapporter qui puisse atteindre l'honneur des dirigeants. Après quoi j'obtiens une lettre officielle nous recommandant à l'assistance des services logistiques responsables des secours.

Aussitôt nous filmons les opérations de secours à l'aéroport même, avant de quitter Manila. Sous un hangar identifié en grosses lettres Imelda Relief Operation Center, des caisses de vivres, dont une grande partie de dons étrangers, sont chargées sur les avions cargos. Je veille à bien éviter le premier mot, Imelda, dans mon viseur.

Cette prima donna de la corruption a le don inné de tout détourner à son profit. Puis dès notre arrivée à l'île de Cebu, nous nous joignons à Hidetomi Oi, hydrologue de l'UNDRO, pour rencontrer les autorités locales et filmer les dégâts sur la côte ouest. Le lendemain l'avion nous dépose à Bohol, l'île des Chocolate Hills, où durant deux jours nous sommes frappés de stupeur. Dans une municipalité de 25 000 habitants, 70 % des habitations sont totalement détruites, et 98 des 116 classes des écoles sont rasées. De nombreux incendies ont éclaté avec les courts-circuits, et les îlots en ruines fument encore sous une bruine dans laquelle les débris se hissent tel un décor de guerre. Ici et là des enfants, des adultes font l'inventaire du désastre.

Nous gagnons le nord de Mindanao, ou la ville portuaire de Surigao semble émerger d'un gigantesque bombardement. C'est ici, sur la façade Est du Pacifique, que Nitang a d'abord frappé, à une vélocité de 230 km/h, soulevant les quais, les hangars, tout sur son passage. Cette capitale provinciale de 93 000 habitants recense 130 morts, 6 000 blessés et 220 disparus, des pêcheurs qu'on ne reverra jamais. Des maisons, 10 000 sont à terre, immense tableau de désolation dans lequel les familles dressent des abris provisoires.

Onze jours après le passage du typhon Nitang, le Bureau des Nations unies pour les secours en cas de Catastrophe envoie enfin sur place un spécialiste des actions d'urgence. Il deviendra un ami. Avec le maire, le gouverneur, les services de secours philippins et les délégués d'organisations internationales, Giles Whitcomb établit la liste des priorités à l'intention de Genève, afin de canaliser au mieux l'aide extérieure. Habitué aux désastres, Giles Whitcomb m'impressionne par sa retenue et la rapide précision de ses évaluations. Si de tels professionnels n'étaient pas limités dans leur action humanitaire par les contraintes de la politique, ils pourraient abréger bien des souffrances.

Puis c'est le survol, en hélicoptère militaire, de l'île de Siargao à 50 kilomètres au large, là où le choc fut le plus brutal. La ville principale, Général Luna, de 15 000 habitants, est à 95 % détruite. Dans mon viseur je crois filmer la guerre.

Une semaine après le cauchemar de Nitang, le Mayon, le plus connu des 24 volcans actifs des Philippines, entre en éruption continue, noyant plantations et villages, entraînant l'évacuation de 8 municipalités dans un rayon de 10 kilomètres. Si le typhon passe durant une ou deux heures, le volcan peut cracher la destruction pendant deux mois, ou plus, ensevelissant tout sous un magma noir, et il n'est pas facile d'en protéger la caméra.

Deux typhons majeurs et une éruption volcanique en deux semaines, voilà qui rappelle que les Philippines sont nées des colères de la Terre et de la Mer. Et pourquoi chaque enfant, chaque adulte doit ici être préparé à passer toute une vie dans l'alternance des catastrophes naturelles, des morts et des reconstructions. Cela, les gens de Bohol, de Surigao, de Cebu, d'Albay, de Luzon nous l'ont dit calmement, entre deux enterrements, ou deux morceaux de guitare.

Aux antipodes des Philippines, aux Caraïbes les typhons s'appellent des ouragans ou des cyclones, et plus généralement, en anglais, des *hurricanes*. À la Jamaïque où ils sont fréquents et dévastateurs, on apprend dès l'école à s'en protéger, en consolidant les maisons à la moindre prévision météorologique. L'UNDRO poursuit ici un programme remarquable de sensibilisation et de prévention. Une institutrice a même composé une chanson, sur l'attitude nécessaire à l'annonce d'un cyclone, dans un style bien jamaïcain. Lorsque je me suis blessé au tournage à Surigao, les infirmières qui m'ont soigné dans un appentis de leur hôpital en ruines, elles aussi chantaient et souriaient. Rarement des gens m'ont donné une telle leçon d'optimisme.

꧁꧂

Le film *La grande saline* fut programmé au tout dernier moment, deux jours avant le départ de l'équipe de tournage. Dix semaines auparavant, avec Jean Loiselle alors directeur d'OXFAM-Québec, nous avions rencontré à Oxford la Direction britannique d'OXFAM, et choisi le sujet d'un film parmi 950 projets dans le monde, auxquels OXFAM apportait son aide. Il est difficile de nommer une organisation humanitaire plus efficace que la maison mère d'OXFAM en Angleterre. Il y règne à tous les niveaux un sens du devoir, de l'économie, de la décision juste en regard des objectifs, mis au service des besoins véritablement prioritaires. Les meilleures qualités britanniques font ici merveille dans un cadre, une administration et des services multiples où le luxe et les fioritures n'ont pas leur place. Après étude de plusieurs dossiers présélectionnés, nous avions retenu, comme exemple d'action et de collaboration illustrant bien l'orientation d'OXFAM, le travail d'une équipe brésilienne dans un quartier populaire de Récife : le Programme de développement communautaire de Casa Amarela, dont l'animateur était le Dr Celerino Carriconde, secondé par son épouse et quelques infirmières brésiliennes et étrangères, dont deux Québécoises. Les activités médico-sociales, les programmes préventifs et éducatifs de Casa Amarela résumaient bien les priorités des grandes villes du Tiers-Monde, et le Dr Carriconde, lui aussi de passage à Oxford, nous avait séduit par son enthousiasme et ses idées.

De retour à Montréal, j'avais aussitôt entamé les démarches pour l'obtention des visas. Démarches qui, de rencontres en rappels, d'explications en tergiversations, finirent par un refus net du consul du Brésil. Nous comprîmes clairement que le régime n'appréciait pas que l'on s'intéressât à ses pauvres.

En vingt-quatre heures, j'ai dû rejoindre un interlocuteur haïtien, après entente rapide avec OXFAM-Québec, et remplacer le tournage à Récife par un sujet aussi intéressant : un projet de dessalement de l'eau de mer avec l'énergie solaire, dans un village près pauvre d'Haïti, La Grande Saline. Et nous avons, je crois, réalisé un petit film chaleureux (avant, bien sûr, qu'il ne soit lui aussi censuré).

À l'embouchure de l'Artibonite, La Grande Saline (à ne pas confondre avec le quartier de La Saline à Port-au-Prince) est un gros village qui se meurt, terrassé par la malaria, les diarrhées et la tuberculose. Le village tient son nom de son ancienne richesse : le sel, que les femmes ramassent toujours au fond des bassins côtiers, sous un soleil torride et l'agression des moustiques. Mais le prix du sel a chuté, et quelques gourdes pour des heures de courbatures dans une mare saumâtre, ce n'est pas cela qui retient des filles attirées par la ville. Le village se vide, les maisons deviennent des fantômes. L'eau douce aussi devient rare, car l'Artibonite charrie trop de dangers, entre les épaves des anciens cotres.

Un prêtre de l'Estère, qui dessert aussi La Grande Saline, a lancé un projet miracle : construire des bassins de dessalement de l'eau de mer utilisant l'énergie solaire, avec l'aide technique et financière d'OXFAM-Québec pour la conception et les matériaux, ciment, parpaings, verre, caoutchouc, colle et plastique. Quant aux pierres des fondations, enfants et femmes vont les quérir autour du village. Mais les garçons, les machos, ne font pas grand-chose, si ce n'est jouer au ballon sur la grande place de l'église, ou courtiser les dernières demoiselles à n'avoir pas quitté le village maudit.

Huit modules de dessalement s'élèvent déjà près de l'école. Membre du comité d'eau potable, l'instituteur Phénol Augustin enseigne à ses élèves, devant les vitres obliques des bassins, le principe du dessalement par évaporation et écoulement sous la vitre, avec l'action du soleil. Et madame Mireille se réjouit à voir couler, à l'extrémité des premiers modules, la précieuse eau potable, qui a, dit-elle, « comme un petit goût de caoutchouc », mais avec laquelle disparaîtront enfin les diarrhées.

Alors le village du sel devient celui des maçons, et des danseuses quand le soir on allume les brûlots, on entretient la fumée pour chasser les moustiques.

1 9 8 6

Dans la torpeur du pantano

G UAYAQUIL, MAI 1986. Sur des passerelles étroites et bran-
lantes de *caña*, nous suivons quatre hommes transportant de longs pieux de *manglé*. Sous nos pas glissent
les eaux noires de l'Estero de las Raxas, un bras du Río
Guayas, un magma noir aux odeurs fortes, charriant les
déchets d'une ville à l'urbanisme sauvage. Car à Guayaquil,
sur un million et demi d'habitants, la moitié vivent dans
des barrios insalubres, dont 300 000 comme ici dans des
cases hissées au-dessus d'un Styx équatorial, au-dessus
d'un immense égout.

En trente ans la population de Guayaquil a quintuplé,
et régulièrement les *invasiones* apportent leurs centaines,
leurs milliers de migrants intérieurs, à la recherche d'un
travail, d'un coin de terre où bâtir maison, d'un espoir de
vivre moins mal que dans les plantations aux salaires dérisoires. Mais tout autour de cette ville à ras d'eau, le sol est
maintenant introuvable. Alors on plante des pieux dans la
vase, des perches de 8, de 10 mètres, sur lesquelles on érige en
quelques jours des cases fragiles, reliées par de dangereuses
passerelles desquelles sont déjà tombés plus de 200 enfants.

Dans les bras du Río Guayas, les marées atteignent
une amplitude de quatre mètres, parfois plus. À marée

haute les barrios s'y étirent en cités aquatiques, villages
flottants sur les pontons desquels courent des enfants
rieurs. Des pirogues naviguent en tous sens, jusqu'à des-
siner au soleil couchant des cartes postales exotiques. À
marée basse se dresse un univers verticalement malmené,
où le courage des hommes gruge la vie à la dureté d'autres
hommes. Des maisonnettes se balancent à cinq ou six
mètres au-dessus de la vase, des ordures, des vieux pieux
sectionnés où se sont déjà empalés des enfants. De temps
en temps des bulldozers viennent abattre cet habitat
sauvage, interdit, car cette misère aquatique gâte la vue de
quelques riches propriétaires de sol dur.

Guayaquil, première ville de l'Équateur, à deux degrés
aussi de l'équateur, ce n'est pas une ville, mais le cauchemar
rampant d'un urbanisme de survie.

Donc, en ce dimanche 4 mai 1986, nous suivons Ignacio
le taciturne, qui avec trois camarades construit pour la quatrième fois sa future maison au-dessus du pantano, à cinq
mètres au-dessus de l'horreur. Car par trois fois l'armée a
détruit cette case en construction. Pas seulement la sienne.
Et pour la quatrième fois les parias de Cristo del Consuelo,
les amis réunis dans la coopérative d'habitation Eloy
Alfaro reconstruisent leurs maisons, leurs défis perchés sur
six ou huit pieux de manglé, avec résignation, mais aussi
avec la détermination à vaincre la peur.

De l'autre côté de l'estero, Josefina son épouse prépare
le repas qu'elle lui fera porter en pirogue avant la nuit. Car
dès le plancher posé, Ignacio dormira sur les planches, de
crainte de s'en faire voler quelques-unes durant son absence.

Jusqu'ici ils sont 22 à vivre entassés dans la maison
familiale, case de bois, de carton et de tôle aux équilibres

précaires, propriété de la mère de Josefina sur la terre ferme, dans le barrio de tous les drames, entre l'Estero de Las Raxas et Puerto Liza. Vingt-deux personnes dans quatre pièces, ou plutôt un seul espace vital coupé de fragiles cloisons de carton : Josefina et Ignacio, les parents de Josefina, leurs 5 enfants, et 13 frères et sœurs de Josefina.

Teresa a 13 ans. Elle est admirable. Belle et timide, cachant mal le drame de la famille. Cette jeune sœur de Josefina supporte tout, résignée, intelligente, comprenant que la situation ne lui offre pas d'autre solution. Le jour elle garde ses jeunes neveux et nièces, le soir elle va à l'école, dans les classes nocturnes que l'on ouvre pour ces aînées occupées à prendre soin des plus jeunes. Josefina, Teresa, deux images denses des femmes d'une Amérique misérable et chaleureuse.

Dans quelques semaines, lorsque Ignacio et ses camarades auront construit la nouvelle maison, sept personnes quitteront donc la grande case familiale, pour aller vivre au-dessus des eaux noires et fétides du pantano. Ignacio et Josefina auront enfin leur maison, rebâtie pour la quatrième fois. Du bois, des clous, de la tôle ondulée qu'il faudra payer durant de longs mois. En espérant que l'Armée, l'armée pourrie au service de quelques riches, ne reviendra pas détruire les nouvelles maisons. Avec aussi la hantise des cyclones qui de temps en temps fauchent les esteros. Oui, des années d'économies, sur des salaires inavouables – ils gagnent à eux deux l'équivalent de 100 $ par mois –, tout cela se balance maintenant au-dessus des eaux noires et visqueuses de l'Estero de las Raxas, entre mille cases aussi fragiles.

J'ai pénétré cet univers de privation et de générosité avec le CAM, une organisation féminine de Guayaquil qui s'emploie à aider les femmes des barrios à sortir de leur malheur, à dépasser les ravages du *machismo*, à imaginer, tenter, animer des activités multiples leur redonnant dignité, espoir, et parfois même du génie. Parmi une poignée d'animatrices, j'ai recruté une assistante enthousiaste. une jeune cinéaste bolivienne exilée, sans laquelle *La casa* n'aurait pas été le film qu'il est devenu. Catalina Delgado, c'était la tragédie des femmes d'un continent pillé, avec des yeux ouverts sur les besoins des plus faibles. Catalina aussi, était le silence éloquent, là où le tapage ruinait la beauté du monde. Catalina, cinq ans plus tard (aujourd'hui en 1991), c'est toujours avec toi que je rêve de tourner un film au cœur de ta Bolivie d'or et de poussière, de feu et de glace, un projet dont nous reparlons d'année en année avec la crainte qu'il nous échappe.

La casa (*La maison*), ce furent des femmes, des familles, des groupes inoubliables. Il faudrait un livre entier pour leur rendre hommage. J'avais aussi une bonne équipe. En plus de Catalina pour les recherches et les contacts, Raymond Marcoux fit des prodiges à la Nagra, et Roger Martin piégea l'électricité dans les toiles d'araignées ou les dérisoires épissures de poteaux incertains, afin que nous puissions obtenir un minimum d'éclairage dans les trous noirs de la grande case familiale. Sur les cloisons de carton ou de papier-journal, les cordes tendues d'habits, il fallait ruser constamment pour éviter l'incendie, même avec seulement deux petits quartz de 600 watts. Plié, cassé, tassé dans des recoins invraisemblables, j'eus tant de courbatures durant ce tournage, que parfois je n'osai bouger plus pour un rapide contre-champ. Je guettais la vie dans un cadre exigu, toujours au grand angle, calé entre un meuble, quelque clou servant de porte-manteau, une corde à linge, la cornière d'un lit ou un poteau.

La belle chanson et la musique que composèrent Luis Castillo et Raúl Pintos donnèrent au film une chaleur contagieuse, prolongeant la douceur de Josefina, le courage de sa mère, l'espoir de sa jeune sœur Teresa.

Pour ce film, réalisé dans le cadre de l'Année internationale des Sans-Abri, le producteur me donna enfin carte blanche, avec la collaboration de Dario Pulgar au démarrage du projet. Était-ce pour effacer les blessures des six films précédents si bêtement censurés ? La Direction du Programme français de l'ONF avait elle aussi changé, avec à la barre un documentariste chevronné, un cinéaste fort et têtu, artisan rompu aux exigences d'un cinéma à hauteur d'homme : Georges Dufaux.

Après trois séjours à Guayaquil, j'ai conçu *La casa* comme un hommage aux habitants de Cristo del Consuelo, l'un des barrios les plus misérables de cette agglomération équatoriale. Combien de personnes, chez nous au Canada, rebâtiraient leur maison, après qu'elle eût été trois fois détruite par l'armée ? Cette leçon de courage, cet entêtement d'un continent saccagé à toujours réclamer, à toujours imposer l'humanité toute simple contre la toute-puissance de l'argent, est la raison même du film.

Oh ! si *La casa* rallia beaucoup de supporters dès sa sortie, il y eut bien sûr d'inévitables pressions pour que j'en prépare une «version télévision de 58 minutes». Car «Michel, tu le sais bien, jamais la TV ne programmera un documentaire de 88 minutes». Et la télévision naturellement, rata une nouvelle fois l'occasion d'être à la hauteur de sa mission. Même en l'Année internationale des Sans-Abri, le base-ball et le hockey, et je ne sais quelles Sorcières bien-aimées hollywoodiennes étaient plus importants que les efforts de millions de femmes et d'hommes, que le courage des pauvres, face à la publicité des brasseries. Combien d'années encore devrons-nous attendre, avant que ne s'incarne en révolution culturelle et médiatique le beau titre d'un film d'Arthur Lamothe : *Le mépris n'aura qu'un temp*s ? Je passerai sans doute ma vie à subir la même frustration. Mais cette fois on respecta notre travail, et le don fraternel de femmes sans bijoux, mais qui nous offraient la plus belle langue de la Terre : celle de la simplicité et du cœur. *La casa* ne fut pas coupé.

La casa a indéniablement marqué un dernier tournant dans ma carrière. Plus de séries. Après *La casa* chaque film se voudra autonome, réclamera une attention exclusive de sa genèse à sa sortie. Primant sur tout. Ce sera parfois très dur, voire intenable. Mais je crois sans retour.

Josefina, Teresa, Mariana, Rosita... je n'ai jamais vraiment quitté Guayaquil, et je rêve de vous y retrouver. Parfois je revois vos sourires, et j'entends le refrain de l'émouvante chanson de Luis Castillo :

Hubo una vez 22 hijos
Hijos de el : pobreza
Hijos de ella : miseria
Nacidos ya obligados a sobrevivir

(Il y avait une fois 22 enfants
Enfants de la pauvreté
Enfants de la misère
Nés et condamnés à survivre)

1 9 8 7

200 000 esclaves
au cœur des Amériques

DEUX JOURS APRÈS LE MIXAGE DE *La casa*, je rejoins à Santo Domingo Irénée Chabot d'OXFAM-Québec et Paul Denis de l'ACDI. Et dès le lendemain matin nous plongeons tous trois dans l'hallucination, l'horreur : dans l'enfer des bateyes.

Dans leur langue, le mot *batey* signifiaient pour les Indiens Tainos – qui vivaient aux Caraïbes lors de l'arrivée de Christophe Colomb –, l'endroit où se regroupaient les paysans vivant de la culture de la canne à sucre. Aujourd'hui, les bateyes, ce sont les 250 camps où loge la main d'œuvre haïtienne des immenses plantations dominicaines, dont 160 environ appartiennent au CEA (Consejo Estatal del Azucar, ou Conseil d'État du sucre). Le CEA assure 60 % de la production sucrière de la République Dominicaine (que les Haïtiens appellent aussi « la Dominicanie »). C'est un État dans l'État. Le CEA « importe » chaque année entre 10 000 et 20 000 travailleurs agricoles du pays voisin, selon les termes d'un accord entre les deux gouvernements. Travailleur agricole signifie au départ d'Haïti : homme jeune et robuste qui sera payé et logé pour couper la canne. La réalité est différente : les salaires sont indignes – 2 $ pour 12 heures de travail pénible – et le *kongo* (le coupeur de canne haïtien) n'en reçoit pas le quart, parce qu'on lui retient le prix de services inexistants, et qu'il est constamment rançonné par les agents et commerçants dominicains. Il est logé plus mal que les animaux de ferme d'Amérique du Nord ou d'Europe, et dans bien des bateyes il ne reçoit d'eau potable que toutes les deux semaines, alors que les bœufs en reçoivent chaque jour. Ainsi l'eau des hommes croupit dans de grands bidons, et devient vite porteuse de toutes les saloperies tropicales. Ne parlons ni d'écoles ni de dispensaires, les unes comme les autres sont rarissimes et pitoyables. Les statistiques sont tenues secrètes par le CEA, seuls sont diffusés par le gouvernement dominicain des chiffres aléatoires, variables selon les sources et les époques, et toujours loin d'une réalité innommable.

De 200 000 à 300 000 Haïtiens vivent ainsi dans les bateyes, dans des conditions pires que celles de l'esclavage, car les esclaves étaient généralement bien nourris, et soignés par leurs maîtres. Oui, au cœur des Amériques, près d'un siècle et demi après l'abolition de l'esclavage, 250 000 esclaves haïtiens peinent dans les bateyes dominicains, sans que cela ne suscite le moindre débat à l'ONU, pas plus à New York qu'à Genève. Et, insulte des insultes : le sujet est tabou parmi les intellectuels de la diaspora haïtienne, où l'on disserte volontiers de marxisme et de culture créole. Serait-ce parce que Haïti, le pays natal lui-même, est d'après les mauvaises langues « le plus grand des bateyes » ? Je ne reprendrai pas ici les pages consacrées à l'horreur des bateyes dans un livre précédent (*L'Homme courbé*, 1988). Après avoir travaillé dans plusieurs pays au ban de l'humanité, je ne crois pas avoir vu des femmes, des hommes, des enfants et vieillards aussi mal traités que dans les camps du CEA dominicain. Qu'une telle situation se prolonge, alors que tout est su en haut lieu (à l'ONU et dans les gouvernements occidentaux), donne une bonne idée du cynisme qui préside aux émois des Grands.

Fin novembre 1986, je visite donc une vingtaine de bateyes avec deux agents de développement canadiens, guidés par quelques médecins et infirmières haïtiens et dominicains, qui poursuivent là-bas un travail d'assistance essentiel dans des conditions révoltantes. Mamey, Pachéco, Atonci, Guasumita, Triplé, Juan Sanchez, Cojobal, Santa Maria, Santa Ana, Bombita, etc. Inutile d'allonger ici la liste des bateyes, dans l'horreur ils se ressemblent presque tous.

Comment y revenir pour y tourner un film qui alertera nos publics? *That is the question.* Pas question de demander une autorisation officielle, ce serait la meilleure façon de rendre le film impossible. Je rentre donc à Montréal, où je rédige le projet, confidentiel, intitulé simplement *S. N.* Mes collègues supposent alors que ces deux lettres signifient : *Sans nom*, alors qu'il s'agit déjà pour moi de *Sucre noir.*

Un mois plus tard, notre comité du Programme approuve le projet, qui doit demeurer confidentiel jusqu'à notre retour de tournage. Jusqu'à cette date, il est bien entendu que la République Dominicaine est simplement le pays où des milliers de Québécois, d'Allemands, etc., vont se faire bronzer et siroter un rhum bon marché.

Fin février 1987, notre petite équipe arrive à Santo Domingo, officiellement pour filmer dans quelques jours le grand Carnaval de cette capitale caraïbe. Nous n'en verrons bien sûr pas le moindre pétard, le moindre rire. Nous filmons en hâte dans une dizaine de bateyes tous plus sordides les uns que les autres. Nous sommes bien aux antipodes du Carnaval de Santo Domingo. Nous sommes en enfer. Et en enfer, on ne s'éternise pas. Non pas parce que notre équipe refuse de partager ici et là, pour quelques jours, la douleur des travailleurs haïtiens, mais bien parce que notre présence se remarque vite et que nous devons changer rapidement de bateye, avant d'attirer l'attention des agents du CEA. Deux jours ici, là quelques heures, toujours une silhouette hostile nous rappelle la précarité du projet. Nous pouvons filmer un agent très fier sur son cheval pendant quelques minutes pour son plaisir – il a si belle allure avec sa monture, son uniforme, son pistolet et la crainte qu'il inspire –, nous ne pouvons filmer longtemps dans les cases la vie de familles tapies comme des bagnards, d'enfants nus, d'adultes aux plaies vives et sans soins, de mourants, en faisant croire à ces gardiens armés que nous illustrons la récolte de la canne à sucre, la fierté du pays ! Nous devons agir vite, et sans attirer d'ennuis aux esclaves qui nous accueillent. Un cauchemar de deux semaines, ce tournage. Les prisons zaïroises ou birmanes ne doivent pas être plus révoltantes que les cases exiguës où nous retenons difficilement notre colère. Oui, révulsés par des images atroces, Catherine et German font corps avec le film, qu'il faut compléter avant de se faire expulser ou de se voir saisir l'équipement. Ils sont impeccables, et aucun incident ne se produit. Nous quittons le pays par des voies différentes, avec sur pellicule le constat inattaquable d'une monstruosité entretenue par les laxismes et intérêts occidentaux.

Ce film est notre première collaboration, et les films qui suivront, jusqu'à la rédaction de ces pages (1991), seront tournés avec la même équipe : Catherine Van Der Donckt au son, et German Gutierrez m'assistant à la caméra. Oh ! nous discuterons souvent, tard le soir, de l'intérêt de telle ou telle séquence, ou du sort de tel peuple, de tel scandale dans un monde sans morale. Mais toujours la même passion du cinéma nous réunit sans hésitation pour un nouveau tournage. Avec vous, chaque fois je vais un peu plus loin dans l'intimité des vies, l'écoute des populations sans voix.

Au Népal, en Guinée-Bissau, au Ceará, à São Paulo, dans l'Acre, notre petite équipe explore l'inépuisable richesse des oubliés de la Terre.

Sucre noir sort en novembre 1987 à Montréal, Québec, Ottawa, Sherbrooke et Joliette. Bientôt disponible en versions française, créole, espagnole et anglaise, OXFAM-Québec en distribue quelques centaines de vidéocassettes dans les villages haïtiens. Primé à La Habana, ouvrant la Jornada de Cinema de Bahia, le film est présenté par la TV dans plusieurs pays. À Genève il suscite beaucoup d'interrogations à la Commission des Droits de l'homme de l'ONU, où l'on me questionne sur la véracité de certaines séquences. Je précise alors que la réalité des faits présentés, et d'une façon générale la situation dans les bateyes, sont plus inhumaines qu'elles n'apparaissent dans le film, car nous avons respecté le refus de témoigner de plusieurs Haïtiens, et évité certaines images trop dégradantes. Mais aucune déclaration n'a été dictée aux participants, bien que certains aveux soient difficilement supportables. Comme ailleurs, à Tokyo le public sera bouleversé, et partout le scandale des bateyes apparaîtra comme une aberration. Des équipes enthousiastes à l'ONF et à OXFAM travailleront efficacement à la diffusion du film, avec notamment l'infatigable Benoît Côté qui a précédemment lancé *La casa*. Cela me redonne espoir, après la piètre performance (de la distribution) qui avait accompagné d'autres films quelques années plus tôt, alors qu'eux aussi répondaient à des besoins évidents. Comme *La casa*, *Sucre noir* est très bien reçu par la majorité de la critique, laquelle dépasse l'impact cinématographique pour approfondir les racines, les causes d'une dégradation humaine dont les explications officielles sont inacceptables. Et des Québécois qui chaque hiver s'envolent vers les plages dominicaines, sont soudain troublés en apprenant qu'à 20 minutes de leur farniente, des hommes ne possèdent, après toute une vie de travail dur dans les champs de canne, que le pantalon et la chemise déchirés qu'ils portent devant une caméra venue les surprendre en enfer.

Durant quelques mois, des couples abandonnent cette destination du Sud. Puis à nouveau on oublie, on se donne bonne conscience en se disant qu'ailleurs, au Mexique, au Guatemala, au Brésil, là aussi des Indiens, des paysans sont les parias, les otages de notre temps. On oublie les esclaves de *Sucre noir*, les images d'un film dérangeant, comme on a quelques années auparavant oublié le message du livre incontournable de Maurice Lemoine : *Sucre amer.*

Oui, l'homme vit d'égoïsme et d'oubli, bien plus que de solidarité et d'espoir.

Ô douloureuse dans la nuit tropicale, s'égrène la complainte des bateyes, écrite par Clautaire Alexandre, et magistralement chantée par Elvie Maxineau. Et cette voix, je ne pourrai l'oublier.

1 9 8 8

Une enfance au Népal

P ARMI LES 15 ACTRICES ET ACTEURS québécois choisis par
Andrée Major pour prêter leurs voix aux versions
françaises des films *La casa* et *Sucre noir*, figurait Jocelyne
Goyette, une comédienne longtemps attachée aux programmes télévisés pour enfants. Dans *La casa*, elle comprit
si bien Teresa, s'identifia si bien à elle par le ton et l'hésitation, qu'à chaque projection du film la timide Teresa
semblait parler français depuis le biberon. Et cela sans
recours au doublage classique, mais à la simple adaptation,
merveilleusement conduite par Andrée Major. J'appris que
non seulement Jocelyne Goyette travaillait avec et pour les
enfants, mais qu'elle en parrainait pas moins de cinq, dans
le cadre du Plan de parrainage du Canada, plus connu sous
son appellation anglaise : Foster Parents. Cinq enfants sur
trois continents : une fille au Guatemala, une autre en
Haïti et un garçon en Équateur, une fillette au Sénégal, une
dernière au Népal. Pourquoi des filles plutôt que des garçons ? Pour la simple raison que dans l'immense majorité
des pays du Tiers-Monde, les garçons sont favorisés au
détriment de leurs sœurs. Ce sont eux que l'on envoie à
l'école, à l'école secondaire surtout, tandis que les filles sont
astreintes aux travaux ménagers, à la garde des jeunes frères

et sœurs, aux mille occupations des champs, des petits
commerces et des marchés. Puis le machisme est une grande
plaie, un frein au développement de nombreux pays.

Créé en Angleterre en 1937 par le journaliste John
Langdon-Davies, qui avait été bouleversé par la détresse
des enfants orphelins de la guerre civile espagnole, Foster
Parents présente pour son cinquantenaire un bilan remarquable : 8 pays membres (Royaume-Uni, Pays-Bas, Belgique,
Allemagne de l'Ouest, USA, Canada, Australie et Japon)
viennent en aide à 400 000 familles dans 22 pays d'Amérique latine, Afrique et Asie. Trois ans plus tard, en 1990,
on atteindra le chiffre du demi-million d'enfants (ou familles)
assistés, dont 100 000 parrainages pour le Canada, qui arrive
en tête avec les USA malgré une population dix fois moindre.
    Le Plan de parrainage (Foster Parents) n'est pas une
œuvre de charité, mais une organisation de développement
dont les activités s'articulent autour de deux pôles ou principes essentiels : d'un côté la sensibilité, la générosité et le
nombre des donateurs, et à l'autre bout des efforts collec-
tifs d'éducation et de développement social, qui profitent
non seulement aux enfants parrainés et à leurs familles,
mais à toute la communauté élargie (village ou quartier),
selon ses besoins prioritaires, tels que : écoles et dispensaires, petits centres d'animation sociale et de formation
professionnelle, puits et fontaines, canaux d'irrigation, et
amélioration des méthodes et rendements agricoles, etc.
    Une correspondance régulière entre enfants et par-
rains facilite la compréhension des objectifs poursuivis, et
nourrit des relations amicales qui peuvent être ponctuées
par des visites des donateurs chez les familles assistées.
    Bien des couples et célibataires sont prêts à soutenir des
enfants, des familles du Tiers-Monde, s'ils sont persuadés
que l'effort qu'ils consentent soulage véritablement la

misère. Sans se diluer ou se perdre dans les dédales d'administrations tentaculaires. Ce qui souvent manque entre les hommes, c'est l'espoir de se rejoindre et se comprendre, avant de pouvoir entamer des actions positives. Nous vivons dans un monde et une époque où les médias électroniques prétendent mettre le monde entier dans chaque foyer. Hélas, ce que l'audiovisuel contemporain nous transmet, nous assène plutôt, ce sont avant tout des divertissements indigents, des images-choc de toutes les violences, ou les sourires forcés et les discours des prétendus leaders. Bush, Gorbatchev ou Mitterand à chaque dîner. Les vedettes d'un nouveau show-business planétaire, plutôt que l'humanisme. Mais la vie de quelques milliards de femmes et d'hommes, la connaissons-nous vraiment mieux ? Nous en connaissons les excès, les explosions peut-être. Mais les douleurs et les joies profondes, les aspirations légitimes ? Le flot des simplifications médiatiques nous porte plutôt à nous blinder, à nous durcir face à des appels trop forts.

Fin 1987, l'action du Plan de parrainage (en français de plus en plus communément appelé «Le Plan») me semble une bonne réponse à ces questions. Travailler à ras de terre, au niveau des véritables priorités du Tiers-Monde, sans démagogie ni ségrégation. Une première visite aux bureaux torontois me convainc de l'efficacité de cette organisation. Une austérité qui rappelle celle de l'OXFAM britannique. Aucun luxe, et un personnel réduit pour chaque tâche. La part du budget absorbée par l'administration de l'ensemble des activités, en amont dans le pays donateur et en aval dans les pays assistés, s'établit globalement autour de 16 %. On aimerait qu'il en soit ainsi dans toutes les grandes organisations.

Depuis deux décennies aussi s'est développée en Occident une autre forme de l'adoption internationale.

Des couples stériles, mais également des parents sensibles aux détresses du Tiers-Monde, adoptent de très jeunes enfants après des démarches longues et coûteuses. Combien de Coréennes aujourd'hui qui ne parlent que danois, de Guatémaltèques, de Péruviens, de Vietnamiens qui sacrent dans un joual québécois. Si les Occidentales élèvent ces enfants dans la tendresse, et les promettent à un avenir quasi impensable dans leur pays natal, il demeure qu'il s'agit là d'un mouvement contre nature. Les milliers de dollars dilapidés avec des avocats véreux, des administrations corrompues, pourraient aider des familles démunies à sortir de leur misère, en élevant dignement leurs enfants. À l'opposé on arguera qu'il est trop facile d'envoyer un chèque mensuel au Plan durant quelques années, tandis que l'adoption définitive engage pour la vie, lutte contre le racisme, et répond à des dispositions naturelles pour la tendresse et le dévouement. J'ai pesé ces arguments contradictoires avant de réaliser *Apsara*, finalement convaincu qu'il y a place pour les deux mouvements, quand de part et d'autre l'honnêteté et la générosité priment sur les divers égoïsmes.

⁓⟋⟍⁓

Apsara Dhital a neuf ans. C'est une fillette vive qui se révèle après la timidité des premières rencontres, dans un village de la vallée de Katmandou où sa marraine canadienne lui rend visite. Elle a un frère aîné, Keshaba Prasad. Bhagawati sa mère a 44 ans, et toute menue dans un sari de coton, elle grimpe chaque matin un abrupt chemin de pierraille pour rapporter l'eau de la fontaine, avant de s'astreindre aux travaux ménagers dans une grande maison traditionnelle en pisé. Le père, Krishna Prasad, a 52 ans et gagne l'équivalent d'un dollar par jour comme garçon de courses et veilleur de nuit dans un ministère de Katmandou, ce qui implique soir et matin une heure de marche et trente minutes d'autobus brinquebalant. Au pied de la montagne, dans le village de Champadevi où finit la route cahoteuse et commencent les sentiers plus agréables aux chèvres qu'aux hommes, la famille Dhital possède trois *ropanis* de terre, soit à peine un demi-arpent, où elle cultive maïs et soja, blé ou riz selon la saison. Cette terre minuscule rapporte ainsi l'équivalent d'une centaine de dollars, soit autant que quatre mois de salaire du père.

La famille Dhital appartient à la caste supérieure des Brahmines, et chaque matin à son retour du travail, Krishna Prasad revêt le *dhoti* pour entamer la prière familiale autour du *pujakotha*, le petit autel sur lequel Apsara a placé les bougies et les fleurs, et déposé l'eau purificatrice, l'encens, les pâtes de couleurs et les grains de riz. Le récit lancinant des mantras ouvre la journée. Puis Apsara et son frère vont tour à tour à l'école, car il manque de classes et d'instituteurs pour accueillir ensemble tous les enfants de Champadevi. Le village, hindouiste, vénère des milliers de divinités, au sommet desquelles trônent Brahma et Vishnu, Shiva, son épouse Parvati et son fils Ganesh, Kali, Saraswati, Lakshmi, Narsingha et tant d'autres dont les temples font l'orgueil du pays.

Installé au Népal depuis dix ans, le Plan de parrainage y assiste 9 000 enfants et leurs familles, parrainés par autant d'étrangers, et répartis sur 30 *panchayats*, ou villages. Ici à Champadevi le Plan supporte 350 enfants. Avec la vie quotidienne d'Apsara, nous découvrons les multiples activités du Plan : construction d'une nouvelle école afin d'abaisser les classes de 60 à 40 élèves ; distribution de l'eau potable avec puits, canalisations et fontaines pour réduire le fardeau des femmes ; programme de médecine préventive et traitements curatifs avec l'ouverture d'un dispensaire, éducation sanitaire et campagnes de vaccinations ; éducation nutritionnelle ; création d'ateliers d'artisanat et cours d'alphabétisation pour les femmes ; améliorations des méthodes agricoles et du cheptel, et autres activités sociales. Avec les voisinages, plus de 400 familles font des progrès rapides depuis l'arrivée du Plan. Oh ! tout n'est pas parfait. Les animateurs ne peuvent en quelques années bannir des traditions millénaires, et l'on voit encore des femmes malades que leurs maris refusent de conduire au dispensaire ou à l'hôpital. Tout près de la maison d'Apsara, une tante souffre, nous cachant un bras atrocement gonflé et douloureux. On appellera seulement le chaman, le guérisseur, ou on l'amputera à son arrivée trop tardive à l'hôpital. Voilà quarante ans, Gandhi lui-même laissa mourir sa jeune femme, en lui refusant une injection de pénicilline. Inde, Népal, Bangladesh, Pakistan, tout le sous-continent indien, d'un milliard d'hommes, avance très lentement.

J'ai voulu *Apsara* très simple, saisissant dans leur déroulement ancestral les gestes d'une vie modeste, que l'aide étrangère adoucit sans contrainte, ni reniements. Du *chulo*, fourneau traditionnel népalais où Bhagawati et Apsara préparent le repas à base de riz, maïs et pois, d'aubergines ou pommes de terre, et de lait, jusqu'aux marches du Dhungé-Dhara, la fontaine de purification du site sacré de Mata-Tirtha ; du geste antique et matinal par lequel mère et fille apposent sur leur front le *tika*, le point rouge hindouiste attirant la protection des dieux, jusqu'aux fastes monumentaux de Patan la ville voisine, c'est à l'itinéraire d'une vie que nous invite la grâce juvénile d'Apsara. Apsara qui, dans la mythologie hindoue, est une nymphe chargée de divertir les dieux, Apsara que l'on proclame ici la Danseuse du Roi du Ciel, le Dieu Indra. Apsara qui éclate de fraîcheur sous les boiseries de Sundari Chowk, l'un des plus beaux temples de Patan, avant de reprendre sa robe usée pour monter vache et chèvre au pâturage.

Si je refuse l'exotisme et le folklore dans lesquels trop de films nous dissimulent de dures réalités, je crois que nous devons, en Occident, accepter que des peuples adhèrent à certains des progrès que nous leur proposons, sans pour cela abandonner leur culture, leurs plus belles traditions. Les fillettes qui, le matin à Champadevi, font leurs offrandes sur les pierres colorées, au son des clochettes, sont plus respectables que les enfants nord-américains ou brésiliens qui paradent sous leur masque de Batman. Si, là-bas, la tradition a pu s'élever au rang d'un art autant que d'une religion, chez nous, les jeux et les loisirs sont devenus un débordement commercial. Catherine me répéta, lors du tournage, que dans ce village népalais, non seulement le chant des oiseaux ou la flûte des bergers, mais la voix des femmes à la fontaine ou au foyer, la voix des hommes dans la mélopée des prières, celle des enfants à l'école ou au jeu, toutes ces voix se fondaient dans une musique naturelle effleurant la terre, les collines, les arbres, comme le font les ruisseaux et le vent. Avec Catherine il nous est arrivé de demeurer figés par la beauté des lieux, d'une cour, d'un chemin, d'une scène éternelle interdisant toute question. Cadrer alors telle ou telle image, enregistrer tel son plutôt qu'un autre, n'était-ce pas un peu violer la beauté pure ?

J'eusse par ailleurs préféré réaliser un film sans l'intervention de la marraine canadienne d'Apsara. Il m'apparut que la présence de l'étrangère était impudique, et retirait au film un continuum mieux accordé aux lieux et à la vie locale. Mais sans cette présence, aurions-nous obtenu la production du film ? Le producteur me reprocha d'ailleurs une trop faible présence de la visiteuse canadienne dans le montage final. Pourtant, dans des films de l'UNICEF, Liv Ullmann apparaissait moins longtemps. C'est une leçon que je retiendrai pour les films suivants, dans lesquels aucun Canadien ne viendra s'imposer dans le décor. L'écoute des peuples doit passer par le retrait de nos égocentrismes, et des facilités cultivées par les chaînes de télévision.

Apsara, nous t'avons connue parce que Foster Parents célébrait son cinquantième anniversaire. Tu n'eusses pas été plus belle si nous étions allés là-bas, à Champadevi, seulement pour toi, tout simplement pour la vie d'une famille, d'un village, qui est toute entière dans tes yeux. Mais il est certain que *Apsara* serait un film plus fidèle à ton éclat, si nous l'avions réalisé uniquement pour montrer la vie quotidienne d'une Népalaise de neuf ans. Oui je le redis : toute la vie d'un documentariste n'est qu'une longue marche vers la simplicité.

L'Arménie, toujours méprisée

U N TREMBLEMENT DE TERRE de très forte amplitude secoue, le 7 décembre 1988, le nord-ouest de la République soviétique d'Arménie, anéantissant la seconde ville, Leninakan, et quelques localités de la région, notamment Spitak et Kirovakan.

Dix jours plus tard, les autorités soviétiques annoncent 45 000 morts, mais les organismes locaux et internationaux de secours œuvrant sur les lieux du séisme, s'entendent autour du chiffre de 80 000 victimes. Rayées de la carte, Leninakan et Spitak ont la moitié de leur population décimée ou rescapée avec de graves blessures, et la majorité des habitants de Kirovakan sont sans abri. L'absence d'informations et de secours fait craindre le pire pour les petits villages, d'accès interdit aux étrangers.

De retour d'un repérage sur l'île de Bolama en Guinée-Bissau, je n'apprends la nouvelle que le 13 décembre à Dakar. Le lendemain, la lecture des journaux sur l'avion de New York me consterne. Voilà vingt ans déjà que je suis passé en Arménie. Depuis, j'ai beaucoup lu sur l'histoire de ce peuple éclaté, et connu un médecin arménien de l'OMS au Rwanda. L'histoire arménienne est un martyrologe. Peuples juif, arménien et kurde, il y a dans cette partie du monde quelque chose qui ne tient pas des slogans, des opportunismes politiques, mais qui est le sang de la terre, séché sur un tapis de haines et de massacres.

Depuis 2 700 ans l'Arménie s'est formée sur cette charnière montagneuse entre l'Oural et l'Arabie, l'Europe et l'Orient, à la jonction du Caucase, du Taurus et du Kurdistan. Elle devint chrétienne au quatrième siècle, avec Saint-Grégoire. Dominée par les Perses, les Romains, conquise par les Arabes, déchirée par les luttes entre Byzantins et Turcs, finalement dépecée entre l'Iran, la Turquie et la Russie, elle n'est plus aujourd'hui (en 1989) que la plus petite des républiques soviétiques, avec à peine 30 000 kilomètres carrés, et moins de 3 millions d'habitants, alors que la diaspora arménienne en compte presque autant dans le monde, dont 45 000 au Canada.

Blottie entre le mont Ararat (en territoire turc, juste de l'autre côté de la frontière) et le lac Sevan, elle tait ses douleurs dans une foi ardente, et un courage millénaire. Erevan sa capitale de granit rose et noir, et Echmiadzin son cœur religieux vivent dans un long, très long silence, régulièrement coupé de massacres, de douleurs voisines. L'Arménie – Hayastan en arménien –, ce n'est pas qu'un pays, c'est la mémoire devenue territoire, c'est presque le deuil devenu patrimoine. Vingt siècles d'invasions, de soumissions, qui, en 1915/1916, se terminent par un génocide. Un million et demi d'Arméniens systématiquement massacrés, dont plus d'un demi-million en quelques jours et de la façon la plus barbare, par un État turc qui ne reconnaîtra jamais ce génocide méthodiquement organisé.

Mais ce n'est pas suffisant. Les meurtres continuent, avec la haine des fanatiques azéris, d'année en année, notamment dans l'enclave arménienne d'Azerbaïdjan, le Nagorny-Karabakh, et dans les grandes villes azerbaidjanaises :

Baku, Sumgaït. Le fanatisme chiite n'a pas de limites. Montez au sommet des minarets d'Erzurum, de Diyarbakir, et aussi loin que peut porter le regard, dites-vous que partout la terre anatolienne a été irriguée de sang arménien. Et 73 ans plus tard, montez au faîte de la tour de la Jeune Fille à Baku, ou sur les derricks des environs, et dites-vous bien qu'à perte de vue, et au-delà, la haine azérie traque l'Arménien, et le tue régulièrement. Qu'un peuple survive à tant d'acharnements à le détruire, relève presque de l'utopie historique. Fallait-il qu'un séisme majeur s'ajoutât aux siècles meurtris ? Et qu'apprenant l'ampleur du désastre, des milliers d'Azéris dansent de joie dans les rues de Baku, et remercient Allah pour tous ces morts chrétiens ? Et pour ajouter l'insulte au supplice, ce ne sont pas les fanatiques azéris que Moskva arrête, mais les nationalistes arméniens, qui n'ont pour armes que des lambeaux d'histoire. Kostan Zarian l'a si bien écrit :

> Il y a du tragique dans les grandes nations.
> Nous, nous sommes une nation torturée, mais pas grande.
> Dans la vie des nations comme dans celle des individus, la tragédie naît de grands élans. Pour faire face aux forces du destin, il faut engager des luttes épiques.
> Nous avons toujours été des victimes.
> Victimes de circonstances défavorables, de forces élémentaires, d'événements sur l'évolution desquels nous ne pouvions rien.
> Et nous attendons, nos vêtements en loques gisant à terre devant les arcs de triomphe des autres nations.
> Nous attendons quoi ? Et pour qui ?
>
> Extrait de « Le passant et son chemin », traduction de Pierre Ter-Sarkissian, *Les Temps Modernes*, septembre 1988.

Depuis 10 jours l'Europe entière vient au secours de l'Arménie. Équipes d'urgence, équipements médicaux, vivres, habits et couvertures, tentes, etc. Chaque jour la télévision rend compte de cette soudaine chaîne de solidarité. L'Europe ne peut manquer cette occasion de laver la honte d'un long silence sur le génocide arménien.

Au Canada, nous nous sommes joints bien timidement à ce mouvement humanitaire. Pourtant 45 000 Arméniens vivent parmi nous, dont beaucoup d'artistes ayant enrichi notre culture, notre patrimoine.

Un collègue de l'ONF, fils d'immigré arménien, se récusant, j'obtiens l'adhésion spontanée d'Arsinée Khanjian, épouse du cinéaste torontois Atom Egoyan, pour partir immédiatement en Arménie sinistrée, tourner un film que j'intitule *Arménie toujours*. Très vite nous nous rencontrons, précisons notre démarche, et demandons le feu vert et un budget minime à l'ONF, afin de témoigner notre solidarité à un peuple trois fois millénaire. Un film de mémoire et de présent brûlants, qui fasse le lien entre le sang et la terre, l'exil et la source.

Nous devons faire vite, afin d'être là-bas lors des fêtes religieuses du Noël arménien, le 6 janvier à Echmiadzin, et dans les familles à Erevan. Cette année, bien sûr, les cérémonies baigneront dans une atmosphère particulière, au lendemain d'un désastre naturel survenu après des mois de tensions ethniques. Nous voulons qu'en cette tragique occasion les images, les paroles, les silences aussi montrent que le lien n'a jamais été rompu, entre les premières marques de la culture, si riches encore à Erevan, Matamaderan et tout autour, et celles de la survivance comme de l'exil arméniens. Avec Arsinée, nous voulons qu'à Kirovakan, à Spitak, à Erevan, les morts et les vivants, la douleur et la mémoire, la fibre d'un peuple et les images trop simples qu'on lui attribue, que tout cela se fonde en une forte leçon de dignité, qui finalement n'a qu'un nom : Vivre. Pierre Vidal-Naquet a intitulé l'un de ses livres *Les assassins de la mémoire*, et c'est pourquoi ce film s'intitulera *Arménie toujours*.

Arsinée, Catherine et German sont prêts à partir.
Pour la première fois depuis mille lunes, le gouvernement
soviétique est prêt à délivrer les visas en deux jours. Le
montage de ce film ne retardera que de quelques semaines
le tournage du film prévu en Guinée-Bissau en avril, car
nous pourrons avec Arsinée compléter montage, commentaire et mixage en trois mois. Ainsi l'ONF sera associé à
l'élan spontané des grands médias occidentaux, lors d'une
tragédie de trop chez un peuple martyr.

Eh bien non! Ce documentaire ne se fera pas. Le
drame arménien, aussi grand soit-il, ne motive personne ici.
Producteur, directeur et commissaire à la cinématographie
ne voient pas comment dégager les 30 000 $ nécessaires à
ce tournage d'urgence. La réponse est si indigne de notre
institution en de telles circonstances, que je m'écrase au
bout de quelques jours. Je sais trop le ridicule de ce refus
pour élaborer à son sujet, d'autant plus que bien des documentaires ici frisent ou dépassent le million de dollars, et
que celui-ci n'en aurait pas coûté le quart. Sans doute y
avait-il trop de spontanéité, d'adhésion, de volonté parta-
gées dans notre petite équipe prête à réaliser le film dans les
conditions les plus dures là-bas. Sans doute ne donnions-
nous pas assez de temps afin que l'on décortique le projet
de réunions en comités... Dans la même année on organisera
une fête du documentaire, qui coûtera plus cher qu'un
tournage avec une équipe réduite dans l'Arménie blessée
au cœur de l'hiver caucasien. Dois-je m'étonner qu'aucun
de mes films n'y fût présenté?

Oui, nous avons manqué un rendez-vous important
avec l'Arménie, au moment précis où toutes les démocraties la rejoignaient enfin dans une solidarité si longtemps
refusée. Depuis quelque temps, le Canada perd la réputation
qu'il s'est acquise au milieu du siècle, pour se replier sur ses

déchirements intérieurs. Oh ! à l'inverse des autres « ratés »,
il ne s'agit pas cette fois-ci de l'abandon d'un projet longuement préparé avec de nombreux interlocuteurs. Tout
s'est décidé très vite au sein d'une petite équipe. Je crois
aujourd'hui qu'avec Arsinée Khanjian pour collaboratrice
immédiate, avec Catherine et German aussi souples et
disponibles qu'on peut le souhaiter en de tels moments,
nous aurions rapporté d'Arménie un très bon film. Pas un
bon film pour les festivals ou les esthètes, mais un documentaire qui eût témoigné de notre solidarité avec l'une
de nos minorités les mieux intégrées, et avec elle notre
attachement à quelques très belles qualités humaines : le
courage et la détermination, la fidélité et la reconnaissance.

Dans ces instants d'abattement, où d'obscures raisons
détruisent les énergies, il n'est pas facile de trancher entre
le devoir du (cinéaste) documentariste et le réalisme des
institutions. L'ONF m'a maintes fois fourni les preuves de
son respect des valeurs humaines qui font la grandeur de ce
pays. Toutes les autorités ont droit à l'erreur. Et sans aucun
doute, mes décisions personnelles, mes priorités ont pu
étonner ou décevoir des personnes, des communautés affron-
tant des difficultés ou supportant des souffrances auxquelles
je n'ai pas porté suffisamment attention. Continuer, toujours continuer, avec conviction mais aussi avec humilité, à
coller aux plus légitimes combats des femmes et des hommes
pour une société, une vie moins injustes, demeure l'unique
mot de passe d'une expérience à une autre, d'un film à l'autre.

Avec, à chaque pause, le sentiment d'avoir fait siennes
les deux dernières phrases d'Alfred Grosser dans son livre
Le Crime et la Mémoire :

> L'histoire personnelle de chacun aura le sens qu'il
> lui aura donné. À lui d'éviter d'un côté la fixation
> stérilisante sur la mémoire douloureuse, de l'autre la
> dispersion dans une liberté inutile parce que sans
> enracinement et sans visée.

L'Afrique profonde, inchangée, dans *Les silences de Bolama*

Avril 1989. L'Occident, dévoreur d'énergie, consommateur de toutes les richesses, questionne l'avenir d'une planète dont la population a doublé en quarante ans, et dont les ressources apparaissent limitées.
Les océans perdent leur pureté, les forêts flambent, les déserts s'étendent. L'homme, après avoir percé les secrets de la matière, sent la Terre soudain petite, et fragile.
Et pourtant, face à la pollution qui met en danger un univers de gaspillage, il existe un continent à la dérive, pour la survie duquel nous n'avons que des mots inertes, et l'oubli.
Nous vous invitons, pour une heure, à partager la vie d'un village comme il en existe encore des milliers en Afrique.

PAR LA VOIX DE MADELEINE ARSENAULT, les lignes précédentes ouvrent le nouveau film *que* je termine fin juillet 1989. Un documentaire d'une heure qu'accompagne le commentaire le plus court que j'aie écrit jusque-là.

Avec Catherine et German, nous avons tourné ce film dans le minuscule village de Bolama de Baixo (prononcer «Bolama de Bacho») à la pointe de l'île de Bolama, l'une des vingt îles habitées de l'archipel des Bijagos, au large de la Guinée-Bissau. Vingt kilomètres de terres basses, encerclées par la mangrove, avec quelques villages parmi les plus pauvres de la planète, où survivent des paysans-pêcheurs d'ethnies Bijago, Mankagne, Balante et Papel. Une île de sable, de palmiers et de broussailles, oubliée dans sa dérive atlantique comme l'Afrique entière l'est de plus en plus dans le monde.

Quinze séjours en Afrique font que ce continent m'habite toujours, quels que soient la durée de mes absences, l'intérêt et le travail qui me retiennent en Asie ou en Amérique latine. Il demeure toujours une Satie, un Médy, un paysan mossi, un berger djerma, un balafon guinéen dans mes moments de solitude ou de mélancolie. Hélas, depuis longtemps l'Afrique aussi me repousse autant qu'elle me retient. J'y ai connu trop de corruptions, de scandales, j'y ai trop vu le pillage de pays entiers par une poignée de dictateurs et leurs cours sans que le monde ne s'en émeuve. Lorsqu'une trop grande misère côtoie un luxe insupportable, quand des vies tôt condamnées par la sécheresse et les endémies alimentent la richesse de quelques clans vénaux, quand les présidents des pays les plus démunis amassent les premières fortunes du siècle, oui, les plus belles lignes d'Hampâté Bâ, de Camara Laye, de Birago Diop ou de Noemia da Souza évoquent des voix, des chants assassinés plutôt que l'ode à la Négritude.

L'Afrique, je dois le dire, me fait très mal. Toute la littérature, tous les discours de cette fin de siècle cherchant à excuser les erreurs, les crimes, les pillages incessants, afin de fixer pour l'histoire l'image d'hommes politiques plus rusés que géniaux, plus cupides que grands, tout ce gâchis faussement diplomatique pour ménager quelques faux rois, oui le discours africain a trop sali l'amour de la terre, le délire des palais a trop blessé les regards de savane.

Alors en 1989, je remercie l'Office national du film du Canada pour m'avoir permis de réaliser un film de cœur, avec lequel je veux répondre à bien des mensonges sur l'Afrique. Avec Manon Labrèche, une Québécoise devenue plus guinéenne que des petits chefs de Bissau, nous filmons la vie à Bolama de Baixo telle qu'elle s'y déroule depuis des siècles, depuis toujours. Manon a ce pays dans le sang, elle en connaît les plus intimes pulsations, et j'envie sa force, son engagement, tandis que grenouillent ici et là des arrivistes peu soucieux du sort des populations rurales. Non seulement elle est une bonne interprète en langue criolo et un guide sûr dans les villages, mais elle mesure en trois secondes l'anxiété ou la détresse dans le regard d'un paysan, parfois un peu d'espoir entre les mots amers. Sans elle, les habitants de Bolama de Baixo n'auraient pas offert leur belle simplicité à notre caméra. Merci Manon.

◦◦◦◦◦

Les silences de Bolama, c'est une heure dans l'Afrique profonde telle que je la connais depuis trente-cinq ans. Un village de 200 insulaires, à la fois paysans et pêcheurs, partageant leur vie grégaire entre les maigres ressources du *mato* (forêt clairsemée d'arbustes et d'épineux, le même mot est utilisé au Nordeste brésilien) et de l'océan (qu'écument au loin les chalutiers étrangers). Ici la nature et l'homme plient sous le climat, dans une même touffeur, une même oppression.

Nous regardons vivre ce village à l'époque de la « soudure », lorsque se vident les greniers à riz, tandis que la prochaine récolte est encore éloignée. Les termites rongent les murs de banco et les toits de branchages, les rongeurs passent dans les champs avant les hommes, un puits est abandonné, et l'autre livre une eau impure. Ici, pas d'électricité, pas de dispensaire ni d'école. Une simple piste de sable, trois heures et demie de marche pour aller vendre un poulet, un porcelet au marché de Bolama, et ramener un morceau de coton imprimé, ou quelques kilos de riz. Ici, la vie est une millénaire résignation. Défricher le mato chaque année pour y cultiver le riz Pan-Pan, l'arachide, un peu de maïs, grimper aux arbres pour y détacher les noix de coco ou les régimes de palmistes qui, broyés, donneront la sauce rouge qui enrichit le riz, mais ne le remplace pas quand les estomacs sont vides. Et fin avril les pommes de cajou, dont la noix partira à l'étranger, et dont le jus fermenté sera le vin de la fête. Une vie simple, sous le vent dans les hauts arbres protégeant le village, aussi immuable que les marées qui apportent les huîtres coupantes que des fillettes récoltent en chantant admirablement, pieds nus dans la mangrove et les rochers.

Sabado Coreio, José Cadene, Néné Gomes, Paola Da Silva, que vous étiez dignes et beaux dans vos rires et vos silences. Et Joana, plus éclatante que les princesses des poètes, du Fouta-Djalon au Sine-Saloum, de l'île d'Orango à la boucle du Niger. Vos familles, vos enfants nus, rieurs ou graves près des marmites. Des générations d'efforts inchangés pour subsister. Et à l'heure de la sieste, un peu à l'écart, grelottant près de la braise du foyer par 30 °C, l'enfant atteint de paludisme. La vie la mort toujours incertaines, silencieuses, oubliées loin du tapage des capitales.

Oui, je désirais ce film, ce regard, ces silences antiques, afin de gommer un moment le mensonge officiel qui macule un continent. Je ne dis pas que l'enfant mordant dans la mangue, ou la fillette apprenant à danser au rythme du tam-tam, doivent toujours primer sur l'ouvrier de la capitale, sur le technicien maître d'une belle machine-outil importée. Mais pour dix machines neuves en ville, il y a des millions de femmes courbées, de paysans tôt vieillis, sans outils, sans voix. Pour une capitale dépensière, et deux ou trois petites villes jalouses de sa croissance démesurée, on compte des milliers de villages qui n'auront pas en l'an 2000 ce que nous jugions indispensable voilà deux siècles.

Satie, Paola, Joana, les années ne changent-elles rien sur la terre de vos ancêtres ?

Quelles que soient son attention de chaque instant pour demeurer fidèle à la réalité présente, sa volonté de privilégier le regard et l'effort plutôt que la rumeur et l'artifice, il est rare que le documentariste soit satisfait de l'image qu'il rapporte d'une personne, d'une famille, d'un peuple. Toujours un questionnement se glisse entre les séquences les plus justes, les plus représentatives des moments vécus.

Cependant, après la projection des *Silences de Bolama*, des collègues et amis avec lesquels je partage certaines exigences, des Africains aussi m'ont témoigné spontanément leur adhésion à ce film. Une heure sous les arbres d'un village bijago, sans travellings ni effets optiques, sans présence ni musique étrangères ; une heure avec les gestes et les paroles criolo, avec le poids continu du climat, de la précarité des choses ; avec le regard amoureux d'un retour sur une terre que je n'ai jamais oubliée. Ce n'était ni de l'ethnographie, ni une étude ni un portrait flatteur, mais un simple retour aux premiers émerveillements du monde noir. À ses douleurs aussi.

Mais avec cette fois une Aaton, et trente années d'apprentissage pour savoir que les prouesses techniques ne servent généralement qu'à masquer l'indigence du sujet, ou la sécheresse du cœur. Avec aussi l'oreille et la sensibilité de Catherine.

Montréal – 1991/1993

Plongée dans
le triangle brésilien

L E BRÉSIL COMPTAIT 93 millions d'habitants en 1970. Vingt ans plus tard la population approche les 150 millions, et on prévoit 180 millions de Brésiliens en l'an 2000, malgré les millions d'avortements. Le Brésil émerge comme la grande puissance de l'hémisphère sud, et sa croissance accélérée présente certaines analogies avec la naissance des USA, au-delà des différents contextes historique, géopolitique et économique. Violence de l'appropriation des espaces, sacrifices des peuples autochtones, catastrophes écologiques, polarisation de l'extrême richesse face au pire dénuement, et par-dessus tout : remplacement des valeurs humaines par une doctrine continentale essentiellement matérialiste, opportuniste. Quelques chiffres résument la situation : dans ce cinquième pays du monde pour la superficie (8 512 000 kilomètres carrés), où l'agriculture et l'exploitation forestière figurent au premier plan (premier producteur mondial de café, de canne à sucre et de jus d'orange notamment), plus de la moitié des exploitations agricoles sont des minifundia de moins de 10 hectares, n'occupant que 3 % de la totalité des terres arables, alors que seulement 1 % des propriétaires détiennent les riches latifundia de plus de 1 000 hectares, et s'approprient 45 %

de la surface cultivable. Certaines propriétés s'étendent sur des dizaines de kilomètres, véritables petits États avec leur police privée. La réforme agraire est constamment repoussée, sous la pression du puissant lobby des grands latifundistes.

Ce triangle géographique est aussi un triangle ethnique : Indiens, Noirs, Blancs, avec toute la gamme des métissages. Un grand peuple, avec une culture très forte dans laquelle se sont fondus et mutuellement enrichis les apports des nations indiennes, de l'Europe et de l'Afrique noire. Des succès, des échecs à l'échelle d'un continent. Au seuil de l'an 2000, le Brésil est à la fois l'espoir et l'angoisse des Amériques. Les synthèses et les symbioses qui s'y produisent, les massacres et les éclats qui en ponctuent le développement, les souffrances et les chefs-d'œuvre qui en singularisent les époques, les femmes et les hommes qui vivent ces moments tragiques ou féconds suscitent des questions difficiles.

Tout pays a ses extrêmes. Ceux du Brésil font parfois la Une des journaux, lorsque trop de morts marquent les audaces des potentats fonciers et financiers. Mais en dehors de ces abcès de violence, connaissons-nous les aspirations d'un peuple ? Les clichés sont faciles. Au sud l'industriel pauliste devant ses chiffres ; et dans le Nordeste la fillette qui répond à Frédy Kunz : *Esto com fome* (Je suis avec la faim). Certaines images sont trop fortes pour que nous les acceptions sans malaise.

Après trois séjours au Brésil, je présente en janvier 1990 le projet d'une collection de quatre films d'une heure chacun, sous le titre générique *La terre rouge*. Et je précise alors : Ce n'est pas le Brésil des manchettes à sensation que nous montrerons. La violence spectaculaire ne nous intéresse pas. Ni les *garimperos* de la Serra Pelada ou du

Roraima, qui en polluant les rios au mercure déciment les tribus indiennes et hypothèquent toute l'Amazonie ; ni les voleurs de camions de la frontière bolivienne ; ni les grileiros et les pistoleros du Bec de Perroquet, qui entre Maraba et Imperatriz assassinent les paysans pour s'approprier leurs terres ; ni les drogués de Rio, etc. Ce qui motive ce projet, ce sont les héroïsmes, les efforts quotidiens, muets, du pays profond. Nous voulons quatre films en hommage à ceux qui luttent dans l'espoir d'un pays plus démocratique, plus humain. Des documentaires bien sûr, sans experts, sans politiciens ni journalistes. Quatre hymnes à la vie, à ras de terre et d'eau, qui seront aussi un chaleureux appel pour la sauvegarde de notre planète à tous.

En préparant ce projet, j'ai aussi un autre discours en tête, ou plus exactement le refus d'un discours du Nord qui commence à exaspérer le Sud. Depuis moins d'une décennie, une litanie de spécialistes et de bien-pensants ne cessent de faire la morale au Tiers-Monde. Dans les médias, les forums, on accuse les pays pauvres, ou au récent décollage économique, de mettre en danger l'équilibre démographique et climatique de la planète, de dérégler l'écosystème terrestre. Il devint d'abord odieux que le Sud réclamât un relèvement des prix de ses matières premières (minérales et végétales), puis scandaleux qu'il entreprît de grands programmes de développement, et d'exploitation de ses richesses naturelles pouvant à long terme nuire à l'écosystème. Ainsi maints groupements écologiques attaquent aujourd'hui le Brésil pour les saignées qu'il ouvre en Amazonie, menaçant le poumon de la Terre. Pourquoi des critiques aussi sélectives quand les Japonais pillent Bornéo, et que l'Afrique subit les mêmes traumatismes écologiques ? Qu'ont donc fait les Américains en abattant les forêts de leurs États du nord, entraînant une gigantesque érosion, et appelant les grands travaux de la Tennessee Valley Authority? Que font les Canadiens en détruisant leurs forêts pour imprimer des journaux de 60 pages d'insipide publicité? Que font les Européens avec leurs millions d'automobiles polluantes, leurs nitrates et pesticides atteignant les nappes phréatiques après avoir condamné bien des fleuves? Qu'ont fait les régimes commmunistes est-européens avec leurs industries-poubelles stérilisant les sols de régions entières pour un siècle ou deux? Dans son environnement quotidien, truffé de gadgets et de machines à tout faire, un Nord-Américain consomme aujourd'hui cinquante fois plus d'énergie qu'un Chinois. Près d'un milliard de personnes se couchent chaque jour avec la faim, dont la moitié le ventre presque vide, et les Occidentaux ont des lave-vaisselle et des couteaux électriques, des appareils de bronzage et autres coûteuses insignifiances, dont le prix de certains nourrirait une famille durant une année dans bien des pays. Le gaspillage du Nord atteint une telle aberration, que tout discours écologique adressé au Sud dans «l'intérêt de l'humanité», est d'une grossière indécence.

Donc, début 1990, je propose les quatre films suivants, d'une heure chacun : *L'or de Poranga*, avec les paysans sans terre du Nordeste, ou disposant de terrains si petits, si pauvres qu'ils ne peuvent assurer la vie d'une famille. *Le canal*, ou la lutte contre l'aménagement d'un nouveau canal sans consulter la population, dans un grand quartier populaire de Belém construit sur une zone marécageuse régulièrement inondée. *Le Soleil Huni Kui*, dont le titre définitif sera *Sous les grands arbres*, une belle leçon de simplicité, d'attachement à la terre et aux traditions que nous donnent quelques familles d'Indiens Huni Kui (communément appelés Kaxinawa) au fond de l'Acre. Une fresque

écologique chez un peuple de la forêt et de l'honneur.
Enfin *Le monde de Frédy Kunz* nous fera partager la lutte
des *favelados* du Grand São Paulo, en compagnie d'un
prêtre dont la vie est entièrement consacrée aux pauvres.

Pays sec et brûlant des parias du Nordeste; longue
cité aquatique des migrants intérieurs à la porte de l'Amazonie; force tranquille d'un peuple de la forêt; et survie
dans l'univers violent et chaleureux des favelas paulistes; ce
n'est pas le Brésil de la fête, mais celui des racines.

Hélas, en juin 1990 je dois réduire le programme de
quatre à trois films, à cause des limites budgétaires.
Devrais-je me battre pour réaliser les quatre films, exiger
le respect d'engagements pris auprès de personnes, de
communautés dont les problèmes rendent les nôtres bien
artificiels? J'ai perdu tant de batailles dans mon milieu, où
les besoins du Tiers-Monde comptent si peu. Plusieurs
collègues et le producteur me font remarquer que le film
Le canal, à cause de l'environnement physique – construc-
tions sur pilotis près d'un grand fleuve équatorial risque
d'apparaître comme un remake de *La casa*. Il n'en est rien,
je le sais. Belém et Guayaquil ne se ressemblent pas plus
que Montréal et Toronto, et les sujets et situations au cœur
des deux films sont bien différents. Mais comment
argumenter avec des fonctionnaires de l'ACDI qui, dès
le démarrage du projet, m'annoncent : « On ne pourra
produire les films d'une heure que si on livre ensuite des
"versions courtes", de 30 minutes ». Produits hybrides que
je ne signerai pas, mais pour lesquels il faut réserver une
part du budget (en réalité ces versions courtes seront
montées par German Gutierrez, et je ne les verrai jamais).
Ainsi meurt un film préparé avec une famille et des équipes
chaleureuses de Belém, en octobre 1989. Lorsque fin juin
1990 je téléphone à Ubiratan Diniz à Belém, je maudis
mon impuissance à faire primer le respect de nos interlocuteurs les plus courageux, et un cinéma à leur hauteur, sur

les organigrammes froids de fonctionnaires incompétents. Comment expliquer, justifier la suppression du film préparé ensemble ? Très vite la voix grasse d'Ubiratan se noue, balbutie les mots portugais, français, comme le ferait un enfant battu. Budget limité, austérité chez nous, cela ne signifie pas grand-chose là-bas, où les moyens sont dix, trente, cent fois plus petits que les nôtres. Et ce qui fait mal, c'est qu'au bout du film il ne gueule pas, il ne m'insulte pas. Il conserve la gentillesse que je lui connais, avec laquelle il anime là-bas des groupes aux salaires insignifiants, mais déterminés et enthousiastes. Des animateurs sociaux qui dans quelques semaines feront face aux bulldozers. Sans nous. Oui, quelle tristesse, quel gâchis : un beau film, un témoignage fort, supprimé pour financer trois courts-métrages inutiles (les écoles dignes de leur mission, commandent-elles pour leurs élèves paresseux des romans d'Anne Hébert réduits de moitié ; les collégiens ne peuvent-ils consacrer une heure à l'écoute d'un pays, d'un peuple, en mordant sur leur base-ball ou leur abrutissement dans les halls des jeux électroniques. En s'abaissant au niveau des médiocres, l'ACDI renie sa mission).

Ce second « raté » que je laisse en Amérique latine, je le décris brièvement dans le prochain chapitre, tel que je l'avais en tête en cette nuit du 20 octobre 1989 sur l'avion de la VASP, en route pour Rio Branco et les Huni Kui du Rio Jordão. Oui, je dis « brièvement » bien que cela requiert quatre pages ; car pour un film réalisé, on peut voir et revoir les images, mais pour un « raté » et dans ce cas pour un documentaire dont j'avais prévu la plupart des séquences avec une grande richesse de détails, avec des gens enthousiastes, on ne peut que livrer des mots, des lignes, des intentions.

Le canal, c'est tout d'abord Belém. Et Belém est une belle main qui s'ouvre en éventail entre le Rio Guamá et la baie de Guajara, à l'embouchure du puissant Tocantins, au sud du gigantesque delta amazonien. Delta occupé par l'île de Marajo, contre laquelle dévient les cent branches de l'Amazone avant de se jeter dans l'Atlantique. Cette ville est à fleur d'eau, et ses quartiers périphériques sont plus souvent inondés que secs. D'immenses favelas, villes satellites encerclant la vieille dame tels des enfants grandis trop vite. Ces *bairros* populaires s'étendent continuellement, sous la pression des migrants intérieurs. Univers hors normes qui aujourd'hui impose ses défis, ses priorités, sa violence. En premier, l'immense Guamá, avec ses 200 000 habitants, qu'un petit bras du Rio Guamá sépare de Terra Firme où cases et passerelles rampent en rangs serrés sur la vase et les hautes herbes. Puis, à l'autre extrémité de cette grande main équatoriale baguée de soleils aquatiques, le *bairro* de Sacramenta avec ses 75 000 habitants. Traversé de canaux, et régulièrement inondé, Sacramenta est selon les heures un four ou un sauna.

Au cœur de Sacramenta : le Passagem A. Là, de part et d'autre des passerelles centrales, des planches relient les petites maisons de bois bâties sur pilotis. Univers mi-urbain, mi-lacustre, fait d'espaces volés par une démographie agressive à une géographie périlleuse. Un monde, une ville sans urbanistes ni architectes. Territoire rampant, arachnéen, lieu de l'imagination et de la survie, habitat de millions de Brésiliens.

La case des Trinidad-Ferreira est semblable aux autres. Y vivent João Da Silva Trinidad, 38 ans, son épouse Lucia Maria Ferreira, 40 ans, leurs quatre garçons Jaderson-Alex, Jefferson-Rogerio, Jorgelio et Jean Dos Remedios, leur fille Luciana la cadette. Une petite entrée avec balustrade, un salon exigu servant de salle d'études aux enfants, une chambre unique avec le grand lit des parents et les cinq petits lits des enfants, desquels dépassent largement les pieds des aînés. Puis tout au bout la minuscule cuisine avec son poêle à gaz. Certains mois, l'eau arrive au niveau du plancher. Chez les voisins elle inonde toutes les pièces, et l'on doit monter les meubles sur des cales, et relever les jambières des jeans.

Les parents sont arrivés à Belém voilà 13 ans, avec un premier garçon d'un an, et le second dans le ventre de Lucia Maria. Ils venaient d'un petit village de pêcheurs de l'île de Marajo, à une journée de bateau de Belém. Comme tous les migrants quittant l'intérieur du vaste État du Pará ils se sont heurtés à toutes les difficultés, avant de posséder cette maisonnette au-dessus des eaux croupies de Sacramenta. Mais là-bas dans le village côtier d'Igarapé do Mel, où sont restés les grands-parents, il n'y avait pas d'autre avenir qu'une misère de pêcheurs isolés. Au Passagem A vivent aussi deux frères et une sœur avec leurs nombreux enfants. João Da Silva Trinidad travaille dans l'équipe d'entretien d'un immeuble de vingt étages à Belém, comme ouvrier qualifié et respecté. Son salaire ne lui permet pas de loger sa famille « en ville », dans une maison en dur, une rue pavée avec des égouts. Mais il a progressivement amélioré l'intérieur de la case sur pilotis à Sacramenta, avec aussi le talent de Lucia Maria qui se lit dans les jolis rideaux et cent détails sur les cloisons. La famille ne se plaint pas, car beaucoup sont plus mal logées qu'elle. Femme et enfants sont correctement habillés. Ils ont deux repas quotidiens. Aucun luxe, mais le nécessaire.

J'aime cette famille dès la première rencontre, guidée par le chaleureux Ubiratan Diniz, un animateur de la FASE brésilienne (Fédération des organisations d'assistance

sociale et éducative). J'aime cette femme à la constante
bonne humeur, cette Lucia Maria dont l'optimisme vainc
les défis d'un environnement parfois violent. Dont le
visage est un perpétuel appel à l'*abraço*, la chaude embras-
sade brésilienne. C'est une participante très active du MUP
(Mouvement d'urbanisation populaire), lui-même intégré
à la CBB (Commission des bairros de Belém), organisme
aidé par la FASE avec le support d'une ONG canadienne.

Lors de mon passage, ils luttent contre un projet de la
Banque mondiale, l'aménagement d'un nouveau canal
d'évacuation qui entraînera la destruction de 400 maisons
du *bairro*, dont la leur. Ce canal, nommé Canal Piraja, est
devenu la hantise permanente des résidants. Une grande
mobilisation populaire s'est levée pour s'y opposer, et exiger
plus de considération envers les *favelados*. Et puisqu'il
s'agit d'un projet de près de 200 millions de dollars, on
espère qu'il sera retardé d'année en année, ainsi que la
plupart des projets au Brésil. Hélas, on a aussi le pénible
souvenir d'un canal similaire aménagé dans un *bairro*
voisin, avec l'expulsion de nombreux résidants.

Lucia Maria, son mari et ses enfants, et leurs amis du
MUP, sont conscients de la nécessité d'effectuer des travaux
hydrauliques, afin d'assainir le quartier. Mais ils exigent
d'être consultés. Ils ne veulent pas se retrouver brutalement
expulsés, obligés d'aller se reloger 10 ou 15 kilomètres plus
loin, dans une zone sans transports publics, ou si rares,
risquant de perdre travail, écoles, amis et parents, et les
quelques services sociaux dont ils disposent à Sacramenta.

Alors toute la famille s'active contre le Canal Piraja.
À 13 ans le second fils, Jefferson-Rogerio, crée des bandes
dessinées bourrées de talent, dont l'histoire est toujours
reliée aux préoccupations du *bairro*. Puis on parade avec de
larges banderoles derrière le Cobra Gigante (le Cobra

Géant) serpentant sur les passerelles de Sacramenta à la manière d'un dragon chinois, afin d'alerter les résidants de l'urgence de réagir à telle ou telle action de la ville, pour laquelle ils n'ont pas été consultés, et qui risque de leur coûter cher. Les réunions et manifestations s'accélèrent, et le soir la chanson *Brega Canal* inonde le quartier sur un rythme originaire du Pará, et les paroles d'un résidant de Sacramenta, Carlos Aragão. Et l'on danse aux tempos des Carimbó et Quadrilha. Non, le Piraja ne sera pas un nouvel Acapamento (le canal voisin qui a entraîné tant d'expulsions). Et partout les groupes se multiplient, tel celui très dynamique de Rua Nova, avec Luiza Cabral et ses filles. Et partout des animateurs infatigables : Gilberto, Guilherme, Maria, Jose-Carlos, etc.

Et dans la nuit opaque qui couvre tout Belém après ces élans de solidarité, des vérités qui suintent entre les milliers de foyers en sursis : la mortalité infantile neuf fois plus forte dans les quartiers populaires que dans les beaux districts (180 pour 1000, contre 20 pour 1000) ; la malnutrition, les diarrhées, les dermatoses (qu'entraînent pieds nus, eaux stagnantes, insectes, etc.) ; la drogue dans les écoles et la prostitution à deux pas, les coups de couteau, etc. Et surtout et toujours : le sol, l'espace à gagner, à défendre contre le marais, contre l'eau envahissante. Cette *baixada*, cette terre basse le plus souvent inondée est le purgatoire de toute une vie. Et pour beaucoup l'enfer.

Et j'ai quitté cette famille Trinidad-Ferreira, j'ai quitté Ubiratan Diniz, ses amis de la FASE, de la CBB et du MUP. J'ai quitté la petite Luciana belle comme une fleur d'héliconia, son ami voisin qui l'accompagnait avec un banjo auquel il manquait une corde, en promettant de revenir avec Catherine et German, avec une caméra ; pour faire de leur lutte méconnue une nouvelle chanson, un

film, une épopée du Pará, de Belém, aussi belle que l'aurore
sur le Tocantins.

Et je ne suis pas revenu.

Dans les organigrammes de Montréal et d'Ottawa, ce
furent simplement un titre, deux mots en moins. Pour moi
cela demeure plus qu'un raté, c'est un lâchage, une insulte.
J'ai séjourné deux fois à Belém. J'aime la ville qui ouvre le
Brésil à l'étranger, dans la luxuriance des cœurs et des fruits.
Les grandes avenues, les édifices impériaux, les monuments,
les grands arbres protégeant des femmes effrontément
belles, des hommes jamais lassés de les admirer. J'aime
cette indolence dans laquelle se fondent des sourires juteux
comme des mangues et des gestes ralentis par la moiteur.
Oh! la grande porte amazonienne a vieilli. Ses édifices
accusent des fatigues, des flétrissures d'anciennes bour-
geoises appauvries. Mais sa population est plus jeune que
jamais.

Maintenant j'aime cette ville au-delà de la ville, cette
immense cité au-dessus des urbanités alanguies, que
forment Guamá, Terra Firme, Sacramenta. La main
chaude de João, le regard franc de Lucia Maria. Si je
retourne à Belém, ce sont d'abord ce bel abraço et ces yeux
clairs que je veux retrouver.

Dans l'enfer du nordeste,
avec les paysans sans terre

1988, 1989, 1990, À TROIS REPRISES JE SUIS ALLÉ au cœur du Nordeste. Trois incursions en enfer. Rosemberg Cariry, l'ami brésilien que j'ai connu sur le jury de la Jornada de Bahia,est un homme fort, un enfant du Nordeste grandi dans les passions populaires, un cinéaste qui parle comme le Zavattini du Ceará. Après la fièvre de Bahia et le farniente océanique de Fortaleza, il m'a donné quelques noms et adresses au fond du Ceará, et m'a conduit à l'autobus pour Crateus.

Neuf heures de route, de piste rude et poussiéreuse. Avec des voisins, des visages qui remplacent tous les dictionnaires, des silences graves qui s'étirent dans la dureté du sertão, la vie entre sécheresse et ailleurs, entre misère et peut-être. Des yeux sombres d'avoir longtemps attendu un village, une ville, un pays fait pour les hommes plutôt que pour les chiens. Des portraits chargés de questions, tels ces tableaux qui dans les musées nous dérangent par leur tristesse définitive, nous disent que la belle vie est ailleurs, dans une autre salle aux couleurs vives, avec des fruits mûrs et la musique et la danse.

Canindé, Santa Quiteria, Tamboril, gros bourgs mangés par la poussière, aux arrêts desquels des familles se retrouvent, à demi décimées, avec la soif, les mots rares sous les rides précoces, les enfants endimanchés pour le voyage. Oui, des enfants mis comme des poupées, dociles, brusquement réveillés pour apprendre à vivre avec les problèmes, les drames des adultes. Entre les haltes, le sertão n'est qu'un lit de vies âpres, une géographie d'endurance.

Terminus Crateus. Une belle préfecture, entre sertão et *serra*, entre la terre sèche et la pierre brûlée. Avec une gare, et des trains de marchandises dont on ne sait d'où ils viennent et où ils vont, car les voies s'enfoncent dans un horizon incertain, tortueuses entre les ronces, les arbustes calcinés d'un dernier feu. Et même une cathédrale, à l'entrée de laquelle Dom Fragoso affiche les photographies des sénateurs ayant à nouveau torpillé la réforme agraire tant attendue.

Avec Eliesio Dos Santos, nous quittons Crateus dans l'increvable Volkswagen, la mule quatre étoiles qui nous conduit à Cabaças, un hameau isolé à 30 kilomètres de pistes abrasives. Cent maisons d'adobe, dont 13 appartiennent à la famille Pereira, plus connue sous le sobriquet «familia Lulu». L'aïeule, Joana, âgée de 89 ans, née avec le siècle, en porte tous les stigmates, mais aussi la tendresse des pauvres qui ici permet de survivre à la dureté de la terre et des riches. Tout autour, les maisonnettes brunes des enfants, petits-enfants, propres telles des fleurs fraîches, avec leurs entrées garnies de photographies, de statuettes de la Vierge et de crucifix. De rares meubles, essentiels, deux jarres d'eau, quelques casseroles et ustensiles sur un support de métal. Dehors deux chiens s'interpellent, scansion de mauvais cinéma dans un décor austère, soudain chaleureux alors qu'un bras maigre nous tend un verre d'eau.

Nous pourrions à coup sûr réaliser un documentaire intéressant avec cette grande famille au milieu de nulle part. Dans un climat qui m'apparaît plus proche de Faulkner que d'Amado.

Un an plus tard, sur les conseils d'Eliesio, je dépasse Crateus, et après deux heures de cahots dans le sable et la rocaille, je débarque à Poranga où m'attend Margaret Malfliet. Près de la frontière du Piauí, le gros village de Poranga n'est plus le milieu de nulle part, mais le centre de toutes les détresses, la convergence de tous les oublis. Le creuset de la désolation. Et Margaret qui parle français avec une voix flamande, ne s'interrompt pas fréquemment faute de mots, mais pour permettre aux visages, aux regards de mieux inscrire leur densité, leur faim, avant même nos questions. Ici, la colère sereine de Dom Fragoso, ses paroles si justes pour un pays si dur éclatent dans l'urgence d'une planète maudite. Car Poranga est sur une autre planète. Pour laquelle je devrais inventer d'autres mots, tant les choses, les situations sont ici une aberration dans un pays aussi riche. Oh ! il y a bien un semblant de gros bourg, un marché, une grande école, quelques boutiques, et plantée sur la place centrale, entre les chevaux qui somnolent et les hommes qui s'ennuient, une grosse église blanche. Depuis quelques années l'unique pompe à essence est fermée. Les automobiles sont rarissimes, et les autobus font le plein à Crateus ou dans le Piauí. Au poste téléphonique, deux employées font patienter les clients entre les appels incertains. À mon retour elles se mettront en grève, afin d'obtenir un relèvement de leur salaire, de 70 cruzados, ou 8 dollars par mois. Pour toute réponse le maire les limogera. D'autres les remplaceront. Il faut dire qu'à 20 kilomètres, dans la touffeur de la Macambira, ce pays de sable où les Jeep ont quatre pattes et s'appellent des mules, de jeunes institutrices ont un salaire mensuel de trois dollars. Oui, 25 cruzados, et elles ajoutent : Il faut tous les trois mois payer l'autobus pour aller les toucher, et avec ce qui reste on ne peut pas même se payer une paire de sandales. Quant aux livres, aux crayons, ils durent, ils durent...

Mais Poranga a l'électricité, ses notables ont la télévision, et ma foi, vu d'avion, cela doit ressembler à un gros
village comme tant d'autres. Vu de haut, tout est propre,
tout est beau. À une sortie de Poranga, à 500 mètres à l'écart
des dernières maisons cimentées, voici un moignon de
rue, un pâté de maisonnettes basses : Jardim das Oliveiras
(Jardin des Oliviers). Vu d'avion, cette fois, cela doit
ressembler à un gros poulailler.

Dès les premiers pas entre ces cases, Margaret
m'observe. Vais-je lui déclarer, tout de go : « Non Margaret,
c'est trop, repartons, nous ferons le film à Cabaças, avec
l'aide d'Eliesio et ses amis » ? Je n'ai rien dit. J'ai suivi
Margaret, de maison en maison, baissant la tête dans les
entrées, acceptant l'unique chaise libre, le verre d'eau (l'eau
qui lentement dépose dans les jarres), l'inévitable cafézinho,
l'insurpassable café brésilien même chez les pauvres. Il
serait malhonnête de dire que j'ai alors aimé Jardim das
Oliveiras. On n'aime pas le creux du creux, la misère de la
misère, à moins d'être un saint, comme Frédy Kunz. On le
supporte. Et si depuis trente ans Margaret rabote le fond
du Nordeste et la Macambira avec le peu de chair qu'elle a
sur les os, je dois bien être capable d'y vivre quelques jours.
Oui, c'est ici que je reviendrai tourner un film avec les
paysans sans terre, les *Sem Terra* du Nordeste. Cela, je le
sais dès ma visite dans la seconde famille. Car dans son
dénuement, ce quartier maudit du Jardim das Oliveiras a
une qualité indéniable pour un cinéaste : il se détache, il
s'impose tel un décor parfait. Plus crédible que le hameau
irlandais bâti par David Lean pour *Ryan's daughter*. Sa
misère, sa faim, son désespoir sont peints, figés, fixés dans
un tableau que nulle mise en scène ne saurait dépasser. Et
ces modestes habitations sont surpeuplées. Très propres ou
très sales, selon les familles. Les animaux y partagent le
réduit des hommes.

Jose-Teresa et sa femme Helena ont 10 enfants vivants. Quatre sont décédés. Il cultive des terres louées à 5, à 10 kilomètres du village, et donne le cinquième de la récolte au propriétaire. Il ne se plaint guère, car bien des propriétaires réclament beaucoup plus. Elle épluche le manioc, avec ses filles, tresse des chapeaux, élève quatre porcs. Elle et lui ont des têtes à crever l'écran. Déjà je le sais, je ne devrai pas en abuser dans le viseur de l'Aaton.

Agosto et Gonçala ont sept enfants autour d'eux, mais huit sont morts à la naissance, à quelques mois, à trois ans. On me le dit sans hausser, sans baisser la voix. Ces choses-là sont habituelles. Il loue une terre à une heure et demie de marche. Elle file le coton local, quand sa santé ne flanche pas trop. Ils élèvent un porc, coupent la canne ici et là, font de menus travaux pour quelques cruzados. Ils se taisent plus qu'ils ne parlent. Leurs silences sont éloquents. Il suffit alors de regarder leurs mains. Ces mains-là n'ont jamais eu le temps, ou le plaisir de cueillir des fleurs. Crevassées, usées comme la croûte du sertão, ces mains-là sont des livres. Hélas leur case est d'une saleté repoussante, les jeunes enfants s'y traînent dans les déchets humains et animaux, les odeurs vous agressent. Mais le regard d'Agosto, ses yeux mouillés dans les lobes torturés, les joues creuses courues de cicatrices, interdisent les conseils. Oui Margaret, il faut l'aimer rudement le Brésil, pour aimer Poranga.

Et moi, Margaret, j'aimais déjà ton silence, ton sourire, et tes paroles toutes simples à Gonçala, à son mari, ses enfants, leur redisant ton affection. Nous pourrions aussi faire un film avec toi, à travers toi Margaret, ta générosité pour ce pays de parias dont tu fais chaque matin un nouvel espoir. Mais cela heurterait ta modestie. Bien qu'athée, je suis ébloui par la force qui te permet là-bas de faire l'impossible : faire aimer la vie dans de telles conditions. Peut-être aussi que si j'avais connu de l'Église des

Margaret, des Frédy, des Fragoso, des Câmara dans mon enfance, serais-je aujourd'hui différent. Je ne sais pas. Ce que je sais, c'est que vous êtes d'une lignée, d'une humanité rare et que je respecte.

Pedro et Cicera sont plus jeunes. Leur maison est propre, leurs trois garçons respirent une santé de fer. Lui, chaque année, passe quelques mois sur les chantiers de São Paulo, revient pour améliorer l'intérieur de l'habitation, ajouter quelque meuble, consolider le puits, et défricher une *terra devoluta*, une terre du gouvernement à 10 kilomètres dans le mato, dans la brûlure sèche des épineux, des cactus, des arbustes demi-morts. Et non pour engrosser sa femme, comme le font tant de travailleurs saisonniers à leur retour. À 28 et 32 ans, Pedro et Cicera ont déjà vu mourir trois enfants, mais de cela on ne parle pas.

Ils sont une quinzaine d'hommes, ici, au Jardim das Oliveiras, avec leurs épouses, leurs fils tôt levés pour quérir les mules, leurs filles tristes qui ne porteront jamais une robe neuve, leurs marmots qui trompent la faim en mâchant la canne à sucre. Avec de minuscules parcelles du gouvernement, toutes à une ou deux heures de marche. Et bien souvent sans aucune terre. On les appelle les Boias Frias, les Gamelles Froides. Paysans sans terre d'un pays sans cœur, d'un gouvernement plus porté à les tuer qu'à les aider, ainsi que le répétera Helena dans *L'or de Poranga*.

Ce tableau est incomplet. Au bout du village, à l'extrémité du Jardin des Oliviers, Margaret me conduit à la maison de Sebastião et Maria Augusta. Et leurs six filles. Une complète nudité des lieux. De rares ustensiles, une table, et quoi ? Le père est manœuvre dans une menuiserie, et son salaire oscille autour de deux nouveaux cruzados et demi par jour, soit vingt-cinq cents. Rien. Mais les fillettes, quelles beautés ! Des princesses. La mère les habille correctement, avec presque rien. Dans la maison elles nettoient, soignent les cadettes, font leurs devoirs avec application. Car plusieurs vont à l'école, une classe où l'institutrice gagne elle aussi... chaque mois le prix d'une paire de sandales. Mais les aînées ont plus de chance ; leur école n'est pas celle, honteuse, que la municipalité accorde à ses pauvres, mais la grande école du gouvernement, à l'autre bout de Poranga.

Avec Margaret nous descendons l'escarpement marquant la fin du village. L'une des six filles nous suit. Nous achetons dans une humble échoppe un sac de petits pains frais, que nous remettons à Raimunda. Durant un long instant, elle demeure figée, avec des yeux immenses. Puis elle détale tel un lièvre, grimpe la côte de cailloux, entre chez elle partager les pains avec ses sœurs. Depuis des mois elles avaient oublié le goût du pain, se nourrissant d'eau chichement saupoudrée de farine de manioc, ou de quelques fruits invendables abandonnés au marché. J'ai eu mal. J'ai pensé acheter des biscuits, des bonbons, des fruits pour cette famille. Et Margaret, avec raison, m'a retenu. « Non Michel, il ne faut pas, si tu veux revenir dans quelques mois pour les filmer... » Elle avait raison. Elle aimait ces enfants plus que tout, mais savait aussi que tout s'apprend très vite ici, que mesquinerie et jalousie fleurissent allègrement chez ceux qui n'ont rien. Il ne fallait pas que revenant, l'on m'attendît comme le Père Noël. Mais les yeux de Raimunda me hantaient désormais. Ces yeux-là, l'éclat de ces yeux-là, c'était l'or de Poranga, et ce serait le titre du film.

L'année suivante je reviens avec Catherine et German. Raimunda et ses sœurs ont changé de maison. Elles vivent maintenant tout près du Jardim das Oliveiras, dans un espace si réduit qu'il évoque plutôt une maison de poupée. Un sol et des murs en terre fouettés par un vent sec et chaud. Mais un rideau à l'entrée de la chambre, une nappe propre sur la table. Marlène et Raimunda s'activent à la vaisselle, au balai, avec les bébés, les poulets, la marmite. Tout autour d'elles la vie n'a pas changé. Nous retrouvons nos quatre familles de Boias Frias, aux limites de la survie. Jose-Teresa, Helena, Gonçala, Agosto qui à 57 ans en paraît 80, Pedro et Cicera, Maria Augusta, et Sebastião le taciturne, qui passe chaque soir des heures avec son fils, car après six filles est enfin venu le garçon dont il rêvait. Le film est pour eux, le film est à eux. Ces gens auxquels ne s'adressent jamais les notables, ces paysans dont l'opinion n'intéresse personne – si ce n'est lors des campagnes électorales, quand on achète leur voix avec une casquette de toile ou un T-shirt –, ces paysans sans terre vont durant notre séjour, non pas se vider le cœur, mais prononcer les quelques mots qu'ils ont depuis trop longtemps dans la gorge. Ces gens condamnés au mépris, parlent soudain avec dignité. Leurs phrases courtes, leurs mots du sertão font pâlir les discours de la Côte, de Fortaleza à Rio.

L'or de Poranga n'a pas été réalisé pour les cinéphiles ou les critiques – dont plusieurs resteront insensibles à la souffrance et au langage des parias de la Terre –, mais pour les femmes et les hommes qui une fois au moins dans leur vie ont eu faim, et ont pleuré d'impuissance devant la vacherie de la vie.

Et les fleurs que Raimunda plante dans les cheveux de Marlène, trouvez-les, beaux esprits, vieillotes et ridicules ; je sais, avec Margaret et Helena, que ces fleurs-là ne faneront jamais. J'ai vu les fillettes de la Macambira avoir pour ces fleurs des regards qui rendent grotesques ceux de nos enfants gâtés devant les vitrines des magasins.

Depuis ma première rencontre avec Raimunda, depuis sa course folle avec le sac de pains, je ne peux oublier ces yeux où criait non pas une enfance, mais tout un pays, un immense pays méprisé, et qui s'appelle le Nordeste. Pas plus que ne peut s'effacer le regard d'une mère Baoulé, portant d'un service à l'autre de l'hôpital de Cocody son enfant condamné, dans l'indifférence des médecins. Ou le regard d'une Khmère à Khao-I-Dang, qui ne parlait plus, car elle savait que la vérité, nous ne voulions plus l'entendre. Il y a des milliers de Poranga, sur trois continents.

Parfois le soir à Montréal, j'entends la voix d'or et de soif de Conceição Chaves Marinho entamant le pathétique *Asa Branca*.

Dans les favelas de Santo André, le monde chaleureux de Frédy Kunz

DANS LE NORDESTE, sitôt quitté l'étroite bande littorale assez fertile, et passé la zone intermédiaire de l'Agreste, on plonge dans l'immense four du Sertão. Le plat pays de la soif. Puis se dressent les montagnes basses, les longs doigts des *serras*. Sertão et Serra sont comme les carreaux d'un grand damier sous le soleil. Femmes et hommes y passent leur vie à se voir mourir, avalés par la voracité des gros pions. Cases noires et blanches, détresses et silences, cases rouges, vite effacées, des révoltes. Là-bas les paysans disent : La *serra* est comme la mère, elle donne toujours quelque chose, même si c'est très peu, quelques légumes ou fruits, de la verdure. Tandis que le sertão est comme le père, il donne beaucoup, mais demande infiniment d'efforts, de fatigues, et de l'eau. Ces deux espaces alimentent des conflits séculaires, dans lesquels les paysans comptent moins que les pierres. Car le roc, il faut le déplacer au bulldozer, à la dynamite. Pour les paysans c'est plus simple : on les repousse, on les tue. Alors, que dire des riches États du Sud ? Sinon qu'ils donnent de l'argent, de l'argent qu'ils reprennent plus vite qu'ils l'accordent. Si, au Nord, les pauvres meurent comme des bêtes, au Sud ils disparaissent avec les ombres. Découvrir, pénétrer le Brésil, c'est aussi reconnaître ces tragiques dualités.

Trois fois aussi je suis allé à São Paulo. J'ai pris l'horrible train pour Santo André, et percé par-delà la sale opacité des vitres la violence des banlieues. Attention! m'a-t-on prévenu, São Paulo est le contraire de Rio de Janeiro. Rio séduit par un site, une vue à couper le souffle, et dès le lendemain vous détrousse, vous fait cracher tous les jurons à toutes les madones du continent. Tandis qu'aux premières heures São Paulo vous terrorise, puis relâche lentement ses griffes pour vous laisser accéder, jour après jour, à la solidarité, à la chaleur des *favelados*. Je ne suis pas convaincu. Tout le Brésil je crois est un cauchemar et un espoir, bien que l'ami suisse Michel Bavarel* y rencontre «plus de générosité que de cruauté», ajoutant : «c'est peut-être pourquoi flotte au Brésil une atmosphère d'allégresse.»

Mais à São Paulo – 17 millions d'habitants avec les banlieues –, les superlatifs sont devenus si communs, les violences si banalisées, les miracles si naturels ici et là dans la respiration du monstre, que tout, et le contraire de tout, peut être dit à propos de cette ville sans recourir au mensonge.

Au sud-est les villes satellites envahissent les collines au rythme des migrations intérieures. São Caetano do Sul, Santo André, Diadema, São Bernardo do Campo, Mauá, le magma urbain ronge la forêt, comble les vallées, déploie son anarchie, ses labyrinthes infra-urbains sous l'alternance du soleil et de la *garoa*, un brouillard froid et perçant qui vous glace en plein midi.

Avec plus de 700 000 habitants, Santo André n'a pas d'hôtels. Seulement des industries, un petit centre commercial, et d'immenses bidonvilles : les favelas. Une

---

* Michel Bavarel, *Frédy Kunz - Alfredinho et le Peuple des Souffrants*, Paris, Les Éditions Ouvrières, 1991.

lèpre ondulée qu'il faut pénétrer afin d'y aimer la vie plutôt que la ville. Car la ville la plus riche du Brésil, la capitale industrielle paie des salaires si bas que la plupart des ouvriers ne peuvent loger leur famille dans un appartement confortable. Ainsi, à Santo André, plus du tiers de la population réside dans les favelas. Milliers de cahutes, de cases, de maisonnettes s'agglutinant sur les versants doux ou abrupts, construites de planches, de tôles, de cartons, de fibro-ciment, et progressivement renforcées, redressées, rebâties de briques et de parpaings, avec portes et fenêtres, et même des rideaux. Avec des fleurs. Avec surtout deux matériaux de base : de la vache enragée et du cœur. J'ai maintes fois revisité quelques-unes des cent favelas qui là-bas font une ville. Et dans l'une d'elles, j'ai connu des personnages avec lesquels un Hugo, un Zola, un Brecht eussent produit d'autres chefs-d'œuvre.

Dans la favela Lamartine, j'ai plus simplement tourné un documentaire à l'image de ces Brésiliens qui, avec trois fois rien, humanisent leur ville. Une leçon d'humilité, de générosité que j'ai appelée *Le monde de Frédy Kunz*, puisque tout film doit porter un titre. Mais ce film-là, aucun titre ne lui convient vraiment. Car les acteurs, les participants font si bien les choses à l'envers, ils conjuguent tant de verbes impossibles, ils accumulent tant de victoires sur l'angoisse et la peur, qu'aucune définition ne me satisfait. Peut-être le mot « cœur », ou le mot « foi » est-il l'unique sémantème profondément lié à leur vie. Incapable de les décrire, j'ai aimé les filmer, les regarder agir.

Le premier des leurs, je veux dire celui que j'ai d'abord rencontré et par lequel j'ai connu ses voisins et amis, se nomme Frédy Kunz. Ugo Benfante, un prêtre-ouvrier de la Pointe Saint-Charles à Montréal, m'avait, quelques années auparavant, parlé de cet homme remarquable, qui ne pourrait me laisser indifférent. Eh bien oui! dès mon premier passage à la favela Lamartine, j'ai été ébloui par cet homme, et j'ai vite compris que je ferai tout pour réaliser un film avec lui, autour de lui.

Frédy Kunz a 71 ans lors du tournage. Né à Berne, il a 6 ans lorsque sa famille quitte la Suisse pour s'installer à Arbois, dans le Jura français. À 13 ans il est apprenti cuisinier, pas payé et mal nourri. Puis, avec le temps, cuisinier bien payé et bien nourri. Militant de la JOC (Jeunesse ouvrière catholique), à 19 ans il songe à devenir prêtre. Colère et refus net du père. Soldat, il est fait prisonnier sur le front d'Alsace, passe d'un camp à l'autre pour finir en Autriche, où il devient l'ami et confident d'un prêtre français partageant sa captivité. À la Libération, il lit l'ouvrage de Maria Winoska consacré à Maximilien Kolbé, ce prêtre polonais qui à Auschwitz est allé à la mort à la place d'un père de famille. Impressionné par une vie couronnée d'un tel sacrifice, il entre au séminaire. Ordonné en 1954, il est d'abord vicaire à Belleville, quartier populaire parisien, avant d'émigrer à Montréal en 1955. Durant 13 ans il s'active dans un quartier très pauvre : la Pointe Saint-Charles, où il fonde le premier Cercle Max Kolbé, avec un groupe de résidants et d'étudiants. L'hiver, ils secourent en pleine nuit des locataires en panne de chauffage, ouvrent un vestiaire, puis un dépôt d'alimentation pour les plus nécessiteux. Visites aux vieillards, réponses à toutes les urgences dans un quartier à la dérive, les « Groupes 7 Up » deviennent les dépanneurs bénévoles, avec pour emblème l'insigne des déportés politiques dans les camps nazis, tel que le portait Maximilien Kolbé avant sa mort.

Ne pouvant partir en Inde, Frédy Kunz émigre au Brésil en 1968, et durant vingt années secourt les déshérités du Nordeste. Prostituées, paysans sans terre, affamés de la grande sécheresse, de tous il partage la vie au sens le plus noble du terme, dans un don physique et spirituel qui lui vaut un respect unanime. Et l'amitié de Dom Fragoso, évêque de Crateus, de Margaret Malfliet et de centaines d'animateurs laïques et religieux. Le Brésil découvre un petit homme, qui non seulement vit parmi les parias du Nordeste, mais qui leur donne de l'espoir dans des actions quotidiennes à ras de terre.

Finalement (bien qu'il ne faille pas utiliser cet adverbe au sujet de Frédy), en mai 1988 il descend à São Paulo, s'installe à Santo André dans la favela Lamartine, étendant son action aux favelas voisines : Gregoria de Matos, Bugival, Maracaná, Titan, Valentim Magalhães, etc. Fils de la Charité, Frédy Kunz devient la voix, le visage et la conscience d'un Brésil opprimé, au même titre que le Père Josimo, que Helder Câmara, et toute une aile du clergé qui refuse la longue alliance de l'épiscopat avec les dictatures. De Paris à Montréal, du Ceará aux favelas paulistes, Frédy Kunz, Suisse, Français, Canadien, Brésilien, est avant tout un Terrien fragile et fort, un homme d'exigence.

Avec Catherine et German, nous l'avons filmé le plus simplement possible. Dans sa case, dans les ruelles, les pentes raides, les bicoques des favelas où sa silhouette est devenue un signe de solidarité, de fraternité. Cet homme prend racine partout où il passe. Que l'on soit lettré ou analphabète, croyant ou pas, on ne peut être insensible à la belle simplicité avec laquelle Frédy Kunz décrit les choses les plus compliquées, on ne peut être indifférent à une telle générosité de toute une vie.

À 71 ans, le voilà dans une petite baraque de mince contreplaqué, dont on craint qu'elle ne s'effondre à la première bourrasque. Sur quelle planète se sont enfuis les douillets presbytères du Québec ? Là une « cuisine » où il tient à peine, debout devant un feu qu'alimente le bois de rebuts que lui apportent les enfants, où il prépare les soupes pour toute la communauté, avec les légumes qu'on lui donne. Qu'est devenu le chef cuisinier de Besançon et du Fayet Saint-Gervais ? Une table bancale, un banc rugueux, voilà son bureau, voilà l'autel, et le lieu où il reçoit toute l'année 10, 20, 30 personnes, fidèles, tassées comme des sardines, heureuses de partager avec lui les dernières rumeurs de la favela, la soupe chaude, ou le bonheur des mariés. Quant à sa « chambre », si exiguë face au fourneau, autant dire qu'il dort dans une valise.

Tout autour de la sienne, des cases aussi fragiles que leurs occupants retrouvent après les longues heures de travail et d'autobus, que des femmes abandonnées, des journaliers entretiennent de leur mieux. Et partout, des enfants vifs, jouant avec rien, allongés sur le sol pour faire leurs devoirs scolaires, dansant la lambada entre les clôtures, repoussant les chiens maigres qui leur disputent un mouchoir de soleil. Tout autour des hommes peu bavards, des femmes courageuses qui d'un legs d'insultes et de blessures refont un monde fraternel. Vera, voisine de Frédy, toujours prête à aider ; Rosemari qui vient de loin et que tourmente la vie de ses filles ; Helena, analphabète, mais si forte pour tenir tête aux autorités ; Ana Maria qui travaille en usine, laissant ses jeunes enfants à la surveillance de l'aînée ; Neuza qui survit d'optimisme faute d'espace, entourée de marmots et de problèmes ; et tant d'autres réunies régulièrement dans la case de Frédy ou de l'une d'elles, pour la prière, les chansons, le repas, pour tout. Puis Dulce qui porte bien son nom.

Nara la musicienne, dont la guitare ici vaut bien celle de Brassens. Nara instruite, vite à l'œil et à l'oreille de Frédy. Qui après avoir donné sa jeunesse pour adoucir la misère du sertão, se dépense dans les favelas alors qu'elle pourrait être professeur en ville. Nara dont j'aimerais

filmer la ferveur durant des heures, quand elle anime les
rencontres ou rythme les chants libérateurs parmi les plus
beaux du monde.

Et Dalva! Dalva la Noire plus rayonnante que toutes,
imposant la dignité, interdisant la charité facile. Un documentaire de deux heures ne pourrait cerner toute la
richesse de cette femme. Un mari en prison, et trois jeunes
enfants à élever dans une case de trois mètres sur trois. Et
au milieu de ce réduit brûlé par le soleil, Dalva qui nous
répond : « D'autres personnes logent avec moins de confort ».
On devrait obliger les mécontents qui manifestent sur les
Champs-Élysées ou qui polluent les lignes radiophoniques
de Montréal, tous les Occidentaux anxieux à l'idée de
perdre un centième de leurs privilèges, à voir la vie de
Dalva. Obliger les hommes d'État, les politiciens, les
riches industriels et financiers à vivre une journée avec
Dalva. Oui, dans le monde de Dalva et de Frédy, les paroles
de Collor sont indécentes, et même délétères.

Athée, j'admire Frédy Kunz. Pourtant, autant par
l'action que par la géographie, il est aux antipodes de
Zafrullah Chowdhury. Les deux hommes me fascinent, et
répondent logiquement, chacun à leur façon, à la question
qui me poursuit depuis trente années : comment attaquer
la misère sans blesser ceux qui la vivent ? Les échanges que
poursuit Frédy Kunz dans les favelas de Santo André sont
des communions intenses, des éclats spirituels et des
chants de délivrance que beaucoup de chrétiens ne connaî-
tront jamais. Il est possible que pour un prêtre, un croyant,
certains instants privilégiés ne soient que quelques pas sur

la voie du Seigneur. Pour moi, c'est beaucoup plus. L'Église n'accède au bonheur des hommes, à leur ultime espoir de paix que lorsque ses serviteurs savent écouter les plus humbles, les plus démunis. Et cela, Frédy Kunz le dit, sans bruit, sans hausser la voix, parmi les familles les plus déshéritées du Brésil.

Parfois, à les écouter, lui et ses amis de Lamartine, je me pose sérieusement la question : une telle fraternité ne dépasse-t-elle pas nos coûteuses institutions prétendument démocratiques, écoles et usines de la connaissance et des communications, qui souvent se révèlent si élitistes ? On ne filme pas ce doute-là. On ne risque pas un tel dialogue, sans tomber dans l'imagerie éculée d'une religion livresque, ou le danger plus grand d'une prouesse intellectuelle. L'Église a trop fait commerce d'habiletés et de ruses, d'art et de génie oratoires, pour que l'on ne prenne garde à certains discours parmi les pauvres. Pour une poignée de Kunz, de Fragoso, de Câmara, et ailleurs d'abbés Pierre, combien est encore lourde une Église des rites et des lois les plus rétrogrades ! Combien de papes n'ont-ils pas entraîné l'Église dans un abîme d'incompréhension des hommes. Et au Québec, pour un Ugo Benfante, un Jacques Couture ou un Jacques Grand'Maison, combien de mielleux conservateurs n'a-t-on pas supportés !

Le monde de Frédy Kunz ne dit pas tout cela, mais il montre bien plus. Cependant j'ai dû me poser ces questions, très personnelles, avant de plonger dans ce film. Non, le film montre plutôt que la vie, l'espoir sont contagieux et forts, quand ceux qui les portent ont des mouvements de cœur plutôt que des préoccupations financières, d'humbles convictions humaines plutôt que des intérêts. Dans un petit livre, Frédy Kunz dit : « Les peuples riches compensent par leur réfrigérateur, l'indigence de leur être ». Et au journaliste suisse Michel Bavarel, il répond : « En simplifiant la vie, tu limites la destruction de la nature. Une alimentation végétarienne exige moins de terre qu'une alimentation carnée. L'humanité doit prendre le chemin d'une civilisation de l'austérité et de la frugalité, parce que le système actuel de gaspillage mène à la catastrophe. » À cet homme, puis-je demander : Que peut changer un prêtre dans les favelas, n'est-ce pas qu'un pauvre de plus ? Ou encore : D'où vous vient cet enracinement parmi les pauvres ? Hasarder l'épineuse question sur les deux églises du Brésil : celle des riches, et celle des pauvres. Demander si aujourd'hui le Dieu des favelados peut encore être celui des conquistadores. Il répondra calmement, disant que l'Église est Une, mais à l'image des hommes. Il me dira qu'après l'échec d'une civilisation matérialiste, il n'a eu d'autre choix que « de franchir le mur de la honte qui nous sépare des pauvres ». Et si j'ajoute : « Et demain ? », à 71 ans il me répond que « son vœu le plus cher est de continuer, de pouvoir continuer ». Car si cet homme a de l'humour – le fils de la voisine me rappelle-t-il, s'appelle Victor Hugo, et habite à Lamartine –, il est de volonté et de roc. Bon et têtu. Et probablement certain d'avoir choisi la bonne route. La seule possible, en accord avec l'exigence d'une foi, d'un don de soi qui le conduisent partout, lui qui ne possède rien (deux pantalons, trois chemises, un blouson, une paire de chaussures, deux casseroles, une bible et un crucifix), avec la sérénité que n'ont pas les plus riches voyageurs. À ses brefs passages à Montréal, German, Yukari et moi sommes ébahis par la façon dont cet homme domine son époque. Et Michel Bavarel me rappelle que Frédy est un admirateur de Gandhi.

Trente ans, vingt ans plus tôt, je n'aurais pas fait ce film. L'Église m'a toujours paru un lieu de diversion, voire de subversion de droite parmi les sociétés démunies. Je n'aurais pas préparé un film avec un prêtre, tout comme je l'aurais refusé avec un militaire, un financier, une vedette du show-business. Chacun a ses principes, et surtout ses limites, ses blocages. Les documentaristes ne font pas exception, quelle que soit l'ouverture dont ils se réclament. Ai-je changé, ai-je appris, ou simplement vieilli? Peu importe. Athée, j'ai peut-être compris, après la longue alternance des enthousiasmes et des déceptions, que la tolérance est une qualité maîtresse. Que s'il faut demeurer inflexible sur le respect des êtres (les Droits de l'homme si déclamés et si bafoués), cela commence par le respect de leurs idées, de leurs croyances. La vie nous enseigne que tout est simple et infiniment compliqué. Il me fallait peut-être, pour comprendre (mais l'ai-je vraiment compris?) et aimer Frédy Kunz, manquer l'échange avec des personnes d'égale valeur. Il me serait trop facile d'imputer au manque de temps, l'indifférence avec laquelle j'ai pu côtoyer des femmes et des hommes remarquables, pour la simple raison qu'au moment de nos rencontres leurs préoccupations n'étaient pas les miennes. Je demeure impulsif, facilement révolté, sans toujours faire l'effort qui conduit à l'acceptation des autres. Je ne veux pas dire, bien sûr, l'acceptation des voyous, des corrupteurs, des lâches, ou des assassins de tout un peuple. Des Touré, des Khieu Samphan, des Hussein, des Pinochet, des Ceaucescu, des Mobutu n'appellent pas je crois la charité chrétienne, ni même le simple respect.

La première difficulté, durant quarante années de découvertes en divers pays, parmi des peuples souvent opposés, fut de savoir où devait cesser la tolérance et s'imposer le refus, alors que les idées, les dogmes primaient sur le bien-être des populations. J'ai connu des officiers de retour d'Indochine, qui n'étaient ni des «bouffeurs de Viets» ni des lâches, mais des hommes honnêtes déçus par toutes les occasions manquées de mieux clore là-bas l'époque coloniale. J'ai rencontré des intellectuels arabes qui n'avaient pas la haine des Juifs, et qui souffraient du fanatisme de leurs dirigeants. Des Chinois qui étaient plus sensibles que maoïstes, et que traumatisaient les massacres perpétrés au Tibet. Des Américains dont l'humilité après les erreurs, valait mieux que les tortueux sarcasmes européens. À s'enfoncer durant une vie dans les marges de l'humanité, on développe des réflexes exagérés, on tombe parfois dans un regrettable manichéisme. Certains de mes films en ont peut-être partiellement souffert.

Par ailleurs, j'ai découvert Frédy après un ras le bol des discours doctrinaires et marxistes que les intellectuels sud-américains produisent comme des *churros*. À Lima enfin, quelques années auparavant, Miguel Azcueta m'avait séduit non pas avec des paroles, mais avec une action, un bouillon d'humanisme, d'enthousiasme et d'intelligence qui s'appelait Villa El Salvador. Hélas le film projeté là-bas n'avait pu se faire. Lima, Poranga, São Paulo, d'ouest en est le triangle continental des dictatures et des souffrances offrait la même inflation de slogans, de massacres, sous des vocables ou des airs différents. Et entre Frédy et Miguel il y a, c'est certain, la ligne droite chère à Claude Roy. Pour moi, l'un ne remplace pas l'autre, mais les deux agissent, chacun à leur manière, vers un même objectif : soulager la souffrance des plus pauvres, dans une société qui les rejette, après les avoir engendrés.

Il est possible aussi qu'à mon insu, l'extrême dénuement qui entoure la vie de Frédy, de sa communauté, m'ait attiré par ce que l'on peut définir comme le vertige ou la beauté de l'outrance. L'appel du vide matériel, au fond duquel vit une intense richesse humaine. Mes premiers pas dans la favela Lamartine, furent à coup sûr des images fortes, auxquelles un cinéaste ne peut être insensible. En ce sens, Lamartine rejoignait Villa El Salvador, malgré de notables différences entre les comportements, les caractères brésiliens et péruviens. Avec des mots différents, Frédy parlait d'un monde qui était aussi celui de Miguel. Frédy demeurera un ami qui compte. Et le film un témoignage de générosité et de grandeur humaines, dans un monde et une époque où elles font cruellement défaut. *Le monde de Frédy Kunz* est un pays fraternel que nous recherchons tous.

❧

Durant le tournage au Brésil une nouvelle me peina. Appelant Yukari, elle m'apprit que Bernard Longpré quittait l'ONF. L'un des premiers cinéastes d'animation à la Production française, il se sentait incompris, rejeté dans ses projets les plus chers. Timide, réservé, cet ami avait pourtant réalisé, seul ou en collaboration avec un collègue, quelques remarquables films d'animation, notamment *Monsieur Pointu*, *Les naufragés du quartier*, *Itinéraire*, explorant diverses techniques avec la maîtrise d'un artiste exigeant. Je sais qu'il désirait s'attaquer à un film approfondissant trois décennies d'expérience, adapté de l'œuvre célèbre d'Hiroshige : *Les 53 étapes de la route du Tokaido*. Quel sujet magistral, pour un cinéaste aussi perfectionniste qu'inquiet. Une nouvelle fois l'incompréhension administrative rompit une carrière, une œuvre. Bien que par la forme et la technique nous travaillions presque aux antipodes l'un de l'autre, j'ai toujours connu chez Bernard Longpré cette passion, cette angoisse aussi du peintre devant toute représentation visuelle des émotions humaines. Aujourd'hui bien sûr, les maniaques de l'informatique et de la guimauve électronique n'ont pas ces états d'âme.

Au fond de L'Amazonie, dans l'Acre : l'univers préservé des Huni Kui

V INGT-SEPT MARS 1991. Nous quittons la petite ville de Tarauacá, et remontons lentement le rio du même nom, sur une pinasse couverte propulsée par un moteur Yanmar. Deux Indiens de l'Acre nous conduisent au fond de l'Amazonie brésilienne, se relayant à l'avant et à l'arrière de l'embarcation. Luis est Yawanawa et vient du Rio Gregorio, plus à l'ouest. Salvio est Huni Kui, et après sept mois d'absence il rentre chez lui, à une vingtaine de kilomètres de la frontière du Pérou. Sept jours de bateau. Arrêt à 18 h, alors que la nuit tombe en quelques minutes, et départ à 6 h, dans la brume qui est vite dissipée par un soleil ardent. Douze heures durant lesquelles le moteur impose sa mélopée rauque, repoussant, effaçant mille chants d'oiseaux à son approche. De jour en jour le Rio Tarauacá, puis ensuite le Rio Jordão, resserrent leurs rives, jettent devant nous les arbres morts, monstres flottant entre l'horizon et son miroir, perchoirs d'oiseaux magnifiques, obstacles qui nous obligent à des prouesses de navigation. Pour la nuit nous tendons hamacs et moustiquaires dans le bruissement des insectes. Le jour nous remontons des siècles préservés. La Terre nous apparaît telle une planète d'une étourdissante beauté. Notre embarcation, nos rêves, peu de choses. Pâtes et manioc, bananes et papayes, de temps en temps un poulet acheté à une halte indienne, les repas ne rompent pas le voyage. Le Yanmar tourne, rappel immuable de notre dépendance.

Deux ans plus tôt, j'avais voulu gagner du temps. Un petit avion monomoteur, loué à Rio Branco, m'avait évité cinq jours de bateau. Mais la piste était si mauvaise à Foz de Jordão, que quatre jours plus tard le pilote n'était pas revenu me prendre tel que promis. Adieu le petit Cessna à 200 $ l'heure, j'étais reparti pour Tarauacá sur une grande barque motorisée, descendant le courant en deux jours, nourri de papayes et d'aventure.

3 avril. Après quelques haltes à des postes Huni Kui, nous débarquons à Trés Fazendas, le hameau que j'ai choisi lors du précédent voyage, pour notre film sur la vie quotidienne des Indiens Huni Kui, communément appelés Kaxinawá.

Toute la population – cinq grandes familles – accourt au bruit du moteur. Haie de silhouettes fières en haut de la berge, tandis que les plus curieux descendent dans la glaise pour nous accueillir. Catherine est prête, Nagra sur le ventre, et armée de la perche-micro qui intrigue les enfants. Dans le viseur de l'Aaton je suis Salvio Alves Barbosa notre guide, le leader du village, qui revient chez lui après une longue absence, et qui va dans deux secondes s'extasier devant le bébé que sa femme Francesca tient dans ses bras, là devant nous, à trois mètres du bateau. Quelle belle scène pour ouvrir la séquence du retour. Car cette fille de deux mois, Salvio ne l'a jamais vue, et nul doute que pour lui, elle doit être aujourd'hui le plus beau bébé Huni Kui de toute la vallée du Rio Jordão.

Eh bien non, c'est raté. Sans un regard pour son épouse et sa fille, Salvio gravit l'escarpement glissant où nous le précédons tant bien que mal. On n'a pas plus changé les coutumes qu'on n'a creusé de marches pour notre arrivée. Et c'est très bien ainsi. Dans le commentaire du film – aussi sobre que celui des *Silences de Bolama* –, je ne soufflerai mot de cette tradition Huni Kui, qui veut que les hommes et les femmes observent une extrême retenue dans leurs gestes publics. Et puisque ici la nuit tombe vite, qu'elle est très noire dans les cases où les larges toits débordants masquent étoiles et clair de lune, et que nous n'avons pas apporté de génératrice électrique (si bruyante qu'elle interdit le tournage de scènes naturelles en des milieux où alternent les chants d'oiseaux et le bruissement des insectes), nous laisserons au spectateur deviner les gestes de tendresse, qui à Trés Fazendas ne sont pas bien différents de ce qu'ils sont partout ailleurs dans le monde.

Je sais que sur bien des écrans de télévision, des commentateurs nous abreuvent de jugements sur tous les peuples, et qu'à ce retour de Salvio, ils n'hésiteraient pas à appuyer à gros traits : « Voyez, notez l'apparente indifférence avec laquelle l'homme Huni Kui rentre chez lui après une longue absence, sans le moindre regard pour son épouse et l'enfant qu'il n'a encore jamais vu... » Et pourquoi, nous Occidentaux, devrions-nous toujours juger les peuples selon nos propres habitudes, notre impériale philosophie de la vie ?

Après ce retour à Trés Fazendas, je me suis souvenu de mon premier séjour au Japon. J'avais passé un mois dans la famille de Yukari mon épouse. À l'aéroport d'Haneda, juste avant le départ, je n'avais pu quitter ma belle-mère sans l'embrasser. Kisé avait eu un bel embarras. Jamais dans sa vie cela ne lui était arrivé en public, ni avec son mari, ni avec Yukari à son retour de trois années en URSS. Maintenant, après de nombreux séjours à Yokohama, je la retrouve et la quitte sans ces effusions ostentatoires propres aux Occidentaux.

Passé une journée d'installation, et de présentations avec les cinq familles du campement, nous filmons la vie Huni Kui telle qu'elle se répète depuis toujours. Sur le plancher élevé des grandes cases, et sous les grands arbres. Dans les clairières où l'on cultive l'arachide, le manioc, le maïs, le coton. Dans la forêt dense où l'on incise l'hévéa pour la coulée du latex. En cette haute vallée du Rio Jordão où 1 200 Indiens Huni Kui (ils ne sont pas plus de 8 000 dans tout l'État de l'Acre) peuplent une dizaine de villages, ou campements, l'homme a de tous temps respecté la nature. On ne coupe que les arbres nécessaires à la construction des cases et des pirogues, on ne cultive dans les clairières naturelles et aux alentours des cases, que les produits de consommation locale. Ici, la forêt habite l'homme, autant qu'elle l'abrite et le nourrit. Elle est le passé, la vie, l'univers Huni Kui. Cela n'interdit pas un remarquable artisanat, principalement le tissage et la vannerie, et l'introduction de quelques articles étrangers vraiment utiles, et que l'on achète avec l'argent de la *borracha* (latex ou caoutchouc naturel), tels que les moteurs des bateaux, les marmites et casseroles, les radios à piles, les miroirs, et les robes légères qu'aujourd'hui on préfère aux habits traditionnels tissés dans le coton local.

Oh! si limes, oranges, papayes et bananes sont à portée de main, ou de perche pour les enfants, si la basse-cour et les porcs sont là sous le plancher surélevé de la longue case, si l'homme revient de temps à autre de la chasse avec un gros singe, un cerf, ou un *jacaré* qui coupe la monotonie des repas, cela ne signifie pas que les Kaxinawá vivent dans un parfait paradis. Les moustiques, surtout à la tombée du jour, sont omniprésents et hargneux, et toutes les peaux, vues de près, sont semées de piqûres et cicatrices.

La malaria frappe ici autant qu'ailleurs à de telles latitudes. Bien que les Indiens ne souillent pas les rivières, l'eau qu'ils y prélèvent et laissent déposer de longues heures avant de la boire, contient parfois de dangereuses bactéries, et les coliques, les diarrhées ont leur lot de victimes. Pour ces raisons, Salvio a suivi à Rio Branco et à São Paulo un cours d'agent de santé, et tient une petite pharmacie dans une case du village, dont il renouvelle le stock de médicaments avec l'aide d'OXFAM-Québec.

J'ai volontairement choisi de filmer une tribu, un peuple amazonien qui n'est pas (pas encore) vraiment touché par la pollution, les multiples agressions des Blancs, et d'une façon générale ce que l'on nomme « le développement du grand bassin amazonien ». Les massacres, les ethnocides, les pillages à grande échelle, la destruction de l'écosystème hydraulique et sylvestre, l'empoisonnement des *igarapés* et des rivières par le mercure des chercheurs d'or, les expropriations brutales et les « exploits » des pires crapules font la manchette dans les médias, sans que cela ne change rien à Brasilia. Rien dans les lois et leur application, rien dans la toute-puissance des profiteurs.

J'ai voulu qu'une leçon d'écologie nous soit donnée, sans discours, mais avec des gestes, des comportements quotidiens, par un peuple voué au respect de sa terre ancestrale. Une communauté attachée à sa culture tout en étant très réceptive au véritable progrès, à celui qui s'ajoute, qui enrichit le patrimoine plutôt que de le nier et le détruire.

Salvio et Francesca, Noberto et Gracineidi, Adalto et Valci, Reginaldo et Maria-Amelia, Raimundo et Carmina, leurs enfants, leurs frères et sœurs, cousins cousines, et toute la famille indienne élargie qui peuple les cases selon les besoins des cultures, des récoltes, des travaux communautaires, tous nous ont offert leur hospitalité, leur beauté première dans les jours coulés comme la pluie et le vent dans les grands arbres.

Sous les grands arbres est un film qui m'attirera des critiques, des sarcasmes. « Tiens, un film sans problèmes, sans violence, sans contestation ; Régnier s'est trompé de sujet, ou s'est foutu de nous... Pourquoi n'a-t-il pas plutôt retenu une peuplade agressée par les *garimperos*, une tribu en danger d'extinction, une région de toutes les violences... ? »

Oui, pourquoi ? Pour la raison très simple qu'on peut aussi défendre cette planète en montrant toute la beauté d'une vie attachée à ses origines. On arguera, avec force détails, que les Huni Kui, eux aussi, sont en danger. Nous le sommes tous, sur cette boule. J'ai cru cependant que nous pourrions, avec profit, les regarder, durant une heure, vivre un pays, un idéal, un bonheur que la plupart des femmes et des hommes ont perdus. Oui, des ethnologues, des anthropologues feront la fine bouche sur un film ne répondant pas à leurs critères, leurs exigences inamovibles. Ils regretteront qu'un film différent n'ait pas été réalisé, selon leurs méthodes pour codifier et juger les comportements humains. J'ai vu trop de ces documentaires rébarbatifs, décrivant les peuples comme on décrit la vie des fourmis.

Sous les grands arbres est peut-être aussi un documentaire inclassable, parce que je l'ai voulu tel un regard sans préjugés, un regard amical sur un peuple accueillant. Toutes choses auxquelles sont de plus en plus allergiques les milieux et médias dévorés par la recherche de l'inédit, du spectacle ou de la violence.

Montréal – 1993

De quelques films remarquables, dans une époque qui l'est moins

A LA CHARNIÈRE DES ANNÉES 80 ET 90, quelques films produits au Québec m'ont réconforté. Des films réalisés, je crois, avec exigence et passion. Leurs auteurs ont des racines multiples, des horizons parfois divergents, mais le même feu sacré du cinéma les habite, les anime, leur donne une voix qui contraste fort avec le ronron des coûteuses productions que finance une « société branchée » dit-on, à mes yeux plus égoïste que lucide. De bons films, des documentaires forts, il s'en produit quelques-uns chaque année, entre Montréal et Toronto, parfois à Winnipeg, Vancouver, voire Moncton. Mais durant les dernières années ce sont une dizaine de titres québécois qui se sont gravés dans ma mémoire. Je ne retiens pas leurs dates de sortie, seulement leurs images, leur force, leur stimulante beauté.

Deux longs métrages s'imposent : *Les portes tournantes* de Francis Mankiewicz, et *La Sarrazine* de Paul Tana. Voilà deux films qui rejoignent *Mon oncle Antoine* de Claude Jutra, pour former un beau triptyque québécois. Deux œuvres fortes, sensibles, admirables sur tous les plans. Devant lesquelles je n'ai nulle envie de rechercher le petit détail d'imperfection, que tant d'esthètes et de critiques traquent avec un plaisir malsain. Hélas, ces deux récents films n'ont pas tenu sur nos écrans le quart ou le dixième du temps accordé aux horreurs américaines gavées de violence et de sang. Notre pays, bien sûr, n'a pas le triste monopole d'une distribution et d'un public abrutis par Hollywood, puisque j'ai vu l'automne dernier une queue de 300 mètres sur les Champs-Élysées pour la projection de *Terminator*. Là-bas non plus, une œuvre aussi émouvante et accomplie qu'*Une infinie tendresse* ne fit pas recette.

Puis une belle série de documentaires, météores incandescents dans un horizon habituellement plus accrocheur que généreux : *La guerre oubliée* de Richard Boutet, avec la voix inoubliable de Jo Bocan, une grande tendresse pour les Poilus de 1914/1918, et un art subtil de l'osmose historique. *Josepe K* de l'ami Gilles Blais, un film qui à mon sens n'a pas eu l'audience méritée, car il appartient à ces œuvres trop concises et fortes, dérangeantes par leur rigueur et leur message, ces films en avance sur leur temps, comme le fut *Le procès* d'Orson Welles dans un registre différent. *A Song for Tibet* d'Anne Henderson, poignant plaidoyer pour la survie d'un peuple que la première nation du monde s'acharne à détruire. *Remous* de Sylvie Van Brabant, souvent sur le fil du rasoir, entre le maniérisme cinématographique et la sensibilité féminine, mais qui emporte l'adhésion par la sincérité du propos et les élans du cœur. *L'Indien et la mer* de Maurice Bulbulian, à coup sûr son film le plus accompli. Une fresque de la noblesse indienne, un oratorio de la nature et de l'homme qui la respecte, face à la cupidité aveugle d'une société malade d'avoir renié ses racines. À ces documentaires qui font pâlir les flots de bavardages complaisants de nos télévisions, s'ajoute un film d'animation de Frédéric Back : *L'homme qui plantait des arbres*, inspiré par un texte de Giono. Une œuvre qui a vite fait le tour du monde en raflant les honneurs. Avec une telle maîtrise dans le trait, la couleur, le mouvement, la puissance d'évocation, alliée à une égale sensibilité vis- à-vis d'une planète en danger d'aliénation mercantile, Frédéric Back nous livre un cadeau royal, auquel le cinéma n'est guère habitué depuis la disparition des Flaherty, Grémillon, Sjöberg.

Ah! que *La Sarrazine* nous repose des *Van Gogh*, des *Amants du pont Neuf* et autres affaires à fric ou à scandale. Comme il est bon de revoir *Les portes tournantes*, souffle pur après l'air vicié, les violences enrubannées d'*Un zoo la nuit* et consorts. J'eus mal pour Francis en lisant la critique, chose que je fais si rarement, et qui fut une erreur. Je l'appelai pour lui communiquer ma consternation devant l'incompréhension, et la bêtise dont il était victime. J'appelai aussi Francine Laurendeau, d'une délicate intelligence, afin qu'elle effaçât un moment l'erreur des confrères. Elle ne put le faire, liée par un code de réciprocité entre critiques. Dommage, car je sentis chez Francis la blessure provoquée par les bassesses entourant la sortie de son film. Notre meilleur cinéaste, notre metteur en scène le plus subtil, le plus racé, travaille, hélas! dans un pays qui fait peu de cas d'une grande exigence intellectuelle et créatrice. Oui, je le dis net : il y a dans la direction d'acteurs de Francis Mankiewicz pour *Le temps d'une chasse*, *Les bons débarras*, etc., déjà cette approche d'un Visconti avec ses interprètes dans *Rocco et ses frères*.

Au Québec cependant, notre maigre population nous protège des monstruosités de l'Hexagone. J'ai longtemps déploré le scandale du monument de Roger Taillibert, ce stade d'un milliard et demi de dollars pour 15 jours de battage olympique. Aujourd'hui je suis sidéré par l'éléphantesque connerie de Marne-la-Vallée appelée Euro Disney. Huit milliards de dollars pour financer (en partie avec des fonds publics) l'usine à insignifiances californiennes, à deux pas de villages de l'Île-de-France, où des inspecteurs des Sites historiques interdisent aux propriétaires de recourir à telle couleur de brique ou de tuile, pour ne pas « dénaturer le paysage ». Tout en fermant les yeux sur les monstrueuses pâtisseries de béton grimé de Disney. L'auteur des *Animaux malades de la peste* doit crier dans sa tombe. Et pour couronner la bêtise hissée au plus haut rang de l'État, Jack Lang, ministre de rien de moins que la Culture, décore Sylvester Stallone de la médaille de chevalier des Arts et lettres, à la stupéfaction de milliers d'artistes. Alors que 60 % des films sur les écrans de France sont américains, et pour moins de 1 % français aux USA. Le Québec, hélas, tend à copier la France, attirant les produits américains (films, livres, disques, sans compter la bouffe) avec une béate admiration autrement nommée « complexe du colonisé ». Je crains qu'un Paul Tana, lui aussi en souffre dans sa démarche, autant qu'un Mankiewicz, comme avant eux un Jutra.

Durant cette jonction de deux décennies, le monde encore a fourni son lot de massacres, et de lâchetés poli tiques. Mais au-delà des guerres larvées ou brutales, des génocides habilement dissimulés et des fanatismes sanglants, je retiens la mort d'une femme admirable que j'ai trop brièvement connue : Maria Elena Moyano. Une Indienne péruvienne, qui fut présidente de la Federación Popular de Mujeres de Villa El Salvador, avant de devenir la mairesse-adjointe de cette immense banlieue du désert, à côté de Lima. Collaboratrice immédiate du lointain et proche Miguel Azcueta, elle parlait peu, mais ses paroles témoignaient pour un peuple étouffé. Elle était la voix des femmes muettes et accablées, la dignité des pauvres qui avaient créé un remarquable urbanisme de survie. Elle était l'espoir. Pour cela, le Sentier lumineux l'a tuée. La date de sa mort, 14 février 1991, sera inoubliable dans la lente libération des femmes de tout un continent.

Puis, pour que le ciel s'éclaircît, il y eut un soir sur l'écran de TV5, la chaleureuse interview de Robert Doisneau par Michèle Cedric, de la RTBF (Télévision belge de langue française). Une heure de belle humanité, au ras des pavés et des demi-mots de Paris. Une heure d'amitié avec un honnête homme, un grand artiste (auquel la prétendue mise en scène du fameux *Baiser de Notre-Dame* ne retire pas grand-chose). Un photographe qui fit de sa vie à Paris un long voyage dans l'univers des copains, de l'humour et de la tendresse. Et une heure sans spots publicitaires, sans commentateur pincé. Une magistrale leçon de télévision, celle qui égale le meilleur cinéma – et qui me rappelle mon premier métier, voilà quarante ans dans la Meuse : reporter-photographe.

Cette parenthèse était nécessaire. Un documentariste n'est jamais insensible quand un film de fiction se détache du fourre-tout commercial, quand le documentaire d'un collègue dépasse l'opportunisme ou la propagande, ou impose brusquement la vérité nue d'un drame, d'un peuple, d'une époque. Un documentariste se demande aussi s'il ne gâche pas sa vie à traiter de choses secondaires, après avoir appris la mort d'une Maria Elena Moyano, comme d'une autre femme courageuse au Pakistan, en Turquie, en Birmanie, au Soudan, au Guatemala, au Tibet. Reconnaître les limites de notre action, de nos possibilités d'action, liées à la nature même du média et de son équipement, c'est également accepter une impuissance, une constante frustration. L'humilité indispensable à la poursuite d'une passion bien plus que d'une carrière.

Millénaire Viêt-Nam

J ANVIER 1992. Dans sa descente le Boeing traîne un silence de vingt années. Un ciel phosphorescent nous écrase de sa vertigineuse pureté. Puis un laiteux cordon de nuages monte lentement à l'horizon, se précise, se hachure en une frise gigantesque sur l'océan métallique. Cela grandit démesurément, telle une chaîne de montagnes blanches, meringues himalayennes posées sur les tropiques d'ocre et d'argent. S'élève la terre, plaque grise, diffuse, striée de fleuves et de cultures. La terre-éponge du Hau Giang, du Cuu Long, à laquelle le delta du Mékong impose sa géographie digitale dans la nuit tombante. L'avion descend, lèche un pays plat sans lumières, où les villages se dissolvent dans une brume saturée.

La vieille Peugeot 404 renifle, renâcle, castagne la mécanique dans la nuit toute neuve, et déjà familière. Tropiques sombres bousculés dans le déclin des empires, trafic indiscipliné de bicyclettes, de cyclomoteurs emportant de délicates amazones, de voitures zigzaguant à la chinoise, entre chien et loup – pardon, entre canard et dragon – sous les lampadaires faibles et distancés. La multitude s'amplifie. Milliers de moteurs, de petites cylindrées pétaradant dans la nouvelle cacophonie de l'Asie nipponisée.

Sur les panneaux d'accueil, *Welcome to Honda City* serait plus indiqué que *Welcome to Ho Chi Minh City*. Saigon fin de siècle est une marée de motos, chevauchées par de jeunes couples en voie de rapide acculturation. Des rejetons de Bangkok, de Jakarta.

J'avais, à Dakar et Abidjan, si souvent entendu parler de la rue Catinat, et je débarque à Ho Chi Minh City qui a perdu son français, où ladite rue légendaire s'appelle maintenant Duòng Dông Khoi, sur laquelle domine un anglais plus tortueux que les bras du Mékong. Le grand magasin, le dépotoir de l'US Army est devenu une ville tapie dans la nuit, éclairée seulement à ras de terre par des tubes fluorescents poissés de moucherons. Saigon-Cholon immense ville provinciale, capitale de second rang dans un pays parmi les plus pauvres. Aller de l'aéroport à la rue Dông Khoi, c'est remonter en vingt minutes plus d'un siècle d'absurdités historiques. C'est aussi retrouver la vanité occidentale vaincue par les tropiques.

Dans ce décor nocturne déroulé sous les arbres, où mille petits affairismes rampent entre les façades, les vitrines rescapées des années folles, le peuple apprivoise déjà le troisième millénaire, que l'on veut être l'abolition des rigidités, des absurdités officielles. Mais le pays, bien avant l'ère chrétienne, suivait déjà les Han, était un peu l'appendice tropical de la Chine, et son calendrier devance le nôtre.

Deux générations ont ici vécu de guerre et de corruption. Puis la guerre totale a tout laminé autour de cette capitale des intrigues. Il reste chaque matin une ville affairée, dont nul ne sait plus quelle est la véritable culture. Ho Chi Minh City n'est plus tout à fait Saigon, et surtout elle n'a rien à voir avec Ho Chi Minh, l'homme tenace qui vivait plus d'idéal que de riz. *Tristes Tropiques!* – que Lévi-Strauss me pardonne l'emprunt de son beau titre. Tropiques qui mêlent, diluent, détruisent les mythes les plus forts. Et cependant que de sagesse et de lucidité dans les paroles de madame Duong Quynh Hoa, qui à la tête du Centre pédiatrique, impose au-delà des dogmes et des lourdeurs administratives le triple respect de la vie, de la culture, et de la science médicale. Que de gentillesse aussi chez ce vieux libraire de la rue Dông Khoi, qui dans un vieux français tout de politesse et de délicatesse, sort de ses étagères des livres précieux perforés par les vers, et m'en vend quelques-uns, le cœur serré. Entre l'exigence de l'une et la nostalgie de l'autre, je sens qu'un pays m'échappe, qui m'a longtemps préoccupé, et qui aujourd'hui doit cacher sa douleur, ses racines et son âme, pour les protéger de la médiocrité envahissante.

Hanoi et Ho Chi Minh City ne sont assurément pas du même pays. Moins que jamais. Hanoi, c'est la vieille Chine, les villes continentales sombres, poussiéreuses, indigentes. Et pourtant cette ville dut être belle, tracée en capitale, dessinée pour le prestige, les perspectives, les monuments. Heureux qui l'a connue. Si elle a perdu ses tramways, elle conserve ses lacs, ses rives hélas pour la plupart sales et hostiles. Si elle a gommé ses dorures, elle conserve encore quelques façades et silhouettes impériales, là où la raideur soviétique n'a pas tout gâché. Car les « Grands Frères » communistes ont planté ici quelques atroces laideurs, pompeux palais vite ridiculisés par l'histoire. Hiatus incongrus dans une cité qui ne manquait ni de style ni de charme.

Deux millions de fourmis. De fourmis à bicyclette. Hanoi est un flux lent, une foule sur deux roues, qui se déplace comme la brise dans les feuillages. Fleuve gris dans la grisaille, à l'instar du Sông Hông (le fleuve Rouge) traînant les détresses du Tonkin entre les rives, les digues des luttes épiques de plusieurs générations. Les deux fleuves ici se côtoient sans se confondre. On ne sait plus lequel observe, menace ou protège l'autre. Hanoi sans la guerre, dans le dur apprentissage de la paix. Ville austère d'un pays fragile. Capitale d'un peuple du silence, de la précarité.

Avec Yukari, nous avons durant des années partagé les doutes et les espoirs du Viêt-Nam, supportant comme nous le pouvions la lutte de libération d'un peuple héroïque. Quel combat inégal, qui pourtant fut gagné. Mais aussi quel gâchis! Et pour quoi? L'Indépendance, la liberté? Certes pas pour la misère qui partout là-bas nous jette son visage froid. Pour la dignité, oui. Qu'ils sont profonds, intenses les regards d'Hanoi, quand s'allument les visages gris. Qui peut répondre aux « Pourquoi ? » qu'ils traînent tous, entre leurs sourires retenus. Deux générations sacrifiées. Un pays détruit, jusqu'au moindre pont. Une terre retournée sous les bombes. Cent Verdun, cent Meuse, et tout cela pour quoi?

Les régimes communistes s'écroulent l'un après l'autre. Je marche dans Hanoi et me répète : deux générations sacrifiées, pour ce pays aujourd'hui pitoyable. Est-ce cela la victoire?

Pour l'Année internationale de la famille, nous ferons un film au Viêt-Nam. À Montréal, New York et Toronto, nous sommes vite tombés d'accord : le *fade-out* sur le Viêt-Nam a trop duré. Le silence des médias est indécent. Mais après notre absence, il nous faut nous taire. Les états d'âme n'ont plus leur place, sur un sol où l'homme occidental a semé plus de ferraille et de ruines que de graines. Arrivé avec une bonne dose d'enthousiasme, je me bute à

l'inertie, l'indifférence, l'incompréhension d'une administration calquée sur le modèle soviétique. Si 17 ans après sa
réunification le Viêt-Nam est aussi pauvre, il le doit aussi à
ses fonctionnaires inefficaces, décourageant toute aide
étrangère, et paralysant les efforts de la population. Le visa
spécial que m'a délivré l'ambassade du Viêt-Nam à Ottawa
pour effectuer mes recherches, pose problème aux bureaucrates d'Hanoi, qui retardent mon travail. J'ai connu à
Moskva, à Warszawa, à Beijing cette plaie des régimes
communistes. J'ai eu mal à voir le mépris des administrations
pour des ouvriers, des paysans aux salaires inavouables,
reçus comme des chiens après de longues attentes.

Le sixième jour, je pars enfin avec un interprète, pour
la province de Nam Ninh au sud-est d'Hanoi. À Nam
Dinh heureusement, le responsable provincial qui se joint à
nous est un homme jeune et simple, qui sait rendre les
contacts agréables. Durant quatre jours avec Dang Ngoc
Chu, nous battons la campagne tonkinoise à la recherche
d'un village, d'une famille pour notre film.

Tout se clarifie, entre les inévitables tasses de thé, les
salutations formelles aux comités des communes. Quatre
gros villages m'intéressent particulièrement : Xuan Hong,
Dien Xa, Phuong Dinh et Ninh Hai. Les trois premiers
près du fleuve Rouge, le dernier plus au sud, dans ce décor
trop beau de montagnes de granit et de calcaire se reflétant
dans les rizières, et que l'on appelle Vinh Ha Long Can, ou
la Baie d'Along sur terre.

Je choisis finalement Xuan Hong, commune étalée
entre la rivière Ninh Co et les canaux, immense damier de
digues, où la terre est si précieuse que l'on cultive le riz
jusque entre les tombeaux. Et dans cette grande commune
de 18 000 habitants, c'est au hameau de Xom Chua que le
film sera tourné. Avec principalement deux familles vivant

de chaque côté d'un vieux temple bouddhique. Le choix est facile. Des dizaines de hameaux dans cette plaine alluviale du delta, dans cette géographie de main d'homme – des millions de vies ont patiemment aménagé des milliers de kilomètres de digues et diguettes –, s'imposent par leur exemplarité, leurs qualités typiquement vietnamiennes. Mais le site de Xom Chua est de ceux devant lesquels un cinéaste n'hésite pas longtemps.

Autour d'un bassin : de superbes banians, une pagode admirablement préservée, de petites maisons tonkinoises jalouses de leurs courettes, et à deux pas un canal où les enfants se baignent entre les carrelets des pêcheurs. Une population paysanne pétrie, endurcie, ennoblie par une longue osmose de la terre et de l'eau, de l'effort et du temps.

Début février, je quitte donc le Tonkin avec l'assurance d'y revenir bientôt réaliser un documentaire sur la vie de deux familles de Xom Chua. Le dernier jour à Hanoi, je retourne à la Bibliothèque Nationale sur la rue Trang Thi, où je reprends le livre de René Dumont, publié en 1935 : *La culture du riz dans le delta du Tonkin*. Je suis ému. Le papier jauni est si fragile, et Dumont est un nom, une exigence qui me poursuivent depuis trois décennies (en 1963/1964, lors du tournage des films de la série *L'Afrique noire d'hier à demain*, j'avais dans mes bagages le célèbre livre de Dumont : *L'Afrique noire est mal partie*). Alors ce premier ouvrage écrit l'année de ma naissance, ce livre en danger d'effritement que m'a remis avec d'infinies précautions une vieille employée, m'apparaît aussi précieux qu'une icône de Zagorsk, une miniature de Matamaderan, un antique Bouddha de Nara. Un trésor. Tout y est déjà dit. Oh! que cet homme a vu très tôt ce qui dans une vie doit compter.

Fin mai. Escale de 40 heures à Hong Kong. Nuages et pluie, dans lesquels les gratte-ciel narguent la Chine quatre fois millénaire. Le nouveau métro climatisé, rapide, impeccable, laisse au vieux Star Ferry le soin d'entretenir les nostalgies sur ce goulot de la mer de Chine. Dans quelques années Hong Kong retournera à la Chine, qu'il n'a jamais vraiment quittée. Ce qui se passera, personne ne le sait, personne n'ose en parler. Ce que l'on sait, que l'on voit, ce sont les avions, tous remplis, à destination de l'Amérique du Nord. La Chine est imprévisible. Tien An Men a ici glacé les esprits. L'an 2000 est un grand point d'interrogation. Mais on apprend également que des «immigrants économiques» ont revendu leurs belles villas de Vancouver, et sont revenus à Hong Kong. Le Canada était trop *slow*, trop endormi pour eux.

Je retrouve Hanoi dans le sauna qu'est l'été tonkinois. Misère. Pourquoi faut-il, pour atteindre Hanoi, que les compagnies aériennes nous offrent Frankfurt, Singapore ou Hong Kong sur leurs routes? Dans les trois cas le contraste est cinglant. J'imagine le choc ressenti par mes deux camarades, Marie-France Delagrave et Martine Leclerc – la nouvelle équipe, Catherine et German n'ayant pu venir – qui entament leur premier séjour en Asie. Nous prenons quelques jours pour les derniers préparatifs, et l'achat de tout ce qui sera introuvable au village qui nous attend, à quatre heures de route.

Dans la province de Nam Ninh, les communes sont atomisées en hameaux distants de quelques minutes de marche, quelques coups de pédalier. Avec ses 18 000 paysans, Xuan Hong n'étire qu'un chapelet de petits bâtiments, groupés çà et là sous un banian, un court rideau de bambous ou de mûriers. À l'horizon s'élèvent les silhouettes de grosses églises, de surprenantes cathédrales héritées de la colonisation française.

Nous logeons au troisième étage du seul gros édifice de Xuan Hong : une distillerie produisant un alcool de riz et de miel. Au centre de ce faux village, seul le marché matinal est animé. Alentour, de minuscules boutiques cachent leur misère sous le chiche éclairage d'une ampoule de 25 watts. Quand l'électricité n'est pas coupée. Pénurie de tout. Toutes les routes sont défoncées, mortelles pour les mécaniques. On empierre des tronçons, comme ont dû le faire les Romains voilà deux mille ans. Les voies romaines tiennent encore, tandis que les routes ici refaites tiendront dix ou quinze moussons, avec de la chance.

Mais depuis quelques années le Viêt-Nam se nourrit, et exporte même un peu de riz. Par contre les fruits tropicaux sont souvent absents au marché, hormis des oranges vertes et amères, de petits melons blancs et secs. Seules les mangues sont délicieuses, et parfois de petits ananas. Mais les beaux fruits, les papayes, les oranges douces, les litchis sont rarissimes, on préfère en tirer un meilleur prix aux marchés d'Hanoi. Ici on vit de riz et de feuilles vertes, d'un peu de porc ou de poisson, de nouilles et de canard. Aux plateaux des palanches, les légumes sont moins lourds que l'étaient les munitions, mais la paix ne semble pas moins austère que la guerre, au fond des yeux noirs. Puis, coupant l'horizon des rizières, s'alignent les haies de mûriers, alimentant les voraces vers à soie qu'élèvent de nombreuses familles, et quelques plantations de houblon.

En janvier, nous avions convenu qu'ici nous filmerions la vie d'une ou deux familles paysannes, telle qu'elle se perpétue depuis des siècles entre les pagodes, d'une mousson à l'autre, dans l'ancestrale culture tonkinoise. Sous les grands banians, dans les rizières et sur les canaux, dans le décor naturel rêvé pour un documentaire.

Hélas! Mille fois hélas.

Le régime communiste, le comité local du Parti a fixé en haut d'un banian un haut-parleur qui sans cesse crache son horrible bruit, mélange d'informations, de propagande, de musique, imposé à tous les villages (heureux ceux qui, très isolés, font exception). Il nous faut discuter, insister plusieurs jours pour le faire taire. Afin que revienne le chant des grillons, des oiseaux, des grenouilles selon les heures. Pour notre arrivée aussi on plante un drapeau du Parti sur la belle porte d'entrée de la pagode, et nous devons négocier son retrait afin que le hameau retrouve son cachet authentique. Et chaque matin avant notre arrivée, la famille Nguyen-Doan est visitée par un ou deux officiels. Je ne sais ce qu'ils lui disent, mais lorsque nous sortons la caméra, ces gens naturellement simples et aimables deviennent raides comme des pieux, muets comme des carpes, tristes tels des plantons d'ambassade.

« Ils attendent que vous leur disiez quoi faire », ils attendent nos ordres, me répète l'interprète, devenu plus obtus qu'un pâle sous-ministre. La langue de bois devient la langue quotidienne des trois ou quatre fonctionnaires qui campent à dix pas de notre chambre.

Je réalise vite qu'il sera impossible de tourner le film intimiste prévu. Retourner aussi sec à Montréal ? Gâcher ainsi au bas mot 20 000 $? Non, après discussion avec Marie-France et Martine, je décide de réaliser un film différent, un documentaire sans dialogues ni interviews. Tout entretien spontané avec les paysans est impensable avec notre interprète soudain borné. Engager un interprète à Montréal ou Saigon eût entraîné de belles chicanes qui eussent compliqué notre travail, car les fonctionnaires officiels étaient imposés. « Pour faciliter votre travail, pour tout organiser», nous répète-t-on régulièrement. Comme si les paysans tonkinois ne savaient pas depuis des siècles travailler, s'exprimer sans le secours des minables dévidoirs de la langue de bois communiste. Oui, j'ai déjà connu ailleurs ces dictatures qui bâillonnent un peuple en déclarant le servir. Nous ne ferons donc pas un film sur une famille, mais sur une communauté du delta tonkinois, durant la période très active allant de la moisson d'été au repiquage du riz. Mille paysans anonymes, que l'on ne peut coiffer chacun d'un censeur.

La douceur du village sera un documentaire fidèle à la vie d'une société rurale, dans la mesure où cette communauté est encore libre d'agir dans le cycle semestriel du riz. Heureusement, l'austère régime vietnamien ne peut imposer sa volonté, ses oukases aux ciels et aux rizières, aux vents et à la mousson, ni au pas des buffles ou à la grâce des femmes dans leurs pantalons noirs. Dommage que partout l'affreux casque militaire vert diarrhée soit devenu le couvre-chef favori des hommes. Un homme libéré doit-il imiter le *bôdôi**** en forêt? Difficile de voir au Viêt-Nam un objet aussi laid que ce casque; les femmes, avec leurs chapeaux coniques annamites, ont autrement plus d'allure.

En quittant Hanoi cette fois, je sais que plus tard à Montréal on me reprochera l'absence de dialogues dans le film. J'en avais prévus, avec une famille attachante. Mais des «dialogues» contrôlés, retenus, pas question. La distorsion de bien des films dits documentaires, les couleuvres bien ficelées par le métier, jamais. Je comprends mieux aujourd'hui l'amertume d'Australiens, de Hollandais, de Suédois, d'étrangers qui soutinrent la lutte des Vietnamiens contre l'aveuglement meurtrier des états-majors

---

*   Combattant Viêt-cong.

américains. Que de massacres, de destructions, que de malentendus historiques pour parvenir non pas à la fierté d'un peuple libre, mais à la dictature d'une génération de têtes empoisonnées par un marxisme suranné.

⁓ↄ〜ᴓↄ⁓

J'ai depuis toujours la peau fragile. Héritage maternel. Si je n'ai pas connu les maladies infantiles habituelles, j'ai longtemps souffert d'eczéma séborrhéique sec, parfois douloureux. Cela passa à l'adolescence, ainsi que l'avaient prévu médecin de famille et dermatologue orléanais. J'eus toutefois de pénibles retours, dans les zones tropicales humides propices aux fongites variées. Champignons et moustiques ne m'ont pas manqué. Ni la *bourbouille* au Sénégal. Mais jamais je ne connus plus sale climat que celui du delta tonkinois en été. Douala, Monbasa, Manila, Guayaquil, Maracaibo s'adoucissent en regard des sudations, des insolations, et de l'hygiène déplorable sur les rives du Sông Hông (le Fleuve Rouge). Avant le tournage de la dernière séquence, sur le repiquage du riz à Xom Chua par 42 °C, nous partons pour trois jours à Hanoi. Trois jours avec climatiseur, trois nuits fraîches pour stopper d'inquiétantes plaques de dartre annamite sur mes épaules, le dos et les jambes. Un docteur suédois – l'unique médecin occidental de Hanoi, auquel on me recommande – me prescrit des fongicides efficaces et me vaccine contre l'encéphalite japonaise sévissant épisodiquement ici. Cela coûte 82 $ US. C'est le salaire annuel d'une Vietnamienne de Xuan Hong, professeur d'anglais, d'histoire et de géographie, que nous avons filmée alors qu'elle jouait merveilleusement de la flûte. Je le répète : le Tiers-Monde est une suite quotidienne d'aberrations.

Les centaines de jeunes femmes que nous rencontrons sur les digues, les chemins défoncés, boueux, pous-
sant des bicyclettes lourdement chargées, par 40 °C et sur
10, 20 kilomètres sans se plaindre, combien de jours de
repos auront-elles avant d'accoucher? Aucun bien souvent.
Et pas d'argent pour se protéger contre la malaria et toutes
les fièvres d'un climat malsain. A-t-on vraiment le droit
d'être un médecin occidental au Viêt-Nam, un médecin
suédois qui demande 50 $ pour une consultation?

La veille de notre départ de Xuan Hong, nous offrons
un repas d'adieux, admirablement préparé par les cuisiniè-
res de l'usine. Ils sont tous là : chefs et sous-chefs de
quelque chose dans la commune, dûment inscrits au Parti.
28 hommes tout autour d'une longue table. Et aucune
femme, hormis mes deux collaboratrices, Marie-France,
ingénieur du son, et Martine, assistante à la caméra. Alors,
découvrant cette absurdité, mon sang se glace. Oui,
28 hommes et pas une femme! Avant de trinquer, je communique ma stupéfaction, je dis en termes clairs qu'une
telle absence dans un pays qui affiche et clame partout son
« Socialisme pour le Peuple », c'est une chose que je ne peux
comprendre, une situation qui m'interdit de fêter. Vite, on
court quérir trois femmes : le professeur qui est aussi flû-
tiste, la mère dans notre famille au centre du film, et une
cuisinière. Elles sont gênées, silencieuses, surprises qu'on
insiste pour qu'elles s'assoient parmi nous. Visiblement les
femmes n'ont jamais leur place ici dans aucun événement
ou cérémonie officiels. Pourtant, n'ont-elles pas combattu
avec les hommes, sous le napalm et les bombes, durant la
longue guerre de libération?
   Il est vrai qu'après sa mort, on a caché les écrits, les
pensées, les volontés de Ho Chi Minh demandant qu'on
respectât le peuple avant tout. On lui a plutôt érigé un

mausolée, un musée, un palais kitsch et luxueux qui est la plus grande insulte à la sagesse d'un homme, qui, comme Chou En-lai, croyait plus au bon sens qu'aux slogans.

J'ai quitté le Viêt-Nam dans la tristesse. Comment un pays en lequel j'avais cru si longtemps, pouvait-il à ce point me décevoir ? Heureusement, au bout du Zeiss il y avait eu la vie, riche, féconde, d'un peuple éprouvé, courageux, héroïque. Avec Marie-France et Martine, c'est à lui que nous avons pensé au départ d'une capitale qui fut belle, et qu'on négligea. En quittant les rives du Sông Hông, du fleuve rouge et noir, sang et charbon. Et là-bas à Xom Chua les berges du Ninh Co, le fleuve qui irrigue des terres, des rizières où les femmes et les hommes depuis des siècles, ont plus appris à peiner qu'à sourire.

La douceur du village est un film qui a changé de cours dès le premier jour de tournage. C'est presque un film muet. Mais criant la beauté des femmes et des hommes, dans la musique des grillons et des oiseaux. Criant la noblesse de l'effort, du sacrifice millénaire des paysans, quand l'échec patent des idéologies grince autour d'eux. Ce devait être la vie d'une famille, c'est devenu celle d'un hameau du Tonkin.

C'est aussi le tableau du riz. La longue histoire d'une poignée de riz, du travail exigeant que contient un grain de riz.

1 9 9 3

Aymaras de toujours,
dans la dureté de l'Altiplano

PREMIER FÉVRIER 1993. Mon retour en Bolivie s'ouvre sous une pluie froide. Mais Catalina Delgado m'attend à l'aéroport, elle qui fut une collaboratrice précieuse pour le tournage du film *La casa*, sept ans auparavant à Guayaquil. Cette fois, je viens préparer deux films, l'un sur une communauté rurale aymara du Titicaca, l'autre avec un groupe de femmes d'un quartier misérable perché au-dessus de La Paz, à 4 000 mètres d'altitude.

Dès le lendemain nous partons pour une rapide tournée dans les villages aymaras de la partie sud du lac Titicaca, appelée là-bas lac Huiñaimarca. Après trois jours mon choix s'arrête sur le hameau de Lukurmata, flanquant l'atroce route de terre entre Tambillo et la pointe de Nachoka. Nous sommes à 90 kilomètres de La Paz, ce qui signifie trois heures de cahots et de poussière, avec une Jeep essoufflée.

Sur 7 millions de Boliviens, 70% sont des Indiens, principalement des ethnies Quechua et Aymara. Les Aymaras sont connus pour avoir longtemps, sinon toujours résisté à la conquête et à l'assimilation espagnoles. Pour avoir, plus que toute autre ethnie du continent, sauvegardé farouchement leur culture. Dans ce petit village de Lukurmata sur la rive du lac Titicaca, dominant la plaine côtière nommée Kohani-Pampa, les paysans aymara vivent très pauvrement en cultivant l'orge et la quinua, les pois, l'oca et la papalisa, deux tubercules locaux, et quelques-unes des mille variétés de pommes de terre connues des Aymaras. Ils vivent également de l'élevage des moutons, porcs et vaches, de la volaille, sous les regards bas des ânes à la vie dure. Car l'âne est l'éternel souffre-douleur du paysan aymara. Surtout lorsqu'il est horriblement chargé de *totoras*, de roseaux frais coupés aux rives du lac. Ces roseaux alimentent le bétail, servent de combustible pour la cuisson des maigres repas, et couvrent les maisons. Les paysans sont aussi pêcheurs de pererrey, d'ispi, de karatchi, de mauri, hélas de moins en moins abondants dans leurs longs filets.

Mais je ne retiens pas ce village uniquement pour ses traditions populaires. S'y ajoute la récente réactivation d'anciennes méthodes de culture en terres humides, appelées Sukas-Kollos en langue aymara, et Waru-Waru en langue quechua. Il s'agit principalement d'une méthode d'irrigation et de drainage très perfectionnée, que l'on dit vieille de 1 500 ans, c'est à dire antérieure à la civilisation Thiahuanaco (Tiwanaku) qui bâtit des temples remarquables à une trentaine de kilomètres plus au sud. Dans les sukas-kollos, l'alternance des fossés et des terre-pleins, alliée à une technique étagée d'empierrements, de terre fertile et de buttes protectrices, maintient l'humidité des sols, et permet la fertilisation par l'humus naturel. Bref, un sujet en or pour un film visant à cerner la dignité du paysan aymara. Toute une littérature se répand déjà dans le petit cercle des anthropologues boliviens et des ONG (Organisations non-gouvernementales) leur venant en aide, à propos des multiples avantages et de la renaissance des Sukas-Kollos.

Après des rencontres avec les chefs de villages, les membres des coopératives paysannes, et des anthropologues descendus de la capitale, je rentre à Montréal avec le plan d'un documentaire axé sur deux familles de Lukurmata, celles de Lorenzo et de Clemente. Le premier a perdu son épouse un an auparavant, à l'accouchement du dernier enfant, mort avec sa mère. Cela arrive fréquemment ici, dans des villages sans médecin ni sage-femme, sans pharmacie, sans électricité ni eau potable, et faut-il ajouter, sans hygiène. Il vit avec ses quatre filles et un garçon. Peu loquace, il est fort à l'ouvrage sur sa terre, et sur le lac. Le second n'a pu me présenter son épouse, qui se terrait de douleur dans la case humide et fraîche, après le dernier accouchement, là encore dans les pires conditions. Ici, ce sont parfois les hommes qui accouchent leurs femmes, quand on ne peut rejoindre une voisine ou une parente faisant office de matrone traditionnelle.

Les enfants de Lorenzo et de Clemente sont beaux comme de jeunes dieux, malgré leur misère. Ils courent plus souvent dans les prés et les roseaux que sur le chemin de l'école, mais cela aussi est la vie d'ici, dure pour tous.

Lorenzo et Clemente sont membres actifs du comité des Sukas-Kollos de leur village. Quel beau film ne ferons-nous pas à notre retour, à la mi-avril, pour la fin des récoltes !

❦

Dès les premiers jours nous allons déchanter. Pour préciser notre travail avec les paysans, selon les décisions prises en commun en février, les anthropologues de La Paz avaient promis de revoir plusieurs fois les responsables des Sukas-kollos, ainsi que les familles de Lorenzo et de Clemente. Or, non seulement ils n'ont revu ni les uns ni les autres, mais nous apprenons qu'ils sont honnis des paysans, pour les avoir trompés durant les années précédentes. Lesdits spécialistes sont surtout de beaux parleurs, comme

il en pousse dans toutes les capitales. De plus, il y a maintenant querelle de chefs dans la petite communauté aymara
de Lukurmata, et Lorenzo est banni pour avoir, dit-on,
maltraité son épouse et entraîné sa mort à l'accouchement.
Les langues sont dures, très dures. Et la femme de
Clemente, ayant recouvré la santé, n'accepte plus d'être
filmée aux champs, car ses voisins l'accusent d'être payée
pour cela – ce qui est faux bien sûr, mais on fabule et on
médit tellement dans ces villages taraudés par la misère, les
mesquineries, les jalousies.

Tout nous est transmis par bribes, par l'interprète
aymara, lui-même gêné avec les villageois bien qu'ayant
récemment travaillé dans la région avec des agronomes.
Catalina, elle aussi, est loin d'être aux anges, malgré le rêve
de réaliser ensemble un bon film en hommage au peuple
aymara, dans un site d'une grande beauté. Revenue dans
son pays natal, et connaissant trop bien les longs conflits
ethniques, les rivalités de clans et d'influences, elle hésite à
clarifier pour notre équipe des situations compliquées à
souhait, des imbroglios aymara allergiques à la langue
castillane. Nous sommes loin du bouillon urbain de
Guayaquil, et de l'enthousiasme des femmes du CAM.
Catalina Delgado a repris racine dans la dureté andine, et
nous rappelle que pour travailler avec les Aymaras il faut
du temps, beaucoup de temps.

Nous réunissons le comité des Sukas-Kollos, et tous
les paysans des lieux, pour leur demander si oui ou non ils
veulent encore que nous réalisions un film témoignant de
leur culture, leurs traditions, leurs efforts. L'instituteur,
cette fois, agit comme interprète. C'est un homme généreux, à l'esprit très ouvert, et conscient des dommages
causés par les éternelles querelles entre villages et familles
aymara.

Après moult palabres, et beaucoup d'alcool, ils disent oui. Et nous réaliserons un documentaire sans concessions sur la vie des paysans aymara de Lukurmata. Nous choisissons une nouvelle famille, celle de Clemente Limache et Gregoria Aruquipa, avec leurs cinq enfants de quatre mois à neuf ans. Une belle famille, âpre à l'ouvrage sur le lac et sur un seul hectare de terre à demi inondée. La gentillesse de cette famille, celle de l'instituteur, ne peuvent toutefois effacer les mille querelles dont s'abreuvent, depuis des siècles, les Aymaras.

Réaliser un documentaire avec les Indiens Quechua serait plus agréable. Mais bien des familiers des Andes me précisent que c'est leur caractère difficile qui a protégé les Aymaras de l'assimilation hispanique. Hélas, je dois ajouter que j'ai rarement vu autant d'ivrognes, pour la plupart agressifs, que dans les villages aymara. Même les jours de paye dans les quartiers populaires de Liverpool et de Glasgow, j'en ai rencontrés beaucoup moins que dans les prés de la Kohani-Pampa.

Heureusement, le second Clemente est sobre, son épouse Gregoria droite et courageuse, leurs enfants agiles entre les animaux. Avec eux nous pénétrons la simplicité, la dureté de la vie rurale aymara, sur les bords du grand lac Titicaca, à 4 000 mètres d'altitude. Travaux quotidiens dans le lopin familial et au suka-kollo, coupe des roseaux dans l'eau glacée, pêche matinale sous les envols de canards sauvages, repos et fêtes, et antique richesse des marchés noyés de couleurs, livrent entre les regards fiers une ode à la nature, même si la nature est rude sur l'Altiplano bolivien.

Aymaras de toujours est la voix d'un peuple qui a peut-être perdu beaucoup de sa noblesse à défendre son identité. Je ne veux pas juger. J'ai regardé ce village, cette famille, ces paysans avec le même respect que d'autres, sous divers climats et contraintes. Il est difficile d'être honnête, encore plus enthousiaste, avec des gens qui nous lancent des pierres après nous avoir promis l'accueil. Alors faut-il idéaliser un peu plus ceux qui parmi eux mesurent les excès de leur peuple, et nous invitent à voir le soleil au fond des insultes. Nous n'avons filmé aucun ivrogne. Est-ce malhonnête? Je ne le pense pas. Tout peuple a sa lie. Les Aymaras ont le défaut de montrer trop brutalement la leur, avant de nous laisser découvrir l'intense richesse de leur culture, leur terre, leur survivance.

Plus tard, lors de présentations du film à Montréal, Paris et Genève, des Boliviens, des étrangers amoureux des Andes m'ont remercié d'avoir réalisé un documentaire aussi fortement ancré dans la réalité aymara. Quelques officiels boliviens, quelques leaders aymara m'ont bien sûr reproché une franchise qui fait mal. À la fin de longues discussions suivant la projection, des Boliviens aussi m'ont confessé : «...Vous comprenez pourquoi il y a si peu de films tournés avec les Aymaras». Oui, je comprends. Catalina également, mais elle ne peut le dire.

Isidora, à La Paz, et
La plus grande moitié du monde

DÈS L'AUTOMNE 1992 À L'ONF, je travaille avec une nou-velle productrice : Iolande Cadrin-Rossignol. Depuis vingt ans j'entends parler de cette femme sans jamais l'avoir rencontrée, bien que nos itinéraires se soient croisés. À 59 ans je n'utilise plus les mots qu'on me pardonnait à 22, mais au diable la retenue, je le dis tout net : cette rencontre est un ballon d'oxygène dans la morosité de l'ONF.

Au-delà du professionnalisme, la passion, je crois, nous réunit. Après avoir forcé la machine durant plus de trois décennies, je crains de ne plus pouvoir accuser les coups comme je l'ai fait jusqu'ici. L'Aaton parfois me semble plus lourde, les muscles se durcissent, je ne peux plus passer deux nuits consécutives sans sommeil. Et je ne veux plus me battre avec un producteur pour réaliser un film qui m'apparaît prioritaire, si ce dernier n'en perçoit pas l'importance. Alors oui, Iolande Cadrin-Rossignol arrive au bon moment, pour doper ma soixantaine.

Notre rencontre hélas, est ternie par la maladie de Francis, et sa disparition, un 14 août, me semble tragique pour le Cinéma québécois. Car après le départ de Francis Mankiewicz, je ne vois plus que deux noms, deux artistes universels capables de conduire notre cinéma vers une humanité éloignée des sous-produits d'un nationalisme réducteur d'une part, et de l'attrait de la violence américaine d'autre part : Paul Tana et Michel Brault (mes quelques réserves sur *Mon amie Max* n'entament pas mon respect pour l'œuvre de Michel). Pour le documentaire les espoirs sont toujours permis, avec des noms solides : Gilles Blais, Maurice Bulbulian, Richard Lavoie, Tahani Rached.

Enfin, après trente-sept années de documentaire, j'ai pour collaboratrice immédiate une passionnée. D'une grande culture, d'une vibrante sensibilité, et qui cherche visiblement à ce que nos deux soifs d'humanisme, d'ouverture, nous permettent d'aller plus loin. Serait-ce trop beau pour durer ?

⌒⌒⌒

Avant l'arrivée de Iolande Cadrin-Rossignol, j'avais prévu réaliser deux films en Bolivie, durant le même séjour afin de réduire encore les coûts de production : l'un en milieu rural, et c'était *Aymaras de toujours*, et l'autre en milieu urbain : *Isidora, au creux des Andes*.

Mais dès fin 1992, deux mois avant mon départ pour la Bolivie, Iolande me propose une idée folle, je veux dire un projet trop beau pour l'époque de dépression que nous vivons alors à l'ONF. Rien de moins que d'envisager une collection de films ayant pour titre générique celui d'un chapitre d'un essai que j'ai publié sept ans plus tôt : « La plus grande moitié du monde » (*L'Humanité seconde*, 1985). Et cette *Plus grande moitié du monde*, bien sûr, ces sont les femmes, et tout d'abord celles du Tiers-Monde.

Voilà plusieurs fois qu'on rejette des projets de séries que je considérais importants, pour toutes sortes de mauvaises raisons. J'ai fini par m'astreindre au coup par coup, au film annuel, et des confrères jugent que je produis encore trop. Passons. Sans vouloir la décevoir, je rappelle donc à Iolande que l'ONF ne veut plus financer de tels programmes, seraient-ils assurés de la meilleure diffusion. Elle me rétorque qu'un tel projet doit être réalisable, en l'étalant sur plusieurs années, et en abaissant les coûts – ce que je fais déjà jusqu'à la limite du possible dans notre institution, en m'attirant des inimitiés. Bref, elle aime son idée, et moi aussi. Partant pour La Paz, elle m'a finalement demandé de bien penser à sa proposition, et je lui ai répondu : « Plus tard peut-être, on verra. »

J'ai donc préparé le film dans le barrio Pasankeri, perché à 4 000 mètres, au-dessus de La Paz. La misère de la misère. Mais où une poignée de femmes changent le monde avec leur ténacité, leur courage. Leurs cœurs trop gros pour demeurer enfermés dans les cases d'adobe balayées par le froid ou la poussière selon les saisons.

Et à la fin des recherches, dans ma chambre de l'hôtel Eldorado, j'ai aussi rédigé l'avant-projet d'une collection de films qui s'intitulerait *La plus grande moitié du monde*. Le film à Pasankeri serait le premier de cette nouvelle collection, avec pour titre : *Isidora, au creux des Andes*.

J'ai appelé Iolande pour l'aviser. Elle s'en doutait, l'avait pressenti dans nos conversations précédant le départ pour La Paz. Mais j'ai, ce mois-là à La Paz, pris une autre décision : dorénavant tous mes films appartiendront à cette collection. Chaque film présentera la vie d'une femme, avec sa famille, ses voisines et voisins, ses amis. Et à travers la vie, la lutte quotidienne de cette femme, nous traiterons un problème essentiel, une priorité locale ou régionale, et souvent continentale, comme : habitat, éducation, santé, guerre, réfugiés, agriculture, survie, etc. J'ai aussitôt dressé une liste d'une dizaine de films envisageables, réduite à six sur l'avant-projet qui sera présenté en trois langues : français, anglais, espagnol.

Depuis longtemps – exactement : avec la série des 31 films médicaux *Santé-Afrique* – ma caméra donne la priorité aux femmes, quand elle ne leur accorde pas toute la place. Je ne reprendrai pas ici les lignes de mon essai publié en 1985, et particulièrement le chapitre intitulé « La plus grande moitié du monde ». Toutes les personnes ayant travaillé dans le Tiers-Monde, qu'elles soient cinéastes, médecins, agronomes, professeurs ou animateurs, savent que dans les villes et villages des pays pauvres les femmes portent le plus lourd fardeau. Elles sont également convaincues que de réels progrès, dans tous les domaines, ne seront possibles qu'avec l'accession des femmes à un statut d'égalité avec les hommes. Ce qui, hélas, dans bien des régions, demandera encore quelques générations, sinon quelques siècles. Je parle évidemment de la réalité, du quotidien vécu, et non de la pure propagande affichée dans les congrès les plus scandaleux, ou par des milieux féministes plus proches des médias ou du pouvoir que des femmes des classes laborieuses, rurales et urbaines.

Tourné en mai 1993, *Isidora, au creux des Andes* est donc le premier film de la Collection *La plus grande moitié du monde*. Ce documentaire, ainsi que ceux qui suivront, s'ouvrent sur des dessins de Yukari Ochiai : des visages féminins de toutes races, qui à eux seuls, je crois, disent déjà notre passion commune, à Iolande et à moi, pour cette nouvelle collection. Si, de film en film, le public mesure mieux la part d'efforts et de souffrances consentie par les femmes, principalement des classes pauvres, afin que l'Humanité se civilise, cette passion n'aura pas été égoïste. C'est beaucoup espérer. C'est peut-être rêver. Mais si ce rêve-là ne nous est plus permis, autant changer de métier. Je me souviens de deux lignes lues dans les *Cahiers du Cinéma* voilà environ quarante ans : « Le monde est un peu meilleur à la fin d'un film de Richard Brooks ». Je souhaite qu'un jour des gens aient la même réflexion après la projection de mes films. Mais la commercialisation qui abaisse l'audio-visuel au rang de pur divertissement, leur donnera-t-elle encore la moindre place dans quelques années ?

∼⚬∼

Isidora Apaza, lorsque je l'ai vue pour la première fois, rapportant de l'herbe pour ses lapins, là-haut à Pasankeri dans le bleu vif et froid des Andes, j'ai pensé spontanément : c'est Gelsomina des Andes. Elle était la Gelsomina de *La strada*, parachutée dans la morsure andine. Pourtant, de jour en jour, je réaliserai que cette image était fausse, que la femme-enfant était depuis longtemps endurcie, aguerrie par les luttes quotidiennes des parias d'un continent pillé, éclaté.

Isidora a quatre ans à la mort de sa mère, au creux des montagnes de Camacho. Sept heures pénibles dans un vieil autobus sur des pistes déformées, et c'est l'accueil chez une tante de La Paz. À l'âge des jeux elle se retrouve dans l'inconnu. Elle a six ans quand elle entre comme domestique dans une famille à l'autre bout de la capitale. Nourrie, logée, elle travaille de longues heures, sans salaire ni affection. Elle est le souffre-douleur de cette famille. Puis elle s'enfuit, arrive chez une femme qui la respecte, et devient sa seconde mère. Enfin, elle se marie avec un ouvrier, et tous deux gravissent la muraille qui encercle La Paz, à la recherche d'un lieu, un petit espace où bâtir un chez-soi, une case d'adobe tout au-dessus de la ville dure. Treize ans plus tard, elle y est toujours. Son mari a perdu un œil sur un chantier, et ils ont cinq enfants.

Au fil des combats pour la survie, elle s'est fait des amies et, ensemble, elles ont fondé le petit groupe Estrella

Veloz (*Étoile filante*). Elles ramassent des pierres aux flancs des ravins, pour toucher non pas un salaire, mais quelques kilos de farine, de sucre, et un peu d'huile au bout de deux mois. La Ville de La Paz les traite comme des chiens. Qu'elles descendent travailler en ville, en bas de la muraille, ou qu'elles s'activent dans les pépinières de reboisement, accrochées à la mortelle nudité des ravins, le sort des autres femmes du barrio Pasankeri est le même : aucun respect et des salaires insultants.

Cependant dans cette humble maison de terre de Pasankeri, cette case perdue au plafond de La Paz, face à la lumière blanche de l'Illimani, je perçois plus de tendresse qu'en bien des maisons des beaux quartiers. Ah! les yeux de Noemi toute fière de ses quatre ans, ceux de Marianela la grande, petite mère de 11 ans, et les pirouettes du vif Bernardo, l'aîné de 13 ans qui culbute Joel sur les couvertures rapiécées, Joel le bébé d'un an joufflu telle une poupée de vitrine. Et Silvia qui, à sept ans, est sérieuse et secrète entre les cahiers et les corvées.

Plus bas dans le barrio, ce sont la tendresse et les larmes : dans une seule pièce se tassent Basilia et ses huit enfants, six filles superbes et deux garçons joueurs de flûte. Basilia qu'un mari a battue pendant deux jours pour avoir encore accouché d'une fille.

Mais il y a tout près un miracle à deux jambes : une Quechua d'Uyuni appelée Sara Michel, qui élève sa fille tout en poursuivant des études universitaires et en faisant la classe aux enfants de Pasankeri. À l'instar de beaucoup de jeunes femmes ici, elle s'est retrouvée abandonnée dès qu'elle a eu le gros ventre. La lâcheté des garçons est une plaie continentale. Chez Sara, cela a fait naître un courage peu ordinaire, et une force morale comme j'en découvris sous d'autres cieux, toujours parmi les gens à la vie tôt saccagée. Sara de Pasankeri, est un diamant qui brille au-dessus de La Paz, qui brille aussi fort que l'Illimani.

J'aime ce film simple et riche qui ouvre la collection *La plus grande moitié du monde.* Je l'aime car il lance notre collaboration, avec un petit bout de femme à faire trembler les montagnes. Oui Iolande, nous allons continuer. Il faut continuer. Il y a dans le monde des millions d'Isidora, de Sara qui attendent qu'enfin on les entende, les écoute et les respecte. Ces femmes-là sont infiniment plus belles que les triques déshydratées qui se déhanchent tous les soirs, aux parades de mode de la télévision française, avec des moues arrogantes.

Et ce film confirme le talent de Marie-France Delagrave à la prise de son. Menue, au visage d'enfant parmi les enfants, attentive à la peine et à la joie des femmes au fond des barrios, réalisant des prouesses dans les pires conditions, elle dissipe nos regrets de ne plus pouvoir partir avec Catherine, qu'une fille fragile retient à Montréal.

1 9 9 4

Sept femmes dans la guerre
des hommes, à Sarajevo

ORSQUE JE MONTE LE FILM *Isidora, au creux des Andes*, en octobre et novembre 1993, je passe des nuits blanches en retournant la question : Pourquoi la riche Europe permet-elle Sarajevo, après avoir permis Vukovar ? Oh ! j'ai beaucoup lu, trop lu peut-être d'articles, d'analyses et de livres sur l'éclatement sanglant de la Yougoslavie. Comme d'autres je perçois et refuse l'horreur d'un nouveau fascisme, serbe cette fois, qui multiplie les massacres au nom d'une «épuration ethnique» qu'on croyait impensable à la veille de l'an 2000, et au cœur de l'Europe en pleine revitalisation après la chute du communisme dans le glacis soviétique.

J'aurai bientôt 60 ans. À la montée du nazisme, à l'époque de Guernica j'apprenais à marcher. Durant l'Holocauste, et quand brûlait Oradour j'apprenais à penser. Dois-je maintenant apprendre à oublier ? Non bien sûr. Hélas, quelques cuisants revers m'ont enseigné qu'il ne suffit pas de comprendre les drames majeurs de notre temps, qu'il ne suffit pas plus d'une équipe prête et convaincue pour réaliser un bon documentaire sur un événement capital d'une époque. J'ai, pour d'indécentes raisons administratives ou autres, manqué le Tonkin sous les bombes, un dialogue au racines d'Israël et de la Palestine,

le martyre arménien. On me répète aussi que l'ONF n'a pas
à faire le travail de la télévision. Évidemment. De telles
lapalissades confortent bien des démissions. Et les grandes
gueules parmi nous, qui nourrissent tant de débats nationalistes et démagogiques, préfèrent toujours la Floride à
quelque engagement véritable, quand il faut plus que des
paroles. À Montréal nous n'avons pas de Finkielkraut, ni
de Julliard ni de Wiesel. Pourtant, notre pays est un fidèle
contributeur de l'ONU et nos Casques bleus ont acquis
le respect. Héritage de Lester B. Pearson bien plus que
volonté actuelle. L'ACDI coupe chaque année ses budgets
pour l'aide au Tiers-Monde, arguant d'une crise économique, tandis que fleurissent les gaspillages tous azimuts
au profit des marchands de gadgets vite dépassés, des intérêts électoralistes, des paresses corporatistes. Il est parfois
dur d'ouvrir les yeux sur nos politiques suicidaires. Aimer
le Québec, je crois, l'aimer dans sa fibre rurale et tenace,
dans le creuset de ses mixités urbaines, aimer ce pays c'est
aussi le vouloir solidaire des pays véritablement massacrés
par l'histoire contemporaine. Ce n'est pas acquiescer béa-
tement au slogan d'un démagogue syndical, ou au pamphlet
raciste d'un intellectuel d'Outremont. L'antisémitisme ici
– à l'instar de l'Europe – porte plus les beaux parleurs à
soutenir un Saddam Hussein – l'un des pires bourreaux de
notre temps – que la Bosnie. Les Bosniaques n'ont-ils pas
le tort d'être tolérants? Que j'ai mal à voir ce pays rejoindre
l'Europe, dans la subversion de ses médias.

J'hésite donc à proposer un film qui sera refusé. Puis
mes conversations avec des responsables d'organisations
humanitaires m'interdisent d'hésiter. Je prévoyais réaliser
un film à Kaboul, avec une Afghane s'opposant à la folie
des hommes, mais à New York et Genève les avis sont
clairs : en cet hiver 1993/94 la Bosnie est l'incontournable

priorité. Je prends la décision fin décembre. Iolande
m'appuie aussitôt. Avec comme moi des questionnements
sur la démarche, et la possibilité de faire autre chose que
CNN, dans les circonstances. Le comité du Programne
endosse le projet, et les quelques lignes et paroles de
Monique Crouillère demeurent l'un des beaux moments
de ma carrière. Au-delà d'itinéraires cinématographiques
différents, il y a des accords qui nous dopent. Iolande et
Monique, vous avez eu les questions, et les absences de
questions qui ont lancé ce film. Merci.

Durant les semaines suivantes, pénibles sont les formalités indispensables, où l'on cherche plus à me dissuader
de partir qu'à répondre à mes besoins. Enfin, cela fait
partie de notre travail en de telles circonstances. Depuis
bientôt quatre décennies, je suis toujours effaré par ces
doubles normes appliquées aux ressortissants des pays riches
et à ceux des pays pauvres, et auxquelles j'ai consacré une
partie d'un essai (*L'Humanité seconde*, 1985). Pourquoi, dans
nos médias, la mort d'un Canadien, d'un Français, d'un
Britannique ou d'un Danois compte-t-elle plus que celle
de cent Bosniaques? Que de trémolos pour 1, 2, 15 soldats
européens en danger, alors qu'un peuple entier est chassé
de ses maisons, que des milliers de femmes sont violées
avant d'être mutilées ou tuées, que des enfants sont systématiquement visés par les assaillants, que des régions
entières sont vidées, rasées, au nom de l'épuration ethnique,
de la supériorité de la race serbe. Cette dichotomie n'est-
elle pas une forme de racisme?
    Si Marie-France ne peut me suivre à Sarajevo,
German revient plus solide que jamais, et son amitié aussi
nourrit le film. Nous n'allons certes pas faire un reportage
de guerre, mais tourner dans une ville en guerre. Et qui
l'est toujours, malgré tous les mensonges diplomatiques.

Oui, les doubles normes nous sauteront à la face plus encore que les traces des obus. Un nouveau nazisme au cœur de l'Europe, devant lequel tout l'Occident décide honteusement de ne rien faire. Des avions aux radars et armements ultra-sophistiqués stationnés sur les bases italiennes, mais aucun d'eux n'a la droit de décoller pour aller abattre tanks et batteries serbes. Messieurs Mitterand, Boutros-Ghali, Akashi, Major et Clinton mentent effrontément au monde entier, et ne permettent que les survols de parade dans le ciel bosniaque. Chaque jour à Sarajevo, German et moi serons poursuivis par cette question flottant au-dessus des ruines : Comment l'Europe après la chute du Mur de Berlin, à l'heure de l'élargissement communautaire et de l'Eurotunnel, comment l'Europe de Maastricht peut-elle accepter une telle barbarie à sa porte, sinon en son cœur ?

❧

Après l'obligatoire zigzag par Zagreb, Roma et Ancona, nous arrivons à Sarajevo le 5 mars 1994, dans un Hercules du pont aérien des Nations unies. L'aéroport nous plonge à la seconde dans l'horreur. Le trajet vers le centre-ville dans la Jeep blindée d'une équipe de télévision américaine, avec arrêts obligatoires aux divers postes de contrôle, enfonce la vision d'un pays saccagé. L'hiver s'achève, et cependant l'accueil à l'unique hôtel de Sarajevo, le Holiday Inn, nous glace. Le personnel est aimable, mais le décor cauchemardesque. Cible idéale de l'artillerie serbe, le Holiday Inn est un blockhaus en sursis. Les chambres encore habitables alternent avec celles qui sont éventrées, les corridors ont des allures de tranchées, mais les techniciens bosniaques accomplissent des miracles en maintenant un dernier ascenseur en service, et l'eau au robinet un soir sur trois. Quel bonheur! Dans bien des quartiers alentour l'eau n'arrive plus dans les logements depuis des mois, et l'électricité est aléatoire. Drôle de nuit que cette première nuit à Sarajevo, dans une chambre à la portée des *snipers*, tandis que reprennent les tirs de mitrailleuses dans les collines.

Durant trois jours je fouille une ville qui se terre, je rencontre des gens courageux, résignés, peu bavards. Le bouche à oreille remplace le téléphone. Un photographe belge, un chauffeur dont la voiture a le pare-brise obstrué par un immense pansement, un chirurgien et son épouse, des infirmières, des passants, des institutrices d'une première école rouverte, des enfants me guident avec une belle assurance entre les murs mitraillés. D'heure en heure je tire le canevas d'un film sans fioritures.

Le troisième jour, avec Violeta, professeur de français et d'italien, terrée chez elle depuis deux ans, avec Violeta au cœur du drame bosniaque puisque son mari est serbe et son frère déjà tombé sous les balles des assaillants, nous décidons que ce second film de la collection *La plus grande moitié du monde* ne sera pas centré sur une femme, mais articulé autour de sept femmes de Sarajevo. Car dès les premières rencontres, j'ai bien vu qu'aucune femme n'accepterait de bonne grâce d'être suivie pendant une dizaine de jours par une équipe cinématographique, aussi réduite soit-elle. Trois jours d'une quête un peu folle dans une ville assiégée. Dans les escaliers noirs, les appartements aux vitres remplacées par le polythène fourni par le HCR (Haut Commissariat des Nations unies pour les réfugiés), dans les rues bombardées, les corridors et les salles d'un hôpital à moitié détruit, avec Violeta j'ai choisi sept femmes, sept témoins d'une ville martyre. Sept femmes dans la guerre des hommes. Dans la guerre des hommes où femmes et enfants sont les premières victimes. Sept femmes face à la barbarie du pouvoir serbe, qu'encouragent mensonges, dérobades et lâchetés occidentales.

❧

Le 8 mars nous entamons le tournage du film *Elles s'appellent toutes Sarajevo*, le matin entre les ruines de Marindvor et du nouveau Sarajevo, et dès midi avec l'impressionnante Manifestation pour la Paix des Femmes de Sarajevo. Dès ces instants, fini les traumatismes, le choc de la barbarie serbe et les opinions de tous les experts sur un conflit de tous les non-sens. Vestes anti-balles et casques restent pour deux semaines le plus souvent dans nos chambres. Il y a, devant l'Aaton, une ville, un peuple aux têtes nues, ouvrant ses vieux habits sur un printemps trop attendu, tant de regards à nous crier la honte de l'Europe. Avec les silences de German, et la calme assurance de Mirko, notre chauffeur serbe qui semble avoir tout compris de la connerie de cette guerre. Hélas, à la fin de l'année, lors de son bref séjour parmi nous à Montréal pour le lancement du film, le Dr Jasmina Alibegović me fera une troublante révélation : Mirko est un ancien membre de la police serbe, qui l'a déjà arrêtée, interrogée dans des conditions qu'elle préfère taire. Durant notre tournage, il déclare être entre deux feux : les Serbes qu'il fuit à cause de leur action inhumaine, et les Bosniaques musulmans qui ne l'accepteront jamais. Il a pourtant ses entrées partout dans la ville, et nous facilite le tournage, sans jamais tenter d'en infléchir l'orientation. Nous avons cru en sa sincérité. Aujourd'hui, les précisions de Jasmina me portent à douter, à voir différemment. Et si cet homme n'était qu'un opportuniste jouant toutes les cartes afin d'assurer l'avenir du bureau d'importation qu'il disait gérer avant le conflit ? Toute guerre a ses zones d'ombre, jusqu'au cœur des familles.

Avec Violeta d'abord, je tente un film de cœur. Oh ! il nous faut plus de retenue que d'adhésion, accepter les refus motivés par une grande lassitude devant les caméras étrangères. Comme me le dit si bien un chirurgien à l'hôpital Koševo : « Nous demandons de l'équipement médical, et on nous envoie des journalistes ». Un autre médecin me rappelle que certains jours, aux pires moments d'intenses bombardements, il devait chasser les caméras à l'entrée de son service d'urgence, pour pouvoir traiter les blessés. Dès les premières heures à Sarajevo, mes interlocuteurs me répètent cette fatigue devant l'acharnement des médias occidentaux, comparé au refus des États d'arrêter l'agression, les massacres. Mille obus serbes pour un obus bosniaque. Plus de 200 000 Bosniaques tués, dont beaucoup torturés, pour si peu de morts serbes. Combien de villes bosniaques rasées, et pas un obus sur Pale, sur Banja Luka, pas un obus sur Belgrade. Le cynisme de l'ONU, interdisant la destruction de tout armement serbe, acceptant l'épuration ethnique, et refusant aux Bosniaques le droit et les moyens de se défendre, restera une grande tache dans l'histoire de cette fin de siècle, qui pourtant ne manque pas de reniements.

Devant des récits atroces, je ne peux que me taire, avant de partager le thé de l'amitié, les biscuits que nous tendent avec insistance des familles aux cuisines, aux placards vides. Dans ces instants, il est aussi difficile de répondre que de se taire, et on craint que tout dialogue ne soit qu'hypocrite politesse. Quelle que soit notre opinion, le seul fait que nous soyons autorisés à quitter Sarajevo nous situe du mauvais côté. Ce tournage est le pillage des états d'âme. Inévitable.

Sous la chape de la barbarie, sept femmes veulent espérer. Sept consciences bâtissent un film de cœur (je ne dis pas de cœur et de larmes, car elles me demandent d'arrêter la caméra lorsqu'elles ne peuvent se retenir de pleurer). Les voici par ordre alphabétique : Jasmina Alibegović, médecin en cours de formation chirurgicale à l'hôpital Koševo ; Violeta Andrić notre interprète, professeur sans travail depuis deux ans ; Hajrudina Begić, épouse du premier héros de la résistance bosniaque ; Šemsida Jahić, institutrice de la première école rouverte ; Ana Kovač, sculpteur renommé mais clouée par la guerre, n'ayant pu durant deux ans que réaliser de minuscules dessins ; Selma Serdarević, très jeune architecte qui projette de reconstruire un quartier pauvre parmi les plus touchés de Sarajevo ; Greta Urlić, la musicienne, basson à l'Orchestre philharmonique de Sarajevo, et qui dut cesser de jouer pendant quelques mois, ayant perdu ses dents après deux années sans fruits ni légumes, sans calcium. Qu'elles sont dignes et fortes dans leur détresse ! Qu'elles sont belles ! Les filmer, c'est d'abord s'effacer devant leur courage, leur détermination.

Devant son poêle et ses filles, Hajrudina nous avoue qu'elle a dû brûler le lit de l'une d'elles, puis des souliers, des habits, des livres afin de cuire le peu qu'elles avaient à manger. Quand elle ajoute que l'enfant, le soir, cherche toujours son lit, elle a la voix des Casarès, des Sylvia Monfort, des Helene Weigel.

Nettoyant les plaies de Bojana, une fillette blessée à la poitrine, au ventre et à la jambe, Jasmina nous avoue son indignation face à la barbarie qui a déjà tué 3 000 enfants à Sarajevo.

Face à la chétive Ana, écrasée par la peur, mais tragiquement grandie dans la percutante beauté des petites sculptures qui l'entourent, j'ai honte de mon relatif confort de cinéaste occidental. Dans son atelier-appartement sombre et mitraillé, Ana a le regard des personnages de Goya, qu'illumine soudain une passion de vivre, de témoigner.

Tout juste sortie de l'École d'architecture, Selma n'a pas froid aux yeux, debout dans les ruines de Širokaća, me déclarant sans détours qu'elle veut rebâtir ce quartier dangereux, constamment harcelé par les *tchetniks*, les tireurs serbes qui se trouvent en haut des collines. Selma dans la vingtaine, vive, chaleureuse, amoureuse de sa ville, offrant sa fière silhouette aux snipers quand l'ONU, l'OTAN tergiversent sur les mille raisons de ne rien faire, sur la façon la moins coûteuse de laisser massacrer un peuple.

Douceur têtue de Šemsida parmi ses élèves de Koševsko Brdo, les écoliers qui refont leurs livres en remplaçant les boucs par les tchetniks, qui sont pour eux les animaux les plus agressifs de la Terre.

Greta sensible dans la musique envoûtante des ruines. Greta qui nous parle de sa famille, sa ville, son pays pillés comme elle parlerait de la naissance et du tarissement des fleuves, des millénaires du Monde. Greta musicienne d'un orchestre pas comme les autres, dont la musique vaincra les armes.

Épanouie telle une fleur dans le souffle des ruines, Violeta attend un second enfant d'un mari serbe. Par instants rayonnante dans la lumière d'un printemps qui hésite à s'élever de la Miljacka, elle symbolise la tolérance, l'intelligence, la mémoire d'une capitale blessée par les lâchetés autant que par les obus.

Toutes ces femmes sont ennoblies plus encore dans la voix d'or de Radmila Mahić, quand elle nous offre les plus belles chansons bosniaques, à l'entrée du Musée olympique, lui aussi détruit.

Puis nous émeut la voix impatiente de Melisa, la pure et vive Melisa, qui avec ses jeunes sœurs attend le retour de son père ; car elle croit que les morts, ils reviennent à la fin de la guerre. Chaque jour je me tais sous autant d'innocence meurtrie.

Elles s'appellent toutes Sarajevo déplaira bien sûr à tous ceux qui intellectualisent et décortiquent le malheur des autres. Comme ce fut le cas pour *La casa*, *Sucre noir* ou *L'or de Poranga*. Pour ces films que j'ai à cœur parce qu'ils viennent du fond de la vie et non d'esthétiques prouesses. Peu importe. Avant même son mixage, *Elles s'appellent toutes Sarajevo* emportait l'adhésion de ceux qui placent la vie au-dessus des discours sur la vie. Isidora, Hajrudina, Greta, Jasmina... oui Iolande la douleur des femmes est universelle, et leur courage aussi. Et tu l'as si bien dit sans paroles, quand dès le début du montage tu autorisas pour ce dernier film une durée de 88 minutes. Une heure et demie pour les femmes de Sarajevo. Un film qui en moi déjà en appelle d'autres, d'une même urgence, d'une même exigence face aux millions de femmes, de familles opprimées, bâillonnées sur une planète obnubilée par les intérêts économiques.

Oui, elles s'appellent toutes Sarajevo, et il nous faudra apprendre à les écouter chaque jour un peu plus.

À mon retour de Bosnie un nouvel essai de Jacques Julliard, concis, juste, incontournable, *Ce fascisme qui vient...*, rejoint et résume mes angoisses. Cinq lignes en

dernière page, demeureront longtemps d'une brûlante
actualité :

Nous savons d'expérience que l'effronterie des dictatures est à la mesure exacte de l'irrésolution des
démocraties. La nuit qui tombe sur Sarajevo est en
train, s'en qu'il s'en aperçoive, d'obscurcir le continent
tout entier.

D'or et de silence

DE RETOUR DE SARAJEVO, m'attend également le très beau film de l'ami Richard Lavoie : *Rang 5.* Une année dans la vie des agriculteurs d'un rang de Saint-Liguori, au nord de Montréal. Un documentaire parfait, précis, qui devant les premiers contreforts des Laurentides fait éclater les contradictions de la vie rurale, et peint sans fard les efforts des nouveaux fermiers, otages des accords internationaux, des marchés, des politiques aveugles d'une époque froidement matérialiste. Un film qui fera date, pour long-temps. Une exégèse de la modernité agricole. Rarement le film documentaire atteint simultanément une telle rigueur avec une telle densité.

Tout a changé depuis *Farrebique*, cet autre chef-d'œuvre réalisé un demi-siècle plus tôt dans le Rouergue par Georges Rouquier. L'étendue des terres, la machinerie agricole, l'habitat, les mille objets courants du confort. Tout a changé, rien n'a changé. L'attachement à la terre, au travail de la glèbe, aux animaux, au cycle des saisons, la douceur et la dureté des choses ont simplement changé de mots. Derrière ses coûteuses mécaniques, ses éprouvettes et ses ordinateurs, l'agriculteur demeure aussi vulnérable qu'une plante, qu'un arbre qu'on abandonne ou qu'on abat, au nom de sèches directives, d'intérêts inhumains. Sur tous les continents des gouvernements et des trusts s'acharnent à transformer l'art de cultiver la terre en une vulgaire industrie, polluante, qui à long terme stérilise, tue la terre après avoir tué les hommes.

D'un film à l'autre Richard avance patiemment, construisant une œuvre forte et originale, avec cette force têtue des paysans au sens le plus noble du terme. Isabelle De Blois sa compagne, l'épaule efficacement et sa belle sensibilité enrichit à coup sûr les emballements, les coups de cœur du cinéaste de Tewksbury, tardivement descendu à Montréal, et finalement installé près de Joliette, car Montréal braillait trop dans les yeux et les oreilles de cet amoureux du pays profond.

⁓

Deux films viennent clore cette année 1994, aux antipodes l'un de l'autre, mais puisant à une même écoute de l'âme orientale. *L'odeur de la papaye verte* de Tran Anh Hung, entièrement tourné en studio à Paris, est une ode à la sensibilité vietnamienne. Frôlant la préciosité sans jamais y succomber, modelant les êtres et les choses, les éveils et les regards dans une lumière musicale, ce premier long métrage de Tran Anh Hung écrit et parle une langue que le cinéma actuel a désappris : l'amour essentiel. Cela n'a pas d'âge ni d'école. Pas de prix. On songe à un retour inespéré à la douceur du *Fleuve* (*The River*) de Jean Renoir. On se demande de quelle planète nous arrive ce film tout de fraîcheur et de retenue.

Chef-d'œuvre inoubliable du cinéma documentaire, *Moving the Mountain*, de William Ging Wee Dere et Malcom Guy, est une passionnante remontée dans l'histoire des Chinois du Canada, et tout d'abord de Montréal.

Leurs longues souffrances, notamment sous l'inique Loi d'exclusion. Leur patience, leur endurance millénaires, puis leurs sacrifices sur une terre d'accueil devenue plus dure que la terre natale. Ce film est construit d'intelligence et de cœur, avec un rare équilibre dans l'alternance de riches séquences puisant aux archives, aux blessures, à la mémoire fragile de l'héritage, à la conscience de la dernière génération. Rarement l'itinéraire d'une immigration douloureuse n'a été reconstitué avec autant de brio, de sensibilité, de respect. J'avais, dans mon classeur, un dossier préliminaire pour un film en hommage aux Chinois de Montréal. Après la projection de *Moving the Mountain*, j'ai aussitôt détruit ces papiers, abandonné l'idée de ce film. Sans doute faudra-t-il attendre un demi-siècle avant qu'un cinéaste puisse à nouveau aborder le sujet.

Le 3 juillet 1995, par un rappel de Pierre Gilles De Genes à l'émission *Le Cercle de Minuit* de Laure Adler, j'apprends la mort à Paris de France Quéré, membre du comité d'éthique. Je l'ai revue pour la dernière fois au retour du Cambodge. Cette nouvelle brûle ma nuit. Le lendemain matin au téléphone, sa fille me confirme la brusque disparition de France Quéré peu après mon passage. Je crois l'entendre dans l'écouteur, une voix que la jeunesse distingue à peine. J'estimais cette femme depuis une trentaine d'années, alors que nous nous retrouvions autour de la revue *Esprit* animée par Jean-Marie Domenach, puis Paul Thibaud. Un long silence avait précédé l'accueil chaleureux au fond de la petite rue Laplace, derrière le Panthéon. Oh! que cette femme érudite et rigoureuse était passionnante, droite et forte dans son corps maigre, généreuse dans son regard. Je ne pouvais passer tout près, à la

Librairie L'Harmattan, mine d'or pour toutes recherches sur le Tiers-Monde, sans penser à elle.

L'année précédente, l'ami Bernard Peters était décédé à Lyngby près de København. Physicien émérite, ancien directeur de l'Institut Niels Bohr, ayant longtemps travaillé en Inde, cet homme aussi m'avait marqué. Avec son épouse Hannah dévouée à la science médicale. Dans les allées d'Hellerup et de Lyngby, ces deux savants ont toujours eu une exemplaire modestie. Entre deux congrès en Amérique, Europe ou Asie, ils avaient pour Yukari et moi une amicale patience à nous clarifier d'angoissantes questions de notre époque. Aujourd'hui Hannah est seule, pas très loin de sa fille, et j'aime sa voix toujours vive, son inépuisable soif de connaissance, d'humanité.

Ce printemps aussi j'eus un premier choc. Au retour de Phnom Penh, Yukari m'apprit la mort probable d'Ana Kovač, qu'avaient presque confirmée en mon absence des cinéastes bosniaques de passage à Montréal et Toronto. Un éclat de projectile qu'on n'avait pu retirer à l'hôpital Koševo, avec la pénurie d'équipements et de spécialistes. Ana si faible et si belle, ses yeux si grands, si profonds devant l'absurdité de la guerre qui depuis trois ans l'empêchait de sculpter.

Mais cette mort-là, je la refuse. Car il s'agit d'un assassinat. J'ai pu, après bien des essais infructueux, communiquer enfin avec Kris Janowsky, au bureau du HCR à Sarajevo, depuis quelques jours à nouveau ciblé par les tirs serbes. Il était bien sûr débordé, avec toutes les urgences, et de dix à quinze victimes par jour. Pour Ana, il ne savait rien. Pour Jasmina, il l'avait récemment revue, toujours en poste à l'hôpital. Aujourd'hui, avec le surcroît d'urgences suivant la prise de Srebrenica par les tueurs de Radko Mladic, je ne le rappellerai pas. Seulement, je revois le trou noir qu'est l'appartement du sculpteur Ana Kovač, sans eau ni électricité, mais avec les immortelles petites sculptures d'Ana, nerveuses, tragiques, portant le cri de révolte que la voix d'Ana ne pouvait plus, ne pourra plus porter.

Aujourd'hui je revois Jordi Bonet, parti voilà quinze ans. Jordi, Francis, qui aviez encore tant à nous donner. Marius mon père aussi, et Hidehei père de Yukari, deux artisans du bois, du bel ouvrage. Je revois Elena Moyano, dont le regard grave étreint celui de France Quéré. Elena, France, Ana, et les Khmères amputées, silencieuses, avec lesquelles se ferme mon nouveau film. Je revois la mort lente des bateyes, la mort blanche du sertão planter leurs noires silhouettes, les cactus de la nuit dans les midis blessés de Bosnie et du Cambodge. Qui va m'apprendre à aimer la vie ?

Deux ans après avoir écrit ces lignes, je reçois enfin des nouvelles de Jasmina. Son père est mort, et la vie reprend forme à Sarajevo. Mais je comprends que tout demeure là-bas précaire, très fragile. Elle ne parle pas d'Ana, mais je viens d'apprendre d'autre source qu'elle aurait survécu et serait repartie en Croatie, probablement à Split où elle avait encore de la famille. J'aimerais les revoir, revoir ces femmes qui dans une époque de lâcheté, nous parlaient avec leur cœur.

1995

Dans le cauchemar des mines antipersonnel

É VRIER 1995. Le tournage de mon 157ᵉ film a un goût de poussière, sec et amer. Un goût de mort. À 45 kilomètres au nord-est de Kâmpôt, dans la province du même nom, le village cambodgien de Dâng Tung Thmei n'est qu'un croisement de pistes dans la désolation d'un pays ruiné. Les cases de bambou, de lattes et de planches de ce maigre bourg abritent une population résignée, la survie plutôt que la vie. Pour la troisième fois je plonge dans le cauchemar de la dislocation, du traumatisme mortel d'un pays qui fut le berceau d'une civilisation, d'un art, d'une architecture, d'une musique raffinés.

Sur le visage de chaque paysan khmer se décalquent aujourd'hui vingt années d'horreurs sur des siècles de labeur et d'endurance. Oh! l'histoire ne fut pas si simple, qui ici comme ailleurs eut ses gloires et ses désastres au fil des royaumes, des bravoures et des lâchetés. La sagesse mûrit avec les larmes. Entre le Siam et le Viêt-Nam, le Cambodge fut une Pologne orientale, et les Khmers écrivent dans leurs rides des poèmes courts et tragiques. Dans les grincements de leurs moyeux, les *rôteh ko*, les lourdes charrettes à bœufs égrènent elles aussi la complainte d'un pays plus forgé, nourri de dureté que de douceur. Pour aimer ce pays ravagé, il faut puiser longtemps dans ces regards et silences altiers sous les palmes des *salâ*, ces petits abris surélevés à l'ombre desquels un peuple prostré semble attendre la fin du monde. Il faut s'armer de patience, et découvrir, recevoir le sourire d'un enfant, d'une paysanne voulant croire que les mangues encore tomberont sans les obus. Que le jaquier, le palmier à sucre les accueilleront sans qu'une mine n'explose et les mutile à leur approche.

∽ᵉ∾ᵌᵥ

En cette année du centenaire du cinéma, j'aimerais réaliser un film d'une extrême simplicité. Un documentaire ne comprenant que de très longs plans-séquences. Quelques riches instants d'une vie khmère entre le cauchemar et l'espoir. Ma productrice, hélas, n'y croit pas. La simplicité a définitivement quitté notre vie occidentale, semble-t-il, et le cinéma doit se fabriquer plutôt que d'éclater en des moments privilégiés, dans la symbiose de riches situations.

Par ailleurs, depuis quelques années je souhaite ce retour au Cambodge, afin d'y filmer, si possible, le nouvel espoir d'un peuple rescapé du génocide. À l'automne 1994, la rencontre, à Montréal, de Daniel Dravet de l'UNICEF, précipite les choses. Daniel, que j'ai connu lors de tournages au Togo et en Indonésie, est maintenant officier de communications à l'UNICEF à Phnom Penh, et désire qu'un film soit fait sur l'angoissante question des mines antipersonnel. Un film axé sur le désarroi d'une famille paysanne vivant entre les champs de mines. Le déclic est immédiat. Très vite, William Hetzer au siège de l'UNICEF à New York, appuie le projet. Par économie, Iolande me demande de n'effectuer qu'un seul voyage au Cambodge, comprenant les recherches, immédiatement suivies du tournage. J'accepte, sûr de pouvoir trouver le personnage idéal pour le film, dans un pays recensant déjà 35 000 amputés, sur les 60 000 victimes des mines antipersonnel.

Selon les sources, de six à huit millions de mines sont disséminées au Cambodge, dans les rizières, les forêts, sur les chemins et aux abords des rivières. Autant de mines antipersonnel que d'habitants, auxquelles s'ajoutent les mines antichars. On estime qu'il y a plus de 100 millions de mines actives dans le monde, principalement en Afghanistan, en Angola, au Cambodge, au Soudan, au Mozambique, en Éthiopie, en Bosnie. Une soixantaine de pays, où la vie, en maintes régions, ne vaut pas cher. Le Cambodge détient un triste record mondial : une victime (mort ou mutilé) pour 150 habitants.

Fin janvier 1995, Phnom Penh me confirme qu'elle est bien la capitale de la corruption. Dans un pays exsangue, acculturé, ruiné, une flopée de politiciens et de hauts fonctionnaires plantent ici et là des villas aux allures de châteaux, avec à l'entrée une ou deux Mercedes blanches, tandis que tout autour des gens s'entassent, survivent dans mille privations.

Quand quelques jours plus tard, guidé par des instructeurs australiens du CMAC (Cambodian Mine Action Centre), je vois pour la première fois, au village de Dâng Tung Thmei, Thân Khy dans son *salà*, je pense aussitôt que le film se fera avec elle. La poursuite de mes recherches dans les villages et hameaux de la province de Kâmpôt, et ensuite dans la province de Battambang, n'y change rien.

❧

Thân Khy a 36 ans, et porte en son ventre sa fille Mom, lorsqu'elle saute sur une mine, à dix pas de sa porte, au pied d'un arbre servant de poteau au *salà* érigé devant sa pauvre maison. Mom naît, et grandit. Mais sans sa jambe

droite, Thân, dans le Cambodge des rois d'Angkor qui ont
bâti l'un des plus grands palais du monde, Thân doit passer
la majeure partie de son temps sur les 6 m^2 de planches de
l'abri, face à sa misérable case.

Thân Khy a cinq enfants : quatre garçons âgés de 5 à
15 ans, et sa fille Mom, d'un an aujourd'hui, qui ne la quitte
pas. Son époux est soldat, avec une solde de 14 $ par mois.
Sa caserne est à 40 kilomètres de Dâng Tung Thmei. Il
vient en congé quelques jours chaque mois, avec une allo-
cation de riz.

Deux des garçons vivent chez une tante, une sœur de
Thân, dans un village voisin. L'entraide des familles est ici
une longue tradition que n'ont pas altérée les années de
cauchemar : les bombardements américains ordonnés par
Nixon et Kissinger, le génocide des Khmers Rouges, et
maintenant la guerre invisible, entre 6 et 8 millions de mines
posées, cachées dans les champs, chemins et clairières, et
jusque entre les chétives maisons du village. Ici à Dâng
Tung Thmei, on dénombre déjà une douzaine d'amputés.
Le Cambodge est devenu le Pays des Unijambistes.

Chaque matin pendant deux semaines en février 1995,
nous arrivons de Kâmpôt dans la Land Cruiser de
l'UNICEF, escortés par un ou deux véhicules du CMAC. Dès
notre arrivée au village les démineurs reprennent leurs
activités dans les champs de mines. Un travail méthodique
et patient, un travail de fourmis. Ici tout l'espace est miné,
jusqu'aux abords de l'école et de la pagode. Une vingtaine
de démineurs, debout avec leur détecteur électromagné-
tique, ou à plat ventre dans le sable ou les ronces, sondant le
sol de leur longue pointe d'acier, dégageant les mines avec
des précautions de chirurgien. Chaque après-midi avant
de repartir, ils font exploser les quelques mines localisées et
dégagées. Ces opérations se poursuivent dans plusieurs

provinces, avec la collaboration d'experts étrangers, principalement australiens, britanniques, canadiens, français et norvégiens. Mais au rythme actuel du déminage, il faudra plus d'un siècle pour libérer le sol khmer de cet ennemi invisible.

Et chaque jour à cent, à trente, à trois pas des mines enfouies ou découvertes, nous suivons la vie de Thân et de ses enfants. Cette femme est admirable. Tout d'abord d'une ancestrale timidité bien sûr, puis de jour en jour plus libre de ses mouvements, de ses angoisses devant la caméra. Oh! que cette vie prostrée, pénible sur quelques planches, avec la fillette agrippée au *sampot* de coton imprimé, que cette douleur retenue, ces sobres sourires, que ces gestes maternels nous émeuvent. Âgé de cinq ans – mais n'en paraissant que trois à nos yeux d'occidentaux –, Bunla, le cadet des garçons, n'est jamais loin, et aide sa mère du mieux qu'il peut, à la fois espiègle et craintif, n'épargnant pas les jurons khmers que l'interprète hésite à nous traduire. Sur le plancher de l'abri ou dressée sur sa béquille, et en l'absence des aînés, Thân accomplit toutes les tâches quotidiennes sans rien demander aux voisines. Elle voudrait bien, elle aussi, recevoir cette prothèse qui, sans remplacer une jambe, facilite la vie. Mais elle ne peut s'absenter pour deux ou trois jours, le temps d'aller à Kâmpôt, à l'atelier de Handicap International où l'on prépare et ajuste gratuitement les prothèses pour les mutilés. Bientôt, espère-t-elle, quand son mari viendra pour quelques jours, elle fera cette démarche, elle ira recevoir se jambe de métal et de plastique, son rêve.

Mais Thân déjà, seule avec ses enfants, fait des prodiges. Elle nourrit ses porcs, élève un buffle acheté à bas prix parce qu'il avait reçu quelques balles de fusil. Elle fait la couture, berce sa fille dans le hamac, commande une grande table de bois à un voisin, qui s'improvise menuisier, afin de préparer et servir des repas aux démineurs du CMAC

qui seront ici pour quelques mois encore. Thân Khy a plus
d'énergie que bien des privilégiés de Phnom Penh.

Tout le tournage, tout le film est centré sur elle, sur cet
espace réduit où elle refait sa vie. Je dois tourner la plupart
des séquences à demi courbé, évitant, frôlant la paille et les
clous, le toit si bas du *salâ* – ce qui me vaudra, deux mois
plus tard à Montréal, ma première entorse lombaire. Au
son, Yves Saint-Jean fait des miracles, malgré les passages
de motocyclistes et de bavards dans son dos. À cent pas,
sur la véranda surélevée des jeunes bonzes de la pagode,
German l'increvable, le philosophe, le grand rêveur colombien de cent films qui commencent à se faire – son dernier
film, *Variations sur un thème familier* réalisé avec la collaboration de Carmen Garcia son épouse, est remarquable de
rythme et d'humanité –, German fidèle et tenace s'est
hélas trouvé ici un ennemi têtu : le sable et la poussière. En
ce creux de la saison sèche, les passants, animaux, charrettes
et motocyclettes soulèvent un nuage à faire pâlir une Aaton.
Alors il s'est réfugié chez les bonzes, sur le plancher propre
sans cesse balayé par le coton safran.

L'essentiel du film *Thân, dans la guerre invisible*, est
donc tourné là, autour des six mètres carrés de l'abri de
Thân Khy. Puis, durant les deux semaines suivantes,
nous complétons le tournage à Kâmpôt, à Phnom Penh,
Battambang et ses environs, et finalement à Angkor. Avec
des séquences qui ponctuent le film, prolongent la douleur
et le courage de Thân dans les mille matins assassinés du
Cambodge. Les chirurgiens qui refont, réparent l'horrible
chirurgie d'urgence des amputations. Les artisans qui
fabriquent et ajustent les prothèses, les monitrices qui
rééduquent les mutilés. Et partout les démineurs qui

poursuivent la mission la plus dangereuse, tandis qu'inlassablement des éducatrices enseignent, répètent aux enfants tout ce qu'il faut savoir pour éviter l'accident ou la mort. Avec aussi les réfugiés intérieurs, ces milliers de paysans qui affluent vers les villes, fuyant les villages, les chemins, les champs truffés de mines.

～✎⁓

Avec Chanh Thach pour interprète et collaborateur efficace, je dois accélérer le montage afin de répondre au calendrier avancé de l'UNICEF. Au diable le repos imposé par le médecin, la Steenbeck roule sans arrêt et le film est prêt dans les nouveaux délais. Iolande aime ce film, comme les collègues, dès la première projection. J'ai dû effectuer des coupures regrettables pour parvenir à un montage final de 59 minutes. Le film eût été idéal à 70 minutes. Mais il fallait tomber dans «l'heure TV», c'est maintenant la sacro-sainte condition dans le documentaire, et l'ONF baisse les bras.

Après les efforts de tous pour sortir ce film aux nouvelles dates (montage sonore, laboratoire, traduction anglaise, etc.), j'apprends qu'ici plus qu'au Cambodge je travaille en terrain miné. Alors que l'unanimité semble évidente autour du film, brusquement le directeur du Programme français de retour de l'étranger, demande sa réduction à 52 minutes, pour une plus large diffusion dans les réseaux TV commerciaux, qui pourront ainsi insérer six ou huit annonces publicitaires dans le film. Oui la souffrance d'une femme courageuse entre toutes, dans un pays martyre, coupée toutes les dix minutes par l'outrance, la vulgarité commerciales des vendeurs de détergents, hamburgers, condos, automobiles, shampoing, téléphones cellulaires et autres gadgets d'une société malade de gaspillage.

Voilà ce que veut maintenant l'Office national du film du Canada, organisme longtemps réputé pour l'intelligence et la hardiesse de ses documentaires. En cinq années notre budget a été réduit de 40%. L'heure est aux coupures aveugles, sans aucune pensée sociale à long terme. Bien que souffrant d'une sur-administration imposée, mes films des dernières années ont été réalisés pour un coût final oscillant autour de 250 000 $ canadiens, et certains pour beaucoup moins, tandis que de nombreux documentaires, réalisés sans plus de difficultés, ont coûté entre 500 000 et 800 000 $, et parfois un million. Mais travailler dans l'extrême rigueur m'attire plus d'ennuis que de respect. En cette même année où je dépasse de 7 minutes la durée souhaitée par le directeur, 14 films dépassent leur longueur prévue de 15 à 30 minutes, voire beaucoup plus, et certains ont pris trois années pour être terminés. Aussi, puisque depuis toujours je prends de grands risques au détriment de ma santé, c'est de moi en premier qu'on exige l'impossible : réduire un film unanimement apprécié et réalisé en un temps record.

Alors pour oser défendre *Thân, dans la guerre invisible*, je vais lire et entendre des horreurs, et me faire traiter comme un gamin. Il n'y a plus d'éthique, seulement des cases à remplir dans les organigrammes. Un à un les cinéastes qui résistent au rouleau compresseur sont détruits. Dans combien de temps vais-je flancher à mon tour ? Notre direction multiplie carottes et bâtons : primes de départ et conditions de plus en plus dures pour la réalisation des documentaires. Conditions qui deviennent la négation même de l'éthique documentaire. Ailleurs la plupart des documentaristes chevronnés ont été écartés des chaînes de télévision, au nom de l'audimat. Ce qu'il reste de programmes d'information, films éducatifs et grands reportages, passe au moulin commercial, avec plus de vedettariat que de rigueur d'analyse et de traitement.

Nous devrions, nous pourrions peut-être ici résister un peu mieux, un peu plus longtemps. Hélas, à une dernière réunion des cinéastes où j'avance les exigences d'un sursaut, d'une sauvegarde du documentaire tel que nous l'avons fait reconnaître et défendu depuis un demi-siècle, je vois s'effriter la solidarité professionnelle sous les coups de boutoir des administrations, et les opportunismes individuels, si humains.

En cet automne 1995, je prends un coup de vieux. J'ai mené une bataille pour sauver un film, mais j'ai lu sur mon rapport d'évaluation des lignes répugnantes. Mesquinerie et vengeance d'un directeur du Programme français dont il serait instructif de voir les films qu'il réalisa... Ce même homme fut voilà vingt ans l'un des trois agents engagés par l'ONF pour préparer en Afrique noire les professeurs des écoles de santé à l'utilisation des films médicaux de la série *Santé-Afrique*. S'ennuyant de Montréal et de sa famille, il ne remplit pas la moitié de sa mission avant de rentrer chez lui. Il avait pourtant beaucoup moins de travail et de responsabilités que j'en assumais pour réaliser les 31 films et compléter le tournage en Afrique dans les 53 semaines prévues – le décès de mon père n'ayant aucunement retardé le calendrier. Oui, deux décennies plus tard, cette même personne – que le principe de Peter a conduite à un poste de direction – me scie les jambes. Que cela est triste ! Notre nouvelle collection *La plus grande moitié du Monde* a reçu du plomb dans l'aile. Était-ce trop beau ? La rencontre de deux passions, pour des films consacrés aux priorités de notre temps, à travers la vie de femmes remarquables, sinon héroïques. Était-ce trop téméraire ?, dans un monde où fleurissent les pires *talk-shows* télévisés, où l'information se gargarise des délires de quelques pays occidentaux. La démocratie se dilue dans l'épidémie des sondages. On questionne à la hâte 800 personnes, et on prétend savoir ce que veulent 20, 30, 50 millions de femmes et d'hommes. On dépense des millions de dollars pour équiper des studios bourrés d'électronique, on ne parle plus que vidéo, numérique, ordinateur, audimat, on produit de l'information comme on élève des poulets, des veaux. CNN est partout, clame-t-on, mais on voit toujours les mêmes reportages aux mêmes endroits. Toujours centrés sur les intérêts des «Grands», les grandes puissances dont chaque toussotement doit obligatoirement intéresser l'univers. Rarement sur nos écrans, petits ou grands, voit-on traiter sérieusement les drames profonds, les luttes et les espoirs de sous-continents entiers. Inde, Indonésie, Chine, Pakistan, Brésil, Nigeria... inconnus. Oh! qu'une conférence bidon sur les femmes à Beijing soit organisée avec la lamentable démission de l'ONU, et la Chine pour deux semaines réapparaît. Qu'un déraillement, un séisme, un massacre compte 1 000 ou 3 000 morts de l'autre côté du globe, et nous aurons aussitôt un flot d'images, avec opinions d'«experts». Le spectacle remplace l'information, l'éducation et la culture s'effacent sous la trivialité commerciale. L'image idéale de la planète – pour ne pas dire son nouveau dieu – est Bill Gates buvant un Coca-Cola, au pied d'un volcan en éruption.

Oui, fin 1995, je vois que se réduit dangereusement le cercle des purs, des passionnés du documentaire. Je comprends que nous sommes condamnés. Quelques grandes gueules ici et là feront sans doute illusion pour quelque temps, mais je vois trop la force d'un courant impitoyable, nivelant la médiocrité dans de coûteux artifices. Plus que jamais le contenant prime sur le contenu. L'humanisme s'étiole, quand s'imposent les consoles électroniques.

J'espère seulement que les hommes réagiront avant qu'ils n'aient totalement perdu leur âme. J'ai aimé ce pays que j'ai choisi, ce pays des Lester B. Pearson, David Lewis,

René Lévesque, Thérèse Casgrain, Pierre Elliott Trudeau, Terry Fox, et cet ONF des Michel Brault, Wolf Koenig, Maurice et Marthe Blackburn, des Kaj Pindal et des Gilles Blais, ce creuset d'enthousiasmes qui tenait tête à la tonitruante Amérique. J'avais des projets, des films à réaliser pour quinze autres années, à des coûts minimaux, avec des communautés sans voix et des espoirs pour un monde de cœur plutôt que de profits. J'appréhende avec effroi les cent subterfuges avec lesquels on me découragera de les réaliser.

Thân, dans la guerre invisible, que l'UNICEF va distribuer, c'est tout d'abord une femme très simple, tout en étant divinement belle et forte, une femme aussi dont la douleur m'interdit tout découragement.

Plus tard je verrais le long métrage de Rithy Panh : *Les gens de la rizière*. J'aurais le souffle coupé en quittant la salle. Enfin un cinéaste khmer à la hauteur de la culture et de la souffrance de son peuple. Un chef-d'œuvre qui nous fait mieux encore oublier les pitreries d'un petit roi qui fut aussi piètre cinéaste que défenseur de son peuple. *Les gens de la rizière* ont l'éclat du diamant dans la poussière ou la boue, la voix pure, ultime, que l'on entend quand tout a été dit.

L'apartheid là-bas, et ici...

L E 12 FÉVRIER 1996, Sandra MacDonald donne le coup de grâce à l'Office national du film du Canada. Devant le personnel rassemblé dans le grand auditorium, elle expose son plan de démantèlement accéléré de l'organisme, cyniquement présenté comme un plan de sauvetage. Une démolisseuse, nous le savions ; une démolisseuse zélée, nous l'apprenons.

Sans aucun doute l'ONF demandait à être secoué, afin d'en chasser les laxismes et les excès, florissants dans beaucoup d'administrations gouvernementales. Mais on ne soigne pas un malade en lui coupant les membres, encore moins en lui retirant ses poumons. Or ici on retire le cœur et les nerfs, pour laisser la graisse. L'arrêt de mort de l'ONF est signé. Il est clair qu'on va très vite le réduire à une administration ventrue, entièrement dévouée aux directives supérieures, c'est-à-dire à l'alignement sur la médiocrité et l'outrancière commercialisation américaines. Le Canada aujourd'hui démembre systématiquement ses plus remarquables institutions, pour se mouler lâchement dans l'entonnoir de la « mondialisation », dans l'aveugle soumission aux diktats des multinationales. Dans son dernier rapport, le PNUD (Programme des Nations unies pour le développement) précise que la fortune (et le pouvoir) de 350 personnes égale les revenus de 45% de la population mondiale. Oui : 350 multimilliardaires d'un côté, et 2 700 000 000 de femmes et d'hommes en face. Voilà le monde radieux, sept ans après la chute du Mur de Berlin ; voilà le monde des adulateurs de Bill Gates.

Avec 1 000 employés, l'ONF avait 8 directeurs. Aujourd'hui, en 1997, avec 300 personnes, il ne compte pas 3, mais 9 directeurs. L'un d'eux réunit les cinéastes du Programme français quelques heures après le couperet de la commissaire, pour leur rappeler que leurs documentaires coûtent en moyenne au-delà de 600 000 $, et que leur réalisation prend en moyenne 30 mois. Il demande qu'on abaisse les coûts, et qu'on réduise le temps de production à 18 mois. Deux jours plus tard, ce même directeur me convoque pour m'imposer d'infâmes conditions à la réalisation de mon prochain film : un producteur qui, onze ans plus tôt, a censuré six de mes films, et l'interdiction de monter mon prochain documentaire, alors que je monte mes films depuis toujours. Je rappelle que mes films, dans des conditions parfois difficiles, sont produits avec des budgets deux ou trois fois inférieurs à la moyenne, et que mes calendriers de production n'excèdent pas dix mois. Alors, en des raisonnements ubuesques, on me fait comprendre qu'avec cette rigueur de travail je contrecarre le jeu des producteurs. Là où l'on désire d'éternels débats, changements et problèmes soulevés pour l'aura d'un producteur, ma rigueur gêne. Je dois m'incliner devant les ordres. Je comprends clairement, ce sinistre 14 février 1996, qu'il ne mène à rien d'invoquer l'honnêteté, l'économie, l'exigence. Il faut abattre l'ONF et tous les moyens sont bons pour y parvenir. Et abattre l'ONF... c'est abattre les cinéastes, après avoir démantelé une grande partie des services techniques. Ici et à l'étranger, des collègues mettront les points sur les i, là où mon directeur est d'une lâcheté sans bornes : il ne faut pas, il ne faut plus qu'un cinéaste puisse prouver qu'il est possible de réaliser de bons films, bien accueillis par le public, de façon économique, efficace, dans un organisme d'État. Cela est un caillou dans la sordide mécanique des fonctionnaires attelés à la destruction de l'ONF. En ces temps dévoyés, l'incompétence d'un producteur prétentieux dont les documentaires mettent jusqu'à cinq ans à être réalisés, avec des coûts approchant le million de dollars, sert à merveille la mise à mort de l'institution.

C'est avec ce coup de barre dans les jambes que j'entame les recherches, puis la réalisation du quatrième film de la collection *La plus grande moitié du monde*. Iolande quitte l'ONF. Je garderai le souvenir d'une période exaltante, le contact d'une passion qui dopa la mienne. L'idée et le démarrage de cette collection lui doivent beaucoup, mais je dois poursuivre sans elle, avec une blessure vive.

Quelques jours avant mon départ pour Durban, je retrouve des amis dans un salon funéraire, alors que Jacques Bobet vient de nous quitter. Jacques qui durant trois décennies fut un producteur passionné et estimé de l'ONF, un catalyseur d'idées et d'énergies, d'une race en voie de disparition.

❧

J'ai attendu l'abolition de l'apartheid pour envisager de filmer en Afrique du Sud. Puis les deux priorités successives de Sarajevo et de la campagne mondiale contre les mines ont repoussé un projet là-bas, le tournage à Kaboul demeurant impensable. C'est avec la collaboration d'OXFAM-Canada que j'effectue mes brèves recherches sur le terrain en mars/avril 1996. Depuis longtemps l'actualité m'a imposé sa succession d'horreurs. Partout en Afrique, depuis quarante ans, nous parlons de l'Afrique du Sud entre amis et collaborateurs. J'arrive donc dans un pays trop attendu. Mais cinq ans après la mort officielle de l'apartheid, la souffrance et les stigmates n'ont pas disparu. Tout est encore à bâtir, à inventer, à générer pour assurer une vie digne aux trois quarts de la population.

Il ne sert à rien de courir ce grand pays à la recherche d'une femme, d'un sujet, d'un film. Je me concentre aux environs de Durban, au cœur du Kwazulu Natal, avec la participation et les conseils de David Gallagher et June Weber, gens de cœur et d'ouverture dont la connaissance de l'Afrique australe est solide.

Dans les saisissants *townships* autour de Durban, je rencontre des femmes attachantes, fortes, déterminées, qui finiront par vaincre les peurs, les handicaps hérités d'un demi-siècle d'esclavage et de massacres. Puis David Gallagher me présente Zandile Gumede. Et dès les premières minutes, c'est le coup de foudre du documentariste. C'est avec Zandile, dans cet informe bidonville d'Amaoti, au bout du grand Inanda, que je conçois le film.

Leader de l'Amaoti Civic Association dans Angola, l'un des 14 districts d'Amaoti, Zandile Gumede travaille bénévolement 12 heures par jour, parfois beaucoup plus, à tenter de résoudre maints problèmes, dans les situations les plus tragiques ou désespérées. Avec Marie-France Delagrave, German Gutierrez, et Nozipho Mbatha pour interprète, c'est une vie éclatée, déchirée dans une ville informe que nous filmons. Nous orientons bien sûr nos efforts non pas vers ce tableau misérabiliste, inhumain auquel l'Afrique australe nous a habitués, mais vers le portrait d'une femme née, grandie ici, et dont le courage et la volonté génèrent beaucoup d'espoirs. Notre travail pourrait être une descente aux enfers, mais Zandile est un nom, un regard, une

voix qui entraînent les mille soleils d'une tardive libération.
J'ai dans mon viseur une Afrique qui enfin contredit les
anathèmes, une femme et un pays, qui sont toutes les
femmes et tous les pays d'une dignité retrouvée. Chaque
jour aussi, le dévouement de Zandile Gumede m'aide à
repousser les scandales de l'ONF.

Au montage hélas, je connais trois mois de frustration.
M'interdire de monter ce film est un moyen très vicieux de
me détruire. Ai-je présumé de mes forces en acceptant
cette sale condition ? France Dubé, qui vingt-deux ans
plus tôt a débuté au montage en m'assistant sur la série
Urba-2000, est d'une grande honnêteté. Elle s'acquitte de
façon exemplaire d'un difficile pari : réaliser un bon montage, pour un film dont j'ai établi le plan de montage de
façon assez précise dès la fin du tournage (ainsi que je l'ai
toujours fait). Mais sa frustration doit être égale à la
mienne. Le calendrier s'allonge, c'est inévitable, et voulu
par l'administration. Le producteur se donne beaucoup
d'importance, et cherche à torpiller la longue amitié de
France.
   Mais le film s'impose, sa force est reconnue dès les
premières projections par ceux qui connaissent l'Afrique
du Sud. Alors la Direction redouble de cynisme : puisque
j'ai réussi à bâtir un film malgré toutes les embûches
dressées sur ma route, il faut briser ce film avant que le
public ne l'apprécie. Bien que sa sortie en 35 mm (le tournage en Super 16, imposé au départ, ne permet pas de sortie
en 16 mm) n'entraînerait qu'un coût de moitié inférieur
à celui de plusieurs documentaires sortant à la même
période (400 000 $ au lieu de 800 000), le sinistre tandem
de direction-distribution décide que ce film n'existera tout
simplement pas, et que *Zandile, dans la lumière de l'ubuntu*
ne sera disponible qu'en cassettes vidéo. Voilà comment

la Direction du Programme français de l'ONF traite le premier film consacré à un peuple sortant d'un demi-siècle d'apartheid. Cela, l'année où Nelson Mandela est attendu au Canada. Et alors qu'à la même période des budgets deux ou trois fois supérieurs sont autorisés pour la production et la publicité de documentaires nombrilistes.

❦

OXFAM-Canada organise une présentation de *Zandile, dans la lumière de l'Ubuntu* à travers le pays, en invitant même Zandile Gumede. À Halifax, Saint John's, Vancouver, Victoria, Ottawa et Montréal, en février et mars 1997, l'accueil du public est enthousiaste me rapporte-t-on. Hélas les projections vidéo sont pitoyables, avec des images tantôt rosâtres, tantôt verdâtres, plus ou moins brouillées, zébrées, bref la pire insulte que l'on puisse faire à un cinéaste reconnu pour la qualité de ses images. À Ottawa il m'est impossible de rester dans la salle, tant la projection est mauvaise. Oh ! que le public est charitable, en ne parlant que de Zandile et des efforts poursuivis autour d'elle, dans ce pays que nos médias ont déjà oublié.

Zandile passe deux jours avec nous avant de repartir pour Durban. Avec Yukari, nous ne pouvons lui faire découvrir le Québec, ces villages aux antipodes du Kwazulu, et une partie de son temps si compté se passe dans les magasins, afin de combler ses enfants. Elle repart heureuse, bouleversée par un si long périple, elle qui n'avait jamais quitté son pays natal. Je sais qu'à son retour les urgences ne manquent pas, et qu'aujourd'hui elle court toujours dans les sentiers, les côtes d'Amaoti, pour humaniser un monde qui ne l'est guère.

Durant quatre décennies le Canada a condamné l'apartheid et maintenu un certain leadership en Occident, pour le boycott des produits sud-africains. Voir l'Office national du film du Canada agir avec autant de mesquinerie pour le premier film post-apartheid, en comptant sur OXFAM-Canada pour financer son lancement et sa diffusion, cette indécence me fait mal.

Mais la destruction de l'ONF entraîne bien d'autres scandales. Nos meilleurs techniciens sont limogés. Notre laboratoire mondialement reconnu, notre studio, l'ingénierie, le service des arts graphiques et l'imprimerie sont fermés. Dans les salles de projection on remplace les projecteurs 16mm et 35mm par des projecteurs vidéo ; oui dans le premier centre mondial du film documentaire, l'image ne compte plus, sa qualité est reléguée au 38e rang des priorités par une flopée d'administrateurs pour lesquels les mots cadrage, précision, chromatisme, densité, contraste, et surtout perfection, sont du pur chinois.

Plus de cameramen ni de preneurs de son. Il faut désormais s'attaquer au noyau de l'institution : les cinéastes. Oh ! pas un noyau dur, les luttes internes, les vedettariats, les privilèges et injustices l'ont gangrené. Tout est donc fait pour hâter leur départ. Les coups bas alternent avec les offres monétaires, ainsi qu'on a largement procédé avec les techniciens.

À de nombreuses reprises on me propose d'avancer ma retraite. Devant mon refus on multiplie les détours, puis carrément les vacheries. Après m'avoir remis cinq ans auparavant la médaille commémorative du 125e anniversaire de la Confédération pour ma conduite à l'ONF, après que huit directeurs successifs de la Production française m'eurent accordé une « augmentation au mérite ». chaque fois accompagnée d'une belle phrase sur mon implication socioprofessionnelle et mon travail, on décide tout à coup que je ne conviens plus à l'institution. La cabale, diligemment montée par un trio d'administrateurs serviles, est aussi grosse que nauséabonde. Je suis devenu trop gênant pour la coûteuse aura des producteurs. Et il ne faut surtout plus qu'un cinéaste puisse prouver que l'on peut être efficace dans un organisme d'État, à l'heure de la privatisation tous azimuts. Le tandem à la tête du Programme français – dont on mesurera trop tard tout le mal qu'il fit au cinéma québécois en détruisant l'un de ses meilleurs piliers : le documentaire à l'ONF français –, m'édifie par ses objectifs et ses méthodes. Tout comme j'ai, en 1982, refusé une augmentation de salaire dans une période d'austérité officiellement déclarée et alors qu'une crise condamnait bien des cinéastes indépendants à l'inactivité, je retourne leur médaille à mes patrons, en annonçant mon départ. Le tableau est devenu insupportable, de la lâcheté de cinq producteurs à la botte d'une tueuse.

Colin Low et Ishu Patel me réconfortent amicalement. Gilles Blais demeure remarquable de franchise et de compréhension. Hélas, je le vois si abattu lui-même, si fragile et vulnérable après avoir réalisé d'excellents documentaires. Je le vois si tendu dans ses silences, ses mots parfois gauches, timides, et toujours d'une grande soif de justice, de fraternité. Gilles auquel je souhaite de tenir le coup aussi longtemps que possible, sans les concessions qui pourraient le détruire à son tour. Mais avant la fin de l'année, Gilles Blais et la quasi-totalité des cinéastes chevronnés ayant fait notre originalité et notre force auront déserté l'ONF.

Je quitte donc l'Office national du film du Canada en mai 1997, après y avoir travaillé durant 32 années. À 63 ans je laisse une institution pour laquelle je suis venu dans ce pays, voilà 40 ans. Mais l'ONF que je quitte n'est plus le centre créatif, bourré d'énergies, d'enthousiasmes et d'espoirs, que j'ai connu à mon arrivée, et à mon retour après huit années dans l'industrie privée. Les catalyseurs d'idées et de talents que furent les Tom Daly, Jacques Bobet, Clément Perron et Jean-Marc Garand n'ont pas été remplacés, et quand une Iolande Cadrin-Rossignol ramena enfin la passion, on sut vite la décourager, la rejeter.

Oh! cette agonie annoncée, je l'ai sentie dans ses à-coups, depuis longtemps. Mais j'en refusais l'évidence, car il faut repousser l'image de la mort, quand on aime et veut la vie. Pourtant, quand un à un partirent Robin Spry, Clément Perron, Arthur Hammond, Roman Kroitor, Tony Vielfaure, Marie Fitzgerald, Kaj Pindal, Pierre Gauvreau, Francis Mankiewicz, Georges Dufaux, Bernard Longpré, Édouard Davidovici, Conrad Perreault, Jean-Pierre Joutel et bien d'autres, je réalisai chaque fois que le signal était fort, qu'il faudrait redoubler de détermination afin que survive un centre unique de création. Le départ de Wolf Koenig me fut pénible, je compris dans ses mots retenus, au bord des larmes, que notre Direction enclenchait la mort de l'ONF. Car Wolf était le symbole des origines, l'artiste intègre qui avait grandi avec l'institution. Que cet homme abandonnât, m'ébranla.

Comme pour plusieurs collègues, ma vie dans cette institution durant les deux dernières années est devenue un non-sens. Sans compter que toute la lie de la profession a remonté les derniers mois. Les pires arrivistes se déchirent à présent les lambeaux de l'ONF, avec des prétentions minables qui ne cachent pas leur seul intérêt salarial.

J'ai aimé follement cette maison des Jean Roy, des Michel Brault, des Wolf Koenig, des John Spotton, des Tom Daly, des Maurice Blackburn, où souvent jusqu'à 22 h, parfois même jusqu'à minuit, nous discutions d'un film, d'une séquence, d'un projet, ces journées sans horloge où nous vivions, respirions cinéma. Aujourd'hui dès 16 h les corridors, les bureaux sont vides, silencieux, mortels.

Je vais continuer. Autrement. Mais je sais que la blessure ne se refermera pas. Qu'il est dur de voir un pays détruire ses meilleures institutions, et renier les qualités, les efforts qui lui valaient le respect partout dans le monde.

Je quitte aussi l'ONF avec pour dernier film *Zandile, dans la lumière de l'Ubuntu*, qui me rapproche d'une femme, d'un peuple dont la longue route vers la liberté, dont la lutte aujourd'hui encore nous rappellent au devoir d'exigence. Mais avec Zandile, ce sont aussi Thân, Jasmina, Greta, Isidora, Sara, Gregoria, Clemente, Frédy, Dalva, Helena, Jose-Teresa, Agosto, Sabado, Paola, Apsara, Bhagawati, Elvie, Josefina, Teresa et des centaines de femmes et d'hommes de toutes races qui me crient : Vive la Vie !

Montréal – 1997

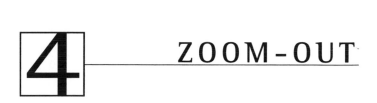

4   ZOOM-OUT

Retour à Poranga

CINQ MOIS APRÈS AVOIR QUITTÉ L'ONF, je retourne à
Poranga. Aller sur la lune ne m'angoisserait pas plus.
À Salvador, à Crato, les amis brésiliens ont adouci la
touffeur du Nordeste. Puis le 23 septembre dans la lumière
sablée de l'aube, avec Rosemberg Cariry et quelques techniciens, le minibus coréen fuit la Chapada do Araripe pour
s'enfoncer dans le dureté du Ceará. Farias Brito (bourg
natal de Rosemberg), Vazca Alegre, Iguatú, Acopiara,
Mombaça, Pedra Branca, Independência, les heures
tordent la mémoire du Nordeste dans la poussière du *mato*,
les roches brûlées coupent le long poème de la soif. Passé
midi, je retrouve Crateus petite capitale d'un creux d'enfer,
ville insolite et chaleureuse quand on y perce les regards, les
silences dans les ombres. Enfin nous montons dans la
fournaise, avant le nord étouffé aux flancs de la Serra da
Ibiapaba, la relative fraîcheur d'Ararenda, et Poranga
assoupie à 15 h (voir page 337).

En sept ans Poranga n'a pas changé. On y a seulement
bitumé un bout de route, du côté le moins pauvre, et une
station d'essence est ouverte. Je retrouve Margaret Malfliet,
toujours aussi maigre et nerveuse, puis Odette qui la seconde, et ces familles du Jardim das Oliveiras, avec lesquelles

nous avons, en août 1990, tourné *L'or de Poranga*. Grâce à Rosemberg et Margaret, elles ont l'année suivante vu le film sur un écran de télévision. Mais aujourd'hui nous leur réservons une surprise : Rosemberg et ses camarades vont, ce soir, projeter le film sur un grand écran, dressé sur la place de l'église. Margaret envoie donc quelques enfants prévenir les familles, les voisins, tout le Jardin des Oliviers, et bien d'autres gens dans les maisons basses de Poranga. Et pendant que les techniciens s'activent sur la place, je visite une à une les familles, où je ne reconnais guère que les parents.

Agosto, qui à 57 ans en paraissait 80, en paraît aujourd'hui plus de 90. Ses mains sont des icônes inconnues du Nordeste, son regard me brûle. Gonçala son épouse m'accueille avec émotion, et me présente les enfants, devenus adultes. La misère aussi a grandi, tout autour d'eux.

Voilà Jose-Teresa et sa femme Helena. Helena toujours belle de toute la tendresse tragique du sertão, Helena que j'embrasse telle une vieille Solognote que je ne reverrai peut-être jamais. Et lui relève lentement la tête, me cherche, me fouille sans paroles, oh! qu'il est imposant dans son silence, Jose-Teresa. Margaret me glisse à l'oreille : «Il ne voit plus guère, le glaucome lui a pris un œil, et il perdra l'autre bientôt». Dans un douloureux abraço, je maudis la Terre entière pour permettre autant de vacherie. Je revois Jose-Teresa grand et fort dans son champ de manioc à une heure de marche d'ici, Jose-Teresa sur sa *terra devoluta* à laquelle il arrachait la vie d'une famille inoubliable. Et dans le silence de cette vie que guette la nuit, j'entends la belle voix de Conceição Chaves Marinho chantant *Asa Branca*, l'une des plus émouvantes chansons du monde. L'Oiseau blanc qui n'en finit pas de porter la plainte du sertão. Je n'ai rien à dire, seulement des mots impuissants. Les chocolats apportés de Crato délient les langues, les aveux percent au fond des étreintes. Alors seulement, douce et sans âge telle une madone de la Macambira, Helena m'invite à la suivre dans une chambre sombre. Là, dans un hamac, sa fille Iraci somnole entre la vie et la mort. Elle a 17 ou 18 ans, je ne sais plus exactement, elle en avait 10 ou 11 lors du tournage, elle était la fillette handicapée, boitant légèrement, le regard triste entre les fatigues des grands frères et sœurs, des parents. Et c'est encore Margaret qui m'explique, car Helena n'a plus la force. Iraci s'est mariée voilà un an, et est enceinte de quatre mois, mais l'hôpital de Crateus vient de la renvoyer, après deux crises d'appendicite, et malgré une anémie aggravée, parce qu'elle ne peut payer des injections de reconstituant coûtant 60 reais (60 dollars) l'ampoule. Le salaire d'un mois, pour ceux qui ont un travail ici. Oui, un hôpital qui chasse les pauvres, les envoie à la mort, quand les riches, dont les médecins, vivent en seigneurs. Voilà le Brésil dont on vante la réussite économique, voilà le Brésil dont les succès courent sur Internet.

Je revois les autres familles. Raimunda qui se mariera dans quelques mois, dès qu'elle aura 16 ans. Raimunda devenue femme. Aussi grave qu'épanouie, elle m'annonce que Marlène, son aînée, est mariée elle aussi, et déjà mère, à Brasilia. J'embrasse Raimunda, ses sœurs filmées bébés, aujourd'hui fleurs du Nordeste, belles et convoitées, promises à quelles misères... Je revois Pedro et Cicera, et tous ces voisins, ces visages qui écrivent toujours la même ligne dans le ciel cru de Poranga : le Nordeste est fait pour les tatous, par pour les hommes.

Sur la place il sont tous venus la nuit tombée. Le projecteur vidéo n'a pas souffert de la longue route, et après un bon réglage la projection est aussi bonne que dans bien des cinémas du Nordeste. Ils sont tous là, assis sur le ciment ou adossés au mur de l'église, à revoir leur misère voilà sept ans. Leur misère d'hier et de demain, chaque année un peu plus dure, un peu plus inhumaine. Ils sont tous là, sauf Jose-Teresa, presque aveugle. Sauf Iraci. On repasse le film dans la nuit opaque de Poranga, tandis qu'à l'écart les chevaux se reposent, et que les graves adolescents sourient en revoyant leur enfance.

Puis dans la nuit tiède ils s'enfoncent. Poranga redevient une petite ville endormie du sertão, une odeur de terre sèche dans la lueur de quelques ampoules. Et cette nuit a un nom, qui maintenant n'est plus Raimunda, mais Iraci.

Avec Margaret et une petite lampe de poche, je retourne à cette maison basse écrasée dans le sommeil du Jardim das Oliveiras. Jose-Teresa s'est endormi. Helena est dans la porte, non plus madone, mais douleur muette sur le visage de laquelle la lampe creuse les rides. Je lui demande de revoir Iraci. Dans le hamac elle garde les yeux ouverts, s'efforce de redresser son corps, d'ouvrir les lèvres, de prononcer un nom, un signe d'amitié. Sept années ont passé, et je discerne toute une vie, une vie de femme atrocement privée de bonheur, je discerne une grande tendresse sur un visage flétri. Son jeune époux reste muet, debout dans l'ombre. Elle me tend la main, un bras maigre, des yeux étonnamment brillants. Je questionne Helena – demain, après-demain, que feront-elles ? Ici, pas d'hôpital, et le médecin ne vient pas chez les pauvres. Ici il y a seulement la pharmacie, la ruine pour la famille. Margaret n'a pas à me le rappeler. Je remets de l'argent dans la main fébrile d'Iraci, pour des vitamines, des fortifiants, rien d'autre, ajoute Margaret après moi. Je voudrais passer quelques jours, voir le visage d'Iraci réapprendre à sourire, voir la vie battre dans l'ombre.

Dans la maison de Margaret et Odette, sur la colline dominant Poranga, je me suis étendu une petite heure, avant de me raser. Au milieu de cette nuit impossible, nous sommes repartis pour Crato. Rosemberg et ses amis préféraient rouler dans la relative fraîcheur de la nuit. Dès Taua, cette fois, le soleil mangeait le *mato*, la poussière jetait ses langues de feu. Plus au sud, au pays des rivières sèches, des rios de sable et de roches blanches, au village abandonné de Cococi, Rosemberg détailla les lieux de son prochain film. Le site, les ruines, le cimetière, les cactus, le décor était convaincant, nul doute que l'ami nordestin y tournerait un bon film, aussi fort que les précédents. Et moi entre ces ruines, dans ces cadrages rêvés, sous un ciel insolemment bleu et pur, je ne voyais qu'une chose, un visage, un nom qui macule toute la beauté du monde : Iraci.

Nous avons repris la dure route de Barra, d'Assaré, avant le bitume du Crato. Et les jours ont passé dans l'hospitalité brésilienne. Avec la douleur qui là-bas mine la générosité. Amis anciens et nouveaux de Salvador, de Fortaleza, Natal, Santo André, vous fûtes merveilleux. Mais jusque entre les cases de la favela Lamartine, et dans les corridors réfrigérés de Guarulhos, le regard d'Iraci plomba l'espoir d'un pays plus humain.

Retournerai-je à Poranga, à Pasankéri, à Bolama de Baixo, à Champadevi, à Bombita, à Guayaquil, à Bhatshala, à Woukang ? Reverrai-je quelques-uns de ces femmes, de ces hommes pour lesquels la vie était un combat inégal, et perdu, une lutte pour la survie dans un monde inhumain ? En tant de lieux j'ai connu l'héroïsme anonyme, la vraie noblesse loin des sociétés nanties, loin des médias.

Aujourd'hui la Chine poursuit l'ethnocide tibétain, sans que cela ne gêne notre commerce avec elle. Un premier ministre canadien, des présidents français et américain s'y font recevoir en fanfare, leurs propos et sourires diffusés par tous les médias. Les enfants meurent toujours au travail en Inde, au Pakistan, au Brésil. Les femmes sont des esclaves en Afghanistan, des êtres inférieurs de l'Iran à l'Algérie. Les paysans sautent sur les mines antipersonnel dans une quinzaine de pays. Des journalistes, des avocats, des citoyens sont tués un peu partout en défendant les Droits de l'Homme. D'affreux dictateurs, des criminels de guerre, des pédophiles assassins, des tortionnaires sont graciés, protégés par des gouvernements. Rien de tout cela ne doit gêner la vertigineuse moisson de milliards de dollars d'un Bill Gates et de quelques autres froids calculateurs. Le Nordeste est fait pour les tatous, pas pour les hommes, m'a-t-on dit au Ceará, au Pernambouc. N'est-ce pas la Terre entière qui bientôt sera faite pour les vautours plutôt que pour les hommes ?

Dans *Le Monde diplomatique* (mai 1998), Bernard Cassen écrit :

> Face à la déferlante suicidaire du tout-argent et du tout-marché, il devient, en effet, urgent de combler le déficit croissant d'humanité des sociétés actuelles, et donc de replacer l'homme au centre des préoccupations, des stratégies et des politiques. Pas l'homme en tant qu'actionnaire, rentier, consommateur ou contribuable, pour lequel tout se joue et se calcule (ici et maintenant). Non, l'être humain en tant que citoyen solidaire. Solidaire de sa communauté – locale et nationale –, mais aussi de l'ensemble de la communauté planétaire et, au-delà, des générations à venir.

> L'explosion des nouvelles technologies de l'information et de la communication, avec Internet pour emblème, est en train de créer une (société de l'information) au service exclusif du commerce, du pouvoir des groupes géants et de l'hégémonie américaine...

Voilà 40 ans, Albert Camus déclara que toute personne persécutée ne rclève pas de son gouvernement, mais
de nous tous, de l'humanité entière. Cela demeure ma
conviction de cinéaste et d'écrivain. Hélas, les récentes
déclarations gouvernementales canadiennes, la destruction
de l'ONF et les limites imposées aux médias confirment une
toute autre orientation.

Quand les hommes de pouvoir et d'argent vont-ils
enfin rencontrer chacun leur Dalva, leur Isidora, leur Iraci ?,
et crier à leur tour : Vive la Vie ! Et non plus l'argent.

Montréal – 1998

Être cinéaste documentariste[*]

– Nous vivons sur une planète peuplée de cinq milliards d'humains, et quelques trillions d'animaux de toutes tailles. Les premiers étant prétendument plus intelligents, organisés et inventifs que les seconds. Ce qui n'apparaît pas toujours évident.

– Dans l'humanité à laquelle nous appartenons, en gros un milliard de femmes et d'hommes vivent décemment, après avoir acquis, par des siècles d'efforts, une qualité de vie qui permet l'épanouissement de leurs qualités, et aussi hélas les débordements de leurs défauts, et d'abord de leurs égoïsmes.

– Un autre milliard d'hommes, au début de l'an 2000, accéderont plus ou moins sereinement au statut des premiers.

– Il demeure qu'après quelques millénaires, l'humanité est plus cruelle que le monde animal, puisque trois milliards de femmes et d'hommes n'auront toujours pas accès à ce que les privilégiés que nous sommes (ici) appellent fièrement « leurs conditions décentes d'existence ».

– Trois milliards de femmes et d'hommes, pour lesquels la santé, l'éducation, le travail, l'habitat salubre sont bien souvent des chimères. Parmi eux : plus d'un milliard

[*]   Note adressée par Michel Régnier, le 30 mars 1989, aux organisateurs du colloque « Le documentaire se fête », duquel il avait été exclu.

qui chaque soir se couchent le ventre vide, minés par les fièvres, les grandes endémies, les dermatoses, et le spectre d'une mort précoce. Parmi eux : des dizaines de millions qui n'atteindront pas quatre ans, ni même deux, selon les régions. Des centaines de millions qui ne posséderont aucun livre, qui n'auront aucune voix.

– Être cinéaste documentariste à la veille de l'an 2000, c'est d'abord entendre, comprendre cela.

Tous les efforts onéreux, au nom de l'art et du spectacle, de l'industrie et d'intérêts divers, pour orienter le cinéma documentaire (et le cinéma tout court) vers la jouissance chromée des minorités privilégiées de la planète, sont non seulement un non-sens, mais un crime conscient, accepté, contre la dignité humaine.

– N'en déplaise aux esthètes, aux banquiers, aux politiciens, aux intellectuels de tout poil qui affirment le contraire, il n'y a pas d'art plus accompli sur la Terre, que celui qui permet l'écoute, la communication et le progrès pour toute la société humaine. L'enfant des Andes ou du Kurdistan, la mère anémiée, silencieuse, qui nous attend en Érythrée ou au Sarawak, l'homme meurtri au nom de nos « raisons d'État » au Chili, en Iran ou en Roumanie, tous ces êtres sont plus essentiels à la survie d'une planète en danger, que les trophées dérisoires des cliques gavées et bruyantes d'une poignée de pays nantis.

– Être documentariste, aujourd'hui, ce doit être refuser le mensonge, le cirque, la subversion coûteuse des médias. Ce doit être écouter, regarder, découvrir, accueillir ceux qui trop longtemps n'ont eu ni voix ni droits.

Michel Régnier
Montréal, 30/3/1989

Annexe 2

Pourquoi faire des films
sur le Tiers-Monde ?*

Dans son roman *L'Homme sans qualités*, l'écrivain autrichien Robert von Musil a dit : « Le cerveau de l'homme a réussi à diviser les choses ; mais les choses, à leur tour, ont divisé son cœur ».

Je pense qu'aujourd'hui elles sont allées plus loin encore, et que les choses, les seuls intérêts matérialistes ont étouffé le cœur des hommes. Notre monde, notre époque, peut-on encore dire « notre civilisation », ont détruit le profond équilibre qui doit présider à la vie humaine, et qui s'appelle la sensibilité. Qui différencie, doit différencier l'homme de l'animal.

Dans ce monde et cette époque complètement absorbés, obsédés par l'argent, le cinéaste documentariste doit aller vers les besoins prioritaires des hommes, vers leurs sentiments, leurs aspirations les plus nobles, et non vers leurs désirs, leurs goûts tapageurs, et futiles.

Si j'ai, depuis trente années, choisi de me consacrer à ces priorités dans le Tiers-Monde, c'est parce que le cinéma, celui qui prend toute la place, ne s'en préoccupe absolument pas.

---

* Ouverture de la conférence donnée par Michel Régnier, le 29 septembre 1997, à l'Université Fédérale du Rio Grande do Norte, à Natal. Le sujet proposé par les étudiants était : *Pourquoi faire des films sur le Tiers-Monde ?*

Pourtant le Tiers-Monde, ce sont près de quatre milliards, des six milliards de femmes et hommes de la Terre. Près de quatre milliards de femmes et hommes qui au seuil de l'an 2000, naissent et vivent, ou plutôt survivent avec très peu d'espoir au cœur.

À l'âge des conquêtes spatiales, de l'Internet, des hôtels cinq étoiles sur toutes les côtes ensoleillées du globe, ce sont quatre milliards de personnes sans logement décent, sans eau potable, sans nourriture suffisante, ni travail, ni école, sans aucune sécurité sociale. Ce sont quatre milliards d'otages de la croissance irraisonnée d'une minorité de pays, pour la plupart occidentaux.

Un documentariste ne peut y être insensible.

Michel Régnier
Natal, 29/9/1997

Note : la traduction consécutive, en langue portugaise, était assumée par madame Julie A. Cavignac.

Filmographie simplifiée

Le cimetière des males gens 1955/1956 – Côte d'Ivoire	25'00"
Gouroussé 1956 – Côte d'Ivoire	24'00"
Abidjan 56 1956 – Côte d'Ivoire	45'00"
Krinjabo 1956 – Côte d'Ivoire	10'00"
Le pont de la Niébélé 1956 – Côte d'Ivoire	5'00"
Abongoua-Bénéné 1956 – Côte d'Ivoire	12'00"
Little-League 1959 – Canada	15'00"
X... Raconte (Jean raconte, Alain raconte, Anne raconte, etc.)– Série de 26 films 1959 – Canada	(chacun) 14'30"
Feux et couleurs (en anglais : *Flaming the Kiln*) 1959 – Canada	15'00"
Dentelles de metal (en anglais : *Laces and Metal*) 1959 – Canada	15'00"
S.O.S. – Tuberculose-cancer-poliomyélite 1959/1960 – Canada	30'00"
Routes d'hiver 1959/1960 – Canada	30'00"

La pauvreté	(télévision)	30'00"
1960 – Canada	(cinéma)	24'00"

Les distilleries Melchers (Une histoire de whisky)   30'00"
1961 – Canada

Bélanger   30'00"
1961 – Canada

Québec-Party   34'00"
1959/1961 – Canada

Dimension lumineuse   24'00"
1962 – Canada

L'âge du métal   17'00"
1962 – Canada

Le Tour du Saint-Laurent cycliste   30'00"
1962 – Canada

La publicité dans le Tour du Saint-Laurent cycliste   30'00"
1962 – Canada

Le Mouvement Desjardins en action   28'00"
1963 – Canada

La filtration des eaux   14'30"
1963 – Canada

L'épuration des eaux   14'30"
1963 – Canada

Port of Call – Série de 5 films :

    Port of Call – Bruges   6'00"
    1963 – Belgique

    Port of Call – Évolène   6'00"
    1963 – Suisse

    Port of Call – Metéora   6'00"
    1963 – Grèce

    Port of Call – Istanbul   6'00"
    1963 – Turquie

    Port of Call – Damas   6'00"
    1963 – Syrie

L'Afrique noire d'hier à demain – Série de 13 films :

Rythmes et contrastes 28'20"
1963/1964 – Mauritanie, Sénégal, Guinée, Côte d'Ivoire

La santé 28'20"
1963/1964 – Sénégal, Côte d'Ivoire

L'enseignement 28'20"
1963/1964 – Mauritanie, Sénégal, Guinée, Côte d'Ivoire

Art et artisanat 28'20"
1963/1964 – Sénégal, Côte d'Ivoire

Danse et théâtre 28'20"
1963/1964 – Sénégal, Côte d'ivoire

Religion 28'20"
1963/1964 – Sénégal, Côte d'Ivoire

La Mauritanie 28'20"
1963 – Mauritanie

Agriculture 28'20"
1963/1964 – Sénégal, Côte d'Ivoire

Industrie 28'20"
1963/1964 – Sénégal, Guinée, Côte d'Ivoire

La femme africaine 28'20"
1963/1964 – Senegal, Guinée, Côte d'Ivoire

Coopération avec la France 28'20"
1963/1964 – Mauritanie, Sénégal, Côte d'Ivoire,
Gabon, Tchad

Manifestations populaires, démocratie et politique 28'20"
1963/1964 – Sénégal, Guinée, Côte d'Ivoire, France

Avenir Québec-Afrique 28'20"
1963/1964 – Sénégal, Guinée, Côte d'Ivoire, France, Canada

Défi kilowatts (censuré) 57'00"
1964/1965 – Canada

Dimanche à la montagne 4'00"
1965 – Canada

Les Masella (vivre en musique) 28'20"
1965 – Canada

Manicouagan 5 – 40 °C sous zéro   3'36"
1966 – Canada

Guy Casault et le Foyer de charité   10'10"
1965/1966 – Canada

L'âge du béton   7'27"
1965/1966 – Canada

Mémoire indienne   18'00"
(en anglais : *Indian Memento*)
1967 – Canada

Tattoo-67   20'00"
1967 – Canada

L'école des autres   150'00"
1968 – Canada

L'homme et le froid
(en anglais : *Below Zero*)   106'00"
1969/1970 – Canada, Alaska, Islande, Groenland,
Suède, Finlande

Urbanose – Série de 13 films :

   Les taudis   26'50"
   1971/1972 – Canada, USA

   Griffintown   26'50"
   1971/1972 – Canada

   Concordia (2 parties de 26'50")   53'40"
   1971/1972 – Canada, Suède

   L'automobile   26'50"
   1971/1972 – Canada, USA, Pays-Bas

   Rénovation urbaine   26'50"
   1971/1972 – Canada

   Réhabilitation des habitations   26'50"
   1971/1972 – Canada, USA, Angleterre

   Les rives   26'50"
   1971/1972 – Canada, Angleterre, Suède

   Locataires et propriétaires   26'50"
   1971/1972 – Canada

Le sol urbain 26'50"
1971/1972 – Canada, USA, Angleterre, Pays-Bas, Suède

Le labyrinthe 26'50"
1971/1972 – Canada

Où va la ville ? (2 parties de 26'50") 53'40"
1974/1972 – Canada, USA, Suède

L'attitude néerlandaise 26'50"
1971/1972 – Pays-Bas

Entretien avec Henri Lefebvre 34'23"
1971/1972 – France

Urba-2000
(en français et anglais) – Série de 10 films :

Montréal – Retour aux quartiers 56'40"
1973/1974 – Canada

Saskatoon – La mesure 56'40"
1973/1974 – Canada

Bronx – New York 56'40"
Twin Parks Project – TV Channel 13
1973/1974 – USA

Sapporo – Croissance planifiée 56'40"
1973/1974 – Japon

Bologne – Une ville ancienne pour une société nouvelle 56'40"
1973/1974 – Italie

Düsseldorf – Équilibre urbain 56'40"
1973/1974 – Allemagne de l'ouest

Basingstoke – Runcorn – Villes nouvelles britanniques 86'40"
1973/1974 – Angleterre

Grenoble-La Villeneuve – Réinventer la ville 116'40"
1973/1974 – France

Centre-ville et piétons 56'40"
1973/1974 – Canada, Pays-Bas, Allemagne de l'ouest

Varsovie – Québec – Comment ne pas détruire une ville 56'40"
1973/1974 – Pologne, Canada

Santé-Afrique – Série de 31 films :

Diagnostic de la malnutrition 1976/1979 – Sénégal, Burkina Faso, Cameroun, Rwanda	29'26"
Nutrition – pays du Sahel 1976/1979 – Sénégal, Niger	27'19"
Nutrition – zones forestières 1976/1979 – Côte d'Ivoire, Cameroun	29'27"
Nutrition – Madagascar 1976/1979 – Madagascar	29'41"
Nutrition – expérience intégrée 1976/1979 – Rwanda	25'29"
Centre de santé intégré 1976/1979 – Togo	28'14"
Soins d'urgence 1976/1979 – Côte d'Ivoire	55'40"
Vaccinations 1976/1979 – Cameroun, Burkina Faso	28'28"
Équipes mobiles de santé 1976/1979 – Madagascar	24'00"
Soins aux déshydratés 1976/1979 – Côte d'Ivoire, Burkina Faso	30'00"
Dermatoses 1976/1979 – Sénégal	38'40"
Maladies sexuellement transmises (MST) *et tréponématoses endémiques* 1976/1979 – Sénégal, Côte d'Ivoire	39'42"
Rougeole 1976/1979 – Sénégal, Carneroun, Rwanda	24'45"
Schistosomiase 1976/1979 – Cameroun, Madagascar	48'27"
Tuberculose 1976/1979 – Côte d'Ivoire, Togo	29'53"
Dracunculose 1976/1979 – Côte d'Ivoire, Togo	24'45"

Trypanosomiase   35'05"
1976/1979 = Burkina Faso

Prise en charge du malade mental   48'18"
1976/1979 - Sénégal

Trachome   23'13"
1976/1979 - Burkina Faso

Onchocercose   28'43"
1976/1979 - Burkina Faso

Conjonctivites – avitaminose A   22'52"
1976/1979 - Côte d'Ivoire, Rwanda

Cataracte – glaucome   30'38"
1976/1979 - Côte d'Ivoire

Soins prénatals   29'16"
1976/1979 - Niger

Accouchement à domicile   29'32"
1976/1979 - Togo

Surveillance de l'enfant, avant 1 an   30'50"
1976/1979 - Côte d'Ivoire, Togo

Surveillance de l'enfant, de 1 an à 6 ans   30'20"
1976/1979 - Côte d'Ivoire, Niger

Santé dentaire   46'06"
1976/1979 - Sénégal, Togo

Assainissement du milieu   29'39"
1976/1979 - Côte d'Ivoire, Burkina Faso, Niger,
Cameroun, Rwanda

L'eau   40'38"
1976/1979 - Côte d'Ivoire, Togo, Burkina Faso,
Niger, Cameroun, Rwanda, Soudan

Action sanitaire des Fokonolona   27'05"
1976/1979 - Madagascar

Animation rurale – santé   29'21"
1976/1979 - Niger

Un mois à Woukang   112'20"
1979 - Chine

La vie commence en janvier   61'45"
(en anglais : *Life Begins in January*)
1980 – Thaïlande, Cambodge

Les enfants du Gumbo   72'51"
1982 – Canada

Le cœur et le riz – Série de 5 films :
(en anglais : *Soul and Rice*)
(en bengali : *Anno-o-jibon*)

   La tournée de l'assistante médicale   30'00"
   1983 – Bangladesh

   Une autre approche des soins intégrés   30'00"
   1983 – Bangladesh

   Promotion des femmes en milieu rural   30'00"
   1983 – Bangladesh

   Éducation en milieu rural pauvre   30'00"
   1983 – Bangladesh

   Un nouveau centre de santé   30'00"
   1983 – Bangladesh

3 milliards
(en anglais : *3 Billion*) – Série de 7 films :

   Madura-Madura (censuré)   26'00"
   1984/1985 – Indonésie

   Le soleil et la nuit (censuré)   26'00"
   1984/1985 – Soudan, Thaïlande

   Un arbre (censuré)   26'00"
   1984/1985 – Cabo Verde (Cap Vert)

   Le typhon (censuré)   26'00"
   1984/1985 – Philippines, Jamaique

   Des principes et des hommes (censuré)   26'00"
   1984/1985 – Pakistan

   La grande saline (censuré)   26'00"
   1984/1985 – Haïti

   Dans les kampungs de Surabaya   26'00"
   1984/1985 – Indonésie

La casa (en français et en espagnol)   87'50"
1986 – Équateur

Sucre noir   57'50"
(en anglais : *Black Sugar*)
(en espagnol : *Azúcar negro*)
(en créole : *Sik nwa*)
1987 – République Dominicaine

Apsara, et tous les enfants du Monde   57'50"
1988 – Népal

Les silences de Bolama   57'10"
1989 – Guinée-Bissau

L'or de Poranga   57'50"
1990 – Brésil

Le monde de Frédy Kunz   57'50"
1990 – Brésil

Sous les grands arbres   57'50"
1991 – Brésil

La douceur du village   57'50"
1992 – Viêt-Nam

Aymaras de toujours   57'50"
1993 – Bolivie

Isidora, au creux des Andes   57'50"
1993 – Bolivie

Elles s'appellent toutes Sarajevo   88'00"
(en anglais : *Seven Women of Sarajevo*)
1994 – Bosnie, Croatie

Thân, dans la guerre invisible   59'25"
(en anglais : *Thân, in The Invisible War*)
1995 – Cambodge

Zandile, dans la lumière de l'Ubuntu   88'22"
(en anglais : *Zandile, in the Light of Ubuntu*)
1996 – Afrique du Sud

Index des noms cités

U

Ullmann, Liv, 313
Urlić, Greta, 402-404, 431

V

Vadeboncœur, Pierre, 91
Valade, Jean, 38, 93
Valci, 362
Valéry, Paul, 211
Van Brabant, Sylvie, 73, 365
Van Der Donckt, Catherine, 16, 22-23, 52, 304, 313, 319-321, 325, 335, 343, 350, 359, 375, 394
Van Embden, S.J., 143, 152
Van Gogh, Vincent, 50
Védres, Nicole, 47
Velho, Carlos, 121
Vera, 351
Veraart (famille), 245
Vidal-Naquet, Pierre, 318
Vielfaure, Tony, 430
Vieyra, Paulin, 166
Vigneault, Gilles, 115
Visconti, Luchino, 366
Vuillemot, Josselyne, 78

W

Wayne, John, 46
Weber, June, 425
Wegener Sleeswijk, C., 151
Weigel, Helene, 402
Weintraub, William, 137
Welles, Orson, 46, 365
Wellman, Herbert E., 151
Whitcomb, Giles, 153, 290
Wiesel, Élie, 242, 396
Wilheim, Jorge, 219
Wilkinson, Douglas, 120
Winoska, Maria, 349
Wou Xi Tchin, 193
Wright, Albert, 56
Wyeth, Andrew, 248

Y

Yambaka, Guillaume, 166-168
Yu, Mme, 193-194, 200, 202
Yukari
    voir Ochiai, Yukari

Z

Zachwatowicz, Jan, 151
Zandile
    voir Gumede, Zandile
Zarian, Kostan, 317
Zavattini, 337
Zen-Rufinen, François, 287
Zola, Émile, 348

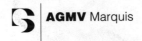

MEMBRE DU GROUPE SCABRINI

Québec, Canada
2000